翻訳等価再考

――翻訳の言語・社会・思想――

河原清志　著

晃洋書房

はじめに

人間にとって「意味」とは何か。この捉えどころのない、人間に絶えず迫ってくるもの。これをどう捉えるのか。この根源的な問いかけからスタートしたのが、今思うと僕の研究の出発点だったように思う。

ところが、このような漠たる問いにはなかなか具体的に迫ってゆくすべがない。そこで「ことばの意味」とは何かについて考えを深めてゆくことに意味を見出し、模索した時期があった。しかし、この問いに対しては、ことばの意味を捉え説明するために、また別の何か漠としたものに置き換えて考えなければならないという循環に陥ってしまう。しかもその「何か漠としたもの」もその実体はよくわからないのである。

であるならば、ことばをことばに置き換える営みについて考えることから出発してみよう。これが僕にとっての「翻訳研究」のはじまりである。ことばを別のことばに置き換えるという営みは一体どういうことなのか。端的にいうと、あるテクストをめぐって、これを解釈する社会的な場（social context）があり、そこにいる解釈者（ideology の担い手）が別の解釈コードを用いて表現する行為（icon 的記号操作）であり、これは絶えず無限更新を繰り返し変化してゆく記号の営みである。記号論という学問を用いれば、ひととおりこのような説明はつくだろうし、本書はほとんどをその説明に充てているといえる。

しかし、真に大切なのは、解釈者による解釈の背後にある、仏教でいう機根《きこん》とか境界《きょうがい》という言葉で表現されるもの、C・S・パース記号論、およびそれを展開したU・エーコの言葉でいう根底なるもの。これこそが、解釈者の一回一回の意味づけのあり方を担う根源的な何かであり、全人格をかけた人間の意味づけのあり方を本質的に規定するものではないだろうか。ことばの解釈の根底にあるものを問い続けることによって、意味のあり方、意味づけのあるべき姿とは何かという問いに本質的に答えることができるのではないか。――なぜかならば、ことばは嘘をつく道具であり、U・エーコもいうように「嘘についての理論」が一般記号論の充分包括的なプログラムであるからである（エーコ、一九八〇［一九七六］、八頁）。嘘を言うために利用できないものは、逆に真理を伝えるために用いることもできない。ならば、人はことばを用いて、ものごとをどのように意味づけ、解釈したうえで、どのような嘘をつき、どのように真理を伝えているのか。このことの解明が、意味の解明、意味づけのあるべき姿の模索となるはずである。翻訳も含めたことばの使用は、嘘をつくにせよ、真理を語るにせよ、己のもつ機根、境界ないし根底なるものを丸ごと露呈してしまうのである。これらの概念は、西洋で誕生したイデオロギーなる概念ないし言葉には還元しえない。いや、還元させたくないとの思いが僕のなかに沸々と湧き起ってくるのである。しかし、西洋の地平で誕生した翻訳研究や言語学、社会学や哲学の土俵に乗ったうえで論を展開していく以上、本書ではそこは潔く諦めてイデオロギー概念を使っている。が、決してこれには還元できないことは、「おわりに」で唱える自己批判原理によって、本書を振り返りながらいささか解消したいと願っている。このことを踏まえて、本書を読み進めて頂けると幸いである。

本書の結論は至ってシンプルである。意味とは翻訳である。これは、C・S・パース、そしてR・ヤコブソンの主張である（本書一七頁）。では、翻訳とは何か。詳しくは本文で論じるが、ひとまず、ある記号を別の記号に置き換えることだと言っておこう。記号とは人が意味ありと解釈するものすべてのことである。意味あるものを別の意味あるものに置き換えること。これこそが翻訳であり、意味であるとするならば、循環論法に陥ってしまう。意味とは、意味あるものを別の意味あるものに置き換えることだと、問いをもって問いに答えているからである。しかし、このような循環論法に陥るところに意味の本質があるとも言える。翻訳という置き換え行為には、意味に還元しえない何か余計なもの、解明できない異質なものが内包されているからである。このように、翻訳の営為に内在する、意味では語りえないもの。これこそが、翻訳の哲学や思想が扱う領野であり、ここを真に見極めることが、翻訳の本質、意味の根源に迫ることにつながるのであろう。

ある記号を別の記号に置き換えること。なるほどこれが翻訳だとしても、置き換える記号がもとの記号とは別のものである以上、これは嘘であり、暴力である。しかしその嘘や暴力に真理を内在させることができる。これこそが人間のことばや意味の真価であり、同時に、人間がことばを使う傲慢さの表れでもある。

＊

本書の構成について道案内を記しておきたい。本書は「翻訳とは何か」という根源的な問いに対し、「翻訳とは、等価構築行為である」と措定し、主にこれまでの西洋の翻訳研究者による翻訳理論の背後に潜む言語や翻訳に対するイデオロギー（意識・無意識）を分析することで、当該テーゼの理論的検証を社会記号論に基づいて行う。〈翻訳等価構築性〉の概念定義は次のとおりである。「翻訳とは、当該行為の社会文化史的コンテクスト依存性（社会指標性）および翻訳者のイデオロギーや価値観（象徴性）を不可避的に内包しつつ、ある言語テクストを基に別の言語テクストへと社会的な等価構築を行う（類像化）、非合目的効果を伴った行為である」。この〈翻訳等価構築性〉を再考するために採った本書の構成は次のとおりである。

本書は翻訳学ないし翻訳研究のメタ理論研究を行うことを目的としているため、まず第1章でメタ理論として援用する言語人類学系社会言語学の妥当性について科学哲学や知識社会学の見地から検討する。

次に、メタ理論を行うには翻訳概念を根本的に支える言語、コミュニケーション、記号、意味などの諸概念についても併せて論じてゆく必要がある。そこで第2章においてこれら諸概念を包括する研究分野である記号論を説明し、認知言語学・意味づけ論を導入しつつ、それだけでは限界があって捉えきれない翻訳の社会行為性（特に創出的な社会指標機能）に照射するために「言語人類学系社会記号論」の枠組みを示し、それを応用した翻訳理論の分析手法を素描する。そしてこのような作業を通して「翻訳等価構築」「翻訳イデオロギー」に関するテーゼを定立する。この理論的な枠組みに依拠して、これまでの翻訳諸学説をすべて〈等価構築〉の視点から、「言語等価論」およびその展開としての「社会等価論」「等価誤謬論」「等価超越論」「等価多様性論」という分類で検討し直す。

第3章では、翻訳の言語テクストの側面に焦点を当てて諸学説を展開している「言語等価論」を取り上げる。まず、近代以前の直訳 vs. 意訳の二項対立図式やこれまでの諸学説の社会文化史を広く説明する。

そして「翻訳等価」「翻訳シフト」「翻訳ストラテジー」「翻訳プロセス」という論点の順に諸理論を分析・批評し、最後に等価学説の社会的機能について、動的等価論を取り上げて検討する。

次に、第4章では以下の「社会等価論」「等価誤謬論」「等価超越論」「等価多様性論」の諸学説を分析・検討する。まず、翻訳を社会行為として見る「社会等価論」を取り上げる。これは「テクストタイプ論」「目的（スコポス）理論」「レジスター分析」「多元システム理論」「翻訳規範論」など、主に目標言語文化のなかで翻訳がどのような社会的機能を有するかを論じる学説群である。

次に、文化的・イデオロギー的転回を遂げたとされている翻訳学の学説群である「翻訳誤謬論」を検討する。これは翻訳行為の言語的側面から目を社会的・文化的・政治的コンテクストのほうへ向けたもので、「書き換えとしての翻訳」「ジェンダーの翻訳」「ポストコロニアル翻訳理論」「翻訳の（不）可視性」「倫理性と異化翻訳」「翻訳の権力ネットワーク」などである。これは翻訳学における「文化理論」で、言語的な等価だけに議論の焦点を当てることを批判するいわば「等価誤謬論」であると位置づけられる。

さらに、「等価超越論」と題し、翻訳が前提とする意味の伝達という前提的イデオロギーを原理的に問い直す知的運動である翻訳哲学や翻訳思想が扱う問題系を取り上げる。

最後に、翻訳をめぐるテクストとコンテクストの多様性に焦点を当てた、「等価多様性論」について検討する。テクストに関しては翻訳の分野・ジャンルの多様化に伴って、翻訳等価のあり方が多様化していることを中心に、いくつかのジャンルの特殊性について言及する。コンテクストの多様性は、主に翻訳史という時間軸と、地域別という空間軸との様々な交点が織り成す多様性であるが、本書ではその論及の可能性を示唆するに留める。

これらの議論を受けて、第5章では翻訳等価性、つまりは翻訳自体をめぐるイデオロギーについて検討する。まず、研究（者）の立ち位置やスタンス、目的や達成しようとする理論的機能などによって翻訳や等価性に関する概念化が異なることを指摘し、記述的翻訳研究の非中立性・イデオロギー負荷性などを見る。そのうえで、関与的・介入的翻訳研究のアプローチをいくつかの類型に分けて分析する。そしてこれまでの諸理論の相対化を図りながら全体の布置を素描する。最後に第6章として、社会記号論に依拠した言語記号の多層的機能について確認しつつ、翻訳メタ理論研究の課題の検証と今後の展望について述べる。

手短に言えば、本書は翻訳研究の諸学説の全体像を見据えたうえで、〈等価構築〉という観点から翻訳行為の社会文化史的コンテクスト、翻訳者・翻訳研究者の言語・翻訳イデオロギー、翻訳テクストの等価構築性の三側面の有機的な相互連関を見据え、「社会—翻訳者—言語」の関係性の原理的な解明を行う視点から「翻訳等価論」を検証するものである。

*

本書は、二〇一五年三月に立教大学大学院異文化コミュニケーション研究科に提出した博士学位請求論文「翻訳等価性再考——社会記号論による翻訳学のメタ理論研究——」を基に一部加筆修正したものである。

二〇一七年早春　尾張名古屋の金城にて

目　次

図表一覧

第1章

【図】

第2章

【表】

【図】

【表】

第3章

【図】

凡例

1. 略記号

(1) 起点言語／目標言語　SL＝source language/TL＝target language
(2) 起点テクスト／目標テクスト　ST＝source text/TT＝target text
(3) 起点文化／目標文化　SC＝source culture/TC＝target culture

2. 年代表記

(1) 翻訳書の年代表記　訳書出版年［原著出版年］
(2) 再版、採録の年代表記　初版出版年／第2版出版年／第3版出版年

3. 引用文献の翻訳

(1) 英文表記の著者名を明記したうえで、その引用をする場合特記事項がない限り、原著を筆者が日本語訳した。
(2) 日本語表記の著者名を明記したうえで、その引用をする場合特記事項がない限り、翻訳者による日本語訳を引用した。

第1章 序——翻訳研究における等価概念再考の必要性

1.1 はじめに

本書は「翻訳とは何か」という根源的な問いに対し、「翻訳」の本質を「等価構築行為」であると措定し（テーゼ［1-1］）、主にこれまでの西洋の翻訳研究者の翻訳諸理論の背後に潜む言語や翻訳に対するイデオロギーを分析して、当該テーゼの理論的検証を社会記号論に基づいて行う。その中で、翻訳テクストおよび翻訳学の諸学説を分析する理論およびメタ理論のあり方を素描することを目的とする。

［1-1］翻訳とは、等価構築行為である。

1.2 本書の背景、意義、狙い

一般的に、翻訳はある言語を別言語に訳す作業であると考えられており（"translate language S into language T"）、ある言語S（source）のAという表現を別の言語T（target）のBという表現に表す場合を、"translate A as B"と表現できる（尤も、これはいわゆる「言語」が均一的な一枚岩（homogeneous）であるということが前提であるが、これに対する批判の詳細は後述する。《2.6.3》）。ここで、"as"は「等価（equivalence）」が中核的語義であり（河原、二〇〇八）、本来、記号Aと記号Bの意味（価値）は異なるが（第2章で後述する象徴記号性・恣意性）、「等しい（equal）価値（value）のものと見なして」訳すことが翻訳であり（象徴記号から類像記号化する作用）、翻訳の本質は一回一回の意味づけ・価値づけ行為である。つまり、翻訳は単なる言語変換行為（言語行為）のみならず、個別具体的な社会文化史上の一つの場・状況にあって、社会・文化・歴史・政治・思想・文学その他様々な視点からの価値観によって意味づけされる言葉を、訳出行為を行う者が主体的に選択し決断する社会行為でもあるといえる。

翻訳とは、ある言語のテクストを、それと同じ意味（単純な等価性）で別の言語に変換することであるという、一般に流布している翻訳観があり、翻訳学ないし翻訳研究（Translation Studies）はこの翻訳観に対して様々な理論的考察を行ってきたと言える。しかしながら、この「同じ意味」と言うときの「意味」について深い考察を行わずして等価概念を分類したり、シフト（意味ないし等価のズレ）を論じたり、等価を左右する社会的諸要因を分析したり、あるいはそもそも等価を想定すること自体がナンセンスであると全面的に否定する、といったような諸説が乱立してきたのが、これまでの翻訳学ないし翻訳研究の実際であると言える。そこでこれら諸学説に対してメタ理論の枠組みを提示しつつメタ分析を行うことは、翻訳学の今後の発展に寄与する営みであると思われる。

これまで等価概念は翻訳研究の分野では科学的資本としての地位を剥奪され、いわば禁句ないし卑罵語になっていたが（特にBassnett & Lefevere, 1990; Cronin, 1996; Snell-Hornby, 2006; Pym, Shlesinger & Jettmarová, 2006など）、言語的等価に多元性・機能性を加味して考える立場（Koller, 1979/1989）、歴史的共通認識、つまり幻想としての等価を積極的に認める立場（ピム、二〇一〇［二〇一〇］）、規範分析の手続的概念として前提的に認める立場（Toury, 1995/2012）、起点―目標言語間の「解釈的類似」判定の基準として暗に認める立場（Gutt, 2000）、翻訳の評価・実務において起点―目標言語間に何らかの等価を想定する立場（Neubert, 1994）など、まだ根源的な原理解明が行われていないまま、無意識のレベルで本質主義的な「等価」という翻訳イデオロギーを抱いている研究者は多い。他方、等価概念を忌避する姿勢を全面に押し出した研究者は、等価概念の原理的探究をも忌避する研究イデオロギーを隠蔽するために等価概念自体を批判したとさえ思われる。このような学説状況の中で、安易な「意味」観に立脚した単純な「等価」概念ではない、根源的な原理的地平で等価の本質と実相を捉えるためには、これまでの翻訳研究を多角的に検討し、それらが負っている無意識裡の軛《くびき》を一旦外し、その実体が翻訳研究の全体の中で何かについて考えてみることも必要となるであろう。このように翻訳諸学説の翻訳イデオロギーを明らかにすることによって、翻訳学における概念装置や用語、講学上の定義などが錯綜し、諸説が乱立する混沌状況の中、独立した学問分野として樹立することを目指している翻訳学に対してメタ理論を以ってその全体像を示す試みは、社会的意義も大きいと言える（なお、河原、二〇一一a）。

そこで本書は、そもそも言葉の意味とは何か、翻訳の意味とは何かについて記号論の知見から再考し、主に言語人類学系の社会記号論の立場から意味構築主義（前提的な構築と創出的な構築の両面）を導出したうえで翻訳の等価構築行為テーゼを主張する。そしてまずはこの「等価構築テーゼ」の裏付けとなる言語や翻訳というコミュニケーション行為の原理的解明を行うために、具体的には記号論に依拠して、記号、意味、翻訳の一般原理を素描する。そして、言語や翻訳の本質論に照らしつつ、これまでの翻訳に関する理論研究を検討し、翻訳に対してどういう見方が提示され、価値付けが行われてきたか、どのようなイデオロギーを持って分析に取り組まれたかについて検証する。

1.3　本書の構成と諸論点の布置

本書は翻訳学ないし翻訳研究のメタ理論研究を行うことを目的としており、そのためには翻訳概念を根本的に支える言語、コミュニケーション、記号、意味などの諸概念についても併せて論じてゆく必要がある。そこでまずは第2章においてこれら諸概念を包括する研究分野である記号論を説明し、必要に応じて認知言語学・意味づけ論を導入しつつ、翻訳の社会行為性（創出的な社会指標機能）に照射して議論を展開するために「社会記号論」の枠組みを示し、それを応用して翻訳と翻訳理論の分析手法を素描する。そしてこのような作業を通して「翻訳等価構築」「翻訳イデオロギー」に関するテーゼを定立する。

次に、この理論的な枠組みに依拠して、これまでの翻訳諸学説をすべて〈等価構築〉の眼差しから、「言語等価論」およびその展開としての「社会等価論」「等価誤謬論」「等価超越論」「等価多様性論」という枠組みで検討し直す。

まず第3章では、翻訳の言語テクストの側面に焦点を当てて諸学説を展開している「言語等価論」を取り上げる。ここではまず、3.1で導入的な等価性全般の議論を行い、3.2で近代以前に長く繰り広げられていた直訳 vs.意訳の二項対立図式を検討したうえで、3.3「翻訳等価」、3.4「翻訳シフト」、3.5「翻訳ストラテジー」、3.6「翻訳プロセス」という論点を検討する。翻訳というコミュニケーション出来事において語用論的・機能的等価を構築するために、コードレベルで二言語がどのように「シフト」するのか、また効果的に等価を構築するための「ストラテジー」にはどのようなものがあるのか、そして等価構築のための「(認知)プロセス」はどうなっているのか、という諸論点である。ここでは旧套の言語テクストベースの等価論に関し、特にM・ベーカーの等価論(≪3.3.1)を深く検討することで、その性質を明らかにしてゆく。

次に、第4章では以下の「社会等価論」「等価誤謬論」「等価超越論」「等価多様性論」の諸学説を分析・検討する。まず、4.1で翻訳を社会行為として見る視点から諸学説を展開している「社会等価論」を取り上げる。これには「テクストタイプ論」「目的(スコポス)理論」「レジスター分析」「多元システム理論」「翻訳規範論」などが論点として挙げられる。これらは主に目標言語文化のなかで翻訳がどのような機能を有するかを論じる学説群である。ここでは特に翻訳学で重要性の高いG・トゥーリーの翻訳規範論(≪4.1)を中心に検討する。

次に、4.2で文化的・イデオロギー的転回を遂げたとされている翻訳学の学説群である「翻訳誤謬論」を検討する。これは翻訳行為の言語的側面から目を社会的・文化的・政治的コンテクストのほうへ向けた研究群で、「書き換えとしての翻訳」「ジェンダーの翻訳」「ポストコロニアル翻訳理論」「翻訳の(不)可視性、倫理性と異化翻訳」「翻訳の権力ネットワーク」などがある。これは翻訳学における「文化理論」と位置づけられ、言語的な等価だけに議論の焦点を当てることを批判するいわば「等価誤謬論」であると位置づけられる。

さらに、4.3では「等価超越論」と題し、翻訳が前提とする意味の伝達という前提的イデオロギーを原理的に問い直す知的運動として考えられる翻訳哲学や翻訳思想が扱う問題系を取り上げる。意味が等価裡に異言語間で転移するという発想は、西洋合理主義の中心をなすプラトンの絶対主義・ロゴス中心主義の哲学が土台になっているが、そこには原理的に超克できぬ「他者性」「異質性」「よけいなもの」が確かに存在する(デリダ、二〇〇一[一九九六]:ルセルクル、二〇〇八[一九九〇])。そこで等価概念では到底解決のつかない〈異《い》なるもの〉とどのように向き合い超克するか、つまり等価をどう超越するかという点に、翻訳者の使命がある、と考える地平が「等価超越論」である。ここでは特に翻訳における「異化」に関しポストコロニアリズムの視点で独自の展開を示したL・ヴェヌティの見解(≪4.3)を中心に検討する。

最後に4.4で、翻訳をめぐるテクストとコンテクストの多様性に焦点を当てた、「等価多様性論」について見てゆく。テクストに関しては翻訳の分野・ジャンルの多様化に伴って、翻訳等価のあり方が多様化していることを中心に、いくつかのジャンルの特殊性について言及する。コンテクストの多様性は、主に翻訳史という時間軸と、地域別という空間軸との様々な交点が織り成す多様性であるが、本書では正面からはその論及の可能性を示唆するに留める。

これらの議論を受けて、第5章では翻訳等価性、つまりは翻訳自体をめぐるイデオロギーについて検討する。まず5.1で、研究（者）の立ち位置やスタンス、目的や達成しようとする理論的機能などによって翻訳や等価性に関する概念化（カテゴリー化）が異なることを指摘し、記述的翻訳研究の非中立性・イデオロギー負荷性などを見る。そのうえで、関与的・介入的翻訳研究のアプローチをいくつかの類型に分けて分析する。そして、5.2でこれまでの諸理論の相対化を図りつつ全体の布置を素描する。最後に第6章として、6.1で社会記号論に依拠した言語記号の多層的機能について確認し、6.2で翻訳メタ理論研究の課題の検証と今後の展望について述べる。

以上のように翻訳研究の諸学説の〈全体像〉を見据えたうえで、本書が分析・検討する翻訳等価に関する諸学説が、単に時代遅れの等価本質論であり、無意味なものであると周縁化するのではなく、〈等価構築〉という観点から、翻訳行為の社会文化史的コンテクスト、翻訳者・翻訳研究者の言語・翻訳イデオロギー、翻訳テクストの等価構築性の三側面の有機的な相互連関を考えながら、「社会―翻訳者―言語」の関係性の原理的な解明を行う視点に立ったうえでの「翻訳等価論」を（再）検証しつつ、新たな論を（再）構築してゆく可能性を展望するのが本書の趣旨である。

以上の構成により、本書のテーゼは以下のように展開する。

[1-1]　翻訳とは、等価構築行為である。

[1-1-1]　翻訳とは、ある言語の別言語への等価な置き換えである。

[1-1-2]　翻訳とは、翻訳受容社会（目標文化）の目的・規範に合わせつつ、ある言語テクストを基に別の言語テクストを構築する行為である。

[1-1-3]　翻訳とは、ある言語テクストを基に、翻訳者のイデオロギーを反映させつつ別の言語テクストを構築する行為である。

[1-1-4]　翻訳とは、当該行為の社会文化史的コンテクスト依存性（社会指標性）および翻訳者のイデオロギーや価値観（象徴性）を不可避的に内包しつつ、ある言語テクストを基に別の言語テクストへと社会的な等価構築[1]（類像化）を行う、非合目的的効果を伴った行為である。

[1-1-1]が言語等価論による翻訳観ないし翻訳イデオロギー、[1-1-2]が社会等価論、[1-1-3]が等価誤謬論による翻訳イデオロギーである。そして、これらをすべて包摂しつつ、社会記号論によってより精確な定義をテーゼ化したのが、[1-1-4]であり、本書は翻訳研究者の有するイデオロギーを分析しつつ、このテーゼで概括される翻訳諸学説の変遷を辿ることを主意とするものである。

1.4　本書のメタ理論性

1.4.1　本書のメタ理論的布置

以上より、本書が目指すところは、翻訳学のメタ理論、メタ分析の一つのあり方の提示である（Meta-Translation Studies）。本章最後に掲げている三層構造（図1-2）はそれを図で表したものである（本書一三頁）。翻訳という語用実践行為によって産出された翻訳テクスト（Translation Text）が基底層（語用レベル）にあり、その周辺に翻訳をめぐるコンテクスト（Translation Context）がある。それに関して一段上の層（メタ語用レベル：一階レベルの理論）で展開している言説が研究者による翻訳理論である。翻訳理論には大きくわけて記述的アプローチ（Descriptive Translation Studies）と関与的・介入的アプローチ（Committed/Intervenient Translation Studies）があり、これらが両極を成しているが、それぞれのコンテクストに根差したイデオロギーをそれぞれが帯有している。また、実務家が発する翻訳論あるいは翻訳に関する言説（Translators' Discourse）も、やはり各自が拠りどころとする特定のコンテクストに根差した経験値の総体（の一部が言語として顕在化したもの）であり、それぞれにイデオロギーを帯有している。これを分析するのも翻訳研究の一つである（Translators' Discourse Analysis）。そして、最上位層（メタメタ語用のレベル：二階レベルの理論）において、一階レベルの諸理論・諸学説のイデオロギーを俯瞰的に分析し、〈等価構築テーゼ〉を基に検討する。さらに、本書全体に孕んでいる誤謬、そしてイデオロギーを自己批判としてさらに再帰的に論じることで、翻訳をめぐる言説や翻訳イデオロギーの多様性に向けて、斉一性に収斂するのではなく、多様な言説空間が生み出され、絶えず翻訳構築をめぐる実践や言説が展開されることで、翻訳空間が豊かになることを展望するという自省的な作業も行う（自己批判原理の実践）。

では次章に移る前に本書が、学際的性格が強い翻訳学ないし翻訳研究、トランスレーションスタディーズの分野におけるこれまでの西洋の諸学説をメタ分析し、その全体像を俯瞰するために援用するべきメタ理論として何を選ぶかについて、そしてその適用可能性を吟味しておく必要がある。

一九六〇年代以来盛んになってきた翻訳学は、翻訳行為の多義性・多面性・多様性に呼応し、多言語的・学際的性格が強く（マンディ、二〇〇九［二〇〇八］、一頁）、議論が拡散傾向にあり、例えば翻訳学で頻出する前述の等価（河原、二〇一四a）、シフト（河原、二〇一四b）、ストラテジー（河原、二〇一四c）といった概念装置の概念定義、目的、分類法、全体での位置づけ、機能などについて統一的なコンセンサスが取れないまま、メタ言語が混乱状況にある（cf. Gambier & van Doorslaer, 2009; Pym, 2011）。このことは単に用語の混乱状況のみならず、諸学説の乱立状況によって翻訳学の「全体像」が説明に困難を来すことも意味している。そこで、もし学際性を維持しつつも自律性のある学問分野として認知度を高める必要性が翻訳学にあるのであれば、何とかこの混沌状況を交通整理し、暫定的にでも作業仮説的に準拠枠・参照枠となる全体像を描く作業を行う必要が出てくる。これは、単に翻訳学の「マップ」を描く作業（Holmes, 1988/2004; Toury, 1995/2012; van Doorslaer, 2009; Munday, 2012）に留まらず、更に踏み込んで、翻訳学の諸学説のそれぞれの特徴や、それを生んだ社会文化史的コンテクスト、あるいは知のエピステーメー全体のなかのイデオロギー的偏向状況などを分析し（cf.フーコー、一九七四［一九六六］、二〇一二［一九六九］）、各論点の学説状況を見定める作業を通して、翻訳学の全体像を描きつつ諸学説を適切に定位する必要があることを意味する[2]。

この点、例えば三ッ木（二〇一二）は、「翻訳について問うことは、いわば翻訳をする自分が歴史のどこに位置しているのかという問い、いわば歴史意識と切り離すことができない」（一一頁）とし、一九七七年という早い段階でドイツの翻訳思想についてルターからローゼンツヴァイクまでを包括的にまとめたLefevere（1977）を高く評価している（一四頁）。「定義されていない二者択一：〈文字〉か〈精神〉か、〈言葉〉か〈意味〉か、をめぐって、ただ何となく堂々巡りを繰り返しているだけ」（スタイナー、二〇〇九［一九七五／一九九二］、四九七頁）の翻訳原理論に対して、「近代の翻訳論は、歴史性なり歴史意識なりから切り離したとたんに、単なる技術論の集合になってしまうということではあるまいか」という批判的な問題意識を提示して、三ッ木は「翻訳論の歴史を、方法選択の歴史として描きながら、それぞれの歴史意識を手がかりにこの選択の理由を問う」（一二頁）ことで、翻訳思想の「内的な持続性、思想史的な連続性」（二一〇頁）を描くことに成功している（三ッ木、二〇一一）。このような優れた翻訳思想史の記述に倣いつつ、本書は現代の数多く提出し続けられている諸原理論をも射程に入れながら、諸学説がエピステーメー全体でどのような布置（constellation）を示しているのかについて、諸原理論を統括するメタ理論に導かれながらも、翻訳諸原理論・諸学説の内容とそれを取り巻く社会文化史的コンテクストの両方を架橋する形で描き出してみたい。

このような問題意識から、ここで翻訳学の諸学説を俯瞰して分析するためのメタ理論として、記号論の適用可能性について検討する。そして本書が行うのは翻訳学の社会状況を捉えた分析であるので「社会記号論」の導入を必要とするが、イデオロギー概念との理論的整合性を判断基準としつつ、いくつかの社会記号論のなかでアメリカ言語人類学系社会記号論が最も適していることを示し、次に、それに依拠して翻訳学の整理のための枠組みを示す。

もう一度ここでこれまでの翻訳学の潮流を確認しておくと、一般的に、翻訳とは異なった二言語間の言語変換であると考えられており、前述のように第一段階として、一九七〇年代ぐらいに入ってから、はじめは多面的・複層的・多義的な翻訳行為のうち「言語テクスト」の側面（翻訳行為の言語的側面）に焦点を当てた諸学説が展開された（具体的な論点は前述のとおりである）。そして、第二段階としてこれに社会行為性が加味された諸論点も並行して盛んに議論されている。このいわば翻訳学における「言語理論」は「等価論」に対する批判を含みつつ、目標言語における翻訳の社会機能を基軸に論を展開してきたと言える。

第三段階としては、これに対して「社会行為」としての翻訳の側面を看過していると全面的に等価概念を否定し批判するのが、主に文化的・イデオロギー的転回を遂げたとされている翻訳学の諸学説群である。これらは翻訳学における「文化理論」と位置づけられ、言語的な等価だけに議論の焦点を当てることを批判するいわば「等価誤謬論」であると位置づけられるであろう。

以上が翻訳研究における「言語理論」と「文化理論」の大きな潮流であり、後者が前者を敵視し周縁化するきらいもある（Munday, 2012, pp. 207-208）。ところが一部には、翻訳学の言語学への回帰の主張（Vandeweghe, Vandepitte & Van de Velde, 2007）も見られる。このように翻訳学は大きく見るとその分析対象の基軸を言語テクスト中心か社会文化的コンテクスト中心かの二極の間を揺れながらも、各学説は翻訳行為のある局面に照準を合わせて、意識化（イデオロギー化）し、それを合理化しながら理論化を行ってきた。

つまりは翻訳学全体を射程に入れた、いわば「全体の学知」をやや見失いながら、各研究者が自身の置かれたコンテクストで自身の社会的必要性から自身の問題関心のなかで問題意識を高め、理論化を進めてきたとも言える。この点、これまでの翻訳学の諸学説を時間的経緯に沿って略説したものとしてNewmark（2009）とSnell-Hornby（2006）がある。Newmark（2009）によると翻訳学は、(1)言語学的段階（翻訳研究前夜の翻訳論）、(2)コミュニケーション論的段階（言語学ベースの分析）、(3)機能主義的段階（目標言語文化における機能主義）、(4)倫理・美的段階（倫理と文体論に関わるもの）、を経てきたとしている。他方、Snell-Hornby（2006）は、(1)前言語学的段階、(2)言語学的段階、(3)一九八〇年代の文化的転回、(4)一九九〇年代の学際的段階、(5)一九九〇年代の諸転回、(6)二〇〇〇年代の回帰？　という流れを示している。これらの問題意識も踏まえたうえで、さらに翻訳哲学と翻訳多様性を論じる諸学説をも射程に入れる必要がある。

　以上をまとめると、翻訳学の諸学説は、①言語テクストをめぐる学説群（**言語等価論**）、②目標言語における翻訳の社会機能をめぐる学説群（**社会等価論**）、③翻訳の社会文化的イデオロギー性をめぐる学説群（**等価誤謬論**）、④翻訳哲学・思想に関わる学説群（**等価超越論**）、⑤翻訳のジャンルやテクスト・コンテクストの多様性に関する学説群（**等価多様性論**）、の五類型に集約できる。このような類型化を措定することで、翻訳学全体の布置を俯瞰的に見定めることが可能となる。

　次に、これらをすべて統括し、「全体の学知」として体系化するためのメタ理論について検討する。

1.4.2　社会記号論の潮流と言語人類学系社会記号論

　翻訳学のメタ理論として導入すべき理論の要件として、翻訳行為の多義性・多面性・多様性や多言語性・学際性を十全に分析し総合するだけの俯瞰力と統合力および批判力のある理論である必要がある（特に、第5章で論じる記述的翻訳研究と関与的・介入的翻訳研究の布置を的確に論じる説明力が必要となる）。まずはいわゆる「メタ理論」自体の存在論的要件が人文・社会・自然科学を問わず、問われることになる。これに関し、例えば*Integral review*という学際的・超領域的な思想・研究・実践を扱った国際学術誌に掲載されているWallis（2010）「メタ理論の科学に向けて」という論文がある。この論文は、二〇以上に及ぶメタ理論の様々な定義を検討したうえで、モダニズム的科学の要件[3]、次にポストモダニズム的科学の要件を挙げ[4]、これらを統合することでメタ理論が洗練されていくと主張している。この知的営為を換言するならば、いわば下層レベルの理論としてモダニズム的方法があり、それを上層（＝メタ）レベルから俯瞰し相対化する運動としてポストモダンな方法を採り、これらを統合することで全体の学知を得ようというのである。つまり、下層レベルの理論が発現したコンテクストを見つつ、それを批判的に解釈しその構築性の背後にあるナラティヴや不確定性・曖昧性などを引き出しつつ、諸理論の変化の多様性を実践論的に捉えていくというのが同論文の狙いである（近時の流行の構築主義もこの射程内にあると言える）。

　このいわば下層レベルのモダニズム的科学には、マッハ（E. Mach）の現象論やカルナップ（R. Carnap）に代表される論理実証主義などがあると言える。これは、我々の認識や理論から独立の中立的な「感覚与件」（sense-data）があり、科学的知識の構成はそのようなものの忠実な観察と記述から始める立場で、科学の進歩は観察と観察事実の記述の累積によってもたらされると考える理論群である（小林、一九八七、一二八頁。≪5.1.1記述的翻訳研究）。他方、いわば上層レベルのポストモダニズム的科学[5]も、（単なる先行理論に対する後発理論としての）メタ理論によってある学説を単に相対化するとか反証する（cf. K. Popper）という枠組みを乗り越えるものではある。

しかしながら実は、この理論群も論理実証主義の流れの中にその起源を持ち、したがって、現在散見される「論理実証主義vs.クーン以降の科学論（あるいは構築主義）」という図式的理解には大きな歪曲（誤謬）があることが指摘されている（小山、二〇一一a）。このように、一般的に考えられている通説に反し、小山（二〇一一a）は初期の論理実証主義にはカントの構成力の思想（判断力批判）の影響が強く見られること、論理実証主義[6]はマッハの現象論、カントの「構成力」論（判断力批判）などを内包して中央欧州で形成された思想であり、したがって現在流行中の構築主義と同じ起源を有していること、クーンの科学革命論・パラダイム論は、その出版史が示すように論理実証主義の流れの中にその起源を持つことを指摘している点は（小山、二〇一一a、六—九頁、四五〇—四五四頁、cf.ハッキング、二〇〇六［一九九九］）、本書が等価構築性を展開するにあたり注意を要する。

このことに照らし、特定の科学理論なり理論群がいかなる社会文化史的コンテクスト内でいかなるイデオロギー（信奉体系、世界観）を有して生起したのかに関して、社会行為の「顕在的機能」と「潜在的機能」を、理論構築行為ないし学問的営為の全体的布置の視座から見極めることが重要となる（マートン、一九六一［一九五七］、一六—七七頁；バーガー、一九九五［一九六二］、六一—六二頁）。顕在的機能は社会過程の意識されかつ意図された機能、潜在的機能は意識されずかつ意図されぬ機能である[7]。したがって、単にポストモダン系の諸説によってある種の信奉体系に対して脱構築、解体、批判、揶揄などを行うこと、モダニズム系諸学説をポストモダニズム系で相対化すること（《5.1.2 関与的・介入的翻訳研究》）が目的なのではなく、両者をすべて包摂したうえで、総じてそれらの知の営みの「顕在的機能」と「潜在的機能」がどのようなものであるかについて知識社会学[8]や人類学的民族誌記述の視角から見定めることが、本書が目指すメタ理論の目的、すなわち顕在的機能である。これをイメージ図で表すと、図1-1になる。

これを踏まえつつ、翻訳行為という言語的、社会的行為性、かつ、原文を翻訳するというメタ言語的・イデオロギッシュな性質に鑑み、翻訳学の全体の学知の見定めという合目的性に適うためのメタ理論の要件として、具体的には以下の五点が考えられる。

(1) テクスト分析とコンテクスト分析を架橋できる。
(2) 言語コミュニケーション理論と社会理論を統合できる。
(3) イデオロギー分析を上記(1)および(2)に接合できる。
(4) イデオロギー分析を行う以上、自らの理論の構成やイデオロギーについても再帰的に分析するという自己批判原理を内在させている。
(5) （西洋の地平内の）近代的理性・合理主義・アカデミアの知のあり方を批判し相対化する原理を持っている。

この点、まず(1)に着目し、テクスト分析とコンテクスト分析を架橋する諸理論を選ぶことになるが、これには言語テクストを基底にした社会記号論が考えられる（選択体系機能言語学：SFL）。また、(2)や(3)を射程に入れると、主に欧州系の一連の批判言語学や批判的談話分析の理論群（CL、CDA）、あるいは北米系の言語人類学系社会記号論（LA-SS）が俎上に乗ってくる。

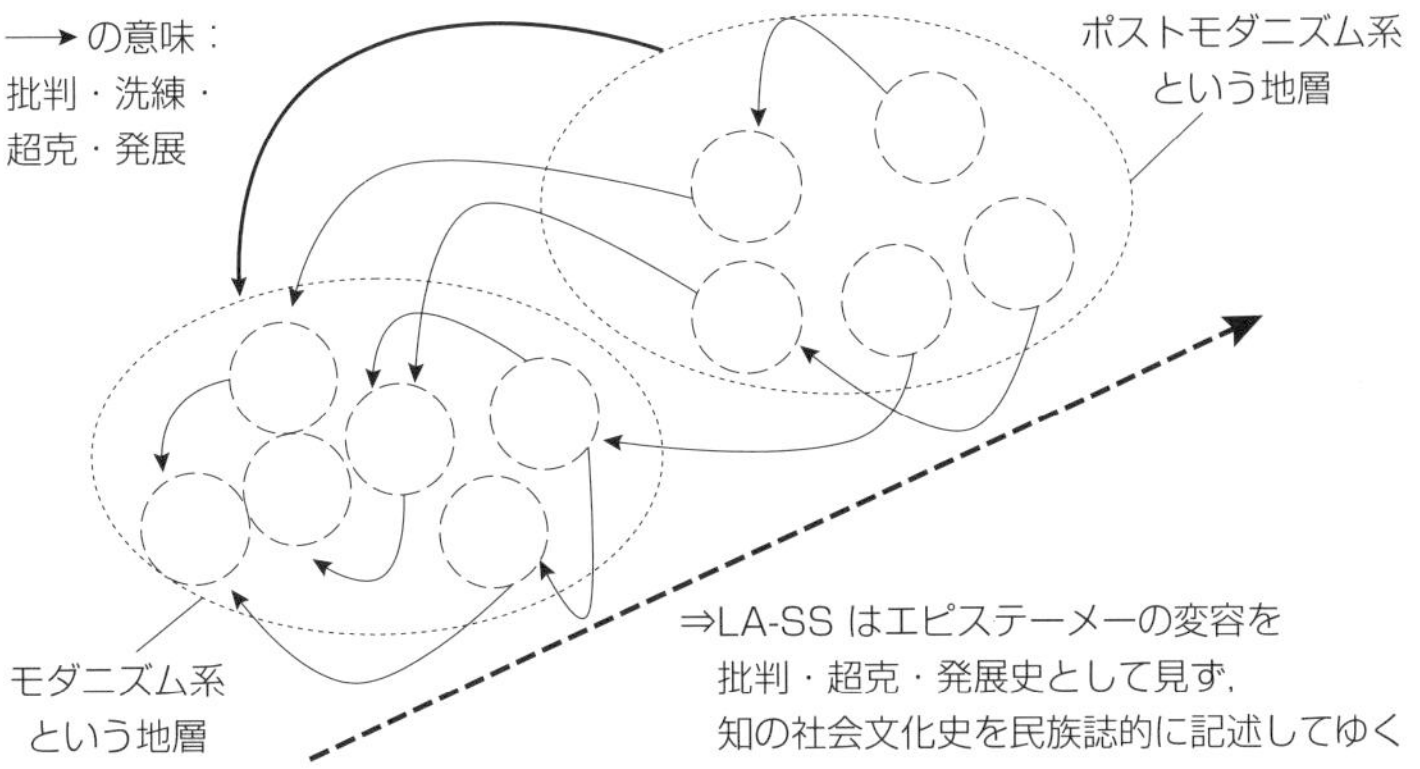

図1－1　知のエピステーメー全体

また、(3)や(4)を考慮する際、「イデオロギー」概念を明確に見定めておかなければならない。詳しくは2.5.2および2.5.3で検討するが、ここで「イデオロギー」とは、広義ではidea（観念）に関わるもので、世界観・信念体系のことである。これは象徴性（《2.1.1）が高い観念的な慣習的概念のことで、この観念ないし概念には意識化されたものだけでなく、無意識的なものも含まれる。これはある集団ないしコミュニティの「世界観」と同義の抽象的なものと捉えられる。他方、狭義では、古典マルクス主義的な階級性を固定的に捉えた観念体系ないし虚偽意識や、CDAが定義するような合目的性に合致した一定の形や方向性を導き得る発動機付きの思考形態とも捉えられる（野呂、二〇〇一、一八頁）。しかしこれらが目指すのは、階級闘争や社会改良主義に基づいた社会運動のための標語の実現であり、上述の知識社会学の観点からは目的が偏向し過ぎている。いわば、これらの意図ないし合目的性が負荷となり、イデオロギー概念自体のイデオロギーを歪曲化・矮小化しているとも言えよう。ここではマートン（R. K. Merton）やバーガー（P. L. Berger）の問題意識に立ち返りつつ、それを言語学と接合させた概念定義を施す必要がある。それは、言語とイデオロギーの関係を表す「言語イデオロギー」の定義に見られるもので、言葉について我々が意識化していること、つまり、言葉について我々が考えていることを称して「言語イデオロギー」（linguistic ideology: language ideology）と呼ぶ（小山、二〇一一a、四頁）。この定義では意識化することをイデオロギー化すると位置付け、ボアス（F. Boas）的な伝統に従い、人が無意識に習慣的に遂行している実践行為が「意識化」（意識的な概念化や合理的解釈など）されたとき、歪んだ「合理化」を伴って認識され、この歪んだ認識が習慣的な実践行為を徐々に変容させるように働くとする考え方である。このような意識と結びついた象徴性の高い現象を「イデオロギー」と呼ぶ（小山、二〇一一a）。要するに、人は意識化されやすいものを選択的に認知・意味づけしてイデオロギー（観念）を形成し、そこには現実と意識とにギャップや歪曲が生じるとするもので、[9] これを社会行為の次元で論じるならば、行為の「顕在的機能」と「潜在的機能」とに齟齬を生じさせる規制要因ということになる。そしてこれを語用（言語使用）行為の次元で論じるならば、人の語用行為（言語使用の実践行為）は、このようなイデオロギーが介在することで、合目的性を持った言及指示的語用や社会指標的語用と、非合目的性を持った創出的社会指標的語用を併せ持った「社会的構築行為」として捉えることができると言えるのである（この点を明示的に提唱したシルヴァスティンの「転換子論文」に関し小山、二〇〇九、また構築主義については、ハッキング、二〇〇六［一九九九］など参照）。

また、(4)と(5)を考慮すると、自らの理論構築行為のもつ明示的な「顕在的機能」の背後に隠れた「潜在的機能」ないし非合目的性をも、自らの理論分析の射程に入れるという、自己批判原理を内在させていることが、自己チェック機能を有するメタ理論の健全さへとつながる（cf.カント・批判哲学）。それはすなわち、自らの社会文化史的コンテクストをも自己分析することとなり、近代的理性・合理主義・アカデミアの知のあり方を批判する契機ともなる。

以上のことから選択体系機能言語学（SFL）、批判言語学・批判的談話分析（CL／CDA）、言語人類学系社会記号論（LA-SS）のメタ理論性をごく簡単ではあるが検討する。

1.4.2.1 選択体系機能言語学（SFL）

SFL学派は、まず社会的コンテクストが存在し、それが言語の範列軸における選択を規制するという着想において、この選択は即ち言語使用者の主体的決定であり構築行為であるという考え方を土台にしている。しかしながら、SFL学派では、数多くの認識と行動の選択肢の中から人々が具体的なやりとりを経て選び取り、組み立ててきた価値と規範の体系を価値観であるとし、これらを包括した概念としてイデオロギーを位置づけている（佐藤、二〇〇六、一九頁）。しかしそこには、言語項目の選択における「顕在的機能」と「潜在的機能」の齟齬を直視するといった言語とイデオロギーのズレを分析する視点はない。その意味で素朴なイデオロギー観に立脚した社会記号論体系を成していると言え、本書が目指すメタ理論には適しない（この学派の別の観点からの分析については、≪3.3.1（14）≫。

1.4.2.2 批判言語学・批判的談話分析（CL／CDA）

「現代社会の不平等な力関係を内包した談話を批判的に分析するという認識のもとで発達してきた一連の談話分析研究」（野呂、二〇〇一、一七頁）であるこの学説群には大きく、イギリス・オーストラリアの批判的言語学（R. Fowler, G. Kress, R. Hodge）・社会記号論（T. van Leeuwen）・社会文化的変化と談話の変化（N. Fairclough）、オランダの社会認知的研究（T. A. van Dijk）、オーストリアの談話歴史法（R. Wodak）、ドイツの解釈分析（U. Maas）・デュースブルク学派（S. Jäger）、フランスのフランス談話分析（M. Pêcheux）がある（Fairclough & Wodak, 1997, pp. 262-267; 野呂、二〇〇一）。

まず上記のなかで、クレス（Kress, 1990, 2010; Kress & van Leeuwen, 1990, 2001; Kress & Hodge, 1979; Kress, Leite-Garcia, & van Leeuwen, 1997）、ホッジ（Hodge & Kress, 1988）、ヴァン・ルーヴェン（van Leeuwen, 2005, 2008）はマルチモダリティ（言語だけでなく写真、色、音

楽、絵画などといった他のメディア）をもCDAの分析対象にするべきであることを強調している。視覚、聴覚情報を含めた多重の記号性に着目し、いずれも魅力のある論を展開しているが、本書は翻訳諸学説の言説という言語テクストをメタ分析の対象にするため、メタ理論の枠組みとしては採用しえない。

CLを初めて提唱したファウラー（Fowler, Hodge & Kress, 1979）は、着眼点は鋭いが、談話を静的に分析し言語と意味が一対一対応する写像理論的な言語観があること、したがって葛藤や変化などのダイナミズムが十分説明されていないこと、イデオロギーの分析が言語の表層的な面のみで行われているなどの難点があった（Fowler, 1996 では他のCDAの理論群と共通する問題意識を提示している）。CDAを本格的に提唱するフェアクラフは新資本主義（グローバリゼーション）の弊害を除去した社会を目指す一環としてディスコース分析を行う立場で魅力的な論を展開しているが（Fairclough, 1995）、持論を主張するための証左として選択的に分析資料を利用し、また主な理論的根拠とするSFLを体系的にではなく利用できる箇所だけ選択的に利用するなどの荒っぽさが看取された（詳細な批判については、Widdowson, 1995, 1996; Pennycook, 2001; O'Halloran, 2003; Blommaert, 2005 など）が、近時はその弱点も克服しつつある。その他、ファン・ダイクは社会認知に焦点を当てた認知モデルや操作システムを中心にした論を展開し（van Dijk, 1984, 1987 etc.）、ウォダックは方法論的多元主義に則った談話歴史法を学際的に展開している（Wodak, 1989 etc.）。

これらを詳細に見ると温度差はあるものの、概して、社会の支配的イデオロギーや不平等を問題化し、それに異議を唱え社会を変革するという分析者の立場および研究の社会的目標を明言するのがこの理論群の特徴であると言える。そして、イデオロギーを、「種々のメディアから入ってくる公的談話から日常交わされる談話まで、誰もが手にする日常的な談話の中に目に見えない〝自然な〟形で埋め込まれた、談話の様々なレベルにおいて発現しうる、かつ、人々に直接的間接的影響を与え得る一定集団の価値観や利害などを正当化するような構造をもったもので、いわば、一定の形や方向性を導き得る発動機付きの思考形態」であるとしている（野呂、二〇〇一、一八頁）。

このようなイデオロギーの定義からもわかるように、もしこれらの学説群をメタ理論として適用した場合、研究という社会行為の「顕在的機能」が前景化されるため、当該行為の「潜在的機能」まで再帰的に分析する自己批判原理を内在化させていない理論群ということになり、したがって本書が目指すメタ理論には適しないと思われる。

1.4.2.3　言語人類学系社会記号論（LA-SS）

次に、シルヴァスティン（M. Silverstein）が目指す現代アメリカ人類学の綱要を開陳した「転換子」論文（Silverstein, 1976）のテーゼについて、小山による要約（Silverstein, 1976; 小山、二〇〇九、二三九―二四二頁）の(1)～(6)の各項目に見出しを付す形で以下に掲げる（但し、以下のテーゼ［2-4］［2-9］［2-10］の通し番号は、第2章と連動させている）。

［2-4］言語人類学系記号論の綱要

(1) 言語研究の文化・社会研究性（生成文法・分析哲学・言語哲学批判）
(2) 文化・社会研究の言語研究性（文化人類学・社会学批判）
(3) 言語研究と文化・社会研究の相互依存性（言語人類学の特徴づけ）

(4) 言語研究と文化・社会研究の結節点としての語用論（コミュニケーション）研究
[4-1] 社会指標的語用
[4-2] 前提的指標性と創出的指標性
(5) 言語・文化・社会研究の再帰的メタ理論の必要性（カントの批判哲学テーゼ）
[5-1] メタ理論の批判的相対性・普遍性（ヘルダーのメタ批判テーゼ）
[5-2] 記号の機能的多重性
(6) 北米言語人類学の課題：旧套の言語文化社会理論のイデオロギーの解明

これは上掲のメタ理論の要件(1)~(5)に合致する綱要であり、上述のようにイデオロギーの定義も知識社会学の主意を踏まえたものであり、本書が目指すメタ理論の枠組みに合致するものといえる（詳細な検討は第2章以降で展開する）。

次に、このようなメタ理論の枠組みとなる社会記号論に依拠した翻訳論の綱要を掲げる（小山、二〇一一b）。この綱要の位置づけと詳細については、2.5.3に記すこととし、本章では綱要のみを掲げる。

[2-9] 社会記号論に依拠した翻訳論の綱要
(1) 近代の翻訳論は、一般に、「翻訳」を言及指示機能と国民国家／民族言語＝文化（言文一致的標準語、少数民族言語＝文化など）に基づいて解釈してきた。
(2) 「（一般化された）翻訳」、つまり記号論的な意味での「翻訳」は、ラング（言語）ではなくパロール（語用）、言及指示機能ではなく社会指標機能／コミュニケーション出来事、テクストではなく（コン）テクスト化の過程に主に関わる現象である。
(3) 翻訳不可能性は、主に、言及指示機能ではなく社会指標機能、言語変種、社会言語学的多様性、コミュニケーション出来事の固有性／偶発性と結びついている。
(4) （社会言語学的）多様性の根幹は、（少数）民族言語などではなく、社会指標的な次元、特に、社会文化的にコンテクスト化された出来事の固有性／偶発性にある。
(5) 「多様性を促進する翻訳」は、グローバリズム、ナショナリズム、ローカリズムに関わる社会経済や文化イデオロギーを含む記号論的全体の中で考察されなければならない。

最後に本書が論じようとする骨子を表した、翻訳メタ理論分析の課題を掲げる。これについても、この綱要の位置づけと詳細については、2.5.3で展開することとし、本章では綱要のみを掲げる。

[2-10] 本書の翻訳メタ理論分析の課題
(1) 翻訳研究ないし翻訳理論によって何が意識化（イデオロギー化）され、何が意識化されにくいか。具体的には、①意識化されない言語構造（象徴的無意識）、②意識化されない語用実践行為（指標的無意識）、そして③言語使用者の言語意識（イデオロギー）の相関とズレに関し、翻訳理論ではどのように理論化しているか。
(2) 翻訳研究者の意識が、翻訳について矮小化した理論を定立したり、翻訳の改良運動（介入主義）へと展開したりしているか。
(3) 翻訳不可能性・相対性・多様性の要因として翻訳理論は何を

意識化しているか。

(4) 以上から、翻訳理論のイデオロギーはどのようなものか。そして翻訳研究者のイデオロギーと社会文化史的コンテクストとはどのような関係があるか。

(5) 本質的にコンテクスト負荷性とイデオロギー負荷性のある「翻訳等価性」を鍵概念にして、翻訳学の全体をどのように(再)構築していくべきか。

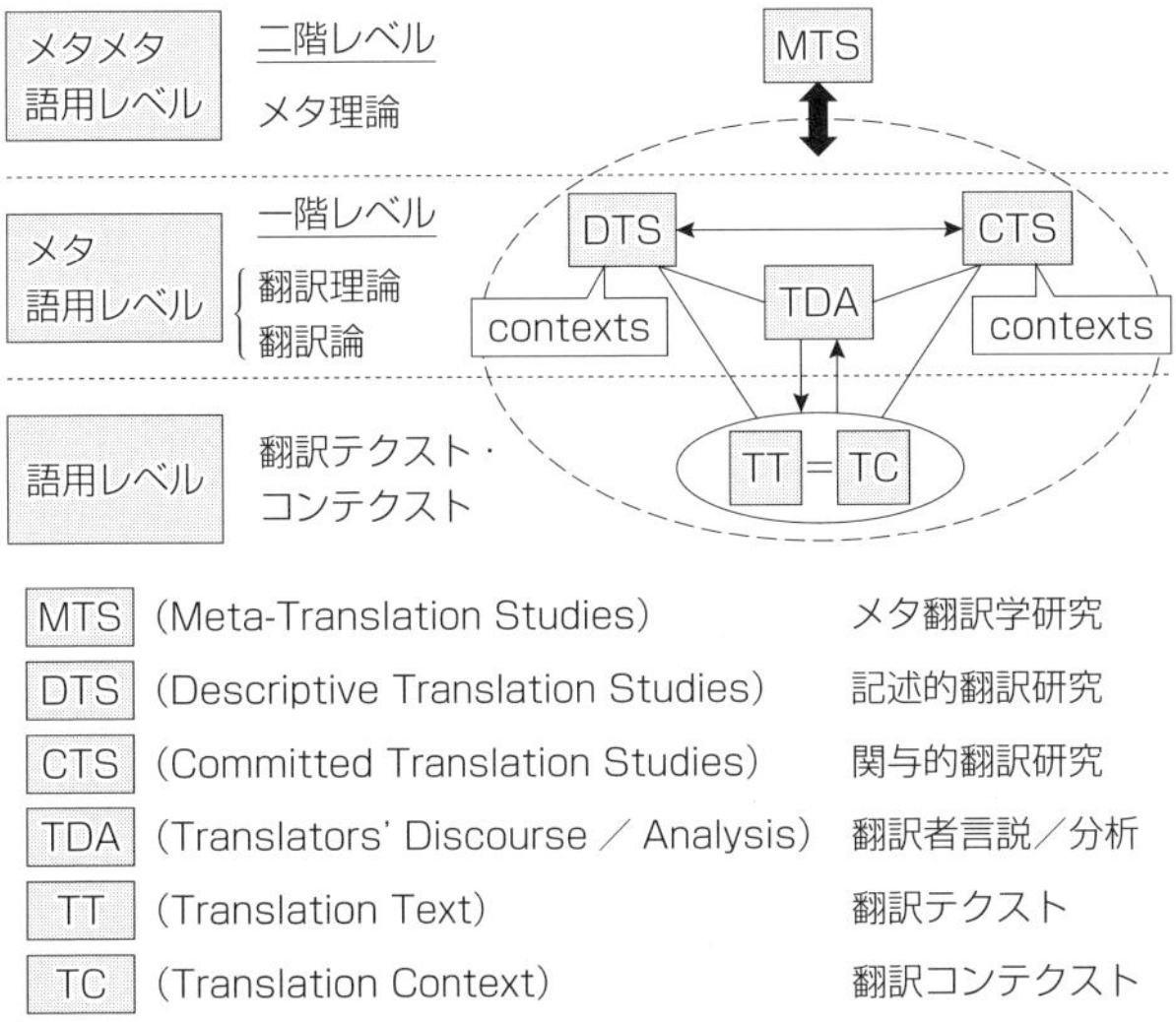

MTS	(Meta-Translation Studies)	メタ翻訳学研究
DTS	(Descriptive Translation Studies)	記述的翻訳研究
CTS	(Committed Translation Studies)	関与的翻訳研究
TDA	(Translators' Discourse / Analysis)	翻訳者言説／分析
TT	(Translation Text)	翻訳テクスト
TC	(Translation Context)	翻訳コンテクスト

図1－2　本書の理論階層の布置

以上の翻訳メタ理論分析の課題を、次章から検討していく。

＊

序章の最後に述べておかなければならないことがある。それは翻訳というもの、そのものが、「他者」、「異《い》なるもの」あるいは「よけいなもの」(J・ルセルクル)とどう向き合うかに関わる人間の根源的な問いを発しているということである。他者を受け入れる、異なるものを受容するには、それとの類似性を見出さねばならない。と同時に、類似であることを認めれば認めるほど、その差異は強調され、そのジレンマを包摂しつつ両者をつなぐ、仲介するという役目も果たさねばならない。さらに厄介なことには、他者を受容する過程において自己のなかにある他者性・異なるものにも目を向けねばならない。自己矛盾の露呈の過程が翻訳には不可避である点が、翻訳の難しさでもあり魅力でもある。

これは理論研究という言説構築においても同様である。時空を異にする敬意を表すべき他者が苦心して築き上げてきた理論を、いとも簡単に平成期の日本という今・ここで受け入れ、(広義での)翻訳という作業によって要約し、書き換え、そして批評を行うという営み、そしてそれらを集約して全体を造形化しようという試みには、差異を捨象し類似を構築しつつ時空を仲介するというイデオロギッシュな操作が付き纏う。と同時に、自分自身が矛盾を抱えながらの発展途上であるにも拘らず、一旦立ち止まって静止画を描く作業をしなければならない。本書で見るように、言語記号の過程は無限更新であり、果てしなく変化を遂げる。にも拘らず、今ここでその動きを便宜的に一時停止させ、今・ここ空間に投錨されたまま、他者の偉業から全体の造形に見合ったものだけを抽出するというのは、ある種の「バベルの塔」を建てようとする行為であるとの誇りは免れられない（cf.ベルマン、二〇一三［二〇〇八］、三〇〇頁 岸による訳者後記）。

したがって、本書が提示する翻訳等価再考の塔は、自己の抱える多大な無意識と自己に内在する他者性を抱え込んだ、イデオロギッシュな構築物であることを自認しつつ、仮象体であったとしても一つの形の提示により、それが何らかの批評・批判あるいは更なる理論構築の異化作用としての参照点となり、乗り越えの礎となることを細やかながらも願いつつ、次章から論を展開してゆくことを、断っておきたい。

注

（1）これは、科学哲学による定義論（Hebenstreit, 2009）にも十分適ったものである（但し、この定義論自体、実証主義・本質主義のきらいがある）。具体的には、①定義は被定義項の概念の本質を伝えるべき、②定義は適切にして十分であるべきで、広すぎても狭すぎてもいけない、③定義は循環論に陥ってはいけない、④定義は否定形を含んでいてはいけない、⑤定義は曖昧な言語で形成してはいけない。

（2）Chesterman（2007）は「理論という考えについて」という論文で、理論とはものの見方であるとして、以下の五つに分類している。⑴神話（バベルの神話、輪廻転生の神話）、⑵メタファー（Chesterman のミーム、Lefevere のリライティング、Pym のローカリゼーション）、⑶モデル（I. Catford, Koller, Vinay & Darbelnet の比較モデル、Nida, Sager, Nord のプロセスモデル、Vermeer のスコポス・Gutt の関連性・Toury の規範という因果的モデル）、⑷仮説（解釈的、記述的、説明的、予見的）、⑸構造化された研究プログラム（Hermans の多元システム、比較のための第三項）、である。このように多種多様な理論がこれまで翻訳学の地平内で構築されてきたが、チェスタマンによるこのような分類では、翻訳学全体を俯瞰することにはならない。各理論の有機的関係が見えないからである。

（3）客観的観察・証拠・仮説検証の規準としての実験や観察・帰納：一般原則を確立する推論や、事実や例から引き出される結論・再現・批判的分析・立証や検証など。

（4）何でもあり（Anything goes）・脱構築・知識のコンテクスト性・ナラティヴ・解釈学・パラドックス・複雑性・不確定性／予測不可能性／曖昧性・変化・批判性・再帰性・内省・直観・価値観・実践志向性・現象学・構築主義など。

（5）デュエム（P. Duhem）が物理学における観察は現象についての理論に基づく解釈であるとする見解を表明し、それをハンソン（N. R. Hanson）が承け、観察における「理論負荷性（theory ladenness）」を提唱し、さらにクーン（T. Kuhn）が通約不可能な理論の間の変換に関し「パラダイム変換」（後にトーンダウンさせて「模範例」「専門母体」「言語の変換」）という概念を使用）を唱えて科学者集団の維持＝再生産機能について論じた。これが近年の科学哲学の動向である（小林、一九八七、一二七―一四三頁）。

（6）例えば小山（二〇〇九、五四三頁）は、（生成文法などの）「生物学的言語論」に対し、科学主義的・自然主義的アプローチは常に社会文化のなかで発現するコミュニケーションジャンルであることを直截に見据え、かかるアプローチは「言語自体の研究に対して二次的な位置にある」ことを的確に捉えている（Koyama, 1997）。

（7）その例として、バーガーは以下の例を挙げている（バーガー、一九九五［一九六二］、六一―六二頁）。賭博行為禁止法の顕在的機能は賭博の禁止、潜在的機能は賭博シンジケートを産み出し非合法の帝国を作り上げること。アフリカ各地でのキリスト教布教活動は、顕在的にはアフリカ人をキリスト教に改宗させること、潜在的には土着の部族文化の破壊を促し、急激な社会変革の方向へと加速度を加えさせること。ロシアで社会生活の全局面を共産党がコントロールするのは、顕在的には革命のエートスを永続させるため、潜在的には官僚という新しくかつ富裕な階級を、すなわち気味悪いほどのブルジョワ的野心に溢れ、ボルシェビキ的献身が要求する自己否定に対してはますます嫌気を覚えつつある階級を産み出すこと、など。

（8）　知識社会学につきバーガー・ルックマン（一九七七［一九六六］）、科学人類学につきラトゥール（二〇〇八［一九九一］）、科学社会学につきブルデュー（二〇一〇［二〇〇一］）、Sismondo（2009）、またポスト分析哲学、ネオ・プラグマティズムなどの近時の動向につき、岡本（二〇一二）、加賀（二〇一三）など。

（9）　人は意識化されやすいものを選択的に認知・意味づけしてイデオロギー（観念）を形成し、結果として現実と意識とにギャップや歪曲が生じることが出来する一つの論拠として考えられるのは「暗黙知」（tacit knowledge：ポラニー、一九八〇［一九六六］）である。どんな客観的な知識も、そのうらに明確化できない、身体的、個人的な暗黙の知識をもっている。私たちは遠隔項については「焦点的な感知（focal awareness）」をもつが、近接項についてはただ「副次的な感知（subsidiary awareness）」をもつのみで、「暗黙知という行為の近接項を、その遠隔項の姿の中に感知している」とする（宮崎・上野、一九八五、一六五—一六六頁）。結果として間接的に、行為の「顕在的機能」と「潜在的機能」も、遠隔項と近接項に対応するとも考えられる。

第2章

社会記号論系翻訳論――理論研究とメタ理論研究の記号論的基礎

2.1 はじめに――社会記号論の適用可能性の主意

第1章で示した論旨および本書の以下の大テーゼ（[1-1] および [1-1-4]）を具体化し説明するために、本章では、翻訳の根幹に関わる原理的解明を行う。①2.1冒頭で本書が翻訳研究に記号論を基底に据える理由、および、社会記号論の綱要に依拠して本書の理論的枠組みのマニフェストを示し、②2.1.1〜2.1.4でそのマニフェストの骨子を素描し、③2.2〜2.6でそれを詳述するという、①で本章の骨子を示したのち、②③で詳細に説く構成で議論を進める。したがって①ではエッセンスのみを示すため、本理論に関わる具体的な概念定義などは②③で展開する。

[1-1] 翻訳とは、等価構築行為である。

[1-1-4] 翻訳とは、当該行為の社会文化史的コンテクスト依存性（社会指標性）および翻訳者のイデオロギーや価値観（象徴性）を不可避的に内包しつつ、ある言語テクストを基に別の言語テクストへと社会的な等価構築（類像化）を行う、非合目的的効果を伴った行為である。

まず、「等価（equivalence）」というのは「等しい価値（equal value）」であり、ここで何かと何かが「等しい－値」であるというときの「値」ないし「価値」（value）は「意味」（meaning: the signified: significance）とほぼ同義と考えられる。我々の思考には記号過程が必然的に伴い、あらゆる価値には言葉の意味作用が及ぶからである（詳しくは、2.2.3）。そのことを前提にすると、等価の本質の探究には、価値の探究、そして意味の本質の探究が不可欠となる。そこで本書では、R・ヤコブソンがC・パースの見解を引用しつつ、翻訳と意味との関係を最も直截に論じている次のテーゼを採用する。

[2-1] 意味とは「ある記号の、ほかの記号体系への翻訳である」[1]（CP. 4. 127）。（ヤコブソン、一九八四［一九八〇］、四九頁）

このテーゼでは、意味が十分条件、翻訳が必要条件となっており、翻訳は記号間翻訳を本質としているのである。これはヤコブソンが示した以下の翻訳の定義に対し、J・デリダが論文「バベルの塔」で異議を唱えたこと（デリダ、一九八九、一―五八頁）[2] に対する反駁となり得る。

[2-2] ⑴言語内翻訳、または言い換え：同一言語内の他の記号

により言語記号を解釈すること。

(2) 言語間翻訳、または翻訳そのもの：他言語により、言語記号を解釈すること。

(3) 記号法間翻訳、または移し換え：非言語記号体系により言語記号を解釈すること。

(Jakobson, 1959/2004, p. 139)

[2-2] に言う解釈とは、後述（≪2.2.3）するようにパースの言う解釈項を伴う記号過程であり、意味構築の過程である。であるならば、[2-1] より本義的に翻訳は [2-2] (3)記号法間翻訳であると言え（但し、ここでは広義の記号法間翻訳、つまり言語・非言語を問わず、ある記号系から別の記号系に移し換えることとする）、後述（≪2.2.1）するように記号はその典型例である言語を含んだ広い概念であり、本質的に記号である言語自体も、記号自体がそうであるように決して離散的で有界性を持った均一的で一枚岩な（homogeneous）実体ではない（≪2.5.2）。したがって、「或る言語の統一性ならびに同一性は、言いかえればその言語の諸境界の決定可能な形態は、厳密にはどう規定されるべきか、が究極的にはわかっている、ということ」が前提とされている（デリダ、一九八九、一二頁）のではないことのみならず、デリダが例に出す「バベル」という固有名詞が「バベル／混乱」という固有名詞／一般名詞の二義性を内包し、そこから敷衍させてあらゆる一般名詞に固有名詞性があり翻訳不可能だとヤコブソンの翻訳三種のテーゼに異を唱えるデリダの主張も、固有名詞という一つの記号の解釈には何らかの記号過程が関与することからして、記号論に照らすと失当であると言わざるを得ない(3)。ここにおいて、意味とは翻訳であり、翻訳は言語を含む記号間の記号過程であることがわかる。そして、この記号でさえ、更なる翻訳を経て、記号となるのである。このことをパースの次のテーゼから見て取れる。

[2-3] 記号が記号となるのは、それがさらにもっと発展した他の記号に翻訳されたときである。(CP. 5. 594)

これらのテーゼにより、意味、翻訳、記号・記号過程が密接不可分の概念であり、翻訳研究に記号論の知見が必要不可欠であることも了解される。

本書はさらに、パース、ヤコブソンを経て社会記号論として再構築されたM・シルヴァスティンの理論の適用を試みる。その主意をはじめに述べる。テーゼ [2-1] をベン図で表すと、図2-1となる（二つの矢印は、果てしない記号過程による意味の拡張可能性を示した記号）。

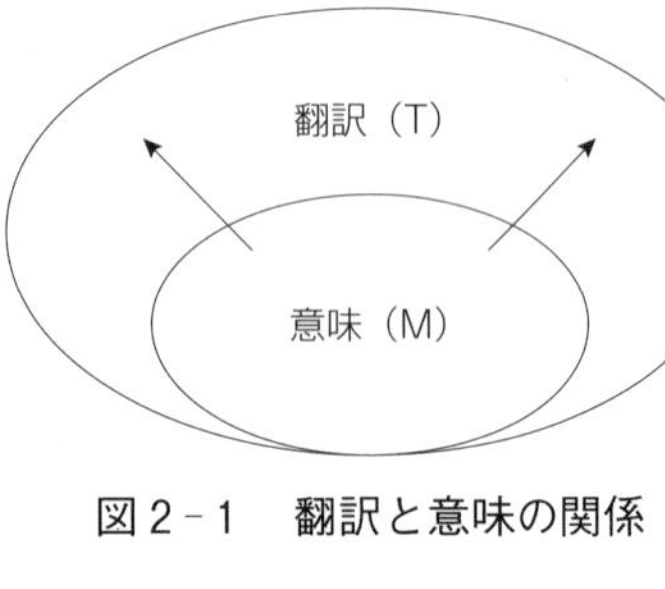

図2－1　翻訳と意味の関係

テーゼ [2-1] を敷衍すると、翻訳の集合Tは意味の集合Mを部分集合として包摂するが、集合T内の¬M（非M）という残余範疇に対する集合Mの拡張可能性（記号が更なる記号になる過程、つまり、直接的解釈項から力動的解釈項、さらに最終的解釈項への過程）について、後述（≪2.2.2）するパースの無限更新的記号過程性、パースを誤解・曲解しつつパースの指標性概念を援用したヤコブソンの転位としての近接性（ヤコブソン、一九八四［一九八〇］、四三―五四頁；山中、一九八四；なお、朝妻、二〇〇九）、更には指標性概念を社会記号論の枠組みで再構成し、言語の言及指示的指標機能と社会指標機能（前提的指標性および創出的指標性）のうち特に後者の意味創出性を説き、出来事モデルを提唱したシルヴァスティン、この指標性を基軸にした思想的流れのなかで（≪2.6.2）、社会的行為たる翻訳という言語コミュニケーションにおける記号過程の核心をメタ語用的フレームに据えることで応答する、というのが本書の主意であり、この社会記号論の枠組み（小山、二〇〇八、二〇〇九、二〇一一a）と、類像性を中心に詩学と認知言語学（とその限界）をも含めて翻訳研究・翻訳理論のメタ理論研究に援用するのが、本書が目指す理論的枠組みである（なお、本段落での初出用語は後述する）。

ここで、シルヴァスティンが目指す現代アメリカ人類学の綱要を開陳した「転換子」論文（Silverstein, 1976）のテーゼについて、詳しくは後述（≪2.6.2）するが小山による要約（小山、二〇〇九、二三九―二四二頁）の(1)~(6)の各項目に見出しを付したものを、本書での重要性に鑑み、再度掲げる。

[2-4]　(1) 言語研究の文化・社会研究性（生成文法・分析哲学・言語哲学批判）
(2) 文化・社会研究の言語研究性（文化人類学・社会学批判）
(3) 言語研究と文化・社会研究の相互依存性（言語人類学の特徴づけ）
(4) 言語研究と文化・社会研究の結節点としての語用論（コミュニケーション）研究
(4-1) 社会指標的語用
(4-2) 前提的指標性と創出的指標性
(5) 言語・文化・社会研究の再帰的メタ理論の必要性（カントの批判哲学テーゼ）
(5-1) メタ理論の批判的相対性・普遍性（ヘルダーのメタ批判テーゼ）
(5-2) 記号の機能的多重性
(6) 北米言語人類学の課題：旧套の言語文化社会理論のイデオロギーの解明

これを承けて、本書が目指す理論的枠組みでは、翻訳等価性という概念の鏡に照らしながら、これまでの翻訳学ないし翻訳研究の諸学説が負うイデオロギーの解明を行い、社会記号論が明らかにした言語記号過程の意味の創出性・構築性の観点から翻訳学の全体像を描く試みを行う。この枠組みは、社会記号論がそうであるように、言語テクスト分析の理論（第1章の図1-2における一階レベルの理論）のみならず、諸理論のメタ理論（図1-2における二階レベルの理論）の両者を包摂した枠組みである。以下の2.1.1―2.1.4においてその概要を示す。

2.1.1　社会記号論から見た言語コミュニケーション行為

はじめに翻訳行為や理論構築行為の本質を見極めるために、翻訳や理論構築が言語操作・記号操作の一種であることを前提に、アメリカ・プラグマティシズムの科学哲学者、C・S・パース（Charles Sanders Peirce: 1839-1914）が提唱した記号論（semiotics）について見てゆく。

パースは記号一般について、対象（object）と記号（sign）との間に大きく、類像性（iconicity）、指標性（indexicality）、象徴性（symbolicity）という記号作用を見出した。まず、①この類像性は、対象（Object: O）と記号（Sign: S）とが同一・同等・類似・相似的であることを示す記号作用であり、指標性はSがOの存在を示す作用、象徴性はSとOは恣意的な関係（厳密には約定的な関係。《本章註3参照》）であることを示す作用であるとする。この類像性という記号作用は解釈項（interpretant: 解釈者による解釈）を通して「対象≒記号」であると解釈者が見なす、つまり両者の間に等価性を見出すという記号に対する人の認知作用であると位置づけられる。テーゼ［2-1］と併せると、これは最も原初的な記号性質でもある（第一次性）。

しかしながら、②この認知作用は同時に、当該認知行為の一回的、偶発的で固有な意味作用でもある。これは当該コンテクストに特有の意味を帯びる語用論的な解釈であって、類像的に対象に言及する言及指示的指標性のみならず、当該等価構築行為の一次的・二次的社会指標性をも有する（小山、二〇〇八、二〇〇九、二〇一一a）。一次的社会指標性とは、話し手・聞き手などのコミュニケーション出来事参加者たち、言及指示対象、これらの間の社会的距離（親疎）、力関係（上下関係）、場（コンテクスト）のフォーマリティーなどを示す概念である。また二次的社会指標性とは、これらのレジスターの使用者たち（話者たち）のアイデンティティや力関係上の位置を強く示す（指標する）という特徴を有する（小山、二〇一一a、一八四頁）。そしてこれらの社会指標機能は前提的指標性のみならず創出的な指標性も帯有する（テーゼ［2-4］(4)：小山、二〇〇八、二〇〇九、二〇一一a）。これは類像化作用によって隣接する別項を指標するという意味において、二次的な記号性質である（第二次性）。

さらに、③これらの類像作用、（一次的・二次的社会）指標作用の背後には、行為者のもつ信念体系や価値観といった象徴的な世界観が言語実践行為に意識的ないし無意識的に反映されている（象徴作用の反映）。これは記号を使用する解釈者が慣習に従った記号解釈（解釈項）を行うことで作用する、①②に比すと無因的、無契的、恣意的な記号作用である。これは①②の記号作用の残余範疇という意味で三次的な記号性質である（第三次性）。

このように、①類像作用、②指標作用、③象徴作用という三つの作用が三位一体となって複合的に等価構築、意味構築を行いつつ、絶えず意味改変をしているのが、理論構築行為を含めた人の言語実践行為一般の意味および意味づけのあり方であるといえる（テーゼ［2-1］）。換言すると、カテゴリー化・等価行為（①）は、コンテクスト負荷性（社会指標性）（②）のみならず、そのコンテクストに帯有する恣意性・文化相対性・利害関心負荷性（象徴性）（③）も有しているのである。以上が言語を含む記号一般の三作用である。以上をまとめると、以下のテーゼになる。

［2-5］言語使用を含む記号過程は、①類像作用、②指標作用、③象徴作用が三位一体となって複合的に、対象と記号との間の等価構築、そして両者間の更なる意味構築・意味改変を絶えず繰り返していく過程である。

2.1.2　社会記号論から見た翻訳行為

これを翻訳行為一般に適用するならば、対象Oに対してSという記号を当てる行為はまさしく記号間翻訳であり、その一形態としてOが起点言語テクスト、Sが目標言語テクストである場合が狭義の翻訳、すなわち言語間翻訳であると言える（テーゼ［2-2］: Jakobson, 1959/2004: 真島、二〇〇五）。そして両者に通底するのは、①「O≒S」（対象と記号が等価な関係）であると見なす行為、すなわち等価構築行為という性質である（河原、二〇一一b）。しかしながら同時に、②この「O≒S」は特定のコンテクストで生起する翻訳行為であり、一回性・偶発性・固有性を有するもので、このようなO≒S等価構築行為自体のコンテクストを指標する記号作用をも同時に有する。さらに、③翻訳者の有する価値観・信念体系といった象徴的世界観が翻訳意識・無意識となって作用する側面もあり、これらの複合的な意味構築行為が翻訳行為であると言える。以上をまとめると、以下のテーゼになる（再掲する）。

［1-1-4］翻訳とは、当該行為の社会文化史的コンテクスト依存性（社会指標性）および翻訳者のイデオロギーや価値観（象徴性）を不可避的に内包しつつ、ある言語テクストを基に別の言語テクストへと社会的な等価構築（類像化）を行う、非合目的的効果を伴った行為である。（但し、非合目的的効果については後述する。≪2.6.2(3)）

ここで注意すべきは、2.1.1で説明した類像性と等価性の関係である。翻訳においては、異言語間の記号操作が行われるが、これらは本来、異言語間では互いに全く無因的、無契的、恣意的な記号系である（但し、言語記号自体には指標記号は含まれている。e.g. 指示詞など）。それが翻訳行為によって無因的な記号どうしが有因的に結合されるのは、上記の①の「見なし行為」、つまり翻訳という等価構築行為性に拠るのである。となると、本来、象徴性が極めて高い記号系どうしを人為的に類像化（iconization）するのであるから、解釈項なくしては、類像化行為は実現されない。[4] ここで類像性に関し、パースは更にその抽象度に応じて、(a)イメージ＜(b)ダイアグラム＜(c)メタファーに三分類している（a＜b＜cで抽象度が大きい）（≪2.6.1）。(a)イメージは実体の直接的類似、(b)ダイアグラムは構造の対応的類似、(c)メタファーは構造の並行的類似を特徴とし、顕現様式としては(a)は視覚的・聴覚的な様式、(b)は聴覚的・視覚的・概念的な様式、(c)は概念的な様式となる（平賀、一九九二）。これを承けると、翻訳における等価性概念は、パースの類像性そのものというよりも、概念的様式における並行的類似性を表す（パース流）メタファー（以後、「P-メタファー」と本書では表す）が翻訳における等価性概念に対応するというように、概念規定を厳密化すべきである（更なる議論は、本章註5を参照）。

2.1.3　認知意味論と社会記号論から見た理論構築行為

今度はこれを理論言説に適用するならば、翻訳をどのようなものに見立てて理論化するか、つまりどのようなメタファーが関与しているかが、理論構築の根底にあると言ってよい。そこで、認知言語学系のメタファーによる理論の認知構造の原理を略説すると以下のようになる。

「AがXとして（"as"）見立てられる」という言語形式を一般論として敷衍すると、「A as X: XとしてのA」（直喩：シミリー）、「A be X: XであるA」（隠喩：メタファー）となる。厳密に言えば、"as"は中核的意味として「等価」（equivalence: equal value）を表しており（河原、二〇〇八）、本来、被説明項Aとは異なる説明項Xを、Aと等しい（equal）価値を有するもの（value）と見なすことによって、その本質的一面を詳らかにするレトリックである。そして、隠喩形式の場合は、言語表現上比喩であることが隠れているが、「A be X：AはXである」という言語形式には記述文、定義文、隠喩文の三つの機能があり（田中、二〇〇二）、隠喩文として直喩文と同様の機能を有する。

このことを踏まえて、学問の方法論としてのメタファーについて考えてみると、哲学者M・ブラックが、「おそらくすべての科学はメタファーから出発し、代数に終わる。そして、おそらくそのメタファーがなかったら、代数はついに存在するには至らなかったであろう」（Black, 1962）と言ったように、あらゆる学問はメタファーによって支えられて展開していると言える。翻訳学もその例外ではない。理論（θεωρία: theoria）とは研究対象をどのように見るか、という見立ての問題であり（Chesterman, 1997, pp. 1-2）、これは即ちメタファーの問題と言える。認知意味論の出発点としてメタファー論の転回を担ったLakoff & Johnson（1980）のメタファーの本質論は次の点に集約できる（谷口、二〇〇三、九―四四頁）。

(1) メタファーの本質は、ある事柄を他の事柄を通して理解し、経験することである（経験基盤主義）。

(2) 人間の思考過程の大部分がメタファーによって成り立っている（主観的意味論）。

(3) 人間の概念体系がメタファーによって構造を与えられ、規定されている（カテゴリー論）。

通常、メタファーは、それによって比較的抽象的な、あるいは本来充分な構造を持たない事柄を、より具体的で構造化された事柄によって理解することができるという性質（上記(1)(3)）があるとされている（Lakoff, 1993）。"A as X"の形式で言うならば、Aという抽象概念をXという具体的で構造化された事柄によって理解する、というものである。その意味でパースの類像性の議論の射程内である。[5]

そして、学問におけるメタファーとしての"as"の語用のあり方を社会記号論の視点（特に言語の創出的指標性の機能、メタ語用機能）も加味して考察すると、メタファーの一般的な特徴を示した用例もあるが、むしろ、AよりもXのほうが抽象概念であることも多々ある。いわば、抽象概念を抽象概念によって操作定義、特徴記述などを行うという特徴が概ね観察できる。このことを、学問の場における語用論として捉え直しをするならば、次のようになる（河原、二〇〇八）。まず、学問的言説の生成者たる研究者は、A-as/be-Xという言語形式で、A（学問的考察の対象たる抽象概念）をXによって定義づけ、特徴づけ、説明し、概念の考察を深化させることで学問的真理を探究する。この時、Xとしては、個別化可能なもの（具体名詞）から言及指示可能なもの（抽象名詞）までを使用する。

そのうち、(1)具体名詞の抽象度が低いものであれば、直接的に写像を動機づける共起性によって具体的なイメージを伴った意味づけが行われるであろう。

(2)具体名詞の抽象度が高いものであれば、類似性に基づいてA、X両者に何らかの共通点を見出しながら（田中の言葉を借りると、連鎖を介して記憶を呼び込み取捨選択し、加工、変形して纏め上げる作業、つまり「記憶連鎖の引き込み合い」：田中・深谷、一九九八）、より創造的な意味づけが行われているであろう。

また、(3)（抽象度の極めて高い）抽象名詞であれば、経験的基盤を欠く解釈共同体の集合表象を表す象徴記号であり、特定の集合的解釈体系（ここではアカデミア）のトークンであるので、特定の学問分野の専門用語としての概念定義を背後に持ちつつ、その分野特有の解釈体系による意味づけを行いながら言葉を使用するであろう(6)。

ここで研究者は、かようなトークンとしての学術用語を使用し、各々の専門ごとの言説の「型」に填まった言説を展開することを通して（言説の類像的な反復：詩的機能性）、その学問的言説の生成者たる研究者の帰属する学問共同体を当該学術用語の使用によって指標する、というマクロなコンテクストを指標する関係にあるといえる（類像記号の社会指標作用）。そして、その読者である他の研究者は、その言説の「型」を繰り返し「なぞる」ことによって当該学問コミュニティへと参画し、やがてはそこへ自らのアイデンティティを見出す、というプロセスを経ることになる（指標的類像化：indexical iconization：小山、二〇〇五、二〇〇九、一九八頁）。

また、一回一回の言説は語用実践行為として常に状況づけられており（メイ、二〇〇五［二〇〇一］、三二九頁）、「状況の参加者達は、自分たち自身の発語を、そして他の参加者達の発語を、受け入れること自体により、そこで発語が発せられ、そこで彼らが発語者となるような社会状況を確立し再生する」のである（メイ、二〇〇五［二〇〇一］、三三〇頁）。かようにして、言表の連鎖的伝播の営みが学問的相互行為によって行われ、その際に学問的言説空間の中でメタファーによる機制が極めて大切な役割を演じていると言える。

このように、抽象的・概念的な理論構築はメタファーの機制に支えられて展開されていると言える。そして、「翻訳をXとして見なす」というメタファー使用は、社会記号論的には、「翻訳≒X」という類像的な記号作用を持ちつつ、そのような見立てを行う行為者ないし理論家の社会的属性を（前提的に）示しつつそれを（創出的に）強化するという社会指標化作用を有していることになる（social indexicalization）。さらには、理論家の有する価値観・信念体系といった象徴的世界観が言語ないし翻訳イデオロギーとなって理論構築に作用する側面もある（symbolic iconization）。

以上をまとめると、①「翻訳≒X」であると見なす行為が理論構築の土台にあり（理論の類像性）、これと同時に、②この「翻訳≒X」は特定の学術コンテクストで生起する理論構築行為であり、社会文化史的コンテクストの負荷性を有するもので、このような理論構築行為自体のコンテクストを指標する記号作用をも有する（理論の社会指標性）。さらに、③理論家が信奉している非経験的な共同幻想（イデオロギー）や価値信念体系といった象徴的世界観が理論に対する意識・無意識となって作用する側面もあり（理論の象徴性）、これらの複合的な意味構築行為が理論構築行為であると言える。以上をまとめると、以下のテーゼになる。

[2-6] 言語による理論化の過程は、①類像作用、②指標作用、③象徴作用が三位一体となった社会的な指標的類像化、象徴的類像化の複合的な過程であり、類像的な言説の反復使用（詩的機能）により、社会的類像化が更新され強化されるという社会的な意味構築と意味改変を繰り返す過程である。

以上のように、テーゼ[2-5]より翻訳行為に関しては[1-1]および[1-1-4]が、理論構築行為に関しては[2-6]が導出される。そしてこれらのテーゼの最も根源にあるのが、シルヴァスティンの「転換子論文」の綱要である［2-4］のテーゼなのである。

ここにおいて、認知言語学（認知意味論）と社会記号論との架橋可能性につき、記号の認知的機能と社会的機能について若干論及する必要がある。次項で議論を展開する。

2.1.4 記号の諸機能と認知言語学、社会記号論、美学・倫理学の架橋

パースは記号の三作用について、時間的位相と関連させて次のように述べている（なお、野口は類似性、因果性、約定性の諸関係をそれぞれ表示する作用を、イコン（性）、インデックス（性）、シンボル（性）としており、類像性、指標性、象徴性に対応している。）。

> イコンは、その存在が過去の経験に属しているものである。それはただ、心のイメージとしてだけ存在する。インデックスは、その存在が現在の経験に属するものである。シンボルの存在は、一定の条件が満たされれば、なにごとかが経験されるという現実的事実にある。（中略）シンボルの価値は、思想や行動を理性的にするのに役立ち、未来予測を可能にする点にある。（CP. 2. 347. 訳は野口、二〇〇四による。傍点は筆者）

これはヤコブソン（一九七八）でも取り上げられており、これを標語的なテーゼにすると以下のようになる。

［2-7］類像性＝過去の経験、心のイメージ、認知的機能
　指標性＝現在の経験、現実的事実、社会的機能
　象徴性＝未来の予測、価値の創造、創造的機能
　類像性⊂指標性⊂象徴性（ヤーコブソン、一九七八、八三頁）

まず類像性は、過去の経験基盤を基にスキーマが形成され、それに依拠してその記号が「何かと関係づけられる以前に、それ自体として存在する存在のあり方」という第一性を帯びるもので、主に人が外界を認知する際に使われる記号の認知的機能（カテゴリー化作用）に関わると言える。次に指標性は、現在の経験として現実的事実を言及指示・指標する作用を指し、その記号が「他の何かとの関係において存在する存在のあり方」という第二性を帯びるもので、主に記号の現実の社会的コンテクストにおける社会的機能（前提的指標・創出的指標作用）に関わると言える。最後に象徴性については、ヤコブソンが詩人V. Xlebnikovを引用しつつ述べているように（ヤコブソン、一九七八）、「創造のふるさとは未来にあり」、象徴性はその記号が「以上の二要素を関係づけるような存在のあり方」という第三性を帯びるもので、未来の予測、価値の創造を行う創造的機能を有すると言える。そして第一義的には等価は類像作用の範疇であるとはいえ、これらの諸作用が混然一体となって等価構築がなされるのが記号の作用である（なお、ホーレンシュタイン、一九八七［一九七六］も参照）（図2-2）。

以上より、記号論は、言語を中心に捉えると、第一性として認知記号論（認知言語学）、第二性として社会記号論（社会言語学）、第三性として美学・倫理学（詩学を含む）を包摂した科学的哲学ないし宇宙論（可謬性のある宇宙の連続性の過程―偶然主義、連続主義、アガペー主義）として定位していくことが、パースのプラグマティシズムの構想に合致しているように思われる（cf.伊藤、一九八五、二〇〇六）。そして、パースの記号論全体は言語学に限らず科学的哲学として他の諸学問領域と

階層を成しつつ密接に関連している（パース、一九八五：江川、二〇〇五）。

これらのことを総合すると、前節で言語による理論化の過程に関するテーゼ［2-6］を導出する際に認知意味論によるメタファー論を土台にしつつ、社会記号論と接合してその過程が内包する創出的な社会指標性によるダイナミズムが整合的に説明されたことが、メタレベルにおいても整合的に説明される。つまり、当該社会記号論は再帰性を持つメタ理論力の強いものであることが了解される。と同時に、テーゼ［2-7］より「類像性⊂指標性」の包含関係から、社会的コンテクスト指標性不在の認知言語学には限界もあることが示唆される。

以上により、本書が解明を目指す、理論のイデオロギー負荷性の分析アプローチ（二階レベルのメタ分析理論）としては、メタファー分析という認知的アプローチと、メタ語用的テクスト（再）編成過程の分析という社会的アプローチの二つがあり、それらは互いに相補的でありつつ、後者が前者の限界を超克する。本書はこのような理論的枠組みで具体的な説明を進めることとする。

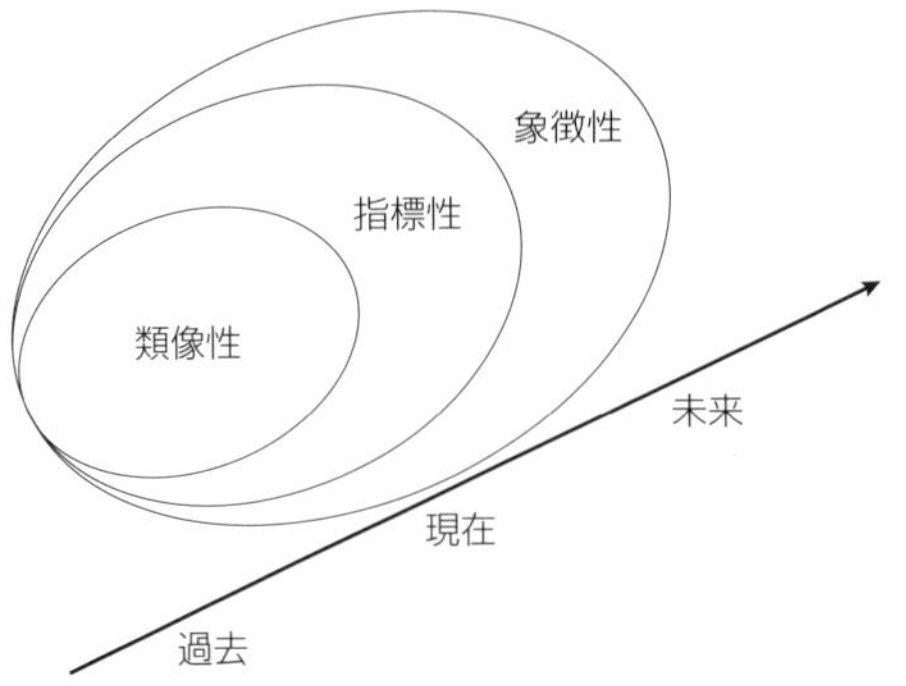

図2-2　三つ巴の記号性の包摂関係と時間的位相

＊

以上の概略的な説明を踏まえて、その詳細について次の2.2ではパース記号論を素描し、言語とコミュニケーションに関する社会記号論の基礎概念を確認する。そして2.3では記号論による翻訳の一般原理を論じ、2.4は認知言語学系意味づけ論から見た翻訳の意味構築論について論じる。これらの議論を踏まえて、2.5では本書の理論的土台となる北米言語人類学系社会記号論の核心部分を素描し、記号の多機能性について触れつつ、言語イデオロギーからの類推によって翻訳イデオロギーについてテーゼの定立および説明を行っていく。最後に2.6で、社会記号論の再帰的帰結である（無意識の）創出的機能・非合目的的機能を探りつつ、記号論の諸展開を併せて検討し、本書が目指す翻訳学系社会記号論の全体を素描する。

2.2　パース記号論による言語の意味の一般原理とコミュニケーション観

2.2.1　パース記号論の概要

一般に「記号」とは、人間が「意味あり」と認めるものすべてのことであり、「記号現象（記号過程）」とは、人間があるものにある意味を付したり、あるものからある意味を読み取ったりする「意味づけ」行為のことである。そして、人間の意味づけの営みの仕組みと意義、その営みが人間の文化をいかに生み出し、維持し、組み変えていくかを論じるのが「記号論」ということになる（池上、一九八四、五頁）。

記号の代表格は何と言っても「言語」であり、翻訳とて言語による二（以上の）言語間の記号操作であることには変わりはない。そして、「言語」一般であっても「翻訳」であっても記号過程にはコミュニケーション行為が深く関わってくる。そこで、まずは人が言語を紡ぎだしてコミュニケーション（相互行為）を行う営みについて考えるに当たって、「言語・意味」と「行為・出来事」の両者の関係を捉える必要がある。

人が行うすべての行為や出来事は、社会文化的、歴史的にコンテクスト化された特定の偶発的な「事件」、全く同じものは二つとない「ハプニング」（一回的な出来事）として起こる。ところがその一方で、そのような一回的な出来事は、潜在的な規則性・タイプ（類型）のトークン（現れ）として了解され、社会文化的に意味づけされる（小山、二〇〇八）。このように行為や出来事には、一回性・偶発性と類型化可能性という両面性があり、前者は社会文化的・歴史的コンテクストからのアプローチから言語行為という一回的な出来事の意味を、後者は脱コンテクスト化された規則性・類型からのアプローチから言語というコードの一般的意味を探る、という方向性を持つ（前者が語用論、後者が狭義の意味論）[7]。F・ソシュール（Ferdinand de Saussure、1857-1913年）の言葉を借りれば、前者は「パロール」の意味、後者は「ラング」の意味ということになるが（翻訳は一回一回の意味づけ作用の結果であるので「パロール」を扱うものであるし、語用論研究の射程にあるといえる）、この両者、つまり、言語使用における意味と、言語という記号にコード化された意味は、パース記号論によって結ばれる。具体的には、小山（二〇〇八）が以下のように示しているとおりである。

> パースによれば、行為と出来事が、世界（コスモス）の中心にあり、世界の「基盤」は、行為と出来事がコンテクストを指標することによって構成されている。行為者や経験者は、主体ではなく、行為や出来事によって指標される（記号論的）客体（Object）なのである。すなわち、記号論では、行為や出来事が、それに**隣接・連続**するコンテクストを指標するという**指標**的過程が、ある意味で最も基本的な記号作用の形態となる。しかし、［中略］記号作用の様態は指標性（indexicality）に尽きるものではない。例えば、行為や出来事は、**類似性**の原理に基づいて対象を指すこともでき、その場合、それらの行為や出来事は類像記号（icon）となる。更に、行為や出来事のコンテクストにおいて指標されたり、類似性の原理に基づいて指示されたりはするが、（これら指標性・隣接性や類像性のような）経験的動機付けを欠いて対象を指示する類の記号も存在し、この第三種の記号が**象徴記号**（**symbol**）である。象徴記号は、経験的根拠を欠くのであるから、その根拠（Ground）は非経験的となり、行為や出来事の参与者が暗黙裡に信奉している非経験的な共同幻想（イデオロギー）を前提条件として作用する。言い換えると、このような象徴記号が、慣習的概念（イデオロギー）や形式的な意味論的コード（言語構造、ラング）を構成しているのである。パースによると、（経験的）指標作用、（同じく経験的）類像作用、そして（非経験的な基盤を持つ）象徴作用、これら三者が相互作用して、人間の宇宙を（再）構成するのだが、この宇宙の「根底」には、（現象学的）「今ここ」で生起している無数の（相互）行為と出来事がある。（小山、二〇〇八、四一—五五頁から趣旨を抜粋、太字は原文通り）

このように、コード化された言語記号の潜在的意味（meaning potential）は、今ここにおける言語行為空間（この空間の基準を「オリゴ」

と呼ぶ[8]における三つの記号作用の過程（指標、類像、象徴）によって出来事として言語の形式で具現化（テクスト化）し、同時に当該コンテクストの様々な要素と相互作用を起こす（発話出来事の参加者どうしの言語による相互行為が主である）ことで解釈者の解釈によってコンテクスト化される。つまりは、オリゴを中心にした同心円状の空間の中で、コードである言語が様々な出来事と結びつくことにより、言語を紡ぎだす言語行為という出来事が、出来事の客体である言語使用者による解釈の営みを通して、コンテクストの中に取り込まれていくのである。

2.2.2　記号論と言語・コミュニケーションの関係

以上の抽象論を、以下で具体的に論述する。本書は翻訳等価構築行為の分析を翻訳等価性および翻訳シフトの多次元性として、①言語コードの意味としての意味論的レベル、②言語コードの配列の規則としての統語論的レベル、③具体的な言語使用の一定の意味のまとまりであるテクストにおける機能を論じるテクスト機能論的レベル、④言語使用という出来事における言語の意味を論じる語用論的レベルという四つのレベルで分析するものである（その翻訳研究への応用は第3章で詳述する）。そこでここではまず、⑴**その前提となる記号論の学知として、パース記号論**のうち本書と関連のある部分を素描し、それを基にして、E・ヴァルター（1987［1974］）（Elisabeth Walther, 1922-）によるベンゼ（Max Bense, 1910-1990）などの記述から関連箇所を素描する（≪2.2.3）。次に、⑵**意味論、統語論、語用論の各次元の関係**について、パース記号論を敷衍したモリス（一九八八［一九三八］）を素描する（≪2.2.4）。さらに、⑶**語用論が本来扱う言語行為の出来事性**について、コミュニケーション理論の系譜をコードモデル、ヤコブソンの六機能モデル、ハイムズ、シルヴァスティンの出来事モデルを素描しながら辿り、意味論・統語論が語用論を基点にしていることを示す（≪2.2.5）。そして、⑷**テクスト機能論**について、出来事モデルと関連させながらヤコブソンとハリデイを簡単にまとめる（≪2.2.6）。以上の素描によって、本書の多次元的な翻訳等価および翻訳シフトの

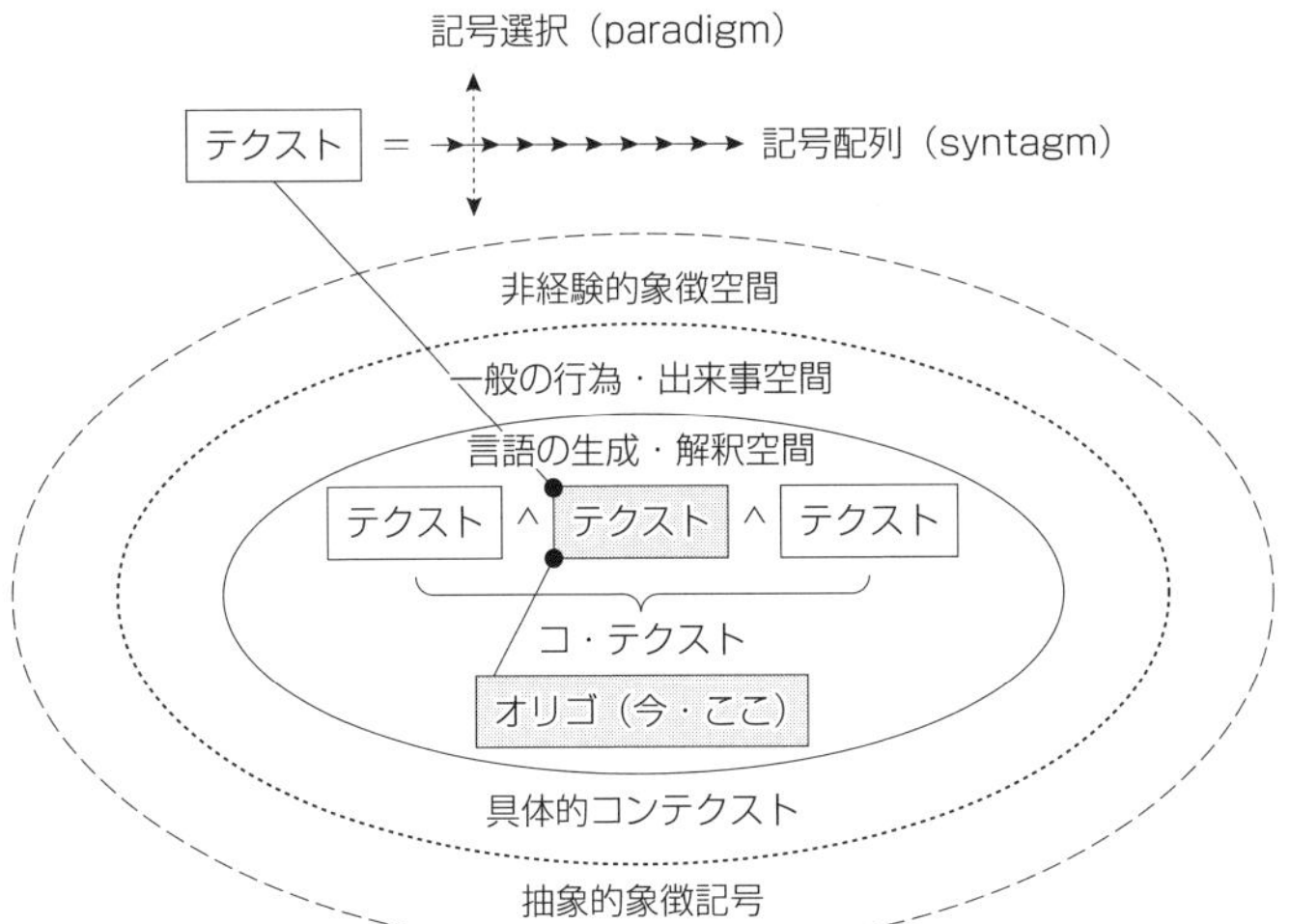

図2-3　言語と出来事の関係

レベル相互間の関係を示し、これを基に翻訳という具体的な語用実践行為の等価構築のあり方を包括的に論じる試みを行う。扱う言語単位は、記号、コード、テクスト、コ・テクスト、コンテクストであり、単位が大きくなるに従って、抽象（潜在的意味）から具象（顕在的意味）へと、つまり言語構造から言語使用へと展開する。そしてこれらが生起する空間としては、オリゴ（今ここ空間）を中心としてミクロ空間からマクロ空間へと同心円状に、言語の生成・解釈空間→一般の行為・出来事空間→非経験的象徴空間へと広がっていくのである（図2-3を参照）(9)。

2.2.3　思考・認識・表出・解釈・コミュニケーションと言語

まず、(1)**記号論の学知として、パースを始祖とする記号論**について簡単にみてゆく。一九世紀末アメリカに始まるプラグマティズム（記号論の土壌となった実用主義の思想）はパース、W・ジェイムズ（William James, 1842-1910）、J・デューイ（John Dewey, 1859-1952）、G・ミード（George H. Mead, 1863-1931）、C・モリス（Charles W. Morris, 1903-79）などによって担われたが、その理論的特徴は端的に、人間の思考あるいは論理を「行為」（behaviour; conduct; action）との関係において捉えることである（笠松・江川、二〇〇二、二頁）。パースは、自ら提唱する記号主義を「人間の思考と認識は本質的に記号過程（semiosis）にある。私たちは何かものごとを考えるとき必ず記号を用いており、すべての思考は記号のうちにあり、したがって精神とは推論の法則に基づいて発展するところの記号過程である」としている（笠松・江川、二〇〇二、四頁）。では、以下の三つの行為がいかなる過程であるか深く検討していく。

(a) 人が思考や認識を、記号を用いて行うという行為（内的記号過程）
(b) それを記号として表出する行為（記号産出過程）
(c) コミュニケーションという相互行為において、表出された記号である言語を別の解釈者が解釈し意味づけするという行為（記号解釈過程）

まず、(a)**〈人が思考や認識を、記号を用いて行うという行為〉**がいかなる過程かを検討する。この問いに答えるために、記号過程を、人は記号を用いて思考や認識を行うという行為として捉えるとする、パースによる記号の三項関係とその記号連関について素描する。ここではヴァルターの説明が参考になる。ヴァルターによるとパースは、あらゆる判断の基本形式は、つねに「主語—連語—述語」の結合という形で把握でき、この結合は「対象—関係—性質」という関連を反映しているとしている。そして判断や命題の各分節は、一項的（述語）、二項的（主語）、三項的（連語）と解される。そこで、「二位のもの」（対象）を規定するにはまず「一位のもの」（性質）が既存ないし既知でなければならないし、また「三位のもの」（連語）によって性質と対象とが結合されていると、ヴァルターはパース記号論を解説した（ヴァルター、一九八七［一九七四］、五〇—五一頁）。ここで、これらの概念について2.1.1で行った説明を詳述すると以下のように定義される（ヴァルター、一九八七［一九七四］、五一頁）。

- 第一次性とは、積極的に、かつ他の何かと関係することなく、そのものであるようなものの存在様態である。（一項的存在）
- 第二次性とは、第二のものと関連するが、第三のものを顧慮す

表2-1　記号の9つのタイプ

	第一次性 記号それ自体の在り方	第二次性 その対象との関係における記号	第三次性 その解釈内容との関係における記号
記　号	①性質記号 qualisign	②個物記号 sinsign	③法則記号 legisign
対　象	④類似記号 icon	⑤指標記号 index	⑥象徴記号 symbol
解釈項	⑦名辞記号 rheme	⑧命題記号 dicisign	⑨論証 argument/delome

ることなく、そのものであるようなもののの存在様態である。(二項的存在)

- 第三次性とは、第二のものと第三のものを相互に関係づけることによって、そのものであるようなものの存在様態である。(三項的存在)

この第一次性である質(性質)が第二次性である実体(対象)と第三次性である表示(関係)によって結びつく。そして、パースはこの三項関係を用いて記号の三つの要因として、記号(sign: S)、対象(object: O)、解釈項(interpretant: I)を挙げ、この三つが記号連関をもつとする(記号関連、対象関連、解釈項関連)。そして、記号関連における第一次性=性質記号(qualisign)、第二次性=個物記号(sinsign)、第三次性=法則記号(legisign)、対象関連における第一次性=類似記号(icon)、第二次性=指標記号(index)、第三次性=象徴記号(symbol)、解釈項関連における第一次性=名辞記号(rheme)、第二次性=命題記号(dicisign)、第三次性=論証(argument/delome)を構成する(ヴァルター、一九八七[一九七四]、五四―八九頁:米盛、一九八一、九一―二〇〇頁)。以上をまとめると**表2-1**の「記号の九つのタイプ」になる(笠松・江川、二〇〇二、四一頁)。

さらに、パースはこれら九つのタイプの記号を「高次のカテゴリーは低次のカテゴリーを含むが、その逆はあり得ない」(つまり、低次範疇のほうが無標である)とする「カテゴリーの関係の理論」(前述テーゼ[2-7]類像性⊂指標性⊂象徴性のこと)に従って組み合わせることにより、次の記号の一〇のクラスを導き出す(笠松・江川、二〇〇二、四一頁)。Ⅰ.名辞―類似―性質、Ⅱ.名辞―類似―個物、Ⅲ.名辞―指標―個物、Ⅳ.命題―指標―個物、Ⅴ.名辞―類似―法則、Ⅵ.名辞―指標―法則、Ⅶ.命題―指標―法則、Ⅷ.名辞―象徴―法則、Ⅸ.命題―象徴―法則、Ⅹ.論証―象徴―法則。

このように措定しつつ米盛(一九八一、九一―二〇〇頁)を敷衍すると、人が思考や認識を、記号を用いて行うという行為について、次のように考えることができる。まず、記号(本書では特に言語)とは、知ることによってさらに何かより多くのものを知るためにあり、この知識過程は直接的なもの(①性質記号による情態の知識と、②個物記号による意志の知識)と、媒介的なもの(③法則記号による理解・判断・論理的推論)がある。そして、これらの知識を使って対象(本書では特に出来事)を示すが、これには、④類似の関係によって対象を指す(類像記号による類像過程)、⑤隣接・連続する対象を指す(指標記号による指標過程)、⑥経験的動機付けを欠いて対象を指す(象徴記号による象徴過程)という三つがある。さらに、これらの知識によって、これらの対象を指すことにより、⑦述語的叙述(名辞記号による名辞化)、⑧主語による指示対象の指定(現実的対象の指示)と述語的叙述(可能的対象の表意)による客体化されたある状況の叙述(命題記号による命題化)、⑨命題の意味解釈の叙述(演繹・帰納・アブダクション)、という三つ

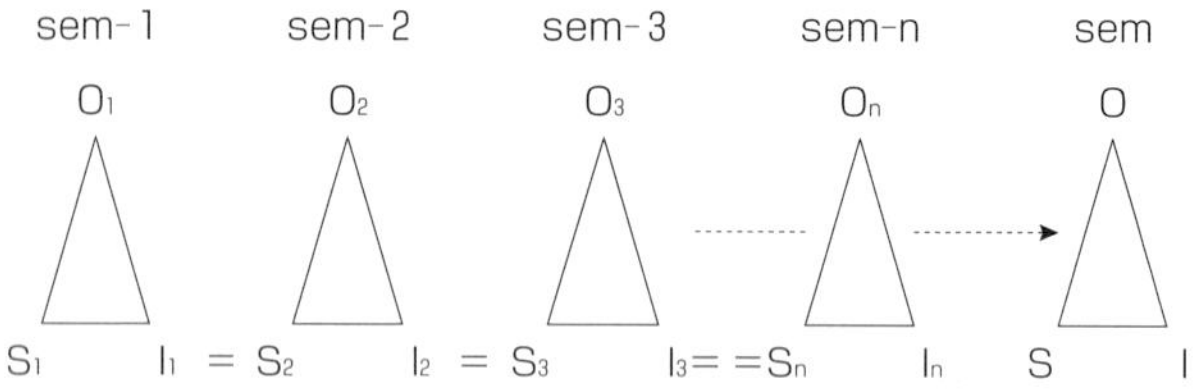

図2-4　科学的探究の発展

の解釈過程を行うのである。

　このパースの記号体系において「類像記号」は④類似記号としての性質を基底にして、解釈項としては⑦名辞記号として、その類似性の相違によって、上述のⅠ．名辞―類似―性質、Ⅱ．名辞―類似―個物、Ⅴ．名辞―類似―法則、の組み合わせが考えられる。これがそれぞれ、⑴イメージ(image)、⑵ダイアグラム(diagram)、⑶メタファー(metaphor：本書のいうP-メタファー)の三つの様式(CP. 2. 277)に区別されるものと考えられる。したがって、上述のようにイメージがダイアグラムより記号と対象の知識過程が直接的であり、メタファーは媒介的なものであるという特徴がある。

　次に、(b)**〈人が思考や認識を、言語という記号として表出する行為(特に科学的探究)〉**はいかなる営みかについて検討する。まず記号過程(semiosis)について考えてみると、最初の記号過程(sem-1)では直接対象(O_1)が記号(S_1)によって解釈(I_1)され(直接的、情動的解釈項)、次にI_1自身がS_2記号となり、S_2・O_2・I_2を要素とする第二の記号過程(sem-2)が成立する。

このようにして図2-4のように、連続的解釈過程(sem-1.2.3...n/$S_{1.2.3...n}$/$O_{1.2.3...n}$/$I_{1.2.3...n}$)は最終的解釈項の内で生じる力動的対象を発見するように導かれる(笠松・江川、二〇〇二、二八―三三頁)。

　また、この解釈項は、記号の第一の意味作用である情動の効果から情動的解釈項が、つぎに記号の第二の意味作用である意志により力動的解釈項が、さらに記号の第三の意味作用である思考(理解・判断・論理的推論)により論理的解釈項が円環するという過程を経る。そして、論理的解釈項はそれに対するさらなる論理的解釈項を必要とし、無限更新的解釈が続くことになる(エーコ、一九八〇[一九七六]、一一三―一一五頁)。そして、パースによれば「究極的論理的解釈」とは「習慣の確立」および「習慣変更」である。パースにとって実在とは、探求という記号過程における解釈項の連続的進化、つまり論理的解釈項としての習慣の確立および不断の更新的習慣変更においてその姿を現すものである。さらに、力動的対象としての実在は、汲み尽くすことのできない現実性を持ち続け、探求の各々の段階において、その相貌を明らかにする進化的実在である(笠松・江川、二〇〇二、三三―三四、四六―四七頁)。日常的な言語使用の不断の営みにおいても同様のことが言えよう。

　では更に、(c)**〈コミュニケーションにおいて、表出された記号である言語を別の解釈者が解釈し意味づけするという相互行為の過程〉**がいかなる過程かにつき検討する。

　パース記号論を展開するヴァルターによると、W・ベルガーが述べているように、コミュニケーションにおいてはいつでも発信者と受信者による記号の生成(解釈)の二つの異なる記号過程がはっきり見られる。そこで、ベルガーは記号の類像的・指標的・象徴的な対象関連をグラフによって表した。その際、グラフを、一つは叙述、もう一つは認識を表し、解釈項は一方では発信者、もう一方では受信者として機能するとしている（ヴァルター、一九八七［一九七四］、一五一―一五八頁。図2-5を参照）。

　ところが上述の解釈項のダイナミズム、およびその無限更新性に鑑みると、受信者と解釈者が同じ記号（ここでは言語）をめぐって、同じ解釈過程を取るわけではなく、一回一回の出来事としての記号（言語）の遣り取りの中で各々が独自の意味づけを行っている。つまりは、意味づけ論（意味構成主義）を著した田中によると（田中・深谷、1998）、コミュニケーションという相互行為の中で、言葉（という記号）は記憶連鎖の様々なチャンネルを活性化させ、その作動が互いに引き込み合って記憶の関連配置（事態）を形成する、つまり意味づけを行う。この意味づけが、これまで思ってもみなかった記憶の関連配置を形成するとき、新しい意味が創造される。そして、この意味づけは、言葉という記号と意味の結合形成を非確定的なものにする。つまり、意味は記憶の引き込み合いに由来する不確定性を伴う。この意味の不確定性には、「多義性」（意味の状況依存性）、「多様性」（意味の記憶依存性）、「履歴変容性」（意味の時間的可変性）、「不可知性」（意味の潜在意識性）の四つが含まれる（田中・深谷、一九九八、二四―二五頁）。これは田中・深谷による「〈コトバ〉の意味づけ論」の立場であるが、行為や出来事一般を含む記号にも充分当てはまる。つまり、人は記号生成・解釈において、意味づけの不確定性に晒されながら常に意味編成を無限に更新している。となると、同じ記号（言語）であっても、発信者と受信者とにはその解釈項過程が異なり、一方にとって類像的であっても、他方にとっては象徴的であるとか、その逆であるとか、あるいは、一方にとって指標的であっても、他方には象徴的であるとか、様々な組み合わせの可能性が、まさにコミュニケーションという出来事の一回一回、一コマ一コマ、つまり、オリゴという場において具体的コンテクストの中で偶発的に起き、絶えず自分にとっての記号の意味作用を変容させるのである（逆に、言説の体制化を通じて意味性が固定化することもある）[10]。この出来事としての記号生成・解釈過程とコンテクストとの関係は、後述（≪2.6.2）の指標性との関係でさらに論じる（上述の田中の立場は意味構成主義であり、記号である言葉の意味は、意味の不確定性ゆえに発話者の態度・表情・意図と相俟って一回一回のコミュニケーション行為によって可変的過程に晒され、ミクロコンテクストにおいて瞬間々々に構成されるものであるとするが、語用論的視座を導入すると、このコ

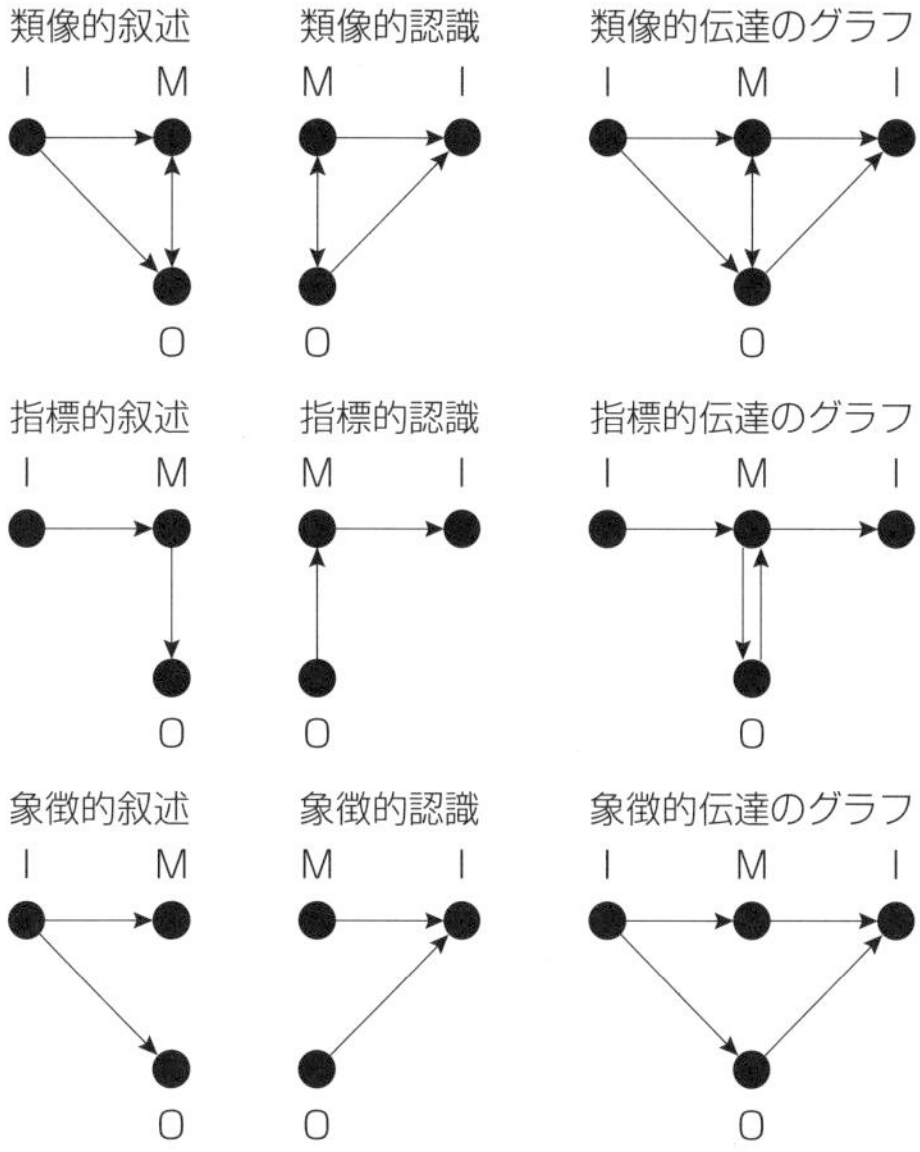

O＝直接対象（O），M＝記号（S），I＝解釈（者）（I）に対応する．

図2-5　記号伝達のグラフ

ミュニケーションの可変的過程もマクロコンテクストの中心で生起するものであり、個別のミクロコンテクストの可変的過程も広くマクロコンテクストによる枠付け作用を受ける、と言えよう）。

2.2.4 意味・統語・テクスト機能・語用と言語

では、⑵**記号としての類像性・指標性・象徴性が、記号としての言語の意味論的レベル・統語論的レベル・テクスト機能論的レベル・語用論的レベルとどのように関わっているか**。まずは記号論と、意味論・統語論・語用論の連関を見てゆく。便宜上、意味論、統語論、語用論、テクスト機能論の順で見てゆくが、そもそも「転換子論文」(Silverstein, 1976) で明確に示されたように、指標的な（語用的な）外示こそ、数多の言語形態（統語形態的範疇）の基底にあるというコミュニケーションの語用論的記号論を説明するために、一般の意味論・統語論・語用論の理解の枠組みをなぞる形で素描してゆく。

ではここで、モリス（一九八八［一九三八］）による意味論、統語論、語用論の三分法を、一般科学としての記号論として捉えて考察する。モリスは、記号過程として意味論、統語論、語用論の各次元の関係について、パース記号論を敷衍して、以下のように述べている。

> 記号―状況、あるいは、記号過程という過程は、そこで或るものが、直接因果的に効力があるわけではない別の或るものを、第三の或るものの媒介を通して、考慮にいれる状況のことである。［中略］記号として働いている（つまり、何かを意味するという様式で機能している）ものは、記号媒体と呼ばれ、解釈者によって遂行される媒介的に考慮するという行為は解釈項と呼ばれ、媒介的に考慮されるものは指示対象と呼ばれる。［中略］指示ないし現示されるものと記号媒体との関係は記号過程の意味論的次元と言われ、この次元の研究は意味論と言われる。解釈者と記号媒体との関係は記号過程の語用論的次元と言われ、この次元の研究は語用論と言われる。残りの記号学的にかかわりのある、記号媒体と他の記号との諸関係は記号過程の構文論的次元と言われ、その研究は構文論と言われる。こういうわけで、記号の一般科学としての記号学は、構文論、意味論、語用論という部分的な諸科学を含んでいることになる。（モリス、一九八八［一九三八］、一二六―一二八頁）

ここで重要なのが、モリスによって新しく設定され命名された語用論が、次のように定義される点である。「記号とその解釈者（解釈傾向）との関係を研究するのが語用論である」。そして「語用論は、記号の起源、使用、効果を研究する」もので、「心理学的、生物学的、社会学的に研究されなければならない」。つまり、コミュニケーションの研究が語用論にとって重要な研究対象である（笠松・江川、二〇〇二、一二三頁）。そして、モリスの主張の重要な点は、記号過程には、⑴「記号媒体（記号）」(sign-vehicle: sign)、⑵「解釈者」(interpreter)、⑶「解釈傾向」(interpretant)、⑷「指示的意味」(signification: denotation)、⑸「脈絡」(context: significatum)、の五要因が関与することを指摘している点である（笠松・江川、二〇〇二、一一九―一二五頁）。特に、解釈傾向（記号が原因となって、解釈者に生ずるある一定の仕方の行動、もしくは行動しようとする傾向）は、語用論を考える上で重要である（図2-6）。

ただし、語用論を意味論との関係において正当に定位するという問題系において、C・モリスは上記のように統語論・意味論・語用論という三つの記号領域を設定しこれらが対等で個別の構成要素であり、相互に階層的に前提としているという、やや整合性に欠ける区別をしていること。あるいは、Y・バー＝ヒレル（Bar-Hillel, 1954）による語用論の本質として指標表現へと限定的に焦点化したということは、J・オースティンやP・グライスが統語的表現の字義的な意味論的解釈を語用論によって補うという整理の仕方をしたのと同様に、一貫性を欠くこと。これらのことを念頭に置いておく必要がある（Silverstein, 1993）。

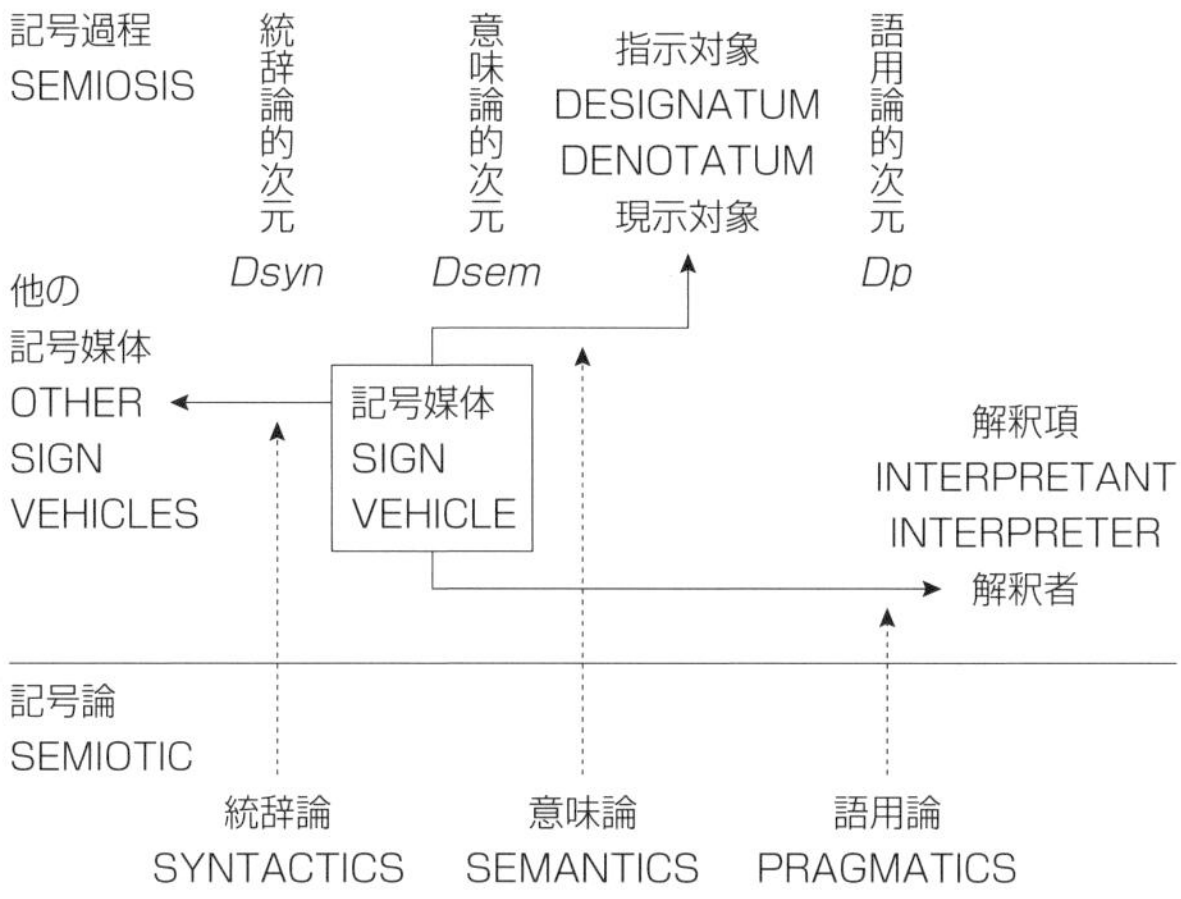

図2－6　記号学の基本構成

では、ここでは2.2.2の冒頭で示したように、モリスに従って意味論、統語論、語用論の各次元の関係について検討するため、まずは意味論と統語論について説明する。Jakobson（1990）は、言語空間の機軸は、パラダイム（範列）とシンタグム（連辞）という二つの交差する次元からコードを構成するとしている（範列＝x軸、連辞＝y軸からなる「デカルト座標」に倣って「ソシュール座標」とでも呼びうる言語空間）。範列には「名詞句」、「述語句（動詞など）」などがあり、これは類似性（究極的には同一性）の原理によって構成される。他方、連辞は形態素の連鎖が序数的に連続して生起することをいい、これは連続性の原理によって構成される。記号論的に言うと、範列は類像関係、連辞は指標関係によって構成される、ということになる（小山、二〇〇八）。

以上から、記号には、記号とそれが現示する対象との関係において意味論的レベルが、記号どうしの結合の仕方において統語論的レベルが、記号とそれを解釈する主体との関係において語用論的レベルがあり、意味論的レベルと統語論的レベルはコードを構成し、それが現実のコンテクストの中でテクストを生成し、解釈主体による意味解釈は語用論的レベルを構成するといえよう。

2.2.5　語用論と出来事モデル

今度は、2.2.2の冒頭で示した項目のうち、(3)**語用論が本来扱う言語行為の出来事性**について、コミュニケーション理論の系譜を、コードモデル（コード重視）、ヤコブソンの六機能モデル（メッセージ重視）、ハイムズ、シルヴァスティンの出来事モデル（コンテクスト重視）を素描しながら辿ることとする。

まず、コードモデル（自動制御学的な記号観に基づいたモデル：シャノン・ウィーヴァー、一九六九［一九四九］）はレディの導管モデル（Reddy, 1979）によって説明される（図2-7）。つまり、コミュニケーションにおいて一般に《情報は移動する物体である》というメタファーであり、伝えられる意味は予めメッセージの中に確定した形で備わっており、言語形式（コード）を一定の規則に照らして「解読」していけば、決まった意味を得ることが約束されている、という考え方である（大堀、二〇〇二、二〇四―二〇七頁）。これは、言語はコンテクストや発話者とは関係なく、それ自体確定した意味があるとするモデルであるが、実際のコミュニケーションにおける言語の多層的機能の実態に合致せず、言語行為の出来事性をモデル化するには不十分である。

次に、ヤコブソンの六機能モデル（ヤコブソン、一九七三［一九六三］、一八三―二二一頁）は、社会的に具体的に認知できるメッセージを中心にして、コミュニケーションは六つの要素（送り手、受け手、接触回路、言及対象（コンテクスト）、メッセージ、解釈コード）からなり、これらの焦点の当て方の違いに応じて六つの機能（表出的機能、動能的機能、交話的機能、言及機能、詩的機能、メタ言語的機能[11]）があるとした（池上、二〇〇二、八八―一〇二頁）（図2-8）。

このモデルでは、限定的ではあるが言語の言及指示機能によるコンテクストへの考慮があること、言及指示機能のみならず表出的機能、動能的機能、交話的機能という言語行為的機能にも着目したこと（オースティン、サール参照[12]）、メタ言語機能（メタ意味論的機能、メタ語用論的機能）による言語の再帰性や、詩的機能による反復構造性など、指標性や類像性に基づいた機能が加味されている点で、言語行為の出来事性を本格的にモデル化する基盤となった。このモデルは、単一文から構成されるメッセージを構造主義的にモデル化したもので、これ単独では発話のコンテクストが十全に考慮されておらず、発話出来事のダイナミズムをとらえきれていないきらいはあるが、ハイムズやシルヴァスティンらの言語人類学的な展開により、指標性を基軸にしてコンテクストの考察が深まってゆくことになる。

このヤコブソンのモデルを継承し、言語人類学において、ハイムズ、

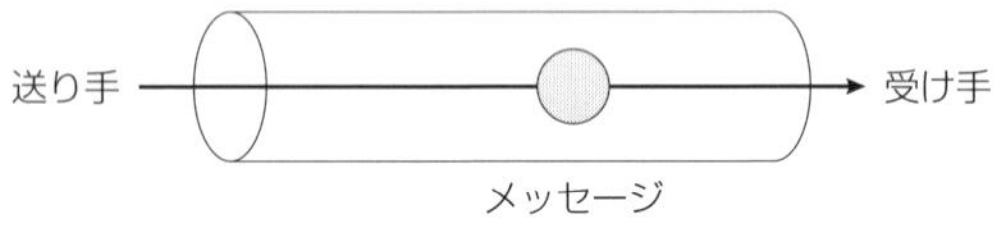

図2-7　導管モデル

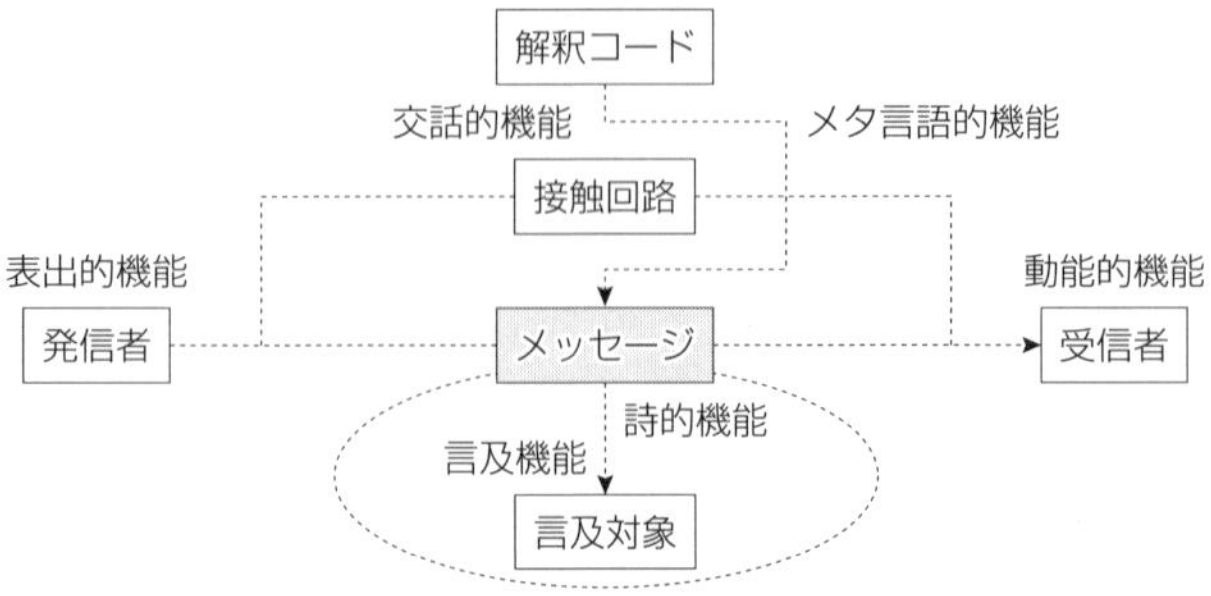

図2-8　六機能モデル

シルヴァスティンなどが出来事モデルを構築する。このモデルでは、コミュニケーションを社会的な行為・出来事と捉え、ミクロおよびマクロコンテクストの中で指標的に意味が規定されるとしている。このようにコミュニケーションを発話出来事（speech event）と捉えたD・ハイムズ（Hymes, 1964; 1972）は、コミュニケーションの要素をSPEAKINGとして提唱し、(13)一つの発話行為だけでなく、連鎖的に繰り広げられる相互行為まで射程に入れて様々な要因から発話出来事を捉えている。また、シルヴァスティン（Silverstein, 1976）は、コミュニケーションの指標性を重視し、発話出来事は象徴性ではなく、出来事が生起するコンテクストとの関係で指標的にその意味が規定されるとしている（小山、二〇〇五、二〇〇八）。これは、発話出来事はオリゴ（deictic center）を中心にして同心円状に広がる複層的なミクロコンテクストとマクロコンテクストの中で起き、コンテクスト指標性が高いことが特徴であることを意味している。言語は言及指示機能（言及対象の指示、命題の述定）だけでなく社会指標性（アイデンティティ、権力関係、親疎関係の指標）も有し、ミクロコンテクストにおける状況的関係性の中だけでなく、広く、社会・文化・歴史的マクロコンテクストにも関連づけて意味が規定されてゆく（Silverstein, 1976）。

　このコンテクストは、オリゴを基点として、その前の発話の言及対象を前提的に指標してコンテクスト化し、そして、発話出来事によって創出的にコンテクストを生み出してゆく、さらには、後から生じた意味が前の発話の意味をも改変するという弁証法的ダイナミズムに富んだプロセスを特徴としている（小山、二〇〇五、二〇〇八、二〇〇九、二〇一一a）。

　さらに、この出来事としての発話では「言われていること」（言及対象）を指標する言及指示テクストと、「成されていること」を指標する相互行為テクストの両者が同時に複数生起している。そして、これらのテクストに対して、メタレベルからコンテクストと関連付ける、つまり高次の枠組みから「言われていること」と「為されていること」を解釈してゆくことも、コミュニケーションでは絶えず行われている。これは前述の言語のメタ言語機能、より一般的に言えばメタ・コミュニケーション機能のことで、語や言い回しの意味に焦点を当てたメタ意味論的機能と、行為の意味、行為の解釈枠組み（行為をどう解釈すべきかの枠組み）に焦点を当てたメタ語用論的機能とがある。以上の概要の一部を図に示すと、図2-9になる。さらに、発話出来事（speech event: E^s）と語られている出来事（narrated event: E^n）の関係に関し、ヤコブソンがその普遍文法論を開示した「転換子論文」（Jakobson, 1957）で、文法範疇を発話出来事という外延的・指標的な項との関係で定義付けている（したがって、文法範疇によって特徴づけられる統語形態素は、究極的には、発話出来事・指標性との関係で、その「意味・機能」を持つことになる）（小山、二〇〇八）。この論文を受けて、シルヴァスティン（Silverstein, 1993）は、発話出来事（“signaling event”; E^s）と語られている出来事（“textualized event-structure”; 本書では統一してE^nとする）の関係に関し、E^sが指標するE^nの射程に応じて三つの較正（calibration）を提唱している。すなわち、①再帰的較正（reflexive calibration）、②時空内的較正（reportive calibration）、③超時空的較正（nomic calibration）である（小山、二〇〇九、五〇〇頁）。①はE^sがE^nを類像的な関係で示す、つまり、オリゴで「言われていること」や「為されていること」について再帰的ないし自己言及的に「述べる」、より一般的には「指示する」場合を言う。このコミュニケーション機能は、主

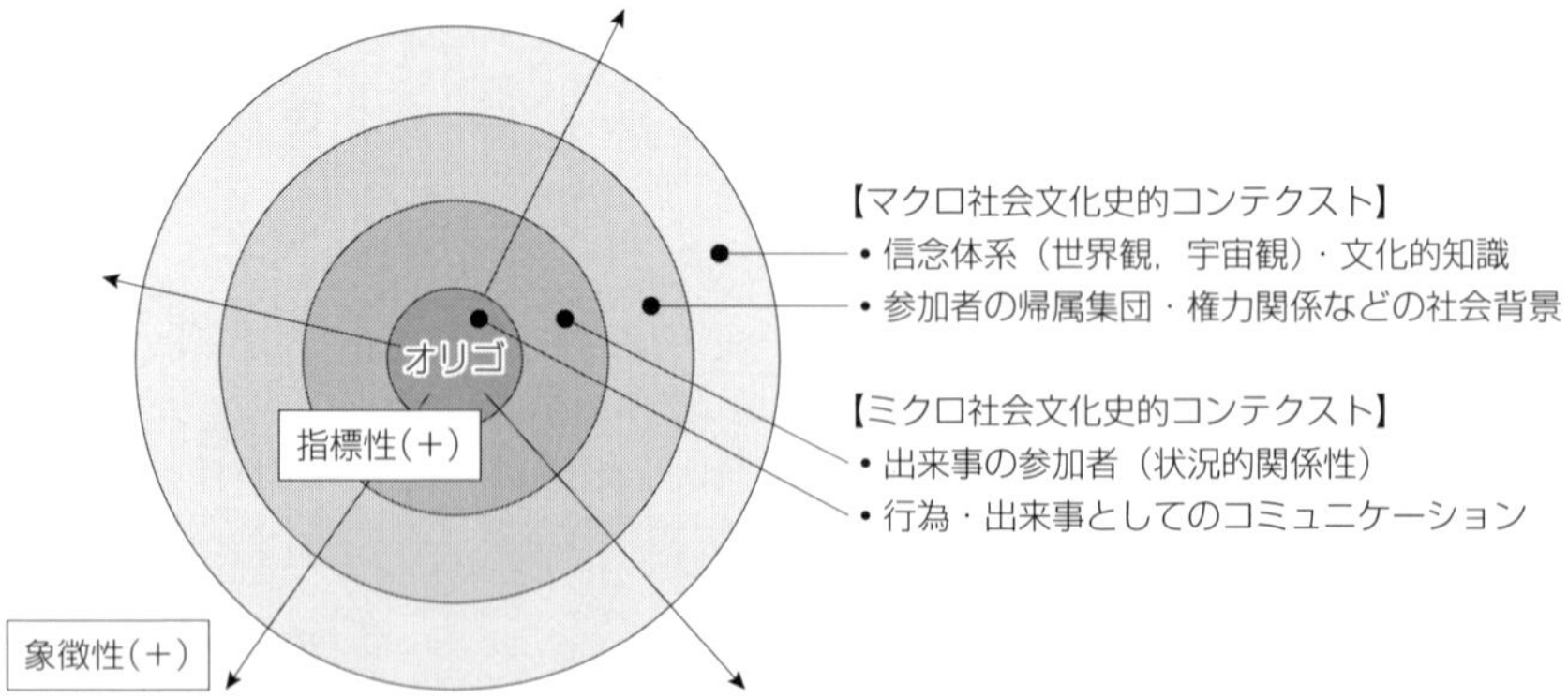

図2－9　出来事のマクロ／ミクロコンテクスト

に類像性（詩的機能など）によって特徴付けられる。②はE^sがE^nを指標的な関係で示す、つまり、発話出来事が現実に生起する出来事を「語られている」、より一般的には「示されている」こととしてコンテクストに関係づけて指標的に描写し、オリゴ近辺（今ここ）で語る場合を言う。このコミュニケーション機能は、主に指標性によって特徴付けられる。③はE^sがE^nを象徴的な関係で示す、つまり、このコミュニケーション機能は、象徴的な意味を、コミュニケーション（発話）の「今ここ」（＝指標野（Zeigfeld）の中心であるオリゴの近辺）において、類像的に再生・再現（re-present）することにその特徴を持ち、したがって、指標性・類像性に加えて、象徴性が強く関与することを特徴とする。以上は、図2-10のようになる。

ここにおいて、記号論的次元における三つの記号性（類像記号・指標記号・象徴記号）が、コンテクストとの関係において示された。これらの三つの較正という語用論的レベルを、意味論的レベルと統語論的レベルによって整合的に説明し、等価構築の全体像を描くのが本書の目論見である。

2.2.6　出来事モデルとテクスト機能

そして、今ひとつ、2.2.2の冒頭で示した項目のうち、テクスト機能論的レベルも出来事モデルと関連させながら、ここで導入しておきたい。上述したように、意味論的レベルと統語論的レベルで構成されるコードは、コンテクストの中で語用出来事として顕在するとテクストとなるが、このテクストはその前後のテクスト（コ・テクスト）との関係において、いくつかの機能を有している。そこで、記号論との接点において、**(4)テクスト機能論的レベル**について素描する。

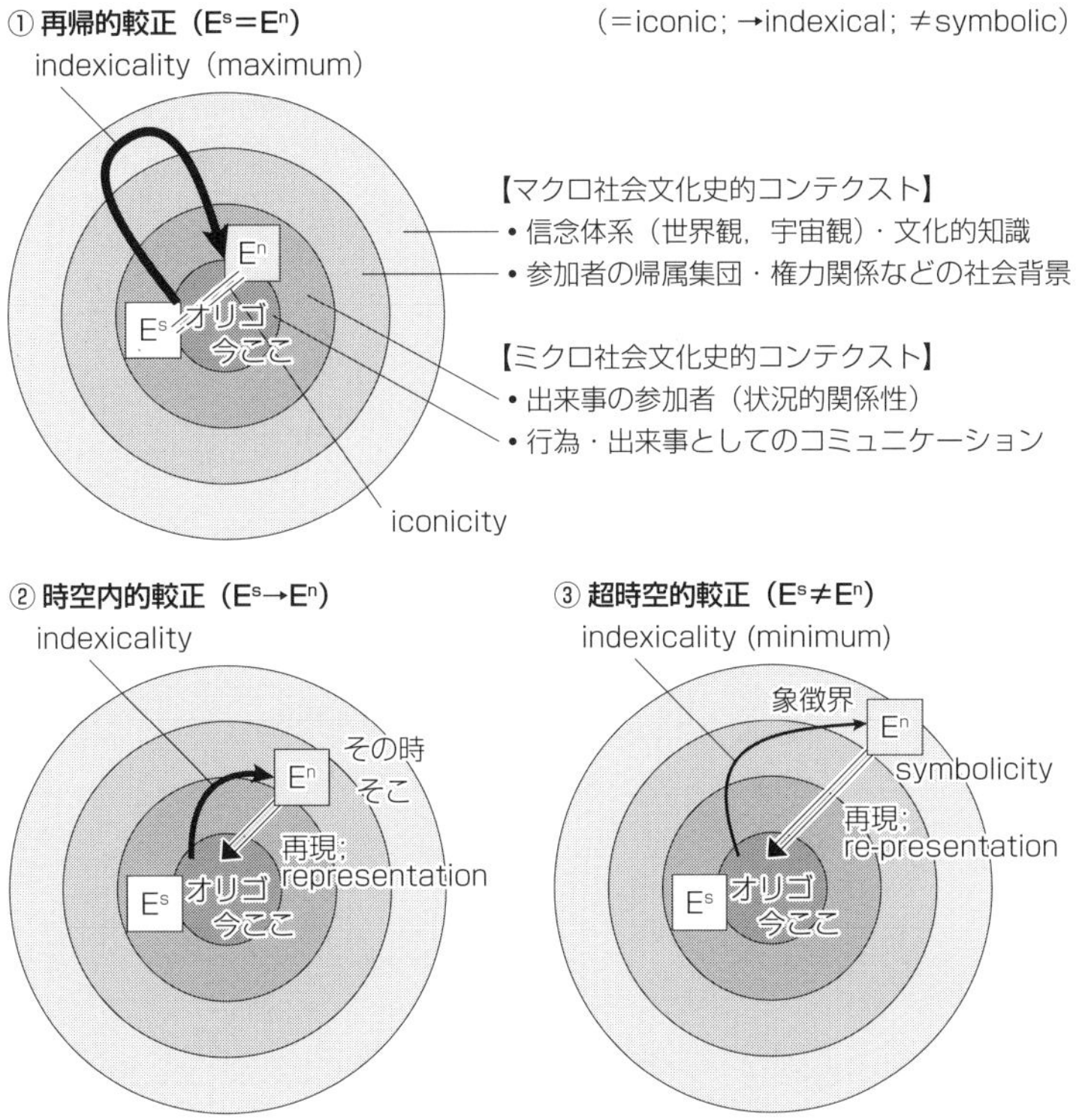

図2-10　3種の較正

前述したように、類像性の原理によってヤコブソンが提唱した「詩的機能」が社会文化と言語とを接合する。ヤコブソンは、「原則的に範列を構成する類像性（類似性、同一性）が、原則的に指標性（連続性）によって構成される連辞軸（つまり現実態の次元）に現れることを――つまり、類像性が範列軸から連辞軸へと投影されることを――詩的機能と呼んだ」（小山、二〇〇八、二一四―二一九頁）。同一ないし類似の要素が連辞軸上に現れる、つまり反復が見られるとき、詩的機能が作用していると言える（これは散文より詩に多く見られる）。この詩的機能は、テクストをコンテクストから浮き立たせ、テクストに向かって我々の注意関心を引き寄せる。そして、詩のような韻文のみならず、日常言語のテクストにおいても意味的ないし形式的な反復現象が見られ、これをハリデイは「結束性」（cohesion）という名で呼んだ（ハリデイ・ハサン、一九九七［一九七六］）。そして、小山（二〇〇八）によると、結束性、つまりテクスト性は、類像性（類似性）によってだけでなく、指標性によっても構成されている。例えば、テーマ（文の中の伝達対象を表す、既知情報や所与（旧）情報を担う部分）は普通、先行するレーマ（文の中の伝達内容を表す、未知情報や新情報を担う部分）を指標（co-index）し、このような指標の連鎖を通してテクストは連辞軸上に形成される。このような指標によるテクスト生成と、上記類像性によるテクスト生成とは相互に関連しており、両者とも、メタ・プラグマティックス（より正確には「メタ・プラグマティックスによるテクスト編成」（metapragmatic regimentation））と呼ばれる一般的な記号作用の下位範疇を成す（Silverstein, 1993; Koyama, 1997）。以上をまとめつつ敷衍すると、テクストは類像性と指標性に基づいて言語の詩的機能の作用として、意味的ないし形式的に反復構造をとり、テクスト性を編成する。これはテクストが前提となるコ・テクストと類似性をもち、かつそれを指標するという関係になる。オリゴで発せられるテクストは前提となるコ・テクストをコンテクスト化し、それを背景化して発せられるので、類像性をもち、かつ指標される前提的コ・テクスト（コンテクスト）は当該テクストに対して地（ground）と図（figure）の関係になる。しかも、オリゴの情報の新規性の観点からすると、地と図は旧情報と新情報の関係におおむね対応する。これがセンテンスの中に顕在化する際は、原則的に旧情報→新情報の流れとして現れる。そして、「メタ・プラグマティックスによるテクスト編成」の営みは、類像性と指標性を併せ持つ再帰的較正として現象しやすいことも上記で説明される。

以上がテクスト機能論の概略であるが、ここでもう少し詳細に見ていく。ここで、「テクスト」と「機能」について概念定義をしておきたい。テクスト概念をめぐっては、テクスト言語学においてもその定義にかなり多様性がある（アダムツィク、二〇〇五［二〇〇四］、四五―七一頁）[14]が、本書では「テクスト」とは、テクスト化とコンテクスト化の相互作用によるメタ語用的過程であるコミュニケーションを通して構成されるメッセージのことで（小山、二〇〇八、二一八頁）、基本的には節が認識可能な単位であり、テクストは相互行為の基本単位を構成するものとして考える。つまり、一つの節でも、それで完結した意味を持つならばテクストを編成し（ローカル・テクスト）、複数の節が連続して相互行為によってメタ語用的解釈が連鎖するプロセスがより大きなテクストを編成する（グローバル・テクスト）。つまり、テクストとは「意味の集合」として、構造（texture）、内容の一貫性（coherence）、その状況に働きかける機能（コンテクスト編成）、話題などの展開（theme-rheme progression）、そのジャンルの特性を持っているもの（社会文化歴史空間の一出来事性）である（但し、結束性があるからと言って必ずしも一貫性を担保するものではないが、この点の議論は割愛する）。このように本書では、オリゴ空間で発せられた節で意味の単位をなすものはローカルなレベルでテクストと考え、その前後のテクストを「コ・テクスト」と呼ぶ。そして、テクストどうしが共起してグローバルなレベルで編成するテクストには（グローバル・テクストとしての）テクスト性（textuality）があるとも考えられる[15]。

また、「機能」もビューラー（Karl Bühler）のオルガノン・モデル（叙述・表出・訴求機能）以来諸説様々あり、テクスト同様、統一的な概念定義は難しいが（ハリデイ・ハサン、一九九一［一九八九］、二五―四六；アダムツィク、二〇〇五［二〇〇四］、一五七―一七二頁）、本書では前述（≪2.2.5）のヤコブソン（一九七三［一九六三］、一八三―二二一頁）の六機能モデルを基本的に採用してさらなる分析を行う。そして「テクスト機能」として、ハリデイやハサン（ハリデイ・ハサン、一九九一［一九八九］、一九九七［一九七六］）などに沿って、諸論点を扱ってゆくことにする。

以上を踏まえて、テクスト機能論のレベルを、上記言語形式の機能として(1)ローカル・テクストと(2)グローバル・テクストのそれぞれの機能を論じるというふうに再構成し、(1)では主にセンテンス内の情報構造に、(2)ではセンテンス間の情報構造に焦点を当てることとする。(1)では節の配列（主題―題述構造）、新情報・旧情報、センテンス内情報配列と相対的配列の機能、(2)ではセンテンス間で生じる結束性（cohesion）の諸項目の中で分析してゆく。ここでは、テクストの諸局面のうち、（コ・テクストが編成する前提的コンテクストは除いた）コンテクストはできるだけ捨象して、テクストに焦点を当てた分析となる。

まず、ヤコブソンの六機能モデルのうちでテクストに焦点を当てているのは「詩的機能」である。今一度確認しておくと、「詩的機能は、等価性の原理を選択の軸上から結合の軸上へ投影する」言語機能のことである（山中、一九九五、二三六頁も参照）。これは小山（二〇〇八）が示すように、範列軸（潜勢態の次元）を構成する類像性が指標性によって構成される連辞軸（現勢態の次元）にテクストとして現れることである。これは平行法（parallelism）とヤコブソンが呼んだ、言連鎖の要素間の連関があとでまた現れる詩法のことであり（ヤコブソン、1983［1980］, pp. 104-114）、日常言語にも当てはまる。つまり現実のテクストでは、この平行法によって反復構造ができ、テクストが図（figure）となって前景化する。そしてこの機能は、類像性のみならず、指標性によっても構成される。つまり、テーマは普通、先行するコ・テクスト（レーマ）を指標することで形式的ないし内容的に指標の連鎖を形成し（図2-11）、この連鎖がテクストに構造的な結束性（cohesion）を生み、内容的なテクスト性（textuality）を生み出す。

まず(1)ローカル・テクスト（センテンス内）に関しては、「機能的な文の見方」（functional sentence perspective）（マテジウス、一九八六［一九七五］）をすると、センテンスは「～について」（主題）→「～を述べる」（題述）と展開し、主題は話し手と聞き手の間で共有される既知の情報（旧情報：old information）[16]、題述は聞き手がその発話の時点ではまだ知らなかった情報（新情報：new information）であるのが一般的である。これが(2)グローバル・テクスト（センテンス間）では、［旧情報＋新情報］→［旧情報＋新情報］→［旧情報＋新情報］→……と情報が進行するのが一般的である。さらにフィルバス（Firbas）は「情報伝達量」（communicative dynamism）の概念を導入して、センテンスは伝達情報量が最も小さい主題で始まり、文末へ行くにつれて次第に情報量が大きくなり、文末要素で伝達情報が最大になるのが伝達効率上最適である、とした（高見、二〇〇三、八〇―八四頁）（したがって、センテンス内は、「話題→コメント」、「前提→焦点」という情報配列の原理が成り立っている）。このような情報量の大小の流れに沿って、類像性と指標性の原理で言語内容の反復性が生まれ、テクストとコ・テクストが相互に情報内容を編成し合ってゆく（図2-12、図2-13、図2-14）。

センテンス内に話を戻すと、センテンス内において旧情報は文の前のほう、新情報は文の後ろのほうにあるのが自然な情報の流れである（福地、一九八五、一三一―六一頁）。そして、福地は、例えば文頭にある副詞節は基本的に文全体の主題として旧情報を担い、主節が新情報を伝える。しかし、文末の副詞節は、(i)新情報を担う場合、主節が旧情報であれば「旧→新」の順序になるのでそれほど問題はない。(ii)副詞節が旧情報を担い、主節が新情報を担うときは、主節という文法上の中心が伝達上の中心と一致するので問題はない、としている（福地、一九八五、二一一―二一二頁）[17]。

(2)グローバル・テクスト（センテンス間）[18]に関しては、結束性（cohesion）の作用による一貫性（coherence）がテクストの特徴であるテクスト性（textuality）を構成するといえる。すべてのテクストはそれ自体がコンテクストでもあり、筋道が立たなければならない。一度始まったらそのあとはどの点においても、それまでのところが、次に来る

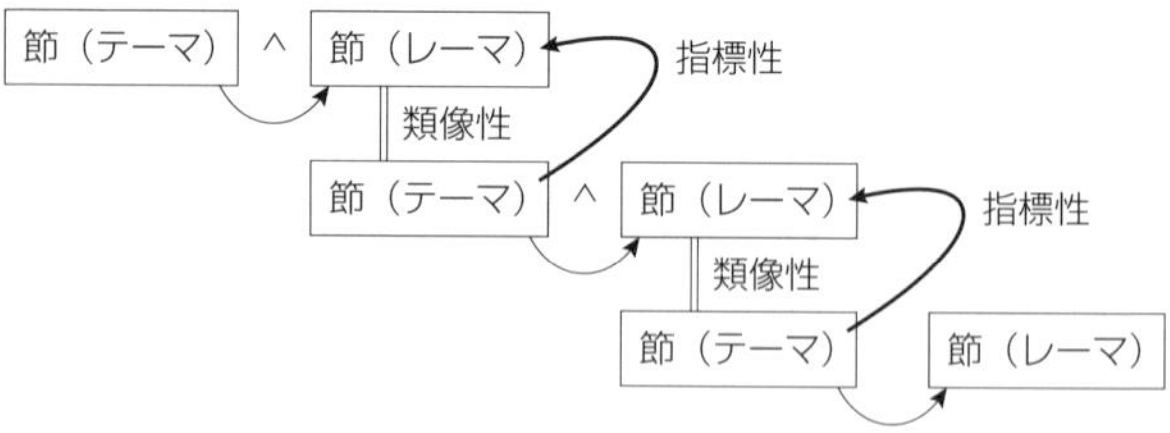

図 2-11　テクストの結束的反復構造

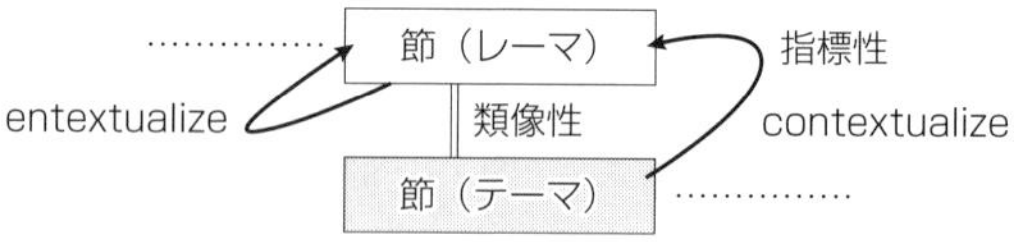

図 2-12　主題進行の指標性

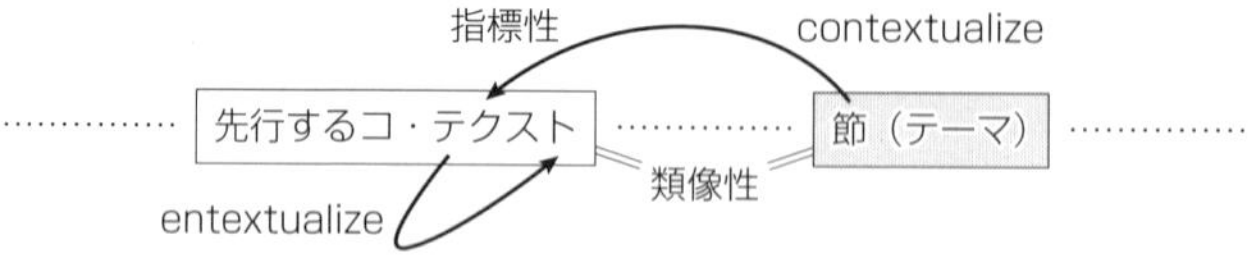

図 2-13　コ・テクストの前提的指標性

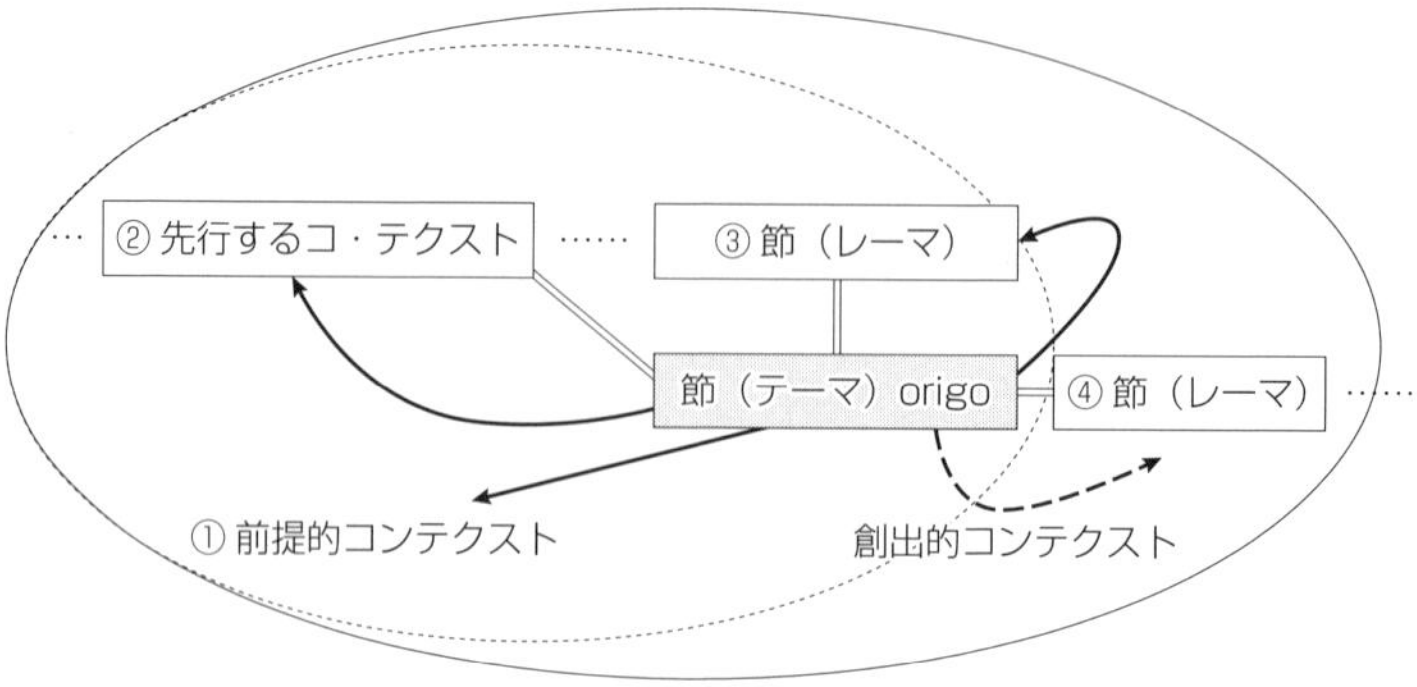

図 2-14　前提的コンテクストと創出的コンテクスト

ものの環境となる。これが内的予測を引き起こして、そして前に立てられた予測と照合されて一貫性を生み出す。その要になるのが結束性で、英語では指示（reference）、代用（substitution）と省略（ellipsis）、接続（conjunction）、語彙的結束作用（lexical cohesion）がある（ハリデイ・ハサン、一九九一［一九八九］、七六―七七頁）（但し、本書では指標機能による内容的な反復構造も結束性の一環と捉える（小山、二〇〇八参照））。そして、以上の議論はパラグラフ内やパラグラフ間の議論ともある程度パラレルの関係（相同的関係）がある（パラグラフにおけるローカル・テクストとグローバル・テクスト）。

2.3　記号論による翻訳の一般原理

このことをふまえて、翻訳の記号的営為について考察する。まずは翻訳の認知的な側面、記号の認知的機能について見ていくために、意味づけ論から見た翻訳の記号過程について論じる。

翻訳において、原文を執筆するとき、著者は外界ないし内的世界に対する意味づけを行う（ことばへの事態構成：construal）。このとき生成されることばはその場における一回的、当座的な意味づけプロセスを反映したものであり、著者であっても意味の確定は原理的にありえず、絶え間ない意味の不確定性に晒されている。ところがこの著者によることばがひとたび著者の元から離れ、翻訳者を含む読者の手に渡ると、著者の意味や意図とは独立して、読者はコトバ[19]に対する意味づけを行う（解釈ないしことばからの事態構成：interpretation）。その際、そのコトバの意味は読者の段階で更なる不確定性に晒される。この著者によって生成されたコトバは、読者がどのようなミクロおよびマクロコンテクストで意味づけ作用を施すかによって、変化するものであり、「多義的」に意味づけが開かれている。また、当該読者のこれまでの意味づけ編成の長期記憶（解釈傾向）によっても著者のコトバは読者ごとの「多様性」に意味づけが開かれている。さらに、当該読者によって著者のコトバは当該読者の長期記憶の「履歴」に対して開かれている（意味づけの時間的変容）。そして究極的には、コトバの意味づけの不確定性は状況・人・時間に対して開かれていると同時に、コトバを生成する著者にも、受容し新たな意味づけをする読者に対しても開かれている。認識しえない多面性がコトバの意味づけ作用には潜んでいるからである（不可知性）。

だとするならば、従来「等価」として静的に語られていた原文テクストと翻訳テクストとの関係は、記号論的ダイナミズムによって、動的な意味ないし価値の構成原理として捉えなおすことができる。つまり、ある特定のミクロおよびマクロコンテクストという「脈絡」の中で、「解釈者」たる原文読者すなわち翻訳者は、原文というコトバ＝「記号媒体」に対して一定の「解釈傾向」に基づいて「指示的意味」（denotation）を構成すると同時に、暗示的意味（connotation）をも原文の意味づけ作用のプロセスで構成する（指示的意味や暗示的意味などの検証は批判的分析も含めて2.5で改めて行う）。そしてこの「意味づけされたコトバ」＝「ことば」から、指示的意味・暗示的意味が渾然一体化した意味を構成し（事態構成）、それに基づいて今度は新たなコトバ（＝目標テクスト）を生成・構成していく、というプロセスを経る。つまり、翻訳者は原文への意味づけとそれを訳出するという意味づけの二つの意味づけ作用を翻訳プロセスの中で行っていることになる。

では、目標テクストの読者はどうか。これは、原文テクストの読者である翻訳者がそれに対して意味づけするプロセスを横滑りさせれば了解が可能である。つまり、ある特定のミクロおよびマクロコンテクストという「脈絡」の中で、「解釈者」たる翻訳テクストの読者は、翻訳テクストというコトバ＝「記号媒体」に対して一定の「解釈傾向」に基づいて「指示的意味」を構成すると同時に、暗示的意味（語用論的意味）をも原文の意味づけ作用のプロセスで構成する。そしてこの「意味づけされたコトバ」＝「ことば」から、指示的意味・暗示的意味が渾然一体化した意味を構成する、つまりことばからの事態構成を行うのである（図2-20も参照）。

このように考えてくると、著者・翻訳者・読者の三者間には、

①　時間・空間・社会文化的なコンテクストのレベルにおいても、

②　個人の経験に基づいた記憶との相互作用による認知のレベルにおいても、多様性があり、隔たりがある。つまり、それぞれに同じコトバをめぐって異なった意味づけを行うのである。こういう状況がいかなるテクストにも潜んでいることを踏まえると、発話出来事（記号）への解釈は一回的、当座的で、更新性があり、創造性のある開かれたプロセスだと言えるだろうし、およそ翻訳をめぐるプロセスにも同じくこのことが妥当する。このことを実践の学（プラグマティズム）としての記号論として人間一般の記号の営みとして再解釈すると、次のようになる。

(1)　プラグマティズムの記号学の第一義の特徴は、基本的に自然的・社会的環境と人間（生物体）との相互作用を可能にする媒体として記号を設定するところにある。

(2)　プラグマティズムの記号学において、記号は、人間（生物体）の行動傾向・習慣と密接に関わっている。そこにおける記号過程は、記号・対象・解釈傾向・コンテクストであり、それらは生物的基礎づけにおいて成立する。

(3)　プラグマティズムの記号学は、真理（知識）を実在への対応と捉えて客観的真理を獲得するための記号学ではない。それは、知識進化の、つまり真理創出の記号学である。そして、社会的な共同体に生きる私たちのコミュニケーション、連帯性を可能にしてくれるところの記号学である。（笠松・江川、二〇〇二、一三七―一三八頁）

我々は自然環境や社会環境と相互作用しつつ日々の生活を行い、その中で社会的な共同体でコミュニケーションを日常的に行いながら知を形成しつつ人々と連帯していっている。そのようなプロセスの中で、今ここで行われている発話出来事に参加することによって、不断の記号解釈、生成、再編成を行う、つまり絶えず「究極的論理的解釈」（エーコ、一九八〇［一九七六］）を行っている。これはW・ベルガーの伝達のグラフを変形すると、図2-15で表せるだろう。

コトバ（M）を生成する側（I_1）は、当該コトバが直接対象（O）を表象するという意味づけを行いながら、コトバを発する（類像的叙述）。ところが、それを認識し受容する側（I_2）が$M \neq O$という類像的関係を見出すか、$M \neq O$無関係の象徴的関係と認識するか、あるいは$M \rightarrow O$という指標的関係を認識するかは、I_1にとっては制御できない（意味の宛先依存性）。

この記号過程の営みの説明は、大堀（一九九二）にも見出される。ある記号が必ずどれか一つの種類におさまるというものではなく、

同一の記号が類像、指標、象徴のいずれの性質をも——一定の秩序のもとに——併せ持つことができる訳である。その意味で、これまで自然な、類像的対応と思われていたものに恣意的な側面を見出すと同時に、規約的な記号と思われていたものにも類像的な側面を見出すことが可能となる訳である（大堀、一九九二、八七—八八頁）。

　このことは、指標野（オリゴを中心とするコミュニケーション出来事のコンテクスト）において、象徴記号が類像記号へ（図2-11の①→②）、またあるときは指標記号として（図2-11の①→③）、そして各々が別の各々へと切り替わることを意味している。つまり、オリゴにおける記号（発話出来事）から記号対象（語られる出来事）への較正（カリブレーション）は一回ごとの記号過程のなかで切り替わる（switching）と言える（② iconization：③ indexicalization：① symbolization）。記号解釈の仕方如何で、語られる出来事が今ここ空間から解釈者にとって、近くなったり遠くなったりするのである。

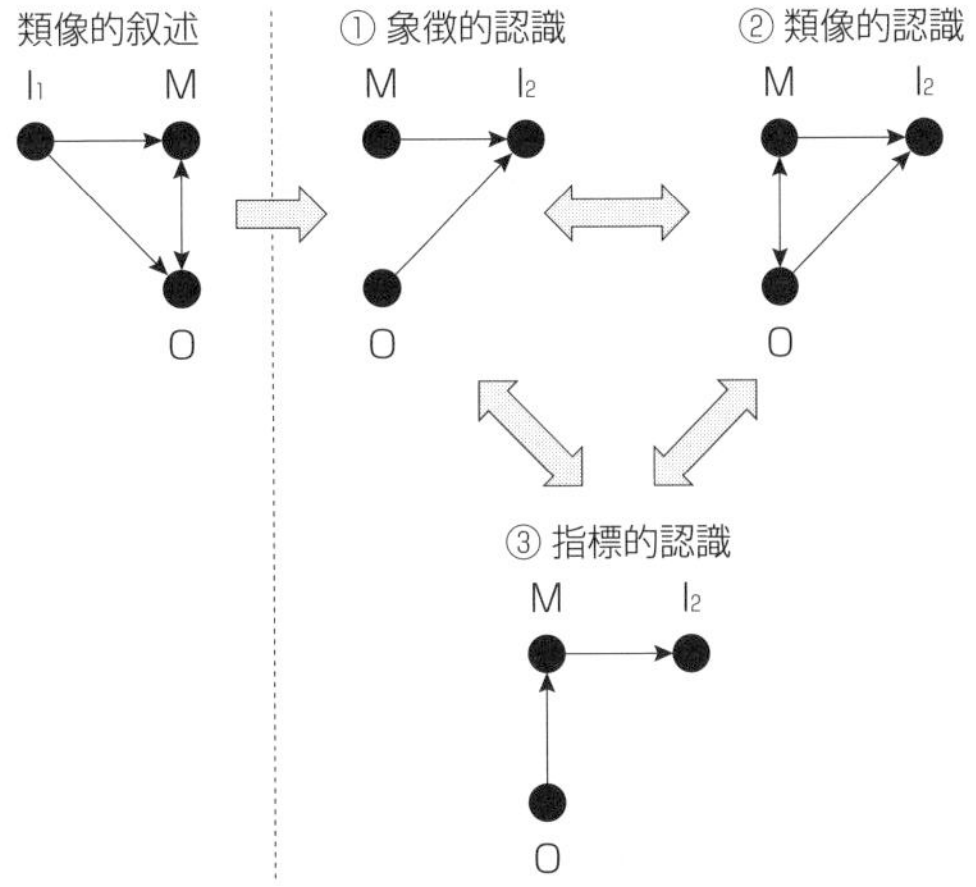

図2-15　記号伝達グラフの力動的変容

　ここで大切なのは、記号解釈項、つまり「意味は、言語と環境との間の相互行為から生起するのであり、言語自体に内包されているのではない」というハンクスの指摘（Hanks, 1996, p. 266）である（メイ、二〇〇五［二〇〇一］、三三〇頁）。発話の意味は意味論的な単位に記号化されて、統語論的な規則により規定されているのではなく、つねに状況づけられた行為（situated action）として、その場その場で作られる（意味づけされる）とも言える。したがって、記号過程は、(a)解釈という認知（意味づけ：情況編成：意味構成）——意味づけ論的視座（深谷・田中、一九九七：田中・深谷、一九九八）——と、(b)意味づけの場（記号場）——パース記号論（江川、一九九二、一六九—一八一頁）、言語人類学系社会記号論の視座（小山、二〇〇八、二〇〇九、二〇一一aなど）——の二つが大きな要素として挙げられる。(a)についてはさきほども触れたので、ここでは(b)のうち江川（一九九二）が論じる記号場について一般論を展開しつつ(a)のうち宛先依存性の論点について考察し、言語人類学が展開する指標性を中心とした社会記号論によるコンテクストと記号の関係については、2.5で論じることとする。

　江川は「認識の場」について、パースと、それを継承するヴァルターの思想を基に、概ね次のように述べている。

　ある記号が解釈されるとき、つねに認識の場が存在する。その場は様々な付帯的経験（記号解釈を可能にするバックグラウンドを形成

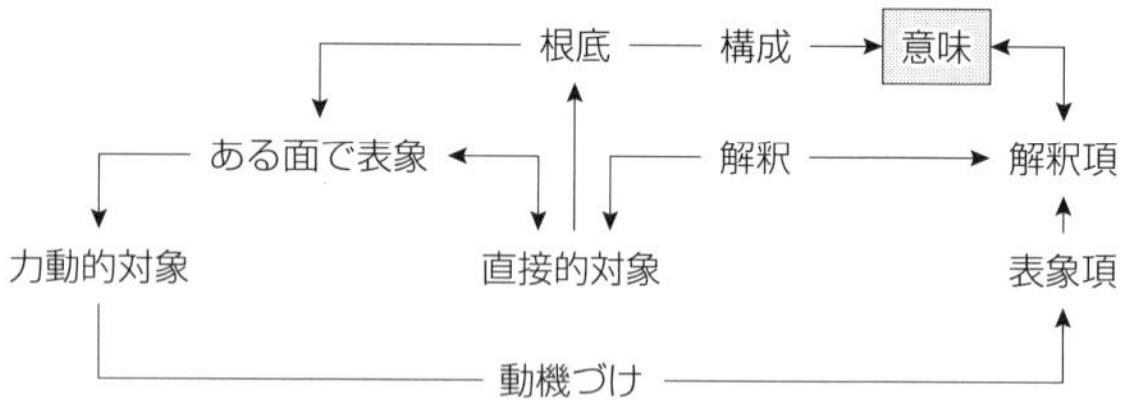

図2-16　解釈項のプロセス

出典）エーコ，2011［1979］，52頁．

する要素）の集合からなる「ある状況」である。連続するセミオーシスにおいて、初めてそれを生成する場に、ある条件が備わることにより、つまり、以前の場に新たな付帯的経験が利用され、取り込まれ、新しい場が作られることによって、場の持つ意味付けという作用（解釈項の生成）に影響が及ぼされる。そして、その結果、諸々のセミオーシスにおいて直接的対象に変化が生じる。（江川、一九九二、一六九、一七八―一七九頁）

このように見てくると、確かに記号とか言葉への意味づけは場の持つ意味付けとの相互作用によって初めて可能なわけであり、したがって、いかなる記号体系としての言葉が使われるかによって、その解釈も変わる、つまり、言葉の記号性が指標野の中でどのような位相を占めているかによって、意味付けのあり方も変わると言える。しかし、このような認知主義は後述するように社会記号論によって意識の限界ないし狭義のイデオロギーとして批判的に乗り越えられてゆく。したがって、ここで記号の解釈について、認知主義ないし主体的解釈主義を越えた議論を展開する必要がある。

この認知主義の超越に関しては、パースを受け継ぐU・エーコがパースの「根底」という概念を引用していることに見られる（エーコ、二〇一一［一九七九］、四六―七七頁）。エーコは、「根底とは、対象がある点で選択されたかぎりにおいて、その対象の属性であり、対象の属性のうちいくつかのものだけが関与的となって、記号の直接的対象を構成する」、また「所与の対象についてある側面において理解され、伝えられうるものである。それは一つの表現の内容であり、意味（あるいは意味の基本成分）と等しいように思われる」としている（エーコ、二〇一一［一九七九］、五〇―五一頁、傍点原文ママ）。この点、解釈項は、記号が解釈者という準精神のうちに生産するものではあるが、解釈者の存在は解釈項の定義に不可欠ではないと位置づけるのである（エーコ、二〇一一［一九七九］、五三頁）。つまり、記号論の特徴は、「解釈主体」中心主義（近代的／カント的認知主義）を超えた点にあるとする（Silverstein, 1976, 1979, 1981）。この解釈項から導かれる「意味」は理念上、解釈者を後景化させ、場ないしコンテクストとの相互作用によって導かれる意味である。しかしこの「根底」は、筆者が推察するところ、解釈者が直接的対象を捉える際、いくつかある属性の束から特定の属性を関与的に選択し、特定の意味を構成していくある種の根源的な傾向性であると思われる。エーコは必ずしも図2-16について明確な説明を施してはいないが、以上を踏まえて筆者なりにこれを（再）構成して説明すると、次のようになる。以下で、ネオ分析哲学の知見を基に説明する。

N・グッドマン（Nelson Goodman, 1906-1998）は、世界制作の方法を論じるなかで、徹底した非実在性を主張し、ヴァージョンの複数性、根本的な相対主義を主張している。「世界制作は我々の知るかぎり、つねに手持ちの世界から出発する。制作とは作り直しなのだ」と（グッドマン、二〇〇八［一九七八］、二六頁）。そして様々な世界制作の方法として、合成と分解、重みづけ、順序づけ、削除と補充、変形を挙げる（二七—四一頁）、「理解と創造は手を携えているのである」と結論づける（四九頁）。そうであるならば、世界制作に多大な関与をする記号とその意味作用も、同様のことが言える。直接的対象をどのように把捉するかは、グッドマンが言ったようにどのような世界を創造的に制作するかと深く関係する。つまり、分割し、組み合わせ、強調し、順序づけ、削除し、充填し、肉づけし、歪曲さえする自由があり（四一—四二頁）、この自由はまさに解釈項の傾向性である「根底」と読み替えることで、**図2-16**の意味はより鮮明になるように思われる。つまり、解釈者は直接的対象を選択し、その中から力動的対象を前景化させ、それを表象の対象である表象項に据え、そこから解釈項を得る。また直接的対象から一般的な解釈も同時に行い一般的な解釈項も得る。と同時に、解釈において根底が作用することで、そこからその場、当該コンテクストとのインタラクションを通じてある特定の解釈傾向が前景化し、一般的な解釈項と連動させつつ、当座の一回的な意味が表出する。これが記号論やネオ分析哲学的な記号作用の説明となる。

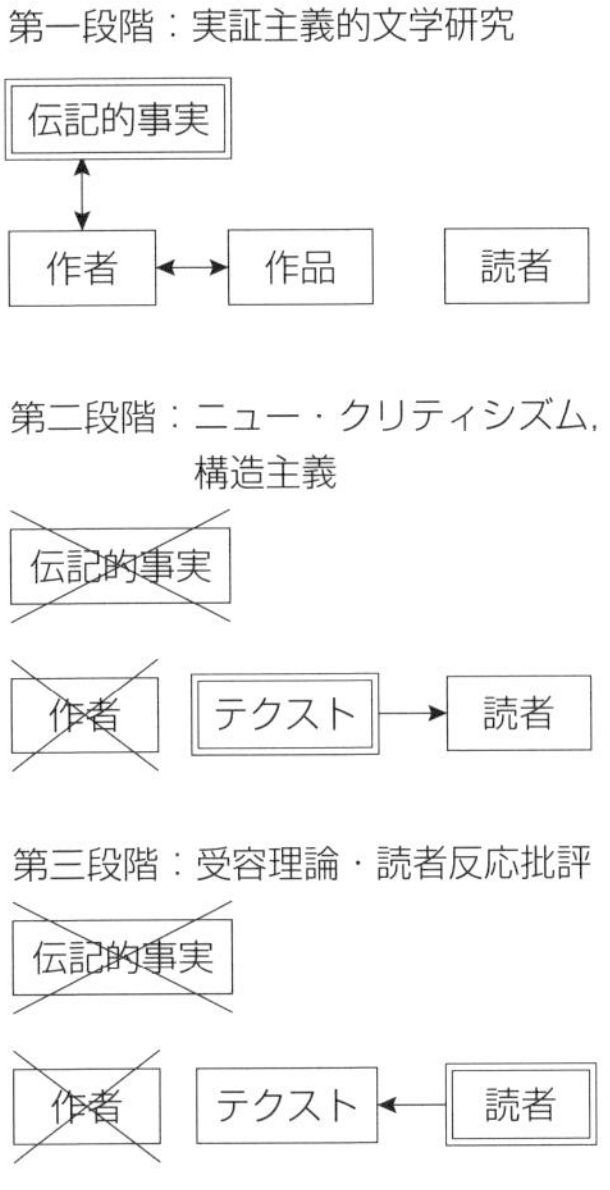

図2-17　読者論の成立

出典）土田・神郡・伊藤，1996，128頁，図1．

次に、このことを別の観点から捉え直してみたい。文学批評理論がそれである。文学といえども通常の言語的営みと地続きであり、意味解釈のダイナミズムという点では共通点も多い。これは、テクストの意味作用そのものに着目して、作品の複数の解釈の正当化を可能にする理論群である。作品の個々の文章には言葉と意味が一対一対応しているのではなく、その関係性はある程度ルースである、というものである。これに関し、言葉＝意味の実体論から、言葉＝意味の関係論へ認識論的転換を図ったのはソシュールではあるが、これはさらに、テクストには予め決定された唯一の意味などなく、作品に対する固定した解釈などありえない、解釈は複数生み出すものであるという相対的なテクスト観が現れる。つまりは、作品と作者に死の宣告をし（バルト、一九七九［一九六一—七二］）、読む行為や読者に照準を当てる議論である。これは、記号によるテクストと世界の再構築、再創造の営みに着目し、テクストは多層的、多元的な意味を生み出す装置と捉える見方である。この見方に至った流れを図で示すと、**図2-17**のようになる。

これは受容理論（コンスタンツ学派）[20]を生み出した流れである。第一の段階は作者の時代、次に作品の時代、そして読者の時代、という流れである。これはヤウスによるまさに書名『挑発としての文学史』のとおりの挑発的な提案である（ヤウス、一九九九［一九七〇］）。ヤウスは七つのテーゼを提唱しつつ、読者は作品に対して能動的に働きかける存在であり、読む行為を通して作品の積極的な具体化に関与する。

図2-18 テクストの重層的意味作用
出典) 土田・神郡・伊藤, 1996, 32頁の図.

サルトルが「創造は読書のなかでしか完成しない」と言ったように、作品はそれ自体で成立するものではなく読みという行為によって初めて姿を現すものである、としている。これはガダマーの解釈学[21]を発展させた読者論であり、読者を基軸にした文学の歴史性を唱えるものである[22]。このようなマクロな視点による読者論のほか、作品は作者によって作られたテクストとしての作品構造と、読者によって実現される解釈体系の二面を持つとするイーザーによるミクロな視点、作品は素材的な構成物(Artefakt)としての(不変な)記号的性格と、受容者の意識における相関概念としての(変化しうる)美的客体から成り立っているとするプラハ学派のムカジョフスキーによる読者の内的な視点からの考え方も提唱されている(ヤウス、一九九九[一九七〇]、二九八—二九九頁、轡田による訳者解説部分参照)[23]。

このことを突き詰めると、言葉と意味の関係性が大きく揺らぐことがわかる。この点を推し進めたのが、例えばR・バルト(Roland Barthes)、J・クリステヴァ(Julia Kristeva)、J・デリダ(Jacques Derrida)といった人物である。神郡によると、バルトは読者にとってテクストの意味とはデノテーションによるのではなくむしろ圧倒的に豊かな戯れをみせるコノテーションによるものであることを示し、クリステヴァは精神分析学の枠組みを援用して、意味生成というものが不安定で、だからこそ奇跡的な運動であることを明らかにしようとし、またデリダはいわゆる脱構築《ディコンストラクション》批評の作業において、テクストの意味作用が果てしない拡散(「散種」)の運動によっているというヴィジョンを提示した(土田・神郡・伊藤、一九九六、三二頁)。これを図で示すと図2-18となる。

バルトは「一編のテクストは、いくつもの文化からやってくる多元的なエクリチュールによって構成され、これらのエクリチュールは、互いに対話を行い、他をパロディー化し、異議をとなえあう。しかし、この多元性が収斂する場がある。この場とは、[中略]作者ではなく、読者である」と言う(バルト、一九七九[一九六一—七一]、八八—八九頁)。このように、多層的に意味の解釈は読者の側で行われる意味創造の営みである。と同時に、ラカン的なテクストの精神分析の立場からは、読み手はテクストを読むことで自分自身を読んでいるともいえる。逆に言うと、読み手はテクストを読むと同時に、テクストによって読まれているのである。ラカンは分析者(analyste、ここでは読者のこと)に対し、被分析者をanalysantと呼んだ(ここでは読み手によって読まれるテクストのこと)。これはつまり、テクストは読者が読むと同時に、テクストがその読者の無意識(ないしイデオロギー)を読んでいる、とする読み手側を読む読み手としてのテクストという位置づけになる(土田・神郡・伊藤、一九九六、一六一頁)[24]。

以上のことは、起点テクストを読む読み手である翻訳者、そして目標テクストを書く書き手である翻訳者、この両面において翻訳者は重層的な意味解釈を行いつつ、己の無意識をテクストによって読まれているという複雑な重層的構造を持つものとして描ける。これが翻訳をめぐるテクストの重層的意味作用である。[25] しかしながら、以上のような認知的アプローチや解釈学的アプローチではテクスト・コンテクストの弁証法的な解釈・再解釈の無限更新プロセスの社会的なメカニズムが整合性を持って体系立てて説明することに限界がある。また、読者論というのは解釈学に還元できない行為論的なものでもある。このことを見極めるために、次の2.4で今一度、認知的な理論枠組みで翻訳の等価構築のあり方について見たうえで、認知的枠組みの臨界点を探り、社会記号論による行為論としての等価構築のあり方の説明へとつなげていく。

2.4　認知言語学系意味づけ論から見た翻訳の意味構築性

以上をふまえて、記号論の立場から翻訳の意味の本質について迫っていく。これまでの記号論や意味構築主義の立場からすると、コトバ(意味づけ前の符号)に対してそれを解釈する人は常に状況との相互作用とその個人の経験基盤を基に意味づけを行うことで意味を構築し、情況編成を行っているといえる。だとするならば、翻訳において、起点テクストに本質的な意味があり、それを目標言語によって目標テクストを生成し、転移すると捉える本質主義的意味観に基づいた従来の「等価性」の議論は、コードモデルないし導管モデルに依拠したサイバネクス的な意味観だと言える。

しかし、そのような意味観は、真理(知識)を実在への対応と捉えて客観的真理を獲得するための記号学に類似するものであって、ことばの意味に関して極めて静的な捉え方しかできていないといえる。本書が採用するプラグマティ(シ)ズム(実践主義)の記号学および意味構築主義の立場は、あくまでも理念としてではあるが、知識進化の、つまり真理創出のためのものであり、社会的な共同体に生きる私たちの日々のコミュニケーションをとおして連帯性を可能にするものである(《2.3)。そして、このような意味観・コミュニケーション観は翻訳においても等しく妥当する。つまり、著者・翻訳者・読者の具体的なことばをめぐるプロセスは不確定性に開かれ、それぞれが多様な意味づけ行為を行うが、それはことばへの事態構成(construal)においても、ことばからの事態構成(interpretation)においても行為ごとに一回一回、意味づけという情況編成を行うことによって意味が構成されている、と捉えるのである。だとしたら、著者による起点テクスト生成行為、翻訳者による起点テクスト解釈行為、翻訳者による目標テクスト生成行為、読者による目標テクスト解釈行為といった、すべての行為において意味の不確定性と宛先依存性が内包されたダイナミックなコミュニケーションが常に成立していることになる。静的・本質主義的な意味観に基づいた翻訳プロセスと、動的・構築主義的な意味観に基づいた翻訳プロセスを図に示すと次頁の図2-19、図2-20のようになる。

等価性概念については第3章で詳述するが、例えばピム(二〇一〇[二〇一〇])が導入している自然的等価(翻訳行為以前に言語間・文化間に既に存在する起点テクスト=目標テクスト間の同等の価値)や方向的等価(ある方向で翻訳した際に作出される非対称的な等価)の議論も、意味の不確定性や解釈の無限更新性を意味づけの本質論に据えたうえで翻訳行

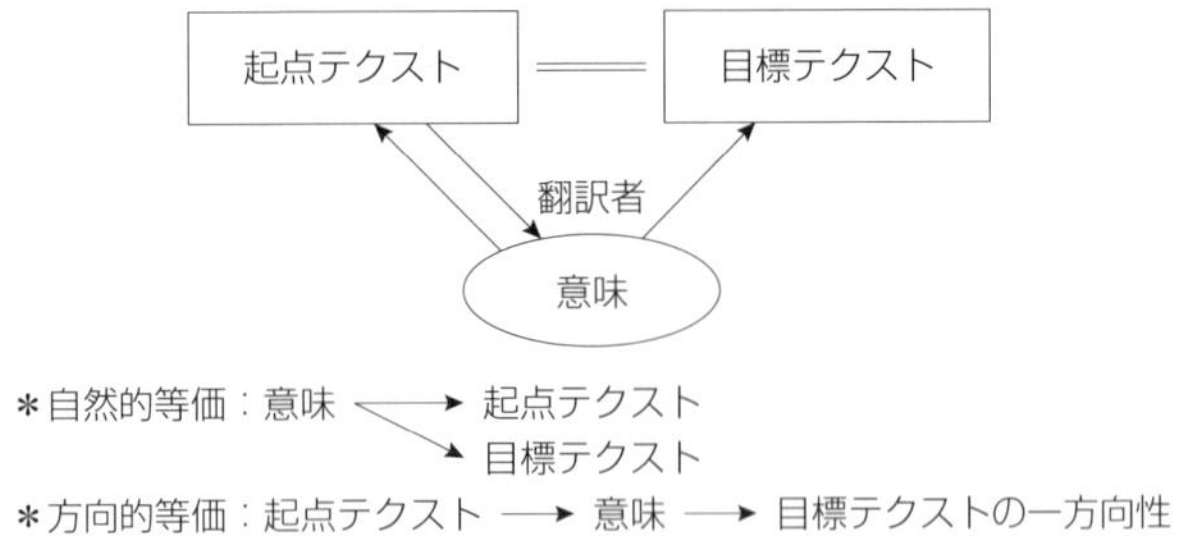

図２-19　静的・本質主義的な意味観

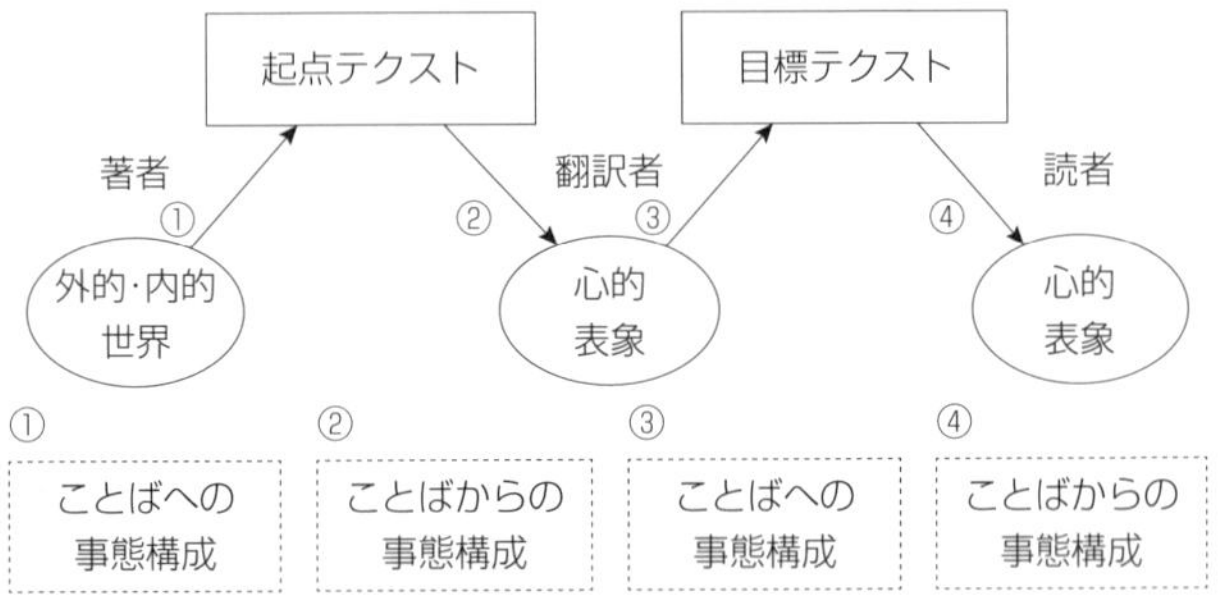

図２-20　動的・構築主義的な意味観

為が価値の創出行為であると捉えていないため、静的・本質主義的な意味観に基づいた翻訳プロセスに立脚したものといえる。つまり、自然的等価という概念は、意味が静的・客観的に存在し、それを起点言語で生成したものが起点テクストであり、目標言語で生成したものが目標テクストであって、両者には同等の価値が翻訳行為以前に存在するとするものである。また方向的等価という概念は、翻訳者が複数の翻訳方略の中から一つを選択し、通常、直訳志向か意訳志向かの二項対立図式の連続体から最適な方略を選択する、というものである。自然的等価よりも方向的等価のほうが意味のダイナミズムを捉えて、整合性のある理論を提示しているかのように見えるが、ピム自身が意味の不確定性、宛先依存性などという意味づけ論からの知見や、後ほど詳しく見る（≪2.5）言語の社会指標的機能、そのうち特に創出的機能によるメタ語用論的な新たな社会指標性の創出などといった社会記号論からの知見を十全には了解しきれておらず、方向的等価という概念を提案して翻訳者の主体的な構築性を主張し自然的等価を排斥しようという論理は、不十分であると言わざるを得ない。

　翻訳は“translating A as B”で捉えることができ、始原的、本質的にはAとBどうしは象徴記号であるが、起点テクストであるAを目標テクストであるBに翻訳するという価値創造行為によって両者を類像記号にするという「見なし行為」を一回一回行っていることになる（“as”も「等価性」が中核的語義であり、前置詞として使用された場合、象徴性が強くなりその「等価としての見なし性」が前景化されることについては、河原、二〇〇八参照）。そして、象徴性が繰り返し再生産されることでそれが類像化（iconization）され、再生産の頻度が高くなると、Bの価値もコミュニティの中で固定化されるのであるが（言説の固定化・共有化）、これは言説の体制化を通して、社会的な共同体に生きる私たちのコミュニケーションに連帯性が生じる営みの反映であるといえる（論理的解釈項としての習慣の確立）。そもそも、言語構造も異なり背後にある文化も異なるAとBは象徴記号どうしであることが本質である以上、Aが表象する意味とBが表象する意味は異なっているし、それに応じて解釈者の意味づけも当然異なる。そして、AとBとではそれが解釈される解釈場も異なる以上、当然意味づけのあり方も異なる。

また、言説の体制化が進んだとしても、その意味や価値はつねに無限更新的改変にさらされているのである。だとするならば、Aということばが存在する起点言語文化において、それに（一見）対応することばBが目標言語文化に不在であることは当然である。

ところが、動的・構築主義的な意味観を採る立場からすれば、柳父（一九七六）のカセット効果[26]も説くように、意味や価値の絶えざる無限更新的改変プロセスは、コトバに対する意味づけの営為そのものであり、本質であるとさえいえる。そして、翻訳という語用行為によって、同時に社会行為でもある翻訳が社会的意味や価値の創造に寄与していることはカセット効果論が説くところでもあり、言語コミュニケーションの本質であるとさえ言える。

しかしながら、同時に動的・構築主義的な意味観は、社会記号論の知見から、前提的指標性および創出的指標性という社会指標性を帯びる点、またイデオロギー負荷性によって発話者の意識・無意識の表出性もある点、あるいはメタ語用的フレームによる無限解釈の枠づけ機能なども見据えなければならない。この点がコミュニケーションによる意味の共同編成のプロセスのメカニズムの解明を中心とする認知系の議論では漏れていた領野であり（≪この点、2.6.2も参照）、以下で検討するように従来のデノテーション、コノテーション、あるいは意味づけという範疇ではカバーできなかった、意味づけの臨界の外に位置するコンテクストに根差した社会的な意味である。そのことを次節で展開するために、社会記号論をより詳しく見てゆく。

2.5　社会記号論から見た等価構築の社会指標性と象徴性

2.5.1　言及指示的意味と社会指標的意味

社会記号論系言語人類学の枠組みでは、意味を大きく、言及指示的意味と社会指標的意味に分けていることは前述のとおりである。言及指示的意味は詳しくは言及指示と述定に関わる言語使用の意味のことである。また、社会指標的意味とはコミュニケーションの場面の社会的性格や参加者たちの社会的なアイデンティティや力関係を表す相互行為的な意味のことである。言及指示的意味、つまり「何が言われているのか」が分かるためには、文法や意味論だけでなく、実際の言語使用のコンテクストで「何がなされているのか」という、語用に関する知識も必要となる。一般の言語学では前者の、コンテクスト抜きの狭義の意味としてSinn, sense、後者を具体的なコンテクストのなかで言及指示するものという意味でBedeutung, referenceという。

以下は小山（二〇一二a）によるが、この言及指示的意味には二種類あり、一方は、①コンテクスト抜きの意味で文法の領域に属するもの、他方は、②語用論の領域に属するコンテクストに関わるものである。そして、語用論にも二種類の意味があり、②である言及指示的な語用論（referential pragmatics）と、③「何がなされているのか」に関わる社会指標的、相互行為的語用論がある。次頁の図2-21を参照されたい。

もう一つ、④文化的意味範疇（概念）という意味もある。文化人類学などでは「文化的意味範疇」、言語人類学などでは「文化的ステレ

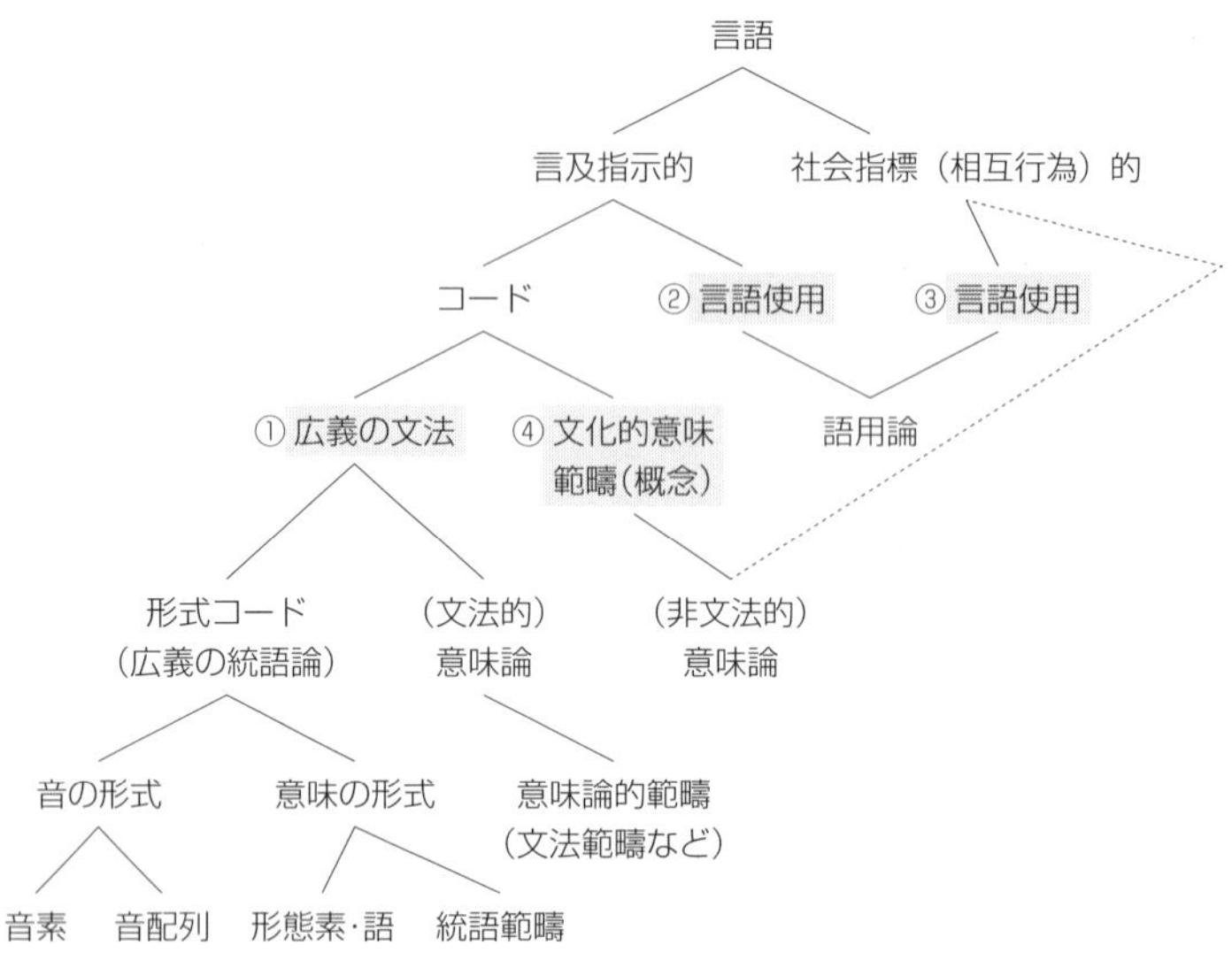

図２-21　言語学の概念体系

出典）小山，2012a，42頁図１と52頁図３を合成し，筆者が番号などを付した．

オタイプ」と呼んでいるもので、これは言及指示に直接関わるものである一方、社会指標的な意味も大きく関与するものである。つまり、その使用者の社会的属性を指標し、「レジスター」とも結びついた意味で、使用者の社会集団や視点のあり方を示す。したがって、コンテクストによって変化するという特徴を有している。そして、使用者の社会的性格や属性（特徴）、アイデンティティと結びついたプロトタイプを持ち、またそのプロトタイプから離れた周辺部では曖昧な境界を持っていることも指摘できる。そのため、使用者の生活コンテクストや社会的・地域的コンテクストによってプロトタイプ範疇は変化する、つまり社会指標性と強く相関を示すことが特徴である。

また、これはミクロコンテクスト内での意味変化も起こす。話の展開やコミュニケーションの進行に伴って、その構造も変化し、コンテクスト依存性が高いものでもある。コミュニケーションには、そのコミュニケーションが起こる前に存在しているものを指標する前提的指標機能と、そのコミュニケーションによって新たなコンテクストを生み出していく創出的指標機能とがあり、この文化的意味範疇も前提的指標機能から創出的指標機能へと意味が変化することに連動して刻々と変化するという性質を有していると言える。

以上をまとめると、文化的意味範疇は、使用者の社会的属性を示すとともに、コミュニケーションが刻々と進展するなかで、そのプロトタイプ的な意味も変化していくという性質を持ったものである（以上、小山、二〇一二a、三七―七六頁）。

では、我々がこのような言葉のダイナミズムを操作している背後にある意識ないし無意識は言語とどのような関係があるのだろうか。イデオロギーという切り口から探る。

2.5.2　広義のイデオロギー論：象徴とイデオロギー

イデオロギーについては1.4.2でも若干論じたが、まず、広義のイデオロギーの記号論的性格から考察する。小山（二〇〇八）を再掲すると、「象徴記号は、経験的根拠を欠くのであるから、その根拠

（Ground）は非経験的となり、行為や出来事の参与者が暗黙裡に信奉している非経験的な共同幻想[27]（イデオロギー）を前提条件として作用する。言い換えると、このような象徴記号が、慣習的概念（イデオロギー）や形式的な意味論的コード（言語構造、ラング）を構成しているのである」としている。これは、1.4.2で示したように広義のイデオロギー（慣習的概念）を詳細に述べたものである。社会記号論系言語人類学が依拠、ないし定義するイデオロギーはここに集約されている通りであるが、今一度、イデオロギーについて考察する。

マルクス主義文学批評家であるイーグルトン（一九九九［一九九一］[28]）はイデオロギーの定義を一六挙げるなかでこれを多角的に検討し、次の六つのやり方で再定義を行っている。

(1) イデオロギーとは、社会生活において観念や信念や価値観を生産する全般的な物質的プロセスである
(2) 社会的に意味ぶかい特定の集団もしくは階級に固有の状況や生活経験に対し、象徴的意味をあたえるような観念や信念（その真偽のいかんにかかわらず）
(3) 社会集団が、それと敵対する社会集団の利益に対抗して、みずからの利益を〈促進〉し〈正当化〉すること
(4) 党派的利害関係の促進と正当化を依然強調しつづけることになるが、強調点を支配的な社会権力の活動だけにかぎるものである
(5) イデオロギーによって記号化される観念や信念は、支配的な集団もしくは階級の利益の正当化に役だつのだが、その場合、とりわけ歪曲と捏造の操作が大きくものをいう
(6) 虚偽的あるいは欺瞞的な信念の存在だが、ここではそのような信念を、支配階級の利益からではなく社会全体の物質的構造から生ずるものとみる（イーグルトン、一九九九［一九九一］、七六―八一頁）

社会記号論系言語人類学にいう（広義の）イデオロギーは、マルクス主義的ないわゆる虚偽意識ではなく、象徴的信念体系およびそれを源泉とする意識として考えらえる。となると、社会記号論にいう広義のイデオロギーは、イーグルトンの定義のうちの(1)と(2)が当てはまる。(3)から(6)については、特に前述のＣＤＡの理論群が問題視するような、社会集団の利害対立性、敵対性、権力性、支配性、歪曲・捏造性、虚偽・欺瞞性などがキーワードになるが、これらはイデオロギーの依拠する社会により象徴的信念体系が言語化されるプロセスにおいて発露する場合、ある程度考慮されてもよい要因かもしれない（翻訳研究におけるイデオロギー研究の一部も、この局面の解明、あるいはこの局面の改良運動を行っている）。それはすなわち、発話者が拠って立つイデオロギーのコンテクスト性によるもので、どのような場に身を置き、どのようなコミュニティに属しているかによって、イデオロギーのあり方も異なり、その言語的表出のあり方も異なってくる。つまりここに象徴（的信念体系）の言語化、つまり類像化が社会的な指標性を帯びることを示すものである（indexical iconization of symbol）。

このことを詳述するために話を象徴性に戻すと、象徴性は集団表象、共同体イデオロギーと深く関与しており、「今・ここ」の場で経験的に観察できない事物（例えば、ナショナリティー、民族性、男性性・女性性、真理、美、永遠、神性などの彼岸的、他界的、異界的、神話的、抽象概念

的、イデオロギー的な世界の事象）を（広義のイデオロギーに関して）指すと小山は言う（小山、二〇〇八、四九頁）。となると、我々は言説を紡ぎ出す（テクスト化する）際、自分がアイデンティティを見出す、ないし見出そうとする集団なりコミュニティなりが有している共同体イデオロギーと己を同一視（identify）する心的傾向性が意識的・無意識的に言表に現れ出る。それは自分がある象徴（的信念体系、価値観）に対して類像化する作用（iconization）である。そしてまた、その類像化によるテクスト化は、その象徴体系が表出する社会的コンテクストを指標（index）している。

また更には、本書はこの発話者自身の個性にも着目したい。発話者は上記のようにある集団なりコミュニティなりに己を同一化することでアイデンティティの所在を確かめつつ日々を過ごす反面、その集団から（程度の差こそあれ）一定程度の距離を置くことによって、己の個としてのアイデンティティを形成・維持・発展させるものでもある（ゴッフマンが唱えた役割距離の論点(29)。ゴッフマン、一九八五［一九六一］、一一五頁）。己がアイデンティティを見出す集団は複雑な社会生活を営む上で複数存在する。それに呼応してアイデンティティのあり方も多面的かつ複層的な形で構成される。人は様々な場面で自身の役割を見出し、特定の役割を選択的に引き受け、さらにそれを自分なりの方法で遂行し、己のアイデンティティを絶えず更新するものでもある。となると、ある集団が有するイデオロギーがストレートにその発話者を通じてテクストとして具現化する面もあれば、ある集団表象や共同体イデオロギーとはやや距離を置いて形を変えた、その個人に内属する倫理的・道徳的価値観（アクシオロギー：axiology）が言表となって現れる面もある（Munday, 2012, pp. 12-20）。

本書ではこのコミュニティないし集団の有する象徴性であるイデオロギーと、倫理・道徳的な象徴性であるアクシオロギーとが絶妙に織り合わさって紡がれていくのがテクストである、と位置づける。このイデオロギーやアクシオロギーは、一回一回のコミュニケーション出来事ごとにその表出のあり方も多様である。その場その場において、どのイデオロギーやアクシオロギーが前景化するか、何が後景化・隠蔽されるかはその場の偶発性や個性による。そして表出されるイデオロギーやアクシオロギーによってそれらが絶えず改変を繰り返すという無限更新に晒されることからして、これは言葉の意味改変プロセスとパラレルである。と同時に、コミュニティが一枚岩的なものではなく、その内部にも多様な個性があること、また個人の中にも多様な社会的役割や、人格なり価値観なりが複雑に共存していることを考えると、あるコミュニケーション出来事でどの言葉がどのような意味で表出され、その背後にはどのイデオロギーやどのアクシオロギーが象徴関係として潜んでいるのか、といったことは、極めて個別性、偶発性、暫定性、一回性に富んだ出来事として描けることも了解される。

以上が等価構築の社会指標性と象徴性の素描となるが、これらのことからも等価構築の営みが不確定性と多様性を孕みつつ、象徴性・イデオロギーによって意識的・無意識的に規制を受けることも見えてくる。そこで次節では、社会記号論における象徴性の鍵概念である狭義のイデオロギー、すなわち言語イデオロギーについて論じる。

2.5.3　狭義のイデオロギー論：言語イデオロギーと翻訳イデオロギー

以上の議論を踏まえつつ、小山（二〇一一a）の唱える狭義のイデオロギー、すなわち言語イデオロギーの解釈を極めて平明に記せば、以下のようになる（小山、二〇一一a、四―六四頁）。

[2-8]

(1) まず、言語イデオロギーとは「ことばについて我々が意識化していること、つまり、ことばについて我々が考えていること」である。

(2) これを承けると、我々にはことばに関わる意識があり、そして意識に限界があることから、その死角となる無意識の部分もあり、両者には何らかの関係がある。そこで、どのような部分が意識化されやすいか、また、されにくいか、意識化（イデオロギー化）のプロセスで社会文化はどう変容するか、を論点に議論することになる。

(3) ボアス―サピア―ウォーフの脈絡の言語相対論は、① 意識化されない言語構造（象徴的無意識）、② 意識化されない語用実践行為（指標的無意識）、そして、③ 言語使用者の言語意識（イデオロギー）の相関とズレに関する一般理論として捉えられる。平易に言うと、我々が普段、言語について意識していることと、実際の言語の語彙・文法などの構造にはズレがあり、そして実際に使用している言葉づかいや、言語によって何が為されているかの現実と、それに対する意識とにはズレがある。

(4) 意識化（イデオロギー化）のプロセスで意識からそぎ落とされてしまうのは、語用論的な多様性・変異や言語構造の文法的な面（形態音素・形態統語範疇などの言語構造の核をなす部分[30]）であり、逆に意識にのぼりやすい（合理化したりカテゴリー化したりしやすい）音素や単語・語彙（語彙意味論）は意識化の対象となって、それが言語イデオロギー（信奉）として前景化し、現実とのズレが生じて歪みが生まれる。言い換えると、言及指示的機能を果たすユニット、つまり音素あるいは単語や表現などといった「表層的」な、外延的な使用レベルで現れるユニットは意識にのぼりやすいため意識化されやすいが、社会指標的機能を果たすユニット[31]、つまり語用論的な多様性[32]は意識化されにくい。

(5) そのような言語についての歪んだ意識が、明示的な言語規範を生んだり、言語を改良しようとしたりする運動へとなっていく。となると、意識化された言語の部分は迅速な史的変容を被り、他方、そうでない部分は緩慢な史的変容しか示さない。

以上が社会記号論による言語イデオロギーの骨子である。これを踏まえて、翻訳者の翻訳イデオロギー、および翻訳研究者の翻訳イデオロギーがいかなるものであるかについて、さらに論じる必要がある。この点に関して、小山が言語人類学系社会記号論から言語・翻訳イデオロギーについて記した「社会言語学的多様性と翻訳不可能性：メタ語用、言語変種／接触、社会指標性と記号論的全体」の要点六つのうちから五つを掲げる（小山、二〇一一b）。

[2-9]

(1) 近代の翻訳論は、一般に、「翻訳」を言及指示機能と国民国家／民族言語＝文化（言文一致的標準語、少数民族言語＝文化など）に基づいて解釈してきた。

(2) 「（一般化された）翻訳」、つまり記号論的な意味での「翻訳」は、ラング（言語）ではなくパロール（語用）、言及指示機能ではなく社会指標機能／コミュニケーション出来事、テクストではなく（コン）テクスト化の過程に主に関わる現象である。

(3) 翻訳不可能性は、主に、言及指示機能ではなく社会指標機能、言語変種、社会言語学的多様性、コミュニケーション出来事の固有性／偶発性と結びついている。

(4) （社会言語学的）多様性の根幹は、（少数）民族言語などではなく、社会指標的な次元、特に、社会文化的にコンテクスト化された出来事の固有性／偶発性にある。

(5) 「多様性を促進する翻訳」は、グローバリズム、ナショナリズム、ローカリズムに関わる社会経済や文化イデオロギーを含む記号論的全体の中で考察されなければならない。

そして、言語人類学系社会記号論による上記の［2-8］［2-9］のテーゼから、本書によって解明すべき翻訳学諸理論のメタ理論分析に関するテーゼ（問い）は以下のようになる。

［2-10］

(1) 翻訳研究ないし翻訳理論によって何が意識化（イデオロギー化）され、何が意識化されにくいか。具体的には、①意識化されない言語構造（象徴的無意識）、②意識化されない語用実践行為（指標的無意識）、そして、③言語使用者の言語意識（イデオロギー）の相関とズレに関し、翻訳理論ではどのように理論化しているか。

(2) 翻訳研究者の意識が、翻訳について矮小化した理論を定立したり、翻訳の改良運動（介入主義）へと展開したりしているか。

(3) 翻訳不可能性・相対性・多様性の要因として翻訳理論は何を意識化しているか。

(4) 以上から、翻訳理論のイデオロギーはどのようなものか。そして翻訳研究者のイデオロギーと社会文化史的コンテクストとはどんな関係があるか。

(5) 本質的にコンテクスト負荷性とイデオロギー負荷性のある「翻訳等価性」を鍵概念にして、翻訳学の全体をどのように（再）構築していくべきか。

以上が言語人類学系社会記号論による言語イデオロギーからの類推による、翻訳イデオロギーに関する問いであり、小山（二〇一一b）である程度解明はされているが、本書によって［2-10］の問いを再検証してゆく。そして、一般には通常の言語使用と翻訳は、単一言語内での言語使用か二言語間の変換行為か、という違いに収束させて両者の違いが論じられていたが、記号過程の全体像を射程に入れて本質論を展開するならば、言語使用行為一般と翻訳行為とのメタ語用フレームの異同が明らかになり、翻訳理論の全体像を新たに提示できる可能性が開ける。

そして翻訳研究を、このイデオロギーという概念を媒介にしつつ言語研究と社会文化研究との交叉領域において行うという本書の趣旨からは、このイデオロギーの社会文化的機能について今一度考えておく必要がある。マルクス主義文学批評という視点が帯有するある種のイデオロギーが不可避的に備わっていることを認めつつも、イーグルトンによるイデオロギーの基本的機能に関する考察をここで検討し、翻訳諸理論が負っているイデオロギー分析の道標にしたい。イーグルトンはイデオロギーの機能として、①統一化（unifying）、②行動志向

(action-oriented)、③合理化(rationalizing)、④正当化(legitimating)、⑤普遍化(universalizing)、⑥自然化(naturalizing)を挙げている(イーグルトン、一九九九[一九九一]、一〇七—一三五頁)。具体的に言うと、イデオロギーは、①それを信奉する集団や階級を一つにまとめ、集団や階級に統一的な(但し内的には差異を孕んだ)アイデンティティを与え、統一をもたらす力を付与する。②思弁的な理論体系ではなく人を行動へと促す信念の集合であり、③真の動機が認識されていない態度や観念・感情などについて、論理的に首尾一貫しているか、倫理的に容認できる説明を主体が示そうとし、批判の対象になりそうな社会的行為に対してもっともらしい説明や理由を提示しようとする。また、④本来ならば不当なものを真っ当なものに見せかけようとする欲求めいたものを暗示し、さらには⑤価値や利害が本当はある特定の場所や時代に固有のものにすぎないのに、それらを人類全体の永遠の価値や利害に見せかけ、終局的には、⑥その信念を自然なもの、自明なものと見せかけ、それを社会の常識と一致させ、それ以外の信念を想像できないようにさせる。以上の作用・機能を論じている。

これを承けて、後述(≪2.6.2)するように理論の構築・提示という社会行為が持つ機能1(合目的的機能)と機能2(非合目的的機能)に、イデオロギー(化)のプロセスとして上記①~⑥がどのように関与するのかについて緻密に検証することは、諸理論のもつイデオロギーの解明に有益であると思われる。次章以降ではこのような検証も併せて行っていく。

2.6　社会記号論の再帰的帰結と記号論の諸展開
——社会記号論系翻訳論

本章の最後に、社会記号論の持つ大きな可能性について記す。まずは2.6.1でこれまで示してきた三つ巴の記号作用(類像・指標・象徴)の無限更新的ダイナミズムについて今一度考察し、パースの宇宙論から社会記号論の科学哲学の全体の布置における社会記号論の位置づけについて確認し、記号論の新展開として翻訳研究への応用可能性について論じる。次に、2.6.2でダイナミックな意味構築・改変プロセスの不確定性の契機について、認知言語学系意味づけ論、パース、ヤコブソン、シルヴァスティンの知見を確認し、翻訳という等価構築行為の相対性・多様性について考察する。さらに、2.6.3では言語人類学系社会記号論の諸テーゼを承けて、翻訳イデオロギーについて論じる。そして終わりに、2.6.4で言語人類学系社会記号論の綱要的なテーゼ[2-4]について詳説し、認知言語学も援用しつつ、社会記号論による翻訳学説のメタ理論研究の方法について論じるという流れである。

2.6.1　三つ巴の記号作用の無限更新的ダイナミズムと記号論の新展開

2.6.1.1　類像性の記号論

本書が土台とする社会記号論が言語研究と社会文化研究との橋渡しとなる力(一階レベルの理論力)と、理論に対するメタ理論分析力、知識やエピステーメー(知の枠組み)のメタ分析力(二階レベルの理論力)が大きいのは、それが土台とするパース記号論の無限更新的記号過程

（synechism）に拠るところが大きい。これは2.2.3で見た記号過程のダイナミズムの射程が、通常の言説にも、通常の言説に対する分析言説にも同様に当てはまる世界観・宇宙観を内包しているからであり、これはあらゆる学問に開かれた基礎となる知的枠組みでもある。これはパース独自の三分法的カテゴリー原理に基づいている。このパースの学問的宇宙論を図で示すと、図2-22になる。

　思弁的文法学としての狭義の記号論は、広義の記号論である論理学の下位分類であり、その論理学（思考に関する法則）は美学（感情に関する法則）や倫理学（行動に関する法則）を土台にするものである（カントに由来する）。またこれら諸科学の上位概念である規範科学は現象学や形而上学と関わり、さらに上位のレベルで数学や経験科学と関わる。このようなパースの科学の宇宙観の中で社会記号論が科学全体のどのような位置づけになるかを、俯瞰的に見ておくことも必要である。特に、言語コミュニケーションや翻訳行為と関連して、行動の法則である倫理学や、感情の法則である美学が、未来展望的、創造的な記号過程のなかで記号論と直接の関係があり、また社会文化史的コンテクストと結びついた経験科学や応用科学とも直接関係するためである。

　他方、パース記号論内部における、パース独自の三分法的カテゴリー原理についても細部を見ておく必要がある。このカテゴリー原理である第1項、第2項、第3項は、記号作用として類像性、指標性、象徴性として現象することは上で述べたとおりであるが、平賀（一九九二、八四頁）は、「言語にみられる類像性」を分析し、次のようにまとめている（表2-2）。

　翻訳において類像性の概念は重要であるので、重複を厭わず再述するならば、パースの記号体系において「類像記号」は、2.2.3で説明

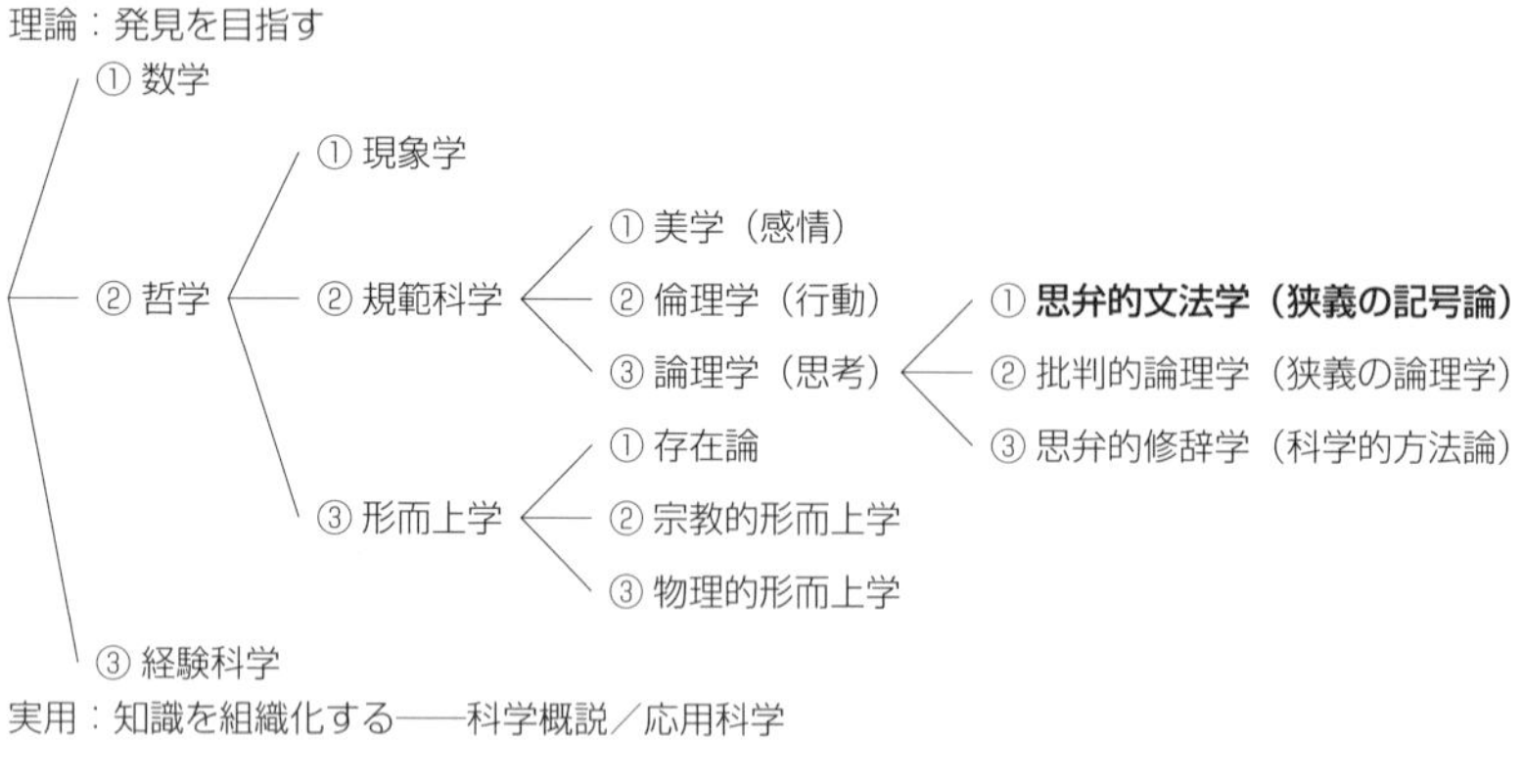

図2-22　パースの科学の宇宙論

出典）パース，1985；ブレント，2004［1993］；江川，2005.

表2-2　言語にみられる類像性

イコンの分類	抽象度	様式	詩における表れ方	日常言語における表れ方
イメージ	（実体の）直接的類似	視覚的	絵画詩，具象詩	象形文字
		聴覚的	オノマトペ，音象徴	オノマトペ，音象徴
ダイアグラム	（構造の）対応的類似	視覚的	文字の種類，大きさ，スタイル，文字配列の長さ，位置，パターン	文字の種類，大きさ，スタイル，文字配列の長さ，位置，パターン
		聴覚的	音韻的要素，統語的要素の配列	声量，ピッチ，イントネーション
		概念的	意味的要素，統語的要素の配列	語形成，語彙構造，語順，構文，談話構造
メタファー	（構造の）並行的類似	概念的	意味領域，概念構造の写像	概念構造，統語構造間の位相的写像

出典）平賀，1992，84頁．

した、④類似記号（類似の関係によって対象を指す記号）としての性質を基底にして、解釈項としては、⑦名辞記号（述語的叙述、つまり名辞化をする記号）として、その類似性の相違によって、Ⅰ.名辞—類似—性質（quali-sign）、Ⅱ.名辞—類似—個物（sinsign）、Ⅴ.名辞—類似—法則（legi-sign）の組み合わせが考えられる。これがそれぞれ、(1)イメージ（im-age）、(2)ダイアグラム（diagram）、(3)メタファー（metaphor：本書ではP-メタファー）の三つの様式（CP. 2. 277）に区別されるものと考えられる。そこで、上述のようにイメージはダイアグラムより記号と対象の知識過程が直接的であり、メタファーは媒介的なものであるという特徴がある。したがってこの表2-2において、イメージは類像性の中の第一項的、ダイアグラムは第二項的（indexical icon）、メタファー（P-メタファー）は第三項的（symbol-ic icon）なカテゴリーであり、類像性の度合いはこの順番で直接性が弱まっていく。ダイアグラムは構造の対応的類似であり、近接性や因果性が原理となり、P-メタファーは構造の平行的類似であって解釈項を媒介にした慣習やルール性が原理となっている。このことを図にしたのが次頁の図2-23、図2-24である。

2.6.1.2　類像性の詩学・言語学

以上は記号一般の類像性について論じたものであるが、言語を記号として捉えた際、言語のテクスト性（詩的機能）が前景化する度合いの高いものが「詩」、そうでないものが「日常言語」であると二極を定位できる（但し、両者は連続体を成す）。この点、「並行性や対称性といった性質は詩的テクストの過剰コード化の原理の一部をなしている」と言える（大堀、一九九二、九四頁）。そこで、次に詩と日常言語に分けて、類像性について論じる。

(1)　詩の類像性

平賀（一九九二）は、詩の類像性に関し、イメージとしての詩（視覚的イメージ、聴覚的イメージ）、ダイアグラムとしての詩（視覚的ダイアグラム、聴覚的ダイアグラム、概念的ダイアグラム：語彙の構造と統語的パターン）、メタファーとしての詩（概念的メタファー：概念構造の写像）という分類体系を提示している（詳細は当該文献を参照されたい）。詩においてはテクスト性が前景化する傾向が強いことに呼応し、イメージやダイアグラムの記号作用が頻繁に働くことが見て取れる。次項の日常言語の類像性と併せて平賀（一九九二）が表にしたのが、表2-2である。

(2) 日常言語の類像性

他方、日常言語における類像性は、テクスト自体が後景化するため、そこへ概念的媒介、つまり解釈項による解釈過程が必要となる。この点、Hiraga（1994）は、ダイアグラムのなかに構造上のダイアグラム（線条的な類像性、局所的近接性の類像性、量の類像性、対称的な類像性、非対称的な類像性、範疇化による類像性）と関係上のダイアグラム（形の相違、形の同一性）、メタファーのなかに文法的メタファー、慣習的メタファー、詩的メタファーがあるという分類体系を提示している（詳細は当該文献を参照されたい）。

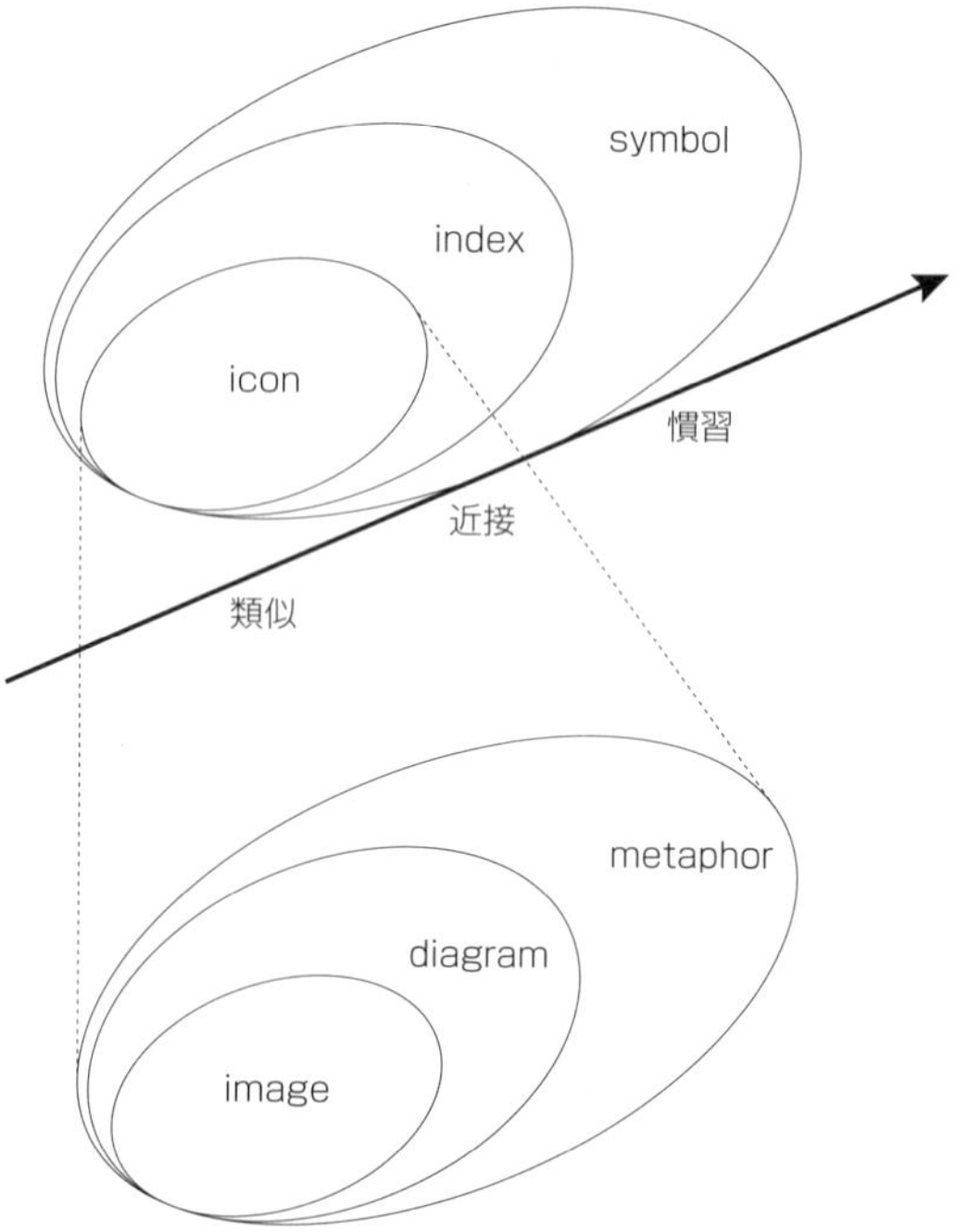

図 2 -23　パース三分法的カテゴリー原理による記号作用の下位分類

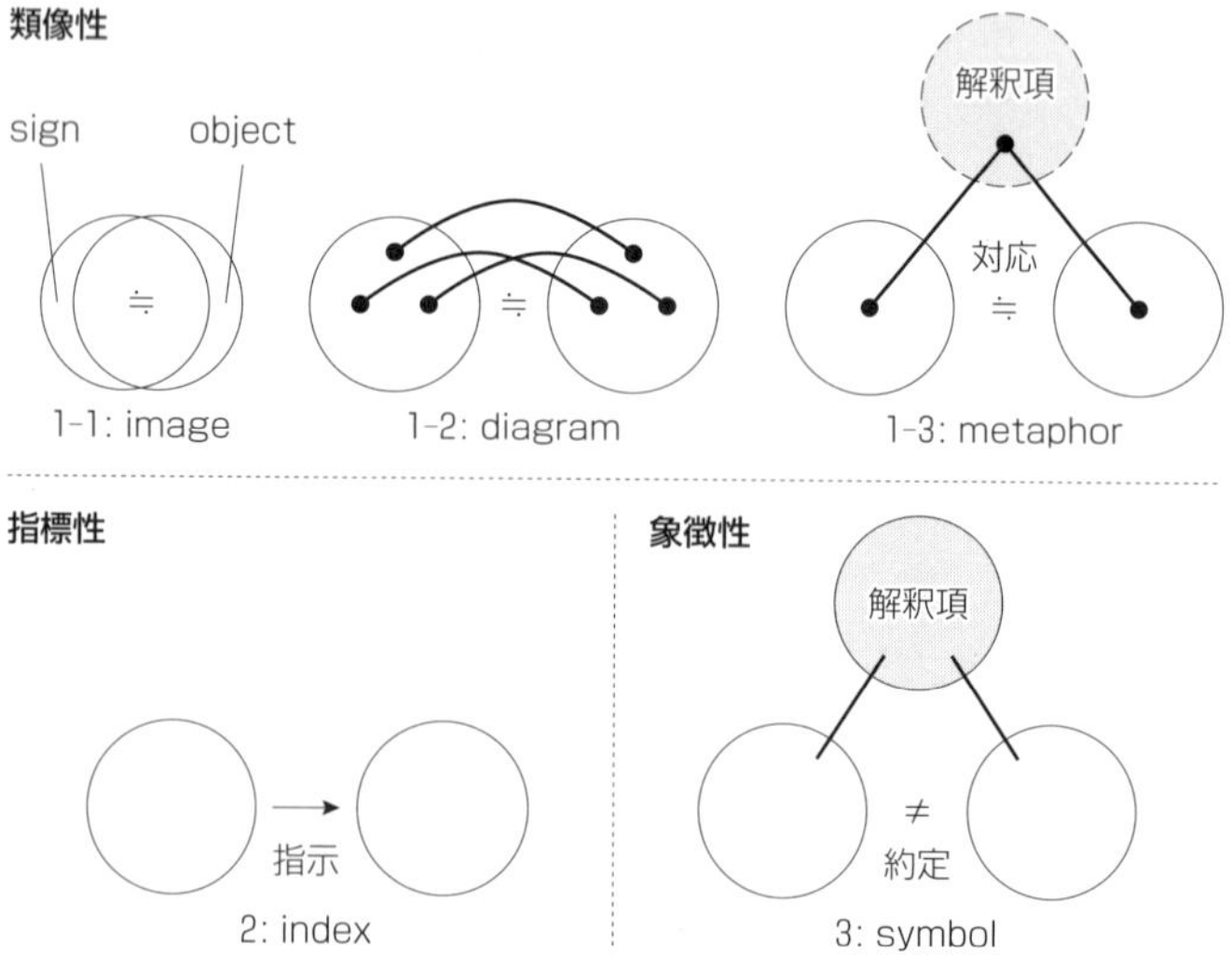

図 2 -24　類像（イメージ・ダイアグラム・メタファー），指標，象徴

この点、ヘイマン（Haiman. 1980）は、類像性を有縁性（記号と指示対象との間の類似性）と同型性（isomorphism：同じ形式が同じ意味を持つこと、意味と形式の一対一対応）とに分類した。認知言語学においては、類像性とは「記号の形式と意味の間にある何らかの類似性・必然的つながりを指し、認知言語学と機能言語学の根底的理念である」としているものもある（高橋、二〇一三、一二九頁）。この高橋の考え方はヘイマンのいう同型性にシフトしているとも捉えられ、正確性に欠く（この点、認知言語学系の菅井、二〇一三、三七三頁ではパースの定義を踏襲している）。他方、大堀（一九九一）は、「類像性は単語レベルでの音と意味との対応にとどまらず、文法レベルにおいて汎言語的な制約を加えるものとして位置づけられる」とした（九五頁）うえで、類像性の定義をヘイマン（Haiman. 1985. p. 11）に倣い、「〔言語的な〕図式における要素間の関係が〔認知的な〕対象の要素間の関係と等しいもの」と規定している（九六頁）。

認知言語学の議論では、類像性の下位分類として例えばHaspelmath（2008）は、量、複雑さ、結束、線的順序、隣接性、繰り返し、社会的距離の7つを挙げ、ヘイマン自身はこのうち、量や複雑さの類像性は不要で、使用頻度から予測ができる（記号は使用頻度が高いほどサイズが小さい）としている。この点に関し、高橋（二〇一三、一三九―一四九頁）は依頼表現の日英語比較を行い、両言語いずれも頻度が依頼形のサイズの大部分を正しく予測するとしている。

文法構造に関しては、ウンゲラー・シュミット（一九九八〔一九九六〕、三〇一―三〇六頁）が、時系列の類像性、近接性の類像性、量の類像性を挙げている。あるいは、二枝（二〇〇七、一四一―一六五頁）は、概念的距離と言語距離の類像性について、使役構文、対格言語と能格言語の他動性、与格構文と二重目的語構文を論じている。また、それよりも前の研究だが、大堀（一九九一）は文法構造におけるダイアグラムとメタファーの下位概念に分けて、類像性を分析している。ダイアグラムに関しては、「文法構造における接続関係は、認知構造における概念間の接続関係と類像的に対応する」という仮説を立て、「文法構造における等位接続は、認知構造における概念間の対称性と対応する」と「文法構造における従属接続は、認知構造における「図」／「地」の関係と対応する」という命題を分析している。メタファーに関しては、「文法構造においては具体的・単一的な概念をもった構造体が抽象的・複合的なものへと位相を保ちつつ隠喩的に写像される」という命題と「単文レベルで『到達点』、『受益者』などを表す『与格』は複文レベルでは『目的』の従位接続を表すために用いられる」という命題を論じている。

日常言語においては、これらの類像性現象が観察される認知的機制としては、大堀（一九九一）は「類像性のメタ原理」（Givón. 1985. p. 185）を挙げている。「他の条件が等しければ、コード化された経験は、コードが経験に対して高い同型性をもつ時に蓄積、検索、伝達が容易となる」というもので、日常言語において類像性は情報処理効率の向上にとって必須の原理となるものである。

通言語的にこのような原理が観察されるとして、二言語間の言語変換であるとされる翻訳行為の場合、類像性はどのように作用するのだろうか。

2.6.1.3　翻訳の類像性

まず、一般言語と翻訳との相違について考えなければならない。一般言語の類像性の議論は、記号の受容・解釈に関するものである。しかしながら翻訳は、起点テクスト（ST：原文のこと）を基にして目標テクスト（TT：翻訳文のこと）を産出する行為である。したがって、どのような機制が働いて類像性が現れるのか、あるいは類像性を確保せねばならないのかが論点となる。

この点、エーコ（一九八〇［一九七六］、Ⅰ、Ⅱ）は、記号生産（産出）の理論の立場から、パースの類像を批判し、記号媒体には模像可能性（replicability）の観点から、一方で完全複製を生み出す寸分違いない複製的模像、他方で部分的な模像があるとする（Ⅱ-四八―五六頁）。その模像の方法、記号の生産様式の類型として、表現を作り出すのに必要とされる物理的労働、タイプ・トークンの対比関係、形を与えられるべき連続体の型、分節の様式と複雑さ、の四次元的分類をしている（Ⅱ-一一七―一九〇頁。傍点は原文のまま。以下同じ）。そしてこれは状況依存的で、コンテクストが変わるにつれて伝える意味の変わるような表現面の仕組みもあり、記号機能はそれぞれの場合の状況に応じての規定からしばしば一時的に生じてくるものであるとする（Ⅱ-一一六頁）。また、記号生産のイデオロギー操作性についても論じている（Ⅱ-二三七―二四九頁）。このようにエーコは「コードは意味的世界の総体にとって自然な条件ではないし、すべての記号作用的過程の複雑なつなぎ目や枝の背後にある安定した構造でもない」とし（Ⅰ-二〇三頁）、記号は実体概念ではなく機能であるとする関係概念として捉えている。そして、記号の「規則に支配された創造性」と「規則を変更する創造性」（Ⅱ-六六頁）の両面を捉えて、「嘘をつくことが可能であれば、必ず記号機能が存在する」と言明している（Ⅰ-九二頁）。

しかしながら、このように言語を使用するという言語コミュニケーションのテクストとコンテクストの相互作用、コミュニケーション出来事の創出的機能・効果については、言語人類学系社会記号論がよく説明しているところである（小山、二〇〇八、二〇〇九、二〇一一aなど）。が、翻訳という言語の解釈と産出の両方を伴った創造性のある社会行為の観点からは、エーコの発想や考え方は極めて有効である。つまり、等価原理に導かれつつ（河原、二〇一三a、二〇一四a）、類像性を創造する営みが翻訳だからである。

ではここで平賀による「言語にみられる類像性」の議論を承けて、「翻訳における類像性」について論及する。翻訳においては、目標テクストを中心に、⑴翻訳の対象となっている起点言語の起点テクスト（並列テクスト：parallel text）、⑵目標言語における類似ジャンルの類似テクスト（comparable text）、⑶当該翻訳者の他の翻訳テクストおよび当該目標テクストの他のテクスト箇所（co-text）の三つが間テクスト性を構成している。これらはいずれも当該目標テクストに対しメタ語用的解釈を経て等価性を動機づける要因となる。等式で記せば、次の頁の等式になる。

このメタ語用的解釈には、コンテクスト負荷性（指標性）とイデオロギー負荷性（象徴性）が伴うが、類像性の内部でも解釈項の枠づけ作用（メタ語用論的編成力：metapragmatic regimentation）を及ぼす様々なメタ語用装置がある。テクストの言表レベルでは、前述の「詩的機能」（≪2.2.4）のほか、「対照ペア」「モダリティ」「明示的メタ語用マーカー」、社会指標的語用の意味にも関わるものとして「文化的ステレオタイプ」（Silverstein, 2007）、テクスト外のパラ言語的あるいはノンバーバルなレベルでの「コンテクスト化の合図」（Gumperz, 1982）、テクストの意味づけに関わる社会的認知レベルでの「フレーム」（Goffman, 1974; Gumperz, 1982）、動態的対人関係上の一時的な社会関

$TT^{e}=f$ (s, t, i)

TT^{e}: Equivalence-Constructive Entextualized Target Text

f: Entextualizing Function through Meta-Pragmatic Interpretation

s: Parallel Text in Source Language

t: Comparable Text in Target Language

i: Co-Text by the Individual Translator in Target Language

係的なフレームとなる「フッティング」(Goffman, 1981)など、テクストの内外でテクストの意味づけを編成する諸要因があり(小山、二〇〇八、二〇〇九、二〇一一a)、これらがコンテクスト(背景、グランド)から浮き上がったテクスト(図、フィギュール、フィギュア)を形成する営みを、メタ語用(メタ・プラグマティックス)と言う(小山、二〇〇九、一八五頁)。後述するように(≪2.6.2)、語用出来事においては無数の指標の矢が飛び交う中、意味の不確定性を統制し編成するメタ語用論的な力が作用することで、この「解釈項」も一回一回のコミュニケーション出来事において暫定的にであれ、確定されることになる。

では、翻訳という上記の三面的間テクスト性の類像的な性質は何か。これは、解釈項を介した指標的類像性(indexical iconicity)が本質であると言える。(s)並列テクスト(原文)とは、第一義的には解釈項を介した並行的類似(等価)のみならず、概念的な対応的類似関係が実現されねばならず、特に詩においては視覚的・聴覚的な対応的類似関係(場合によっては直接的類似関係)も求められる。これは翻訳の普遍的特性のうちの「普遍的特性S」(S-universal: Chesterman, 2004)[33]の規制も受ける。(t)類似テクストとは、(ある程度、非離散的ではあるが)同一のジャンルないしテクストタイプを構成するうえで規制される、翻訳者コミュニティに内在するとされる翻訳規範(≪4.1)、かつ同一の言語規範・(マクロな)文体規範による類像性で、視覚的・聴覚的・概念的な対応的類似関係がある程度実現されることが求められる。これは「普遍的特性T」(T-universal: Chesterman, 2004)の規制も受ける。(i)同一翻訳者のコ・テクストは、その翻訳者の持つ(ミクロな)文体・スタイルや、同一翻訳テクスト内での語彙・文体などの統一上必要とされる類像性で、これも視覚的・聴覚的・概念的な対応的類似関係がある程度実現されることが求められる。

以上が翻訳の三面的間テクスト性の類像性の概略であるが、翻訳行為という今ここ、つまりオリゴからの指標的階層性を検討すると次のようになる。まず相互行為的範疇の階層性を指標性の強いものから記すと、「発話実践行為—推意・ポライトネス—隣接ペア—イヴェントタイプ—スピーチジャンル—方言—レジスター」となる(小山・綾部、二〇〇九、四六—五四頁)。そして言語間翻訳は一つのスピーチジャンルを構成するが、この行為が指標する間テクスト網の較正(calibration)は、上述のテーゼ[2-8](4)、[2-9](1)を承けると次のようになる。(s)並列テクスト(原文)は起点テクストへの時空内的較正(reportive calibration)で、発話行為や推意・ポライトネスのレベルで行われやすいこと、(t)類似テクスト目標言語も(意識されにくいが)時空内的較正で、イヴェントタイプやスピーチジャンルのレベルで行われやすいこと、(i)同一翻訳者のコ・テクスト(過去の翻訳テクスト、および、当該翻訳テクスト内のコ・テクスト)も基本的には(2)と同様、時空内構成であるが、「テクスト」(コミュニケーション)が自身が属するジャンルを指標する(コンテクスト化の合図のようなもの)という局面、そして(広義の記号間翻訳まで射程に入れた場合)翻訳者が翻訳行為の自己テクスト化を行う局面などでは再帰的較正(reflexive calibration)、という布置となる[34](Silverstein, 1993: 小山、二〇〇九)。これらは翻訳行為の指標的類像性の側面であり、指標性の階層と類像性とが密接に連関している。これにイデオロギー負荷性が翻訳テクストの言表に類像的に現れるのは、超時空的較正(nomic calibration)であると位置づけられる。以上が「翻訳における類像性」の素描である。

以上を総合して記号論の展開可能性について若干触れる。この行動としての科学であるプラグマティ(シ)ズムは、様々な展開を見せた。W・ジェイムズの意識の流れの記号論、J・デューイの探求行為の記号論、G・H・ミードのシンボリック相互行為論、C・W・モリスの行動的記号論があり、さらに新展開として、T・A・シビオクの動物記号論、J・ホフマイヤーの生命記号論、J・ハーバーマスの普遍語用論などである(笠松・江川、二〇〇二)。

このような流れのなかで、言語、認知、社会、コミュニケーション、詩学、翻訳に関する記号論的展開について考えると、言語を使った人の外界に対するカテゴリー化に関わる(社会的)認知の側面においては、類像性が中心概念として浮かび上がってくる。また、詩学であれば、社会的に生成・認知されたテクスト自体の詩的特性や類像性のあり方そのものが中心的な問題となり、やはり類像性が前景化した記号論となりうる。そして、これらが社会のなかにおけるコミュニケーションとして出来事化されると、社会指標性を中心的に扱う社会記号論がその本領を発揮することになる。

このように考えると、詩学においては言語テクストにおける音・形・意味の類像性、認知言語学においても同様に類像性が特に記号論的な関心事となる。しかし、これらの諸分野は社会的な認知の営みや、社会的に生成・認知されたテクストを社会文化史的コンテクストと結びつけて分析するという手法を必ずしも採っていない。そもそも、カテゴリー化や図像化、図式化、イメージ化といった営みは、コンテクスト負荷性(社会指標性の負荷性)や、約定や慣習に依拠したイデオロギー負荷性(象徴性の負荷性)を伴ったものであり、常に社会記号論の関心を共有して分析をしなければならず、三つ巴の記号作用を常に総合して分析していくことが必要である。こう言ってよければ詩的記号論、認知記号論、あるいは他の諸記号論は、それぞれに異なった合目的的機能を有している。詩的記号論は詩的テクストの特性の解明、認知記号論は人が記号を使って外界をどうカテゴリー化するかのメカニズムの解明、などである。そして、社会記号論はこれらをすべて包握する形で理論の全体を造形化していると言える。つまりパース記号論が示した類像性・指標性・象徴性をすべて網羅した形での理論展開を遂げているのである。

2.6.2　意味および等価構築の不確定性の契機

では、これまで検討してきた記号過程のダイナミズムを、より記号論に依拠した形で分析する。それは記号の持つダイナミズム故の意味や等価構築の不確定性・相対性・多様性である。

まずは類像性に着目し、(1)認知記号論として意味づけ論の意味の不確定性を説明する。次いで指標性に着目し、(2)一般記号論としてヤコブソンの近接性、(3)社会記号論としてシルヴァスティンの創出的社会指標性について説明する。

2.6.2.1　認知記号論系意味づけ論の視座

認知的な記号過程を見てゆくと、シニフィアンとシニフィエの関係の解体について認知意味論を推し進めた形で理論化した意味づけ論の知見が本書において参考となる。まず意味づけ論による意味の出発点として、L・ヴィゴツキーがsenseは情況に感応的（context-sensitive）、meaningは情況変化を越えた意味の不変項であるという趣旨を引き合いに出していることである。そして、このsenseは〈理性的な意味と感性的な意味を融合した情況内的な意味〉を指すのに適した語であるとしている[35]（深谷・田中、一九九六、六〇頁）。要するに、意味づけ論は「意味とは何か」という根源的な問いに対し、意味構成主義の立場から「意味は主体の情況内でつくられる」とする。この情況内でつくられる事態は、記憶連鎖の引き込み合いを通じて、記憶の関連配置としてその都度、構成される。記憶連鎖とは、経験・学習を通じて主体内に形成され、類似の刺激が類似の内的な諸反応を呼び起こす生体の仕組みのことである（田中、二〇〇一、二八七頁）。

そして実際のコミュニケーションにおいては、話し手は「コトバへの事態構成」を、聞き手は「コトバからの事態構成」を内的編成として行うのであるが、コトバという共通コードを交わしていてもそれに対する意味づけ、記憶連鎖のあり方は、個々人に固有の経験や学習の差によって不確定性に晒されつつ、ある種のコミュニケーションの成立を目指した共有感覚も有している、というのが意味づけ論の結論である。

このような立場を根源的な意味観とし、意味の在り処に関してL・ヴィトゲンシュタインの意味の使用説に近い立場を採るのが意味づけ論の立場である。この点、意味外在説（個人の外に意味がある）、意味内在説（意味は心の中にある）など諸説ありうるが、この意味構成主義の立場は、固定した意味が心の中にあるという内在説は排し、意味は絶えず情況内編成を行う可変的でダイナミックなものであるという意味観を意味づけ論は採ることになる。

この点、意味の内実の説明として、辞書的意味や百科事典的意味を想定するものもある[36]。しかしながら、これら人間外に存在するかの如くに見える意味目録も、その編者による説明に差異があり、時代の流れのなかで絶えず編集し直される性質のものであることに鑑みると、特定のコードに特定の固定した意味があると想定することは困難である。この点、意味づけ論は以下の説明をしている。

> われわれの考えでは、しなやかな構造の変化は、外に開かれた他者とのコミュニケーションの中で起こる。すなわち、主体同士の意味づけの相互作用こそが、その構造変換を説明する原理である。したがって、記号の本質を恣意的なものとみなし、記号の意味は、記号体系内の差異の中でのみ決定されるとする、意味づけ不在の構造主義的な説明方法にはおのずと限界があるといえよう。ついでにいうなら、コミュニケーション行為の中で繰り返される意味づけの営みが、習慣的に結びついたシニフィアンとシニフィエの絆を緩め、解き放つからこそ、人は、コトバによって種々の物語を紡ぎ出す――つまり、絶えず構造を再編成する――ことができるものだともいえよう。（深谷・田中、一九九六、六三頁）

つぎに意味づけ論では、意味の重層性について説いている。「主体関与的な記憶の《呼び起こし》と《引き込み合い》が情況に依存しており、記憶の関連配置は、《対象把握・内容把握・意図把握・態度把握・表情把握》をとおして、かかる情況において辻褄が合う事態を構成する方向で行われる」とする。これは対象把握と内容把握の相を「発話の意味」に、意図把握・態度把握・表情把握の相を「発話者の意味」として位置づける構成である。この発話者の意味として把握されるものは、コトバの意味論の射程を超えたものであるが、発話は発話者という人が行う行為であり、発話が発話である限り、そこにはメタ・コミュニケーションのレベルで意図・態度・表情が必然的に伴い、それがコトバ自体の意味づけに多大に影響を及ぼすものであるという考えがあると推察される(37)。

では、社会的意味についてはどうか。この意味づけ論において、情況を構成する社会・文化的コンテクストや社会的意味についての言及もあり、それは「スクリプト」という概念によって説明を行っている。意味づけ論において、社会的現実の捉え方として以下の三つを挙げている（田中・深谷、一九九八、二一六頁）。

社会的現実の捉え方
- ①社会的事実の客観的構造（地位・役割配分）
- ②共同主観的な意味世界（知識の配分）
- ③相互行為における協働達成（スクリプトの現実化）

そして、意味づけ論では③の捉え方、つまり社会的現実は相互行為の中で協働達成される何かであるとしている。この協働達成されるもの、というのがスクリプトである。これは「記憶連鎖のネットに書きこまれた意味知識の一種［原文ママ］。語が喚起する図式スクリプトと、場面が喚起する行動スクリプトの二つのタイプがある」としている（田中・深谷、一九九八、三六六頁）(38)。つまり、スクリプトが言語と社会を結節する概念であると説いている。このことを土台に、意味づけ論と社会学理論を架橋し、創造的合意形成のあり方などを論じる極めて興味深い論を展開している。

このようにコミュニケーション的・相互行為的意味論と社会意味論の展開を見せた意味づけ論は、上述（《2.2.3）のように意味の不確定性には、「多義性」（意味の状況依存性）、「多様性」（意味の記憶依存性）、「履歴変容性」（意味の時間的可変性）、「不可知性」（意味の潜在意識性）の四つを含むとしている（田中・深谷、一九九八、二四—二五頁）。この多義性と多様性はコンテクストの個別具体的な多様性を指し、履歴変容性はコンテクストの時間の面での多様性を指し、不可知性はイデオロギーないし無意識によるメタ語用的テクスト編成過程の局面を指していると理解すれば、社会記号論とも十分接合可能である。しかしながら、あくまでも認知記号論系の範疇にあるため、個人の長期記憶・スキーマといった過去指向の類像性、特にイメージ操作の可変性に焦点を当てた、解釈項が介在するP‐メタファーを基軸にした理論であり、さらに意味の無限更新性を唱えている点で、解釈項が介在する象徴性の創造を唱える理論だとも言える。まさに解釈項の不確定性をテーマにしていると言えよう。

では次に指標性の観点からヤコブソンとシルヴァスティンの議論を検討する。

2.6.2.2　一般記号論系ヤコブソンの近接性

ヤコブソンはパースによる記号の三分法を誤解ないし曲解し(39)（ヤコブソン、一九八四［一九八〇］：Bruss, 1978; 山中、一九八四）、近接性と類似性の二分法だと解釈している。ヤコブソンがパースに着目したのは、上述のテーゼ［2-1］である「意味とは『ある記号の、ほかの記号体系への翻訳である』（CP. 4. 127）」だという点からである（朝妻、二〇〇九）。これは、元の記号が明示性の高い別の記号へと展開されることであるが、元の記号と交替された記号とは完全に一致することはありえない。話者は意味したいことを言語という記号で完全には置き換えることはできず、その近接の記号で表現するのである。つまり、言いたい対象から近接物に視点をずらすことで表現が可能となり、その際に必ず意味の転位（ずらし）が起き[40]、これが言語の本質的な創造性、意味の豊かさを生むとする。同様に聞き手も個々の記号単位ごとに完全な等価性に基づいて「音から意味へ」と翻訳しているのではなく、メッセージ全体に置き換えて能動的に意味解釈をしている（ヤコブソン、一九七三［一九六三］）。そして一九五七年の「転換子」論文によって語が現実世界とつながりつつ意味をシフトさせることを説き、「転換子は聞く主体の存在によって機能し、固定化された絶対的な視点を排除する言語の脱中心化の作用を担っている」という。つまり、ヤコブソンはコミュニケーションにおける言語の近接性・転位の性質に着目し、個々の記号単位ごとの意味のずらしと、聞き手と話し手の話者交替による視点・中心の転換の原理により、言語と主体の両面で「脱中心化」の見解を説いた（朝妻、二〇〇九）。

　このようにヤコブソンはテーゼ［2-1］を基底にメトニミーの原理によってコミュニケーションのダイナミズム、意味の不確定性と創造性をメッセージ全体から捉えようとしていたと言える。これは広い意味では指標性原理が契機となっているといってよいだろう。次に、パースの指標性を社会記号論として正面から展開したシルヴァスティンの主張を検討する。

2.6.2.3　社会記号論系シルヴァスティンの創出的社会指標性

上に記したヤコブソンの理解とは異なり、言語人類学の系譜を汲む小山は、次のようにヤコブソンとシルヴァスティンの学説継承の関係について語っている（テーゼ［2-4］(4)に対応）。

> パース記号論のなかで、とくに、ヤコブソンが既に注目していた特徴——つまり、言語の関わる行為・出来事、より一般的には、コミュニケーションは、コンテクストで連続して生起する指標的出来事（indexical sinsign）であり、文法（象徴性の高い、形式化された意味の体系）を含む言語の全体は、コミュニケーションという指標的出来事に「投錨」されている、換言すれば、文法を含む言語全体は、コミュニケーションという、社会文化的なコンテクストのなかで起こる出来事において指標される限りにおいて「存在」しているという理解——この理解が、シルヴァスティンに代表される社会記号論系言語人類学のプロジェクトの中核にある。［中略］文法が、そして文法（範疇）がその基幹を成す言語構造（ラング）が、発話出来事（speech event）に、より一般的にはコミュニケーション出来事（パロール）に、その基点（origo. deictic center）を持つものである。（小山、二〇〇九、九六—九七頁）

ヤコブソンによるパースの指標性の理解に関する解釈は朝妻（二〇〇九）とは若干異なるかもしれないが、コミュニケーション理論（語用論）として文法を正当に位置づけ、また、指標性を理論の中心に据えることが言語人類学系社会記号論の要であることが明確に説かれている。

ヤコブソンの一九五七年の「転換子」論文（ヤコブソン、一九七三

［一九六三］所収）の直接的な延長線上で展開されたとされるシルヴァスティンの一九七六年の「転換子」論文（小山、二〇〇九所収）と一九九三年の「メタ語用」論文（小山、二〇〇九所収）の骨子はテーゼ［2-4］に示されているが、直接的に言語の機能について論じたのが一九八七年の「機能の三面性」論文（Silverstein, 1987）であり、この論文において社会指標性に関連した言語機能である創出的機能について詳述されている。その解説を記した小山（二〇〇九、一七五—一七八頁）を、以下で要約しつつ引用する（テーゼ［2-4］(5-2)、［2-8］(1)に対応）。

［2-11］

- 言語イデオロギーは、言語について言語使用者が抱く意識的思考であるので、メタ言語的な事象である。
- 言語機能には三種類ある。(a)言語構造的機能、(b)合目的的・意図的（イデオロギー的）機能、(c)コミュニケーション出来事的・指標的機能の三つである。そして(a)がメタ意味論と、(b)(c)がメタ語用論と結びつく。
- (b)合目的的・意図的（イデオロギー的）機能とは、サールやグライスなどの語用論、機能主義言語学や、機能主義の社会学・人類学で、使用者や行為者の合目的的行為（意識化された、意図的な行為など、特定の目的に向けて為される行為）を指して主に用いられる「機能」（purposive function）である。
- (c)コミュニケーション出来事的・指標的機能とは、出来事が、それが生起するコンテクストの一部を前提可能なものとして指標し、そのような指標（言及指示的な指標、あるいは社会的指標）を通して、新たな（コン）テクストを創出してゆく（創出的に指標してゆく）過程を指して主に用いられる「機能」（pragmatic function: indexical function）である。

以上の(b)と(c)のねじれ現象（言語使用者が意図したことと異なる効果を持つ現象）が生じる理由について、シルヴァスティンの一九七九年の「言語イデオロギー」論文（Silverstein, 1979）は、以下のような定式化を行っている（小山、二〇〇九、一六五頁）[41]（テーゼ［2-4］(4)(5)(6)、［2-8］(2)(3)(4)に対応）。

［2-12］社会指標的な語用や言語構造に比べて、言及指示的な語用が、とくに言語使用者たち（言語哲学者なども含む）の意識に上りやすく、結果的に、社会指標的な語用や言語構造は、言及指示的な語用、言及指示的なユニットに依拠して理解（イデオロギー化、意識化）される。

これをさらに体系化し補完したのが一九八一年の「意識の限界」論文（Silverstein, 1981）で、この論文の要になるテーゼは以下の通りである（小山、二〇〇九、一七二頁）（テーゼ［2-4］(5)(6)、［2-8］(5)に対応）。

［2-13］（哲学者や科学者、活動家などの）言語使用者の意識が、言語構造や社会指標的な語用を曲解し、そのような歪んだ理解に基づいて彼ら彼女らが主体的に行動するとき、社会指標的な語用や言語構造、より一般的には、社会文化や言語が変容する。

このテーゼを承けて、同論文はさらに哲学者、思想家や言語学者たちの学術のあり方に関しても以下のテーゼを投げかけ（小山、二〇〇

九、一六四―一六五頁)、近代と非近代社会文化に通底する普遍的原理を描いている(テーゼ[2-4](5)(6)、[2-8](5)に対応)。

[2-14](1)文化人類学者や言語人類学者が対象とするような「未開」社会に見られる言語イデオロギーが、近現代西洋社会の哲学者、知識人(オースティン、サール、グライス、およびその追従者たち)にも見られること、近現代西洋の言語哲学、言語学、語用論なども文化的な現象に過ぎないこと。

これをさらに一般化すると、次のようになる(小山、二〇〇九、二一頁)(テーゼ[2-4](5)(6)、[2-8](5)に対応)。

[2-14](2)哲学者、思想家や言語学者たちなど、近現代西洋文化の住人たちが「自然化」(当然視)している(心理的)概念、世界や自然、人間や心などについての理解が、えてして、言語などの歴史的無意識によって規制された民俗理論的、民俗心理的、自文化中心主義的なものにすぎないこと。

このように、一般の言語使用者のみならず、言語使用やその原理論・本質論について分析する理論家までもが意識の限界を抱えながら対象を記述し理論化を図ろうとしている、このまさに意識(認知、意味づけ)の臨界の存在が、分析対象に対するものの見方を多様なものにし、メタ語用的解釈を豊かにするのである。小山は言う(小山、二〇〇九、一八五頁)。

コミュニケーション(出来事)は、刻々と移行するオリゴと共に、動態的に変容する、ある種、荒々しい狂想曲(ラプソディー)のような、無数の記号作用の混沌とした集積(aggregate)、どこで始まりどこで終わるのか、その境界が不明瞭で、ユニット化(分節化、量化)しにくく、内的な構造もまったく明確でない偶発的な現象(「出来事」)なのだが、そのような記号作用の群れ、まとまりを欠く「指標の矢」の塊に、一定の秩序を与え、境界を付与し(量化可能、可算的なものへと変容させ)、社会文化的に同定可能なものに変え(社会文化的範疇によって特徴づけ可能、解釈可能にし)、つまり、コンテクスト(背景、グランド)から浮き上がったテクスト(図、フィギュール、フィギュア)を形成するのが、メタ語用(メタ・プラグマティックス)なのである。

このようにメタ語用を規制する契機が存在することで、無数の指標機能にある種の方向付けを与えることになる。これがメタ語用的フレームであり、このメタレベルの作用が対象のカテゴリー化、等価構築や意味づけのあり方を決めるのである。そしてこのメタ語用的フレームを統制しているのは社会文化的なグリッド、解釈の枠組みであり、これこそが翻訳の核心となる概念である。つまり、イデオロギー(象徴性)が具体的テクストとして具現化する際に表出するメタ語用的フレームがどのようになっているのか、これこそが翻訳研究の核となるものである。

以上の(1)意味づけ論の類像的解釈項の動態性、(2)ヤコブソンの近接性による意味の転位の動態性、(3)シルヴァスティンの創出的社会指標性・メタ語用論的解釈の動態性を総括すると、翻訳における等価構築の不確定性・多様性・創造性の契機は、類像性(特にP-メタファー)の局面では起点テクストへの意味づけの不確定性、指標性の局面では言語の転位としての近接性、社会指標性の局面では社会文化史的にコンテクスト化された出来事の固有性・偶発性とそれをメタレベルで解釈するメタ語用論的プロセスにあると言える。換言すると、意味づけ、視点の絶えざるシフト、メタ語用的解釈の無限更新過程が意味や等価構築の根本的な土台となるものであり、これらを統制するのがメタ語用的フレームである。これらの契機を基軸に翻訳論を展開するのが（二階レベルの）理論的枠組みである。

　では、メタ理論分析としての（二階レベルの）理論的枠組みを導出するために、ここで改めて「メタ理論の批判的相対性・普遍性」「記号の機能的多重性」「北米言語人類学の課題」（テーゼ［2-4］（5-1, 2）(6)）を確認する（小山、二〇〇九、二四〇―二四二頁、太字は原文のまま、原文の括弧内の解説は割愛）。

［2-4］(5)言語の研究、文化・社会の研究、これらの研究は、**それら自体**が、言語を使用する行為・出来事であり、文化・社会的行為・出来事である。したがって言語・文化・社会の研究は、自己言及指示的・再帰的・反省的（reflexive）な理論を構築せねばならない。つまり、言語・文化・社会の「科学」は、自らの言語的、文化的、社会的特殊性を同定し、（自己）批判的に相対化できるようなメタ理論的枠組を持たねばならない。

（5-1）そのようなメタ理論は、(a)近現代の標準平均的な欧米の言語・文化・社会から相対的独自性を持つ諸言語、諸文化、諸社会を、その独自性を無視せず**経験的**に研究した結果、得られる知見に基づいて、(b)近現代標準平均欧米言語・文化・社会を**批判的**に**相対化**できるような「**普遍的**」人間学的な枠組を持たねばならない。

（5-2）このようなメタ理論によると、言語的・文化的・社会的行為・出来事が生起する空間は、多次元が相互に交叉する空間であり、それらの次元には以下のようなものが含まれる。

（1）行為・出来事の持つ、（1a）言及指示的機能 vs.（1b）非・言及指示的機能（つまり、行為者たちのグループ・アイデンティティや権力関係に関わる「社会指標的」、「相互行為的」機能）の次元。

（2）行為・出来事の持つ、（2a）合目的的機能（「機能^1」）vs.（2b）非・合目的的機能（つまり、行為者の目的意識などに基づかず、行為者の意識には、そのままのかたちでは、ほとんど上らないが、それにもかかわらず、現実の社会において作用している機能、すなわち、「機能^2」）の次元。

（3）行為・出来事の持つ、（3a）前提的機能 vs.（3b）遂行的（創出的、帰結的）機能の次元。

（6）言語・文化・社会が生起する「普遍的」な多次元空間のうち、一部の機能だけに目を奪われてきた近現代標準平均的欧米言語・文化・社会理論が持つ意識・理性の限界を示すことにより、このような理論を、マルクス、ボアスに倣い、一種の「イデオロギー」（虚偽意識）として同定する。そして、「全体性」（totality）と「（社会的）現実」（reality）を自らの批判理論の基盤においた、マルクス、ボアスに再び倣い、上記、（1a）、（2a）、（3a）のみならず、（1b）、（2b）、（3b）も含め（そして、後者に焦点を当て）、言語・文化・社会の全体を研究して、その「現実」を示すことにより、上のようなイデオロギーの「虚偽性」（傾向性、部分性）と語用実践的機能（社会文化的重要性）、そしてその生成メカニズムを経験的に探求し理論化する。それが、現代のアメリカ言語人類学の為すべき主な課題の一つである。

以上の言語人類学系社会記号論の骨子となるテーゼに、翻訳理論のメタ分析のための理論的枠組みの体系化となる土台が十分説明されている。また、これまでの翻訳研究に通底しているイデオロギーは、①言及指示機能中心主義のイデオロギー（テーゼ［2-9］②）と、②言語ナショナリズムのイデオロギー（テーゼ［2-9］①）であることも了解される。このことを、次節で具体的に見ていく。

2.6.3　社会記号論から見た翻訳イデオロギー

上述（≪2.6.2）のように旧套の翻訳研究に通底しているイデオロギーとして小山が挙げている、①言及指示機能中心主義のイデオロギー（テーゼ［2-9］②）と、②言語ナショナリズムのイデオロギー（テーゼ［2-9］①）の淵源は、社会記号論が理論的に最も依拠している指標性にあると考えられる。

翻訳という行為においては、原文テクストとの対比において翻訳テクストがあり、この翻訳テクストが原文テクストと等価な関係を構築すべく翻訳がなされるのであるが（類像性）、同時に翻訳テクストという記号は原文テクストという対象を指標する関係にもある（指標性）。この考察により、指標的類像性（indexical icon）という性質、つまり翻訳が実際に行っているのは無色透明中立な等価行為ではなく、原文＝翻訳の関係性が社会的コンテクストに依存しており、原文の社会指標関係が、ある意味で相同的に翻訳テクストでも再現されるという性質が顕わとなる。では、翻訳は一体原文のどの局面を指標しているのだろうか。

これまでの翻訳理論では、①原文で何が言われているか、つまり言及指示の側面、②それを言っているのは特定の言語、明確な輪郭・境界のある均質で一枚岩的な言語であること、が措定されている。つまり、ある特定の言語によってある特定の事柄を言うという図式を、別の特定の言語を用いて、特定の事柄を言わせるように操作するのが翻訳であるという構図がメタファーとして働いているのである。

しかしながら、これまでの社会記号論の理解で明らかとなったが、翻訳とはコードではなく言語使用、ラングという言語構造体ではなくパロールという言語使用の実体であり、語用には言及指示だけでなく社会指標性も内包されており、これらの機能は前提的に作用するだけでなく創出的にも作用する。つまり、コミュニケーション出来事の固有性・偶発性と相俟って様々な指標の矢を放つ社会的な出来事なのである。そしてこれはパロールレベルで生起し、均一で一枚岩的な言語体ではなく、社会言語学的多様性を内包した様々なレベルが多層的に絡み合った言語変種レベルで生起するものである。

本来はこれらのことを多層的に指標しているのが翻訳という行為であるにもかかわらず、旧套の翻訳理論は、原文テクストは言及指示的には一本の矢を放ち（社会指標の複数の多層的な矢は不問に付し）、使用しているコードも特定の言語という構造体であることが前提で、それを別言語に翻訳する際、別のコード体系である別の特定の言語という構造体には、原文の言語が言及指示しうる語彙項目・文法項目を持たない（言及指示内容にズレが生じている）、そしてテクスト構成のレベルでも言語構造が異なるがために、言語構造のレベルで両者は一致を見ず、それを具体的な翻訳行為というパロールレベルでどのように解決するのか、という点にのみ焦点を当てて議論をしてきた、という図式で理解がなされるであろう（後述する翻訳研究者であるW・コラーが対照言語学と翻訳の科学、対応と等価を峻別したのもこのような図式に則ったものである。≪3.3(16)）。したがって、従来の翻訳理論が扱っているレジスターや方言などと言った問題群も、あくまでも近代国家が想定する「一国家＝一民族＝一文化」という構図を反映した言語ナショナリズム（言文一致的標準語、国語、民族言語の重視）が基底にあり、言語レベルでのマッチングに不具合を生じる場合に、言語の持つ多様性・多機能性・多次元性に目を向け、多くの言語変種（社会方言や地域方言）の中から最適にマッチングするものを選択する、というトップダウン的な思考方法が一般的であるように思われる。

　このような翻訳理論のイデオロギーによって、非合目的・創出的に帰結されるのは以下のとおりである。

> 言及指示機能、言語構造や標準変種のみに焦点化することにより、近代の翻訳論、その主流派は、言語変種（社会方言、地域方言）という現象によって顕著に示される言語の多様性、更に言えば、語用実践／出来事の多様性、特に社会指標的な語用実践／出来事の社会文化的多様性を背景化する役割を果たしてきたと言うことができる。（小山、二〇一一b）

　このような思考の準拠枠で翻訳を理論化しているがために、翻訳行為のもつ（ポスト）帝国主義的政治イデオロギーを暴いたり断罪したりする諸々のポストコロニアル翻訳研究でさえ、少数言語の保護は訴えても、そのさらに下位範疇である言語変種への配慮に欠けるのである。例えばアイデンティティ・ポリティックスの主導者であることを否定しつつも、英語と少数言語（アラビア語など）との圧倒的な情報格差を是正するために、積極的に少数言語から英語への翻訳のチャンネルを広げるべきだと訴えるM・ベーカー（≪5.1.2）が人種主義的傾向を示しているのみならず、北米英語との対比のなかで南米諸語という少数言語・文化の保護を訴えるL・ヴェヌティ（≪4.3）や、EU中心のコスモロジーのなかで、相対的マイノリティである少数言語（ゲール語／エール・ゲール語）の保護を訴えるM・クローニン（≪4.2）などの、アイロニカルなナショナリズム的言語・翻訳イデオロギーが露呈することとなる。このような現象が翻訳イデオロギーとなって現れるのが、翻訳研究という言説の場なのである。

　このような現実を直視・確認し、次節では具体的なメタ理論研究の方法論について、述べる。

2.6.4　社会記号論による翻訳学説のメタ理論研究の方法

二階レベルの理論体系（理論をメタ分析するための理論体系）としてパース記号論を援用した翻訳論を展開するには、旧套の翻訳理論の諸概念装置を類像性・指標性・象徴性の三作用にカテゴリー化し、それらを認知言語学、詩学、言語人類学系社会記号論を援用し精緻化する作業が必要となる。これは翻訳行為の有する類像性・指標性・象徴性の三作用のうち、諸翻訳理論がどこに照射して理論化しているかの同定、分類、性質記述となる（テーゼ［1-1］［1-1-1］［1-1-2］［1-1-3］［1-1-4］）。

　またイデオロギー分析を行うアプローチとしては、認知言語学によるメタファー分析と言語人類学系社会記号論によるイデオロギー分析の両者があり、これらと分析対象とする諸学説の知のコンテクスト

（時代、場所、エピステーメー）の分析と併せて記述することによって、翻訳諸理論を類像性・指標性・象徴性の三つ巴の関係態の中で描く。

以上を踏まえて分析理論を図で表すと、図2-25となる（翻訳学の鍵概念や個別論点の詳細は第3章、第4章、第5章で扱う）。まず、①言語等価論を類像性に位置づけ、起点テクストと目標テクストをどのように等価性を構築して翻訳するかに関する、（単純な、幻想としての、努力目標としての）等価、（そのような単純な）等価からのズレであるシフト、シフトを効果的に実現するためのストラテジー、そしてその認知プロセス、以上が言語等価論の中心となる概念・論点である。

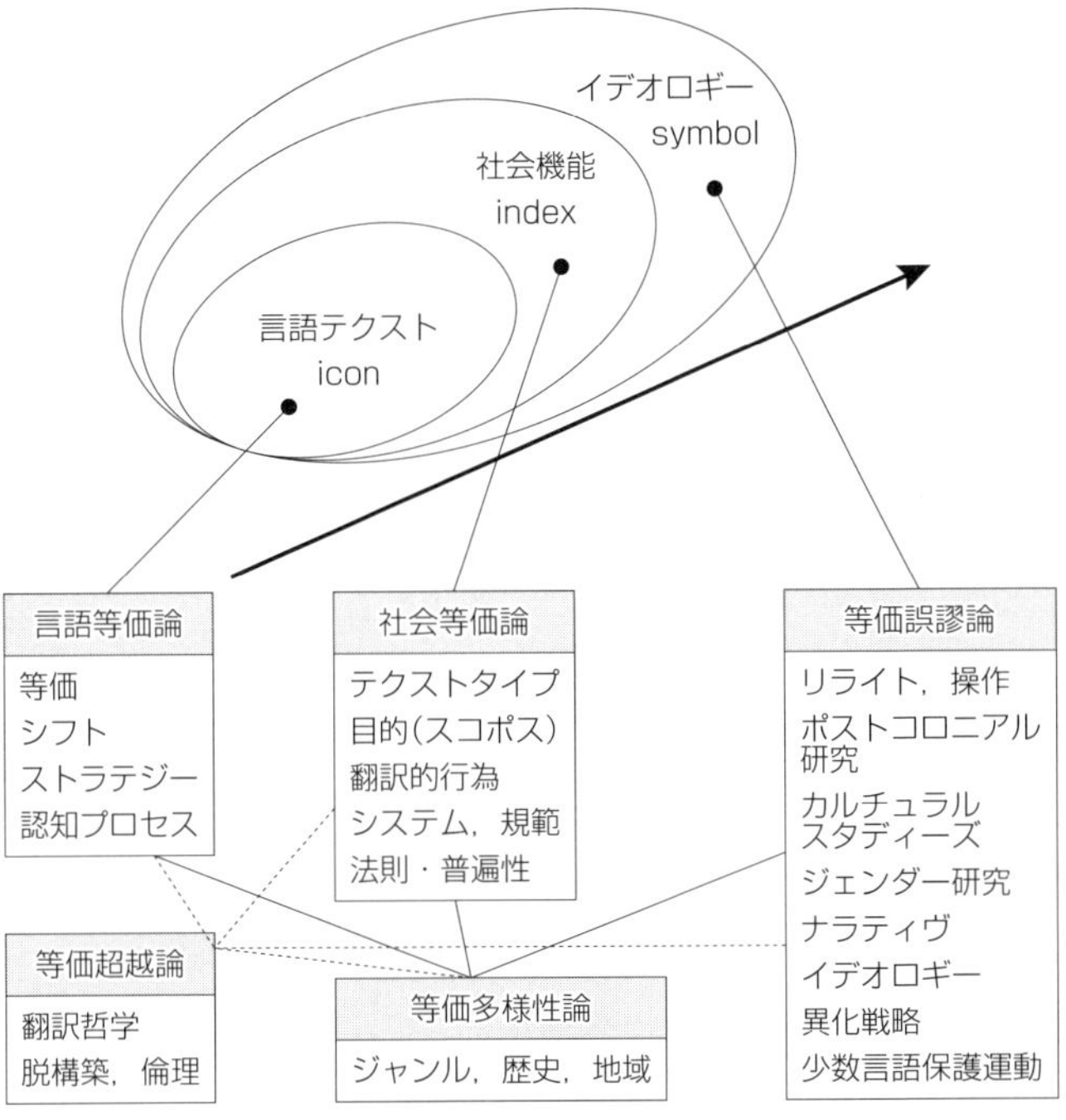

図2-25　翻訳理論のメタ分析枠組みの記号論的布置

次に、②社会等価論を指標性に位置づけ、構築する等価性が目標言語社会でどのような機能を担うかに関し、テクストタイプの機能、翻訳行為の目的、翻訳行為の機能、多元システム内での翻訳の機能、翻訳規範、翻訳法則・普遍性、などが中心的論点となる。

さらに、③等価誤謬論を象徴性に位置づけ、構築される等価性がいかに特定のイデオロギーを反映しているか（関与性分析）、そしていかに反映させるべきか（介入主義）が中心的議論となる。翻訳をリライトと見なす説、操作性に照射する説、ポストコロニアリズムやカルチュラルスタディーズから翻訳研究を行う学派、ジェンダー研究から積極的に翻訳行為に介入する主張を行う学派、翻訳行為を規制するナラティヴを研究する説、批判的言語学・批判的談話分析から翻訳行為の背後にあるイデオロギーを分析する説、自文化中心主義的な同化戦略に抗し異化戦略を唱道する説、翻訳により少数言語の保護を訴える説などである。

そして、次の、④等価超越論は記号の三種の範疇外として位置づけることになる。④等価超越論は、翻訳が前提とする意味の伝達という前提的イデオロギーを原理的に問い直す知的運動として考えられる翻訳哲学や翻訳思想が扱う問題系で、図2-22「パースの科学の宇宙論」における思弁的文法学（狭義の記号論）よりも上位の規範科学ないし哲学の領域に及ぶ議論かもしれない。

また、⑤等価多様性論は、翻訳の分野・ジャンルの多様化に伴って、等価構築のあり方が多様化していることに即して翻訳等価性を論じるものであり、かつ、翻訳史という時間軸と、地域別という空間軸との様々な交点が織り成す多様性の視点からも等価構築のあり方を分析する領野であり、類像性と指標性にまたがる位置づけとなる。

以上の翻訳研究学説の全体的布置の素描を基に、第3章（①の分析）、第4章（②③④⑤の分析）、第5章（①～⑤のアプローチに関する分析）で各学説の性質記述を行い、翻訳研究自体の全体論を描く。

次に、以上を踏まえて翻訳諸理論の持つイデオロギーのメタ分析を展開する。それが第5章の後半部に当たる。ここでは上述の①～⑤を分析対象として、各学説が背後に背負っている知のコンテクスト（時代、場所、エピステーメー）の分析と併せながら、各学説の言語イデオロギー、翻訳イデオロギーを分析する。それによって、諸翻訳理論が、（1a）何を言及指示し、（1b）何を社会的に指標し、（2a）何を合目的的機能とし、（2b）どのような非合目的的機能を生じさせ、（3a）何を前提とし、（3b）何を遂行・創出しているか、を分析する。特に、テーゼ［2-8］に即して、翻訳理論によって意識化（イデオロギー化）されている領野と無意識の領野との分析を行い、テーゼ［2-9］および［2-10］の解明を目指す（図2-26参照）。そしてこの分析を通じて、①言及指示機能中心主義と、②言語ナショナリズムという二つのイデオロギーの解明を行う。

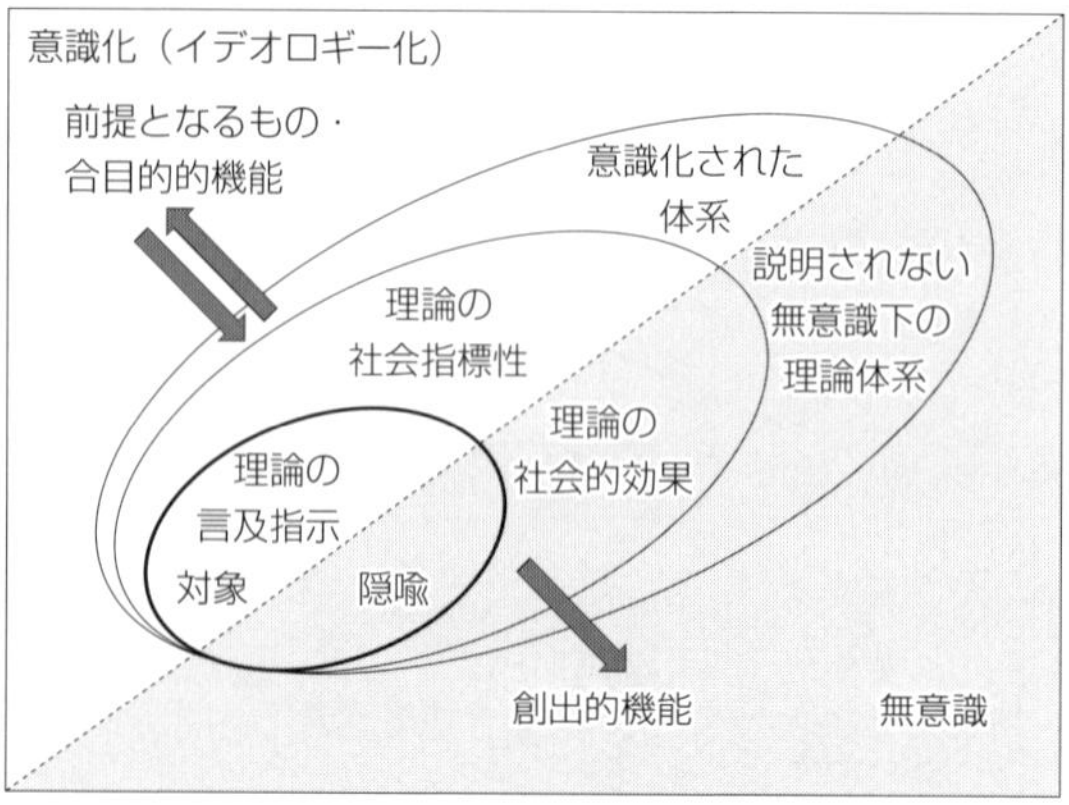

図2-26　メタ分析理論の分析対象

注

（1）「CP」は、*Collected papers of Charles Sanders Peirce* (edited by Charles Hartshorne & Paul Weiss, The Belknap Press of Harvard University Press）の略記号で、「CP.4」はその第四巻を表す。

（2）デリダは「バベルの塔」で、言語の複数性あるいは言語の他者性、自己の他者性について語る。そして単位や統一の内破そのものを示す「散種」を問題にする。それを受けて、アイデンティティ（同一性）とは根源的に引き裂かれた複数性・多数的なもの（諸差異の諸効果）から形成された織物（テクスト）であり、多数多様体としての個別性（特異性）という分裂的アイデンティティ構造は、誰にとっても多かれ少なかれ共通であるだろうとする。さらに、翻訳に関しては、現在所有しそこに安住している言語的布置を他者（他性・他発的なもの）との接触によって組み換え、現在の言語的布置の下に抑圧され埋もれている潜勢力を浮かび上がらせるものであるとし、既存の言語から逸脱する「異質論理的な開かれ」の言語使用こそが、自己の新たな可能性の発掘につながるとしている（藤本、二〇一一）。

（3）この点、⑴語義の安定性に関する同音異義性（homonymy）の漠然性（vagueness）（cf.多義性の曖昧性：ambiguityとの違いにつき、田中、一九九〇）、⑵名前の正しさに関する本性説に対する約定説（ヤーコブソン、一九七八が取り上げるプラトン対話編「クラチュロス」の問題）、⑶言語と意味の恣意性（歴史とは無関係に承認される事柄）に対するパースの経験的な約定性（歴史的に徐々に承認を与えられてきた事柄）との違い（野口、二〇〇四）、などから説明される。社会記号論的には、クリプキの言及指示の因果的理論、サールの固有名の概念的クラスター理論、エヴァンスやパトナムの理論などからの言及指示的語用の社会歴史的連続性のみならず、言語使用の社会指標的な個別性・個別化からして（小山、二〇一一a、三二八―三二九、三三四頁）、本来的に固有名詞のみならず普通名詞は翻訳不可能性を孕んでいる。この点、ヤコブソンのメッセージ全体の翻訳可能性の議論を参照されたい（≪2.6.2）。

(4)　この点、翻訳学を記号論の立場から研究しているステッコニも、"translate A as B"の事例において、「翻訳者自身がBをAと等価であると宣言する」のであり、「翻訳者が等価性を確立する前は、Bは決して事実上Aとは関係がなかったのである」としている（Stecconi. 2010）。

(5)　ここでのメタファーとP-メタファーの関係について、パース自身がP-メタファーについては多くを語っていないため憶測の域を出ないことになるが、平賀（一九九二）によると、P-メタファーは詩においては意味領域・概念構造の写像であり、日常言語においては概念構造・統語構造間の位相的写像であるとしている。例えば、X（目標領域）をY（起点領域）に喩える（X is Y.: X as Y.）場合、YがXだと類像的に認知される（即座に認知される）場合、解釈項を介在せずに当該比喩が理解されるため、これは創発性のない死喩である。他方、YがXだと即座には認知されず、第三項を介して、つまり解釈項を経て当該比喩が理解される場合は、解釈者の長期記憶ないしスキーマに類像性を認識する基盤がないため、発話者の意図する比喩の意味を類推したり斟酌したりする創造的記号解釈を伴うこととなる（即興での記憶連鎖の引き込み合いによる意味生成）。つまりこれは象徴性の高いメタファーであり、創発性に富んだものであると言える。しかしながら、この創発性に富むメタファーも言説が一般に受容されて一般化、体制化することにより類像化するにつれて、その創造性が弱まり、逆に類像性が強くなる、つまりP-メタファーに接近するという記号過程を経ることになる（なお、後述の2.3、2.6.1も参照）。

以上をまとめると、類像的に作用するメタファー（P-メタファー）は一般的に創造性が乏しい反面、ステレオタイプ性が強く慣用性が高い。他方、象徴的に作用するメタファーは一般的に創造性・新規性・斬新性・意外性があり、新たなものの見方を提示する事態構成力を持つ。

これを翻訳の領域でパラレルに論じるならば、X（起点言語テクスト）とY（目標言語テクスト）が等価であると一般的に認められる典型的な場合は、類像性が高く、反対に一般的には受容されていない異質性のある訳出であるならば、象徴性が高いということになる。つまり、「翻訳等価性は記号の類像性に依拠している」という言説は記号の記号作用を固定化する記号観に立脚していると言え、むしろ、創造性のある一見等価性がないかのような訳出をも射程に入れて論じるならば、「翻訳等価性は記号の類像性と象徴性の二極の連続体のどこかに位置するもので、コンテクスト次第でそれはダイナミックに動く（社会指標性も関与する）ものである」というほうが精確である。

(6)　若干例を挙げると、⑴の例として「感覚は弁別器・測定器」「認知は鋳型」「人格は樹木の年輪」など、⑵の例として「認知はデーモンの行い」「学習は鋳型のあてはめと調整」「流れとしての思考」など、⑶の例として「意味構成システムとしての社会（N・ルーマン）」「コミュニケーションとしての社会（J・ハーバーマス）」「ハビトゥスとしての社会（P・ブルデュー）」などがある。⑴⑵は『比喩から学ぶ心理学』（田邊、二〇〇〇）、⑶は『社会のイメージ――社会学的メタファーの諸相』（小林・福山、一九九一）から、章または節の見出しの一部をここに挙げた。

(7)　リーチによると、意味論と語用論との関係は、三つのタイプがあると考えられている（リーチ、一九八七［一九八三］、七―一〇頁）。⑴意味論が語用論を飲み込むという「意味論主義」、⑵語用論が意味論を飲み込むという「語用論主義」、⑶語用論と意味論は相互に独立した研究分野ではあるが、相互に補完し合うという「相補主義」である（メイ、二〇〇五［二〇〇一］、二九頁）。本書が⑵に依拠していることは、本章で詳細に検討している。

（8）メイ（二〇〇五［二〇〇一］、九四頁）によると、指標行為が行われる「ここ・今・私」がいる場を起点とする空間を、カール・ビューラーは指標野（indexical field: Zeigfeld）と呼んだ（この指標野の中心、つまり、「ここ・今・私」体系の主な座標の交点のことをオリゴと呼ぶ）。この起点は、指標体系の原点であり、いかなる話者の発話にも、人、場所、時間への言及指示のコンテクストにおいて適切な語用論的意味を付与する。つまり、この原点を準拠点として、誰が喋っている「私」か、その人は何処で喋っているのか、そしていつ、どの時点で喋っているのかが示されるのである。

（9）この点に関し、小山（二〇〇五、四七—四八頁）は、次のように述べている。

発話の「今ここ」を核とした言語理論では、いかにして発話の場で個物や規則性が前提的に指標され、その結果、発話の効果（perlocutionary effects）が創出されるか、つまり個別の発話の社会歴史的「意味」効果が、どのように、どの程度まで決定されるか、この問題が理論的探求の中心となる。そして、此処で重要になるのが、社会科学で言う巨視的及び微視的社会事象の区別である。この弁別は、規則性と個物の区分に近いが、或る重要な部分で違っている。即ち、象徴的規則性は巨視的で、指標的個物は微視的だが、指標的規則性は巨視的だったり、微視的だったりする。つまり、指標的規則性の内、発話の場に内在的な範疇は微視的であり、それ以外の範疇は巨視的である。

（10）この点に関し、小山（二〇〇五、五〇頁）は、次のように述べている。

或る個別の発話出来事の社会指標的語用効果は主に、その発話で生起する指標記号が前提的に指標する(a)レジスター、(b)ステレオタイプ、(c)巨視的社会指標範疇、そして(d)微視的社会指標範疇と、(e)微視的（つまり発話場面内に存在する）社会指標的個物、これらが動員されて、**複数**、創出される。そしてそのようにして創出された語用効果の或る物は、それに後続して起こる発話において、(e)微視的社会指標的個物として前提的に指標される事によってより確定的な物になるが、他の物は否定されたり指標されなかったりしてより非確定的になる。そしてまたそれに後続する発話によっても同様の指標的変容が起こるのである（cf. Silverstein, 1992, 1998）。このように、動的に刻々と変化し、最終的決定性を顕著に欠き、情況依存性の高い微視的な社会指標的個物の様態に比べ、**巨視的**な社会指標範疇や、とくに**巨視的象徴**範疇化したレジスターやステレオタイプは、情況依存性が低く長期持続するので、これら巨視的範疇の指示は微視的な発話行為の決定に対して特に強い貢献を果たす（太字は原文のまま）。

（11）六機能の定義について、ヤコブソン（一九八四［一九八〇］、一〇一—一一六頁）は「言語学の問題としてのメタ言語」という章で次のように述べている（編集しつつ、抜粋する）。

• 言語における六つの基本的な側面を区別してはいるものの、しかしただ一つの機能だけを果たす言語的メッセージを発見することは、まず難しい。言語の多様性は、これらいくつかの機能のどれかを占有するところから来ているのではなくて、それぞれが、様々の順位で階層化されているからである。あるメッセージの言語構造は、まず支配的な機能に依存する。けれども、なるほど指示対象への焦点あわせ（Einstellung）、〈状況〉への志向——手短かにいえば、いわゆる〈指示的〉（referential）機能、外延的、知的機能——が数多くのメッセージの主要なつとめではある［中略］。

• 〈送り手〉に焦点を合わせる、いわゆる〈主情的〉（emotive）もしくは「表出的」機能は、話題にされている対象への話し手の態度をじかに表現することを目指している。［中略］

• 〈受け手〉への志向、すなわち〈動能的〉（conative）機能は、その純粋な文法的表現としては呼びかけと命令に現われ、これらは統語的にも、形態的にも、そしてしばしば音素のうえでも他の名詞範疇や動詞範疇から逸脱することがある。［中略］

• 何よりもまず伝達を確立し、それを引き延ばしたり打ち切ったり、あるいは絡路が通じているかどうかを確かめたり、話し手の注意を惹きつけたり、自分がずっと謹聴していることを確認したりするためのメッセージがある。［中略］〈接触〉へのこの焦点合わせ、B・マリノフスキー（Malinowski）の用語でいう〈交話的〉（phatic）機能は儀式化された決まり文句のながながしい交換や、対話全体が単に伝達行為を長びかせることだけを目的にしたメッセージに現われる。［中略］

・〈メッセージ〉そのものへの志向（Einstellung）、このことだけのためにメッセージに対して焦点をあわせることが〈詩的〉（poetic）機能である。言語の様々の一般問題を抜きにしてこの機能を研究したとしても成果はあまり期待できないが、また逆に、言語を精密に吟味しようとすれば、その詩的機能の考察を欠かすことができない。［中略］

・現代の論理学も言語の二つのレベルを峻別する必要があるとしてこれを取り上げた。すなわち、（言語コードについて語る）メタ言語の対象になる「対象言語」（object language）と、他方では、言語コード自体について語るための言語との区別である。言語の後者のような側面は、一九三〇年代、アルフレッド・タルスキー（Alfred Tarski）の創始したポーランド語の術語をなぞって「メタ言語」（metalanguage）と呼ばれる。［中略］送り手や受け手に、はたして自分たちが同じコードを使っているかどうかを確かめる必要の生じたとき、つねに言語は〈コード〉に焦点が合わされ、こうして〈メタ言語的〉（metalingual あるいは注解的）機能をはたすことになる。

(12)　この点に関し、小山（二〇〇八、二一〇頁）は、発話行為論に対して、次のように評価している。

オースティンに端を発する発話行為論は、後者のような、真偽に関わらない文・発話（命題的でない文・発話）について、一般理論を打ち立てようという試みであったのだが、それが、本書で解説しているようなコミュニケーション理論の視点を欠いたものであったため、一般性のない、エスノセントリックな民俗理論（folk theory）に終わってしまった。例えば、サールによって、(a)「記述表象型発話行為（representatives）」、(b)「規約宣言型発話行為（declarations）」、(c)「感情表出型発話行為（expressives）」、(d)「行為確約型発話行為（commissives）」、(e)「行為指示型発話行為（directives）」などへと分類された「発話行為」の諸範疇が、(a)と(b)が(1)言及指示機能に対応し、(c)と(d)とが概ね(2)表出的機能に、そして(e)が(3)動能的機能に対応する、といったふうに、上記、三機能にほぼ限定されたものになっていることに注意されたい。

(13)　Duranti（1997, p. 288）によると、ハイムズのSPEAKINGの詳細は、以下のとおり。Situation（1. Setting, 2. Scene）; Participants（3. Speaker or sender, 4. Addressor, 5. Hearer, or receiver, or audience, 6. Addressee）; Ends（7. Purposes-outcomes, 8. Purposes-goals）; Act sequences（9. Message form, 10. Message content）; Key（11. Key）; Instrumentalities（12. Channel, 13. Forms of speech）; Norms（14. Norms of interaction; 15. Norms of interpretation）; Genre（16. Genres）。

(14)　アダムツィク（二〇〇五［二〇〇四］、五五―五六頁）が諸学説を引用しているので、ここに紹介しておく。

1．テクストとは、中断されることのない、代名詞的連鎖によって構成される言語単位の連続である（Harweg）。

2．「テクスト」という用語は、それ自体結束性があり、全体として、認識可能な伝達機能を合図する言語記号の有限の連鎖を表すものである（Brinker）。

3．テクストとは、完結した言語的発話である（Dressler）。

4．テクストという語は、言語学では、話されたものであれ、書かれたものであれ、どんな長さのものであれ、一つの統一的全体を形成する任意のパッセージ（一節）を指すために使われる（Halliday & Hasan）。

5．テクストとは、言語体系（ラング）の規則に従って、作られる複合的言語記号である。テクスト外的に見れば、テクストは、〈コミュニケーション行為〉と同一視できるかもしれない（Gülich & Raible）。

6．以下、私はテクストとは常に、いくつかの文から成る独白的な、書かれた言語的発話で、一定の長さがあり、文と文が互いに――これから指定されるべき――関連性をもつものと理解する（Nussbaumer）。

7．私は、文書や、テープや、ヴィデオテープに保存されている記号的対象を表すために、テクストという用語を用いている。その対象に関していえば、当該言語の少なくとも二人のネーティヴスピーカー（原語話者）は、任意の対象がテクストであることを認めているのである

(Petöfi)。

8．テクストとは、コミュニケーション的相互行為に現れるシグナルの総体である（Kallmeyer et al.）。

9．我々は、テクストがテクストとしての資格を得るために所有していなければならない構成上の形式的特徴を決定しようと試みることに利点があるとは見ていない。テクストは聞き手と読み手がテクストとして扱うものである（Brown & Yule）。

10．テクストとは、社会的行為をする人間の言語活動の結果であって、テクストの中に特別の様式で現れる様々な知識は、行為参加者並びにテクスト生産者の行為コンテクストの認知的評価に依存しながら、言語活動によって実現されたのである。［中略］ダイナミックなテクスト概念に従うならば、テクストというものは、それ自体で意味を持つものでも、機能をもつものでもなく、テクストを生産し、受容する行為参加者と相互行為コンテクストに対して、常にただ相対的に関わっているに過ぎない、ということから出発するのである（Heinemann & Viehweger）。

これを受けて、アダムツィク（二〇〇五［二〇〇四］、六八―七〇頁）は、プロトタイプ的概念として以下のようにまとめている。「いずれにせよ、これに属するのは、すべてのテクストには執筆者／受容者がいて、メディアを必要とするということである。さらに明らかなことは、プロトタイプ的テクストは、「言語的対象」である、ということと文書の形式（書記形態）をとったものとかなり大きい範囲（連鎖）のものが――実際、これなしには「結束構造」がまったく実現されえない――、より典型的なテクストであるということである。」

(15)　この点に関し、de Beaugrande & Dressler (1981) は、①結束（cohesion）、②首尾一貫性（coherence）、③意図性（intentionality）、④容認性（acceptability）、⑤情報性（informativity）、⑥場面性（situationality）、⑦テクスト間相互連関性（intertextuality）、の七つを挙げている。

(16)　福地（一九八五、一五―一六頁）によると、旧情報とは、発話の時点で聴者の「意識」の中にある知識をいい、したがって新情報は、聴者が全然知らないことがらではなく、知っていても発話の時点で聴者の意識にのぼっていない事項を含むことになる、とChafe (1974, 1976) を引用して説明している。そして、これは心理的には短期記憶（short-term memory）と何らかのかかわりのあることがらであろう（Chafe, 1976, p. 28）としている。福地によると、Halliday の基本的な考えでは、旧情報とは必ずしも前の文で述べたもの（previously mentioned）である必要はなく、前の文脈から聴者が引き出すことのできる（derivable）情報とされている（Kress）。この「引き出すことのできる」というところを、Halliday は「予測できる」(predictable) とか「復元できる」(recoverable) という言い方をしてもいるが、どれも同じことである（Halliday）。つまり、前の文脈で言われたことから聴者が自分の持っている知識によって類推（infer）できると話者が判断することまで、旧情報になるというのである（福地、一九八五、一五―一六頁）。

(17)　これを踏まえて文頭の副詞節の機能を分析すると、岩畑（二〇〇五）が文頭副詞類の機能として、①談話連結機能（文頭副詞類が当該談話における旧情報を表し、それが先行文脈・場面との結合の役割を果たす）、②譲歩機能（当該副詞類が文頭に使用されることによって、文の残りの部分がその文におけるより後方の位置に使用される。そうすることにより、文の残りの中のある要素と後続文脈との繋がりをよりわかりやすくする）、③フレーム設定機能（当該文頭副詞類が、その文の理解をより容易にするための「フレーム」の機能を果たす）、の三つを挙げていることとある程度パラレルに考えて良さそうである。①は先行するコ・テクストの指標性、②は後続する主節の情報配列上の相対的位置関係の選好、③は後続する主節に対する時空間座標の設定、となろう。

ちなみに、岩畑（二〇〇五）によると、副詞節（adverbial clause）の文頭使用に関する先行研究は、Mathiessen & Thompson (1988)、Ford (1993) などいくつか存在する。

(18)　結束性とは文を構成する要素（element）の意味が別の要素に依存して解釈される場合の談話的つながり、一貫性とは言語の使用者が持つ知識などテクスト内の要素以外の何かによってもたらされる談話のつながりを指す（林、二〇〇三）。結束性は言表レベル、一貫性は認知レベルでのテクストのつながりのことである。

(19) 意味づけ論では、意味づけ前の記号（符号）としての言葉を「コトバ」と表記している。

(20) より構造主義的には、読者や解釈の多様性も、テクストの効果にすぎないということになる。

(21) 解釈学（Hermeneutik）は文献学、神学、法学の分野で展開し、F・シュライアーマハーが一九世紀前半に一般解釈学を打ち出して、独立した学問分野となった。その後、W・ディルタイ、M・ハイデガー、H・ガダマーという思想系譜において哲学の中核部をなすようになった。

ひとはまさに〈意味を求める存在者〉であり、意味づけによる世界との関わりは人の根源であるとも言える。そういう意味で、理解し解釈する営みは人の本質的欲求とも言える。そこでここでは解釈学的な問題構制について触れておきたい。これについて、塚本（一九九五）がコンパクトにまとめており、言語や翻訳における解釈行為への示唆は大きい（以下は、塚本、一九九五、一九九―二二二頁「解釈学的理性批判のテーゼ」の章による）。

1. 解釈学的世界観

〈第一のテーゼ〉世界認識の諸形態は、世界の存在論的な「総体性」（Totalität）という一種の統制的理念によって認識論的に規制される。

2. 解釈学的認識論の問題系

(a)解釈学的誤謬

〈第二のテーゼ〉「解釈」とは、世界の構成契機としての「部分」（解釈素）を媒介にしたコンテクスト―内―究明である。このとき、「部分」を「全体」（世界の総体的意味体系＝解釈の統制的理念）と意識的・無意識的に置換することは、解釈学的意味における誤謬である。

(b)解釈学的反省／解釈学的懐疑―深層解釈学的省察

〈第三のテーゼ〉一面的・部分的なもの、またはそれについての解釈を、まさしく一面的・部分的なもの、またはそれについての解釈として省察し自覚することが、解釈学的反省である。またこの反省を喚起する発見法的機能として、解釈学的誤謬が存在するかどうかを方法論的に疑うことが解釈学的懐疑である。

(c)解釈学的批判

〈第四のテーゼ〉解釈学的反省によって意識化された、部分としての限定された領域、すなわち特定のコンテクスト＝解釈枠組みを、まさしくそのような部分として適切に認識論的に自己規定する批判的機能が、解釈学的批判である。

(d)解釈学的真理

〈第五のテーゼ〉人間的世界認識における真理は、認識の無制約的絶対性をあえて放棄する「解釈学的真理」にとどまる。すなわち真理は、絶対的な普遍妥当性をもった真理ではなくして、一定の条件下にある「客観性」の真理、特定のコンテクストの真理にとどまる。

(e)解釈学的循環

〈第六のテーゼ〉解釈運動の原理的開放性すなわち非完結性を構造化している図式は、まず部分と全体の、つぎに先行理解とその表明化である解釈との、さらに解釈するものと解釈されるものとの動的連関すなわち解釈学的循環である。

(f)解釈学的寛容

〈第七のテーゼ〉解釈がつねに特定のコンテクストにおける解釈であることを前提とするとき、「一つの」解釈の限界性が自覚されねばならない。すなわち、「他の」解釈の可能性を原則として容認しなければならないのである。

この点、解釈学が翻訳に関して主張している主な点をまとめると以下のようになる（Chau. 1984 in ピム、二〇一〇［二〇一〇］、一七四頁）。

1. 真の意味での「客観的な」理解などない。
2. 「先入観」は避けられないものであり、それが肯定的なときもある。
3. 最終的あるいは決定的な解釈などない。
4. 翻訳者は起点テクストの意味を変えずにはいられない。
5. 起点テクストを完全に表出できる翻訳などない。
6. 理解とは常に説明可能なものとは限らない。

これを受けて、解釈学の翻訳者への影響の可能性についてまとめると、以下のようになる（Chau. 1984, pp. 76-77 in ピム、二〇一〇［二〇一〇〕、一八六頁）。

1．翻訳者は、翻訳に対する実存主義的な制約について十分意識をもつことによって、より謙虚になる。

2．翻訳者は、自分の解釈や訳出が正準的なものではないとみとめることによって、より正直になる。

3．様々な科学的手段を用いて起点を理解しようとするだけでなく、正当な解釈をするためには交流（communion）の中に「完全に浸る」ことが必要だと認識することによって、翻訳者はより効率的な解釈者となる。

4．人間の存在における特定の歴史的状況下での個人の創造性が確認され、唯一無二の解釈や翻訳という神話につきまとわれる必要はないと知っているので、翻訳者はより自信をもつようになる。

5．テクストの意味を形成する上での創造的で能動的な解釈者としての役割を認識することによって、翻訳者はより責任感を持つことになる。

（22）解釈学に関し、翻訳論と関連して極めて重要な指摘を小山（forthcoming）がしているので、紹介する。

このような文献学の重要人物の一人に、一九世紀ドイツのリベラル・プロテスタント神学者シュライアーマハーがおり、その解釈学は、後にディルタイやガダマー（あるいはハイデガーなど）のそれへと展開するが、そこに見られる「理解の地平（の融合）」などの議論にも、非欧州人文主義的（「非西洋」的）な社会文化（例えば九鬼周造の「日本」や「東洋／オリエント」など）を排除／他者化する欧州中心主義的な解釈学のイデオロギーが看取される。シュライアーマハーやW・vフンボルト、延いてはヘルダーリン／ハイデガーにおける神学的／人文主義的なカノン（古典語の文献）のポスト・ルター的「（高地）ドイツ語」（あるいは、Kultur/Bildung の空間）への翻訳／解釈が、どのような言語行為であったのか、どのような社会文化的な、政治的な意味を持った行為であったのか、そしてそれは欧州的な翻訳論／翻訳研究とどのように結びついているのか、以上は、言うまでもなく翻訳論の重要なテーマである。

（23）読者論に関して、「読者の類型論」が考えられる。ここでは簡単に列挙する。「理想的読者」（ideal reader: ジョナサン・カラー）、「含意された読者」（implied reader: ウェイン・ブース）、「内包された読者」（implizite Leser: ヴォフルガング・イーザー）、「素養ある読者」（informed reader: スタンリー・フィッシュ）、「批評家読者」（critic reader: デイヴィッド・ブライヒ）、「原＝読者」（archi-lecteur: ミカエル・リファテール）、モデル読者（model reader: ウンベルト・エーコ）など（土田・神郡・伊藤、一九九六、一三二―一三三頁：エーコ、二〇一一［一九七九］）。

（24）この「読むという行為」と翻訳に関しても、小山（forthcoming）は大変重要な指摘をしているので、紹介する。

翻訳研究などでデータとなっているのは、実は言語ではなく言語変種（標準語など）、そして言語構造ではなく言語使用であることに注意されたい。それにも拘わらず、古典的な翻訳研究では、以下に見るように、言語使用のコンテクストではなくテクストに、そして言語使用という出来事ではなく機能システムや合目的的理性／スコポスなどへと関心が集中し、実際の社会文化／コンテクストでテクストがどのように読まれているか（使われているか）などといった社会文化的コミュニケーション実践に関する原理的かつ経験的探究が決定的に欠落していた嫌いがある。実際、現在でも、そのような問題を中心的に研究してきたプラティーク理論（読書行為の歴史）やリテラシーズ研究［中略］、「読みの民族誌」［中略］、より一般には（ハイムズ以来の）「コミュニケーションの民族誌」［中略］などの現代言語人類学の知見は殆ど参照されていない状況にある。［中略］さらには、佐藤＝ロスベアグ（二〇一一a）などが推奨する「分厚い翻訳」（<thick description）は、ギアツからの刺激がその端緒となっているにもかかわらず（あるいは、それゆえにか）、文献学的テクスト中心主義という近代（古典的）翻訳研究の偏向を継承するものであるにすぎないように思われる。

（25）意味の重層性という観点から、少し敷衍しておきたいことがある。人間存在における経験の意味についてである。

ハイデガーの『存在と時間』に「〜として構造（Als Struktur）」（英語で言うと"as-structure"となろう）があり、我々の日常経験はすべて、〈〜として〉というある意味を担った形で我々に対して現れる。すべてのものは意味を担う存在として我々は受け止め、引き受けると同時に、そのような営みを行う人間存在もまた、ある意味を担う存在として全体的世界を構成し、それらが常に変化し続けるという構図を持つ。そして、その意味は重層的なものであり、①身体的意味、②言語的意味、③学知的意味、④倫理的意味、⑤時間的意味、⑥美的意味、⑦宗教的意味、などが考えられ、これらがすべて有機的につながっている（竹原、一九九四参照）。その他、政治的意味、経済的意味、歴史的意味など極めて多元的な意味が重層的にあると言える。

意味や解釈について論じるとき、これらの人間存在的意味のどこに照射しているのかについて明確に認識しておかなければ、諸学説を読み解く際に混乱を来してしまうので留意する必要がある。

(26) 柳父は、翻訳語やカタカナ語は意味がよく通らぬままで使われ、しかもむやみに使われているとし、この現象を英語でいうcase、フランス語のcassette（宝石箱）に喩えている（柳父、一九七六、二三―二五頁）。そして柳父はこのカセット効果について、以下の点を指摘している（二六―三一頁）。カセット効果は、ことばが価値を持っているように働く（つまり、レジスター化する）。カセット効果のもつ価値は、結局、意味としては説明できず、他のことばによる置き換え、という意味によっては説明できない。カセット効果は、もともと無意味なことばの持つ効果である（但し、まったく意味がないばあいは、それほど多くはなく、あくまでもこれは理念型だ、としている）。

但し、このカセット効果論の難点は、言語接触一般で起こるかような言語現象を、あたかも日本特有の翻訳における現象であるとしてしまった俗理論（folk theory）的性格にあると言える。

(27) ここでの共同幻想は、マルクス（K. H. Marx）とエンゲルス（F. Engels）による『ドイツ・イデオロギー』（執筆は一八四五―四六年、最初の出版は一九二六年）が示した幻想としての国家の成立を描いた国家論、あるいはそれを批判的に受容した吉本隆明が主張した『共同幻想論』（吉本、一九八二）が想定した国家、ということではない。

(28) 小山（二〇一一a）がイデオロギー論の極めて重要な主意を総括しているので紹介する。

イデオロギー論は、その主な対象を「イデオロギー」として分析するわけだから、対象に対して批判的な、メタ科学的なスタンスを取ることになるのだが、イデオロギー論が批判的なメタ科学であるのは、単に、イデオロギー論がイデオロギーとして同定し分析する「他者」に対して批判的な姿勢を示すから、ではない。たしかにイデオロギー論が、一八世紀フランス啓蒙期のイデオローグたちによって「観念（イデア／イデー／アイデア）の学（オロジー）」として旗揚げされた後［中略］、これら啓蒙思想家たちを「イデオローグ」と揶揄したナポレオン・ボナパルトによって「イデオロギー」の語は否定的／卑罵語的に使われだし、この否定的用法（ニュアンス／共示）は一九世紀の思想家マルクスによっても継承され、このマルクスのイデオロギー論が、後に、二〇世紀に入り、マンハイムやフランクフルト学派、アルチュセール、イーグルトン、あるいはアメリカ社会学のマートンなどによって展開されてゆくイデオロギー論の原型となった［中略］。だがその基調を成す「他者化」のレトリック――イデオロギー論の分析対象を、自分ではなく「他者」として表象するという修辞――は、イデオロギー論にとって本質的なものではなく、イデオロギーというものが、意識、特に再帰的意識、すなわち、自ら自身の行為／語用実践や、自ら自身が用いている意味範疇、解釈の枠組みについての再帰的意識であるかぎり、そのかぎりにおいて、イデオロギー論は、我々自身の社会文化、その科学、思想、思考についてのメタ科学、自己批判的なメタ科学／メタ思考、すなわち、メタ・レベルで生起する批判科学となる――なりうる――のである（小山、二〇一一a、五九―六〇頁）。

(29) 社会には様々な役割類型が多く存在し、その強弱や射程にも温度差があるとするならば、同一人に課される役割も同時に複数存在することになる（多元的役割演技者）。そうなると役割規範が複数あると想定される場面も発生するが、相対的に安定した社会システムにおいてさえ、役割期待の間の齟齬は単なる偶然や個人の特異性だけに起因するのではなく、逸脱行為それ自体を正当化する個別の価値基準の設定というレベルでも規範が複数存在することとなる。これらの役割期待に葛藤が見られる場合、それぞれの役割期待とサンクションの齟齬はますます激しく現れる。したがって、規範の複数定立化、イデオロギーの対立化はこの齟齬の正当化を反映したものである（ネーデル、一九七八［一九五七］、二四三頁）。役割葛藤が社会構造に起因するものである一方、役割のズレは個人に起因する役割現象である。適応能力の不足、役割についての知識のずれ・ゆがみ・偏見、規範意識の逸脱などが原因となる。他方、役割から距離を取ることで、自分らしさ、自己のアイデンティティを形成する現象も見られる。これをゴッフマンは役割距離と呼んで、個人とその個人が担っていると想定される役割との間の「効果的に」表現されている鋭い乖離と定義している（ゴッフマン、一九八五［一九六一］）。

(30) この合理化・カテゴリー化は本書が一貫して論じている世界構築のあり方、言葉による範疇化、等価構築そのものであり、これは人の認識に通底する機制原理である。

(31) 例えば敬語や女言葉・男言葉のようなレジスターは意識に上りやすいが（ラボヴ派の社会言語学的ステレオタイプなど参照。レジスター＝ステレオタイプ）、それに対して、マーカーや特にインディケータは意識に上りにくい（小山、二〇一一a、一八八―一九五頁）。

(32) 言及指示機能の方が社会指標機能よりも意識化されやすいという点に関して、例えば、グライスの推意などは、「言われたこと」（言及指示機能）を前提とし、そこから「（為されるように）意図されたこと」（社会指標機能の一部）へと向かうという論理構成を採る。つまり、「言われたこと」（言及指示機能）がまず意識化され、それに基づき「意図されたこと」が計算される。

　同様に、発話行為に関しても、「言われたこと」が基底にあり、「為されていること」とそれとの関係が直接的か間接的かで、直接的発話行為（これが原型）、間接的発話行為（派生形）などが措定されている。このように、言及指示機能の方が社会指標機能よりも意識化されやすいことが示されている（Koyama, 1997）。

(33) 「普遍的特性S」とは、起点テクストと比較した場合に翻訳に起きているシフトに関するもので、トゥーリーの二つの法則（標準化進行の法則、干渉の法則）を含む。「普遍的特性T」とは、（翻訳ではなく）自然に生まれる言語と比較した場合（cf.単言語の参照コーパス）に見出される翻訳言語の特徴で、これには語彙の単純化や目標言語に固有な語彙項目の表現が少なくなるなどの現象も含む（Chesterman, 2004; マンデイ、二〇〇九［二〇〇八］、一八二頁）。詳しくは、≪4.1≫。

(34) これは翻訳者が自身の翻訳について回顧しながら翻訳論言説を展開したり、インタビューに答えて言説を紡ぎ出す場合にみられる場合である。

(35) この点、meaning/senseの用法が意味づけ論と一般言語学・社会記号論とでは逆になっている。

(36) 言語人類学系社会記号論による辞書や辞典などといった文化的人工物に関する説明は以下のとおりである（小山、二〇〇九、一六七頁）。

　単語、（表層レベルに現れる）語彙、内容語などは、容易に意識化（イデオロギー化）され、辞書や辞典などといった文化的な人工物（物象化されたテクスト）が作成され、そのようなイデオロギー的な言語コード（辞書や辞典など）が言語使用の規範の典拠（社会文化的プロトタイプ：ritual center）となって、標準語や科学的用語、法律用語などといった「正しい言語使用」を統制するメタ語用的枠組、言語文化的体制（regime）が、歴史的に生成されてゆく。

(37) この点、J・メイが『批判的社会語用論入門』の中で、（A）語用実践素（A1：活動部分としての発話行為、間接的発話行為、会話的行為、心理的行為・感情、音韻―抑揚・強弱など、肉体的行動―身振り手振りを含む身体の動き・観相（顔の表情）・感情（の身体的表現）など、Ø（零）／A2：テクスト部分（コ・テクストとコンテクスト）としての推論、言及指示の確立、関連性、声、共有の状況知識、隠喩、メタ語用論的指標記号など）、（B）語用実践体、（C）語用実践異体という概念を提唱していることも参照しておきたい（メイ、二〇〇五［二〇〇一］、三三二―三三四頁）。

(38) さらに以下の説明が続く。動作動詞は図式的スクリプトをその意味知識に含む。例えば「括る」の意味知識には、〈対象物をひとまとまりにする〉という語義だけでなく、「誰が、何で、何を（括る）」という図式的スクリプトが含まれる。場面は行動連鎖型のスクリプトを呼び起こす。結婚披露宴という場面が設定されれば、「そこでは一般にどういう行動が行われるか（行動の仕方）」についての知識が連想される。これが行動スクリプトの例である。場面が喚起するスクリプトは生きる場面を形成する働きをする（スクリプトの現実化）。文法が事態構成力を備えているように、スクリプトは場面形成力を備えているということができる（田中・深谷、一九九八、三六六頁）。

(39)　パースが言う「近接性」は「コンテクスト上の時間と空間の物理的な近接関係や因果関係」を意味しているが、ヤコブソンが「近接性」という語をパースから引用していたとしても、パースのいう「指標性」に依拠しているかどうかは疑問が出されている（Bruss, 1978; 山中、一九八四；朝妻、二〇〇九）。しかしながら、ヤコブソンの近接性概念を継承したハイムズやシルヴァスティンは言語人類学の文脈のなかでパースの指標性概念を展開している。

(40)　ヤコブソンは言語の二つの面に関し、「コード：選択：類似性：メタファー：：メッセージ：結合：隣接性：メトニミー」の関係を示している（ヤコブソン、一九七三［一九六三］）。転位はメトニミーの側面である。

(41)　詳しくは、シルヴァスティンの一九七九年の「言語イデオロギー」論文（Silverstein, 1979）について解説している小山（二〇〇九、一六三—一六四頁）をそのまま引用する。

周知のように言語使用者たち（行為者たち）は、彼ら彼女らの使用している言語の複雑な構造を、無意識的な実践（語用、言語使用）のレベルでは「正しく」把握し、充分に使いこなしているにもかかわらず、意識的な理解（イデオロギー）のレベルでは、自分たち自身が使用している言語の構造を歪んで認識し、（形態音素、形態統語範疇などといった構造的な、内包的な範疇によってではなく）音素あるいは単語や表現などといった「表層的」な、外延的な使用（語用）レベル（の近く）で現れるユニット——したがって、外延的なコンテクストに位置する存在である言語使用者にとって容易に意識化可能（認識可能、認知可能）なユニット——に基づいて典型的に理解している。それと同様の現象は、言語使用者たちが、彼ら彼女らが実際に従事している複雑で多様で（heteroglossic）、蓋然的（probabilistic）な、強くコンテクスト化された社会指標的な言語使用を、意識的に理解しようとするときにも現れる。すなわち言語使用者たちは、社会指標的な言語使用を意識化するとき、これらを歪めて、単純化、ステレオタイプ化、範疇化して認識し、とくに、（形態音素や形態素、統語範疇など、象徴的構造の深層部に近いユニットではなく）音素、あるいは、その異音（allophones）や、そして単語、表現などの、彼ら彼女らの意識に比較的、上りやすい表層的な言及指示的（語用的、指標的）ユニットに依拠して社会指標性を解釈し、あたかも、そのような比較的表層的な言及指示のユニット自体が社会指標性（言語使用者たちの地域性、エスニシティー、ジェンダーなど、社会文化的なアイデンティティや権力関係を指標する「力」）を内在的（illocutionary）に持つかのように理解しがちである。

第3章 翻訳等価性の諸概念

3.1 はじめに

本章では、一九六〇年代以来盛んになってきた多くの翻訳研究のなかで、「等価」がどのように捉えられてきたのかについて検討する。第1章でも記したが再度略記すると、一般的に翻訳とは異なった二言語間の言語変換であると考えられており、一九七〇年代に入ってから、はじめは多面的・複層的・多義的な翻訳行為のうち「言語テクスト」の側面（翻訳行為の言語的側面）に焦点を当てた諸学説が展開された。そしてこれに社会行為性が加味された機能主義や記述的研究も盛んに議論されている（ピム、二〇一〇［二〇一〇］、一五一頁によると、スコポス理論は等価の対象範囲を限定したもの、記述的翻訳理論はそれを拡張したものにすぎない、とされる）。これに対して、全面的に等価概念を否定し批判するのが、主に文化的・イデオロギー的転回を遂げたとされている翻訳学の学説群である。これらは翻訳行為の言語的側面から目を社会的・文化的・政治的コンテクストのほうへ向けた研究を展開するものである。Bassnett & Lefevere（1990）、Cronin（1996）、Snell-Hornby（2006）、Pym, Shlesinger & Jetmarová（2006）などがそれである。これは翻訳学における「文化理論」と位置づけられ、言語的な等価だけに議論の焦点を当てることを批判するいわば「等価誤謬論」であると位置づけられる。

以上が翻訳研究における「言語理論」と「文化理論」の大きな潮流であり、後者が前者を敵視し周縁化するきらいもある（Munday, 2008/2012, pp. 207-208）。ところがこのような学説状況があるなかで、一部では翻訳学の言語学への回帰の主張（Vandeweghe, Vandepitte & Van de Velde, 2007）も見られる。確かに言語テクストの産出を本質とする翻訳を研究対象にする学問では、言語テクストの分析が研究の基底となり、かつ言語学に依拠した分析が、言語テクストと社会文化的コンテクストとの結節的な役割を果たすことは確かであって（cf. Toury, 1995/2012）、言語分析への回帰という反動にも正当性はあると言えるだろう。しかしながら、言語学への回帰を果たしたとしても、もし翻訳学の「言語テクスト」の側面に焦点を当てた諸学説群が拠って立つ理論装置である言語学自体の認知的、社会・イデオロギー的、あるいは行為論的転回の潮流に目配りを十分なさないとするならば、言語学へ回帰したとしても議論が空転する虞がある。

そこで、本章でまず、言語テクストを基底に据えた概念である「翻訳等価性」に関する翻訳学の諸学説がどのようなアプローチないしスタンスを取ってきたかについての大きな潮流を概観する。そしてさら

本書が分析対象として扱う翻訳諸理論の全体的な見取り図（第３章～第５章）

第３章 【言語等価論】 等価前史，翻訳等価，翻訳シフト，翻訳ストラテジー，翻訳プロセス

第４章 【翻訳等価性をめぐる諸アプローチ】
- 【社会等価論】 テクストタイプ論，目的論，多元システム論，規範論・法則論など
- 【等価誤謬論】 ジェンダー論，ポストコロニアル理論など
- 【等価超越論】 解釈学，異質性・脱構築・倫理など
- 【等価多様性論】 翻訳ジャンルの多様性と役割拡張，研究手法の多様性など

第５章 【翻訳等価性をめぐるイデオロギー】 記述的翻訳研究，関与的・介入的翻訳研究など

【第３章】
- ０．近代以前の直訳 vs. 意訳二項対立図式（等価前史）
- １．言語学的分析の諸学説（言語等価論）

【第４章】
- ２．社会コミュニケーション行為性を加味した言語分析の諸学説（社会等価論）
- ３．社会文化的コンテクスト中心の翻訳分析の諸学説（等価誤謬論）
- ４．翻訳哲学・翻訳思想（等価超越論）
- ５．多様な翻訳テクストとコンテクストにおける等価の多様なあり方（等価多様性論）

に本章では翻訳等価性に密接に関連する「直訳と意訳の二項対立図式」「翻訳等価」「翻訳シフト」「翻訳ストラテジー」「翻訳プロセス」についてこれまでの諸学説を分析する。次に第4章では翻訳等価性に対して発展、批判、超越、多様化のアプローチを取る諸学説を分析する。更に第5章ではこれら翻訳学の諸学説が背後に負っている時代的・社会文化的なイデオロギーを析出することで、翻訳研究をめぐる言語・翻訳イデオロギーについて考察し、併せて翻訳実務家が有する言語・翻訳イデオロギーの分析と対照させ、これまでの翻訳学の諸学説の死角となってきた論点を〈等価構築〉の観点から複眼的に探究する。

まず、第1章でも触れたが（《1.4.1》）、これまでの翻訳学の諸学説を時間的経緯に沿って略説したものとして、Newmark（2009）とSnell-Hornby（2006）の二つがある。本書は、この二つの時系列的分類を基に、翻訳学で鍵となる諸概念・諸論点の相互連関を踏まえつつ、諸学説の布置を〈等価〉概念を基軸にして分類すると、以下のようになる。

そして本書では、上記の0．は翻訳学の前史の諸説、1．は翻訳行為のうち言語面を照射する諸学説として本章で、2．～5．は他の側面も考慮した諸学説として次章で扱うという構成にしている。

一般的に「等価」（equivalence）は、原文と翻訳とを「同一」ないし「類似」なものとして説明する概念で、これをめぐり多くの研究者が様々な視点を提示してきた最も意見の対立のある概念である（Palumbo. 2009. p. 42）。実際、同一の原文に対して翻訳者による解釈はばらつきがあり、さらにそれに基づいた訳文産出もばらつきがある。つまり、原文解釈および訳文産出において二重の不確定性を内包した翻訳

不確定性が存在する[1]。と同時に、翻訳以前に、言語構造の異なる二言語どうし、全く同じ意味で訳すことは原理的に不可能であることも指摘できる（翻訳不可能性）。

しかしながら「等価」という概念は「原文の意味と訳文の意味が同じになるように訳すこと」というある種の努力目標を語る言葉でもある（河原、二〇一三a）。現にチェスタマンは、「等価」という概念は翻訳を学び、実践し、研究する上で必要不可欠な概念であり、「等価は間違いなく翻訳理論の中心的概念である」としているし（Chesterman, 1989, p. 99）、バスネットも翻訳研究の中心的課題として「等価の諸問題」を扱っており（Bassnett, 2002, pp. 30-36）、翻訳研究から等価概念を完全に捨て去ることはできない。むしろ、等価概念を措定して初めて、翻訳シフトや翻訳の目的（skopos）、翻訳ストラテジー（strategy）、多元システム（polysystem）、翻訳規範（norm）など翻訳学の中心的な諸概念の原理も論じられるのである。更には上記の文化理論群も、等価概念を批判しつつも、暗黙裡に等価を前提に、等価からの逸脱現象を社会文化的コンテクスト分析という手法によって解明するという研究方法論ないしイデオロギーを有していることも指摘できる。

考えてみると、これまでの翻訳学の言語理論も文化理論も、その拠って立つ意味観は本質主義的であると言える。意味の本質主義とは、意味は客観的で安定しており（つまり、人の外部ないし内面にアプリオリに〈本質的に〉存在し）、翻訳はそれを起点言語から目標言語へ転移・伝達・転換するという考え方である（Palumbo, 2009, pp. 44-45）。これまでの翻訳学の諸学説は、等価（equivalence）が「等しい価値」、つまり人が「等しい意味ないし価値」だと意識的ないし無意識的に見なしたものの言表への反映であると捉える構築主義的な方向へと発想の転換を行っていない。そこで、「等価はある／ない」といった翻訳学の言語理論と文化理論の対立の構図は、特に文化理論のサイドによって人為的に作出されてきたのである[2]。また、両者を補完的・融合的にとらえようとする主張もあるが（Tymoczko, 2002; Crisafulli, 2002; Chesterman, 2002 など）、この見解も言語による等価構築自体がそもそも社会的な営為、つまり社会的・文化的・歴史的・イデオロギー的な一回的・個別的な行為であることを直視していない。

この点、2.4でも論及したがピム（二〇一〇［二〇一〇］）は「等価」を「自然的等価」と「方向的等価」に下位区分した。「自然的等価」（翻訳行為以前に言語間・文化間に既に存在する起点テクスト＝目標テクスト間の同等の価値）という概念は、意味が静的・客観的に存在し、それを起点言語で生成したものが起点テクストであり、目標言語で生成したものが目標テクストであって、両者には同等の価値が翻訳行為以前に存在するとするものである。また「方向的等価」（ある方向で翻訳した際に作出される非対称的な等価）という概念は、翻訳者が複数の翻訳方略の中から一つを選択し、通常、直訳志向か意訳志向かの二項対立図式から選択する、というものである。ところがこの方向的等価の議論も、意味の不確定性や解釈の無限更新性を見据えた等価に関する構築主義的な見方ができていないため、結局は静的・本質主義的な意味観に基づいた翻訳プロセスに立脚した翻訳観で等価を分析しているのである。また、自然的等価は語用論的コンテクストを捨象した意味論的体系、コードの体系に関わる概念であり、他方、方向的等価は翻訳の行われるコンテクストとの関係、語用論的要因を考慮した等価概念であるという、言語学上極めてシンプルな峻別が可能であるにもかかわらず、パラダイムの違いであると説明している[3]。確かにピムの提案は等価概念のもつ理論上の誤謬を議論の俎上に乗せる役割は果たしているし、以下（≪3.3）で述べるナイダに見られるような形式的等価vs.動的等価といった従来型の二項対立性の本質をよく捉えてはいるが、さりとて、翻訳の目的や規範、あるいは翻訳の不確定性などについて意味論の本質（言語の意味構築性）と接合し一貫性のある記述を行っているとは必ずしもいえず、翻訳学の全体像を見据えていない断片的な理論である印象をぬぐいきれない。

そこで本章では、改めて翻訳研究における「翻訳等価性」概念について再考しつつ、これまでの翻訳研究に関する諸学説の潮流を押さえながら、それらを等価構築の観点から批評しつつ分類し整理する。では、以下で「翻訳等価性」をめぐって、3.2では「等価前史」として翻訳史における等価と、近代以前の主に直訳vs.意訳二項対立図式をめぐる学説史、3.3~3.6では「言語等価論」という位置づけで翻訳等価性に密接に関連する諸概念について論じる。3.3では「翻訳等価」（狭義の等価性）、3.4では「翻訳シフト」、3.5では「翻訳ストラテジー」、3.6では「翻訳プロセス」についてこれまでの主な諸学説を分析する。

3.2 等価前史と翻訳等価性への諸アプローチの社会文化史

翻訳史は、Bassnett（2002）が「時代区分研究」の諸問題に留意しつつも大別すると以下の一二に分かれるとしている（Bassnett, 2002, pp. 45-78）。ローマ人、聖書翻訳、教育と現地語、初期の理論家、ルネッサンス期、一七世紀、一八世紀、ロマン主義、ポスト＝ロマン主義、ヴィクトリア期、擬古体、二〇世紀。そこで本書では各時代区分ごとの詳細にはあまり立ち入らないが、3.2.1で翻訳史における等価について少し触れ、そのあと、3.2.2で翻訳史上顕著な翻訳に関わる言説について、「翻訳等価性」に関連させて流れを追うこととする。

3.2.1 翻訳史における言語間の等価関係

現代の日本という時空において翻訳等価を論じるには、まず翻訳（研究）史上、等価という概念は存在しなかったにしても、西洋において等価がどのように捉えられていたかについて考察したのち、等価概念を相対化してみる必要がある。そこで本節では、近代的な言語観（言語イデオロギー）が成立する以前の歴史についての概観を素描する（小山、二〇一二：ピム、二〇一一に依拠している）。

1. 西洋の中世および近世人文主義の体制下では、聖書が書かれた言語であるラテン語（および旧約聖書の言語であるヘブライ語、新約聖書の言語であるコイネーギリシア語）[4]と俗語（英語、フランス語、ドイツ語など）との間には言語の威信的階層のなかでの（近代的な言語相対主義が説く意味での）等価性（対等性）は存在せず、前者は後者よりも正しく純粋なものだと考えられていた[5]（小山、二〇一二、cf.ダイグロシア）。これを翻訳方略の次元で論ずると、例えば一二世紀のイスパニアでは、アラビア語からラテン語に訳された前科学のテクストは直訳主義が広く見られた。当時、原文理解が困難な際の方略として直訳主義が採用されたためであるが、当時信奉されていた言語の階層によって神に近い、それゆえ神聖な言語から低い言語への翻訳の方略としても直訳が採られていた。他方、同時に直訳主義の翻訳は理解しにくいため、解説を施した副次的な科学テキストも存在した（ピム、二〇一一、四六二―四六三頁）。

2. 大航海時代以降は、世界各地で発見された諸言語に対し、西欧帝国言語（スペイン語、ポルトガル語、フランス語、英語、オランダ語、ドイツ語など）はラテン語などの聖書の言語により近い言語であるとする言語思想が体系化され、一九世紀の社会ダーウィニズム的、かつロマン主義的な言語の発展段階説（人種主義的、帝国主義的言語思想）が展開した（小山、二〇一二）。これを翻訳方略の次元で論ずると、例えば一六世紀のヴィベス（L. Vives）は極端な直訳や自由な意訳ではない「三番目の範疇」として「事柄と言葉［の両方］に重きがおかれる」等価の祖形のようなものを提案した。この時代は、国家や自国語といった概念や印刷機の発明・発展があり、等価概念を支える起点言語テクストの固定化・安定化が見られたためである。その背後には、人文主義によって諸言語に対等の価値が与えられたという理由がある（ピム、二〇一一、四六二―四六四頁）。

3. また、文献学は「真の言語」（聖なる言語）で書かれた文書（聖書など）を、近代西欧言語の標準変種に翻訳することで、等価性（翻訳可能性）を実証的に示し、近代西欧言語の格上げを図った。他方では、未開言語（非西欧言語）の翻訳不可能性を説き、それらを排除するという帝国主義的なオリエンタリズムが見られた。欧州中心主義的な解釈学もこの頃見られた（一八―一九世紀にはF・シュライアーマハー、W・ディルタイ、二〇世紀にはM・ハイデガー、H-G・ガダマーなど。理解の地平（の融合）において、非西洋は他者化されている）（小山、二〇一二）。

4. 二〇世紀になると、このような帝国主義的な言語秩序は民族主義の台頭、人類学などの展開により批判され、民族言語文化相対主義へと展開する。この近代ナショナリズムの体制では、すべての民族言語は一つの言語として覇権上、等価であるとされる。例えば、欧州統合において超国家的法律や統治のための翻訳が必要となり、言語平等主義という擬制が法的な制度となっている。ここで、欧州言語／非欧州言語の二項対立図式が、言語／方言の構図へとその位相を転ずることとなる。このようにマイノリティへの抑圧という近代ナショナリズムの構図は反復されることが見て取れる。

5. このような社会文化史上の潮流のなかで、現在の言語学、特に言語と社会の関係を正面から包括的に扱う社会言語学、言語人類学、語用論などでは、国民国家概念（nation state）に基づいて「言語」を分節（カテゴリー化）する権力主義的な近代ナショナリズムを反映した言語観、近代ナショナリズム的言語相対主義が暗黙裡に想定してしまっている言語的等価性が批判的に分析されている。

以上が、言語間に見られるこれまでの言語エコロジー内のカテゴリー化、階層化に伴う等価／二項対立図式とそこに必然化されているマイノリティ抑圧の原理である。翻訳は原理的に二言語間を扱い、その二つの言語がどのようなものとして捉えられているのか。そこに分析者・研究者の言語イデオロギーが潜んでいる。では、（西洋の）歴史上、

表3-1　近代以前の二項対立図式のマトリックス

連続体	ST志向 ←――→	TT志向 ――→	役割拡張
一般テクスト性 ↑散文	① word-for-word型 訳出単位に忠実に形式的対応をさせる訳出	② sense-for-sense型 形式的対応を犠牲にして意味を忠実に対応させる訳出	④ 翻案型 模造訳
美的様式性 詩的機能性 ↓韻文	③ figure-for-figure ST維持型 STのfigureを形式的に維持 *figure（音配列，文字配列）	③ figure-for-figure TT創出型 TTでfigureを新たに創出	
特徴	SLの異質性の前景化 ⇒ぎこちなさ，異化	TLの言語らしさの前景化 ⇒流暢さ，自動化	訳者の創造性の前景化

翻訳における等価的な現象がどのようであったかについて、次節で説明する。

3.2.2　古典的な二項対立図式

近代以前の翻訳のやり方やあり方に関する言説で登場する鍵概念について、大まかに言うと、①word-for-word translation（逐語訳）、②sense-for-sense translation（意味対応訳）、③figure-for-figure translation（様式対応訳）、の三つが措定できる。一般的には①対②の二項対立という同一座標軸上の図式が近代以前の翻訳論の構図として描かれるが、特に文学テクストをめぐって、③も別の座標軸としてしばしば登場する。また、faithful translation（忠実訳）もよく語られる鍵概念だが、いわば翻訳者の心的構えであり（なお、ホラティウスはこれを①として退けた）、忠実性の対象を何にするかによって議論が異なってくる[6]。そこで、等価論の基本構図を表3-1で示すこととする。

横軸は、一方にST志向のword-for-word型があり、もう一方にTT志向のsense-for-sense型がある。そして翻案と考えられる極端な自由訳がTT志向のさらに先にある、という布置が基本構図である。また、縦軸としては、テクストタイプの議論があてはまり、一方に散文（日常言語）としての一般テクストがある。そして他方に美的様式性ないし詩的機能性が前景化する韻文がある（類像性と関連して、詳しくは≪2.6.1≫）。この2×2マトリックス+役割拡張（翻案型）で近代以前の翻訳論の全体的布置が描けそうである。では以下で、マンディ（二〇〇九［二〇〇八］、第二章）の記述を分析しながら、若干日本の明治・大正期のものにも言及するが、主に欧州の議論を検討する。

翻訳論の最古のものとしてよく引用されるM・T・キケロ（Marcus Tullius Cicero、紀元前一〇六―紀元前四三年）が残したもの（キケロ、紀元前四六／一九六〇）は、自身は①よりも②と③ないし④を重視し、雄弁家（orator）として言葉の全体的な文体や力を保つとした。そして聖ヒエロニムス（Eusebius Sophronius Hieronymus、三四〇頃―四二〇）は紀元三九五／一九九七年の文献でキケロを引用し、キリスト教聖書のラテン語改訂訳を②によって正当化した。それ以来、欧州では概ね①「直訳：形式」か、②「自由：内容」かといった二項対立的な図式のなかで翻訳の「あり方」「あるべき姿」について繰り返し論じられた（アジアやイスラーム世界については、第6章で若干論及する）。このように二項対立がある中、③原文の文体や気品といった文学性の保持を主張したイタリアの人文主義者L・ブルーニ（Leonardo Bruni, 1370-1444）もいた。彼は特に原著者の文体を保持しようと努めたので、③のなかのST維持型だと言える。いずれにしてもこれらは仏典や聖書、他の聖典、哲学のテクストの翻訳に関するものである。さらに一世紀のちに、イギリスの神学者・翻訳者であるW・ティンダル（William Tyndale. 1494/95-1536）やフランスの人文主義者É・ドレー（Étienne Dolet. 1509-1546）は、聖書翻訳の「正しい解釈」から離れた翻訳をしたかどで火刑に処せられた。これは②のいわば公定解釈（意味）の縛りがもたらしたことである。それと同時期に現れたのが、M・ルター（Martin Luther. 1483-1546）による中央東ドイツ語への翻訳である『新約聖書』（一五二二）と『旧約聖書』（一五三四）である。ルターは目標言語や翻訳読者である信徒に焦点を当てた翻訳論を展開したので、②に当たる。

次の世紀である一七世紀のイギリスでは、A・カウリー（Abraham Cowley. 1618-1667）が非常に自由な翻訳（模造）を主張した。これは④に該当する。またJ・ドライデン（John Dryden. 1631-1700）は、置換訳、換言訳、模造訳、の三つを唱えた。これはそれぞれ①、②、③に相当する。彼自身は②を選好したが、のちに立場を変え、①と②の中間を唱えつつ、③を加味する主張をした。

ここで時代は多少前後するが、翻訳理論の体系化の試みを示すと、É・ドレーの五原理[7]やA・タイトラー（Alexander F. Tytler. 1747-1813）の三原理[8]がある。ドレーの原理⑴⑵は翻訳の前提となる能力の記述、また⑶⑷⑸は総括すると②の重要性を説いているものである。また、タイトラーの原理は、⑴は「考え」は突き詰めれば「意味」であり②を、⑵は③を、⑶も同じ認知効果としての「読みやすさ」という点で②を説くものである。しかしながら、本格的な翻訳理論の祖形となる論を展開したのは、F・シュライアーマハー（Friedrich D. E. Schleiermacher. 1768-1834）である。彼が提唱した二つの異なるテクストタイプを扱う翻訳者である**Dolmetscher**（商業テクストの翻訳者）と**Übersetzer**（学問・芸術系テクストの翻訳者）の区別、**alienating**（異質化：異化）と**naturalizing**（受容化：同化）の区別は、現代の翻訳理論の先駆けとなるもので、後述するライスのテクストタイプ論（≪4.1）、ヴェヌティの異化と同化の二項対立論（≪4.3）へとつながるものである。

ここで特徴的なのは、**表3-1**で示した2×2マトリックスの基本構図が、実はシュライアーマハーが提唱した二つの説の組み合わせによって描けることである。その意味で、Kittel & Polterman（1998. p. 424）の、「実質的には近代のあらゆる翻訳理論は、少なくともドイツ語圏では何らかの点でシュライアーマハーの仮説に応えている。根本的には何も新たな方法論はないと思われる」という言明は説得力をもつ。また、シュライアーマハーの特徴は、「どのように起点テクストの書き手と目標テクストの読み手を引き合わせるか」といったコミュニケーション的視点、異文化間での出会いの視点があること、「翻訳者が起点テクストから受けるのと同じ印象を伝達しようとする」ことを措定するといった解釈学的視点、認知論的視点があること、「翻訳用の特別な言葉が必要」だといった哲学的視点を持っていることである。後述するヴェヌティによってイデオロギー的に変容されてしまった異化vs.同化[9]のもともとの趣旨は異文化間の出会い、異《い》なるものとの出会いの視点であり、これはドイツ・ロマン主義が背後にあるのであるが、現代の翻訳学ではヴェヌティの異化vs.同化二項対立がやや独り歩きしすぎている感がある。また、「翻訳の言葉（language of translation）」はW・ベンヤミン（Walter B. S. Benjamin. 1892-1940）の純粋言語論へ、翻訳の解釈学的視点はG・スタイナー（Francis George Steiner. 1929-）の解釈学的運動（hermeneutic motion）へと流れていく。

一九世紀から二〇世紀初頭のイギリスの翻訳理論として挙げられる

のは、F・ニューマン（Francis Newman）とM・アーノルド（Matthew Arnold）との間のホメロスの翻訳をめぐる論争である。ニューマンは意図的に古風な翻訳をすることで作品の異質性を強調したということで、基本的に①に該当するが、表3-1の①のさらに左側に位置させるべき④翻案型・模造訳の想定も考えうるような主張であると言える（後述する「異質同化」「同質異化」を参照。≪4.2）。他方、アーノルドは②を主張している。この論争ではアーノルドが勝利したが、見逃してならないのは、②のような主張をすることによる社会的な影響である。アーノルドは学者（訳者）の権威をふりかざすというエリート主義を主張し、原文の翻訳に対する優位性を説いたために翻訳の価値を下げ、社会の周辺へと追いやる結果となった。このように翻訳に対する考え方が、翻訳の社会的地位をも決定するインパクトを今日までも持っている事実は見逃せない。

では、三ッ木（二〇一二）を頼りに、近現代ドイツの翻訳思想について若干触れる。まずW・フンボルト（一八一六年「アガメムノーン翻訳への序論」を著した）は当時のドイツ文化は古代ギリシアが持っていた美的感受性が決定的に欠如しているとし、「理屈抜きの忠実」に基づく翻訳方法を採り、ドイツ語の表現能力拡大を図った。これによって文化の仲介者としてのドイツ民族という考えの下、ギリシア古典と近代ドイツを結びつけようとした。

F・シュライアーマハー（一八一三年「翻訳論講義」を著した）は、ナポレオンに蹂躙されたドイツは、ドイツ語という絆以外に結束を持てる術がないとの思いで、巨大な翻訳センターとしての「ドイツ」を構想し、異化的翻訳手法で改良を図りながらドイツ語を中心にした西欧再建を夢想してドイツ民族は諸文化の仲介者であるべきだという使命感を持っていた。

他方、そのようなドイツ的伝統と忠実原理が否定され、自由な翻訳手法が優勢となったのが、次の二人の時代である。まずF・ニーチェ（一八八二年『悦ばしき知恵』、一八八六年『善悪の彼岸』を著した）は、異国の形式を盲目的に模倣するのではなく、翻訳における今ここを強調し、自由な文体による新たな文体を創り出すことを主張した。またU・ヴィラモーヴィッツ＝メーレンドルフ（一八九一年「翻訳とは何か」を著した）は、古典文献学の立場から古典語のリズムの翻訳の不可能性を理由として古代の精神・魂・理想を翻訳することをよしとした。

今度はその反動として、文学者集団「ゲオルゲ・クライス」は理論的な根拠のない「秘密のドイツ」という神話を構築し、かつての翻訳思想が復活する。その流れのなかで、W・ベンヤミン（一九二三年「翻訳者の課題」を著した――本書の他の箇所では「翻訳者の使命」としている）は反神話的翻訳論として純粋言語論を提唱し、相互の言語の補完という目的のため、原作の言語の表現への忠実性を主張した。ドイツの近現代翻訳思想史は大まかにこのような流れがあると三ッ木は歴史を再構成して説明している（三ッ木、二〇一二）。

その他、例えばウスティノフ（二〇〇八［二〇〇三］）は、古代からの翻訳史を紹介したあと、現代の二項対立的な人物として、ドイツ・ロマン主義の系譜である「逐語派」としてベルマン、メショニック、リセを、翻訳を一つの文学的な「再創造」と捉える人物としてパウンド、パス、カンポス、エトキンドを挙げている（五二頁）。翻訳史や翻訳思想史を扱った文献に当たれば、このようなリストはいくつも出てくるであろう。

以上、これまで概略した近代以前の翻訳論は、翻訳のあるべき姿、翻訳のあるべきやり方についての主観的な表明であることが多かった。実証的なデータから析出される結果の分析に基づく主張ではなく、いわば「べき論」、規範論（prescriptionとしての規範ないし模範（「規定」とも訳される）。記述的研究に立脚したnormとしての規範とは異なる）である。その一つの表れが「忠実性」という言葉である。忠実というのは、ある対象に対する心的態度で、その対象を異にすることによって①〜④のどのタイプにも当てはまる概念であり、この概念の使用者によりその意味づけも異なっている。また、この長い時代、つまり本格的な翻訳理論が展開する近代以前の時代の特徴は、実証可能性のない概念を称揚することで、ある種の形而上学的な次元へと議論が超越してしまうことである。「心」「気品」「才」「力」「匠」「魂」などがそうで、また宗教テクストの翻訳であれば「聖霊」「真理」という言葉が翻訳論言説に入り込んでくる。これは特に現代の翻訳実務家による翻訳論言説を考察するうえでも重要な視角となる。

最後に、最終章（第6章）で翻訳イデオロギーを総合的に検討するための前提として、水野（二〇一一）を頼りに、明治期日本の翻訳の考え方についてもここで若干触れる。まず、八世紀以来の漢文訓読、江戸期の蘭学・明治の英学における欧文訓読は①直訳の伝統である。明治期に入り、一八八五年の『繋思談』以前は積極的な②意訳的翻訳の主張はあまりなく、『繋思談』は①直訳論として「周密体」（漢文訓読体漢語と欧文直訳体の結合による新文体）のきっかけとなった。そして森田思軒が①「周密訳」を完成した。言文一致による日本近代文学言語の礎石を築いた二葉亭四迷は①直訳的方法を採り、また内田魯庵も①逐次的直訳法を採った。そのような中、上田敏は②意訳を訳詩集で採用した。そして、長田長江の①欧文直訳、岩野泡鳴の①欧文脈に即した訳文というふうに、直訳の系譜[10]が続いたのが明治期だった[11]。これは起点言語志向の規範が当時優勢で、原作・原文を尊重するため、そして「新たな文体の創造とそれを介した日本語の改良・改造を意図したものであった」（水野、二〇一一）。

*

以上を社会記号論の立場から概括すると次のようになる。まず、起点テクスト志向か目標テクスト志向か、の論点は、等価構築の指標性として起点か目標かの二項対立である。散文（日常言語）か韻文（詩）か、の論点は、等価構築の類像性のうち意味（解釈項）を介在したP-メタファー的な類像性か（《2.1.3》）、テクストそれ自体を焦点化するイメージ的またはダイアグラム的な類像性かの二項対立とも言える。このように社会指標性という矢は、それが何を志向しているかの違いであり、意味かテクストか、起点側か目標側かの志向性を表出しており、分析者にとってはそのような創出的・遂行的・帰結的効果を分析し、当時の翻訳をめぐるコンテクストを分析することで、テクストとコンテクストとの相互関係を詳らかにすることができる。また、各翻訳行為の背後にある視点（例えば、シュライアーマハーの解釈学的視点、認知論的視点、哲学的視点）や翻訳をめぐるメタファーの分析を行うことで、当時の翻訳観・翻訳イデオロギーも明らかとなる。これ以上の近代以前の翻訳史の社会記号論からの研究は、今後の課題としたい。

3.2.3　翻訳等価性への諸アプローチの社会文化史

3.2.3.1　翻訳学の主要論点

では次に、翻訳等価性への諸アプローチの社会文化史について素描し、翻訳学全体における諸論点の相互連関や諸学説が生起した社会文化史的背景を見ることで、翻訳諸学説のテクスト（分析対象）とコンテクスト（背景事情）との相互関係を詳らかにする。

翻訳学の最も根幹に関わる概念はこれまで詳述したように①「等価」である。この等価の解体を企てて登場したのが、本書が言う社会等価論の範疇にある②「目的」と③「規範」に照準を合わせた学説である。等価が本質的に内包している「機能」を取り出して、目標社会での機能に特化・焦点化させたのが「テクストタイプ」「目的・スコポス」「翻訳的行為」であり（尤も、テクストタイプ論は等価の解体は企図していなかった）、目標社会での翻訳の機能を構造主義的・科学的記述主義の立場から構築したのが「システム」「規範」「法則」である。

また、「等価」を単純な本質主義的（《3.1》な形式的等価だと措定し等価自体を否定・解体しようとしたのが文化的・イデオロギー的転回と呼ばれている一連の学説群で本書が等価誤謬論と称しているものである。（システム理論の延長線上にある）「リライト」「操作」という論点で論じているものがこれに当たり、翻訳学内部でのイデオロギー研究、ナラティヴ研究もある。また、翻訳学とは異なる他の学問分野が翻訳研究に進出して、ポストコロニアル翻訳研究、ジェンダーの翻訳研究などを展開している。

あるいは、等価自体のあり方の美学ないし倫理を論点とした④「異質化：異化」の議論もある（本書では等価超越論に位置づけている）。一般的な傾向として、例えばステッコニが翻訳の特徴を記号論の立場から、類似性（起点と目標が似ている）、差異（起点と目標が違う）[12]、仲介（起点と目標をつなぐ）[13]の三つを挙げており（Stecconi. 2004. 2009）、チェスタマンは「近代インド＝ヨーロッパ言語では『類似性』の側面に重きが置かれ、それが理由となって、欧州の理論では「等価」が多く議論されている」と言っているように（Chesterman. 2006。訳はピム二〇一〇［二〇一〇］、一三〇―一三一頁による）、典型的な欧州の翻訳の捉え方だと、起点言語と目標言語間に存在する政治的・社会的な言語階層において、対等な二つの言語間で「受容化：同化」による翻訳がなされるという考え方が主流であるところ（ピム、二〇一一）、そのような言語階層において上の階層の（優位な）言語から下の階層の（劣った）言語へ翻訳される場合には、翻訳によって劣った言語の改良を図る「異質化：異化」という翻訳方略が採用されてきた、ないし採用するべきだ、という議論もなされている（例えば、ドイツ・ロマン主義の時代、現代アメリカにおけるラテンアメリカ文学の翻訳など）。

さらには、別の形で等価を解体する動きとして、⑤「文化翻訳」がある。これはポストコロニアル翻訳研究の潮流に位置するもので、脱植民地化の時代における移民に着目し、起点vs.目標という想定を解体し、異種混淆性や文化的複合体から翻訳を比喩的に論じることを趣旨とし、翻訳を起点から目標への転移（transfer）ではなく、両者自体の変容（transformation）と捉える考え方である（H・バーバの議論。但し、すべてのポストコロニアル翻訳研究がこの立場というわけではない）。

以上が翻訳学における大きな論点である。繰り返すと、①等価を基底概念としつつ、それを解体しようとする、②目的、③規範、⑤文化翻訳、そして等価のあり方を美学や倫理から問う④異質化、の主に五つの概念である。これらが翻訳学あるいは翻訳研究全体のなかでどのような社会文化史的な位置づけになるかについて、見据えておく必要がある。

近時、翻訳研究の欧米中心主義が内的視点から批判されており、東洋へも眼差しが向けられつつある（going East の流れ）。例えば、Wakabayashi & Kothari（2009）では、Chung（2005）の「国際的転回」（international turn）を承けて、主にインドの研究者による非西洋の研究を紹介している。また、van Doorslaer & Flynn（2013）は西洋の研究者による欧米中心主義の自省的な批判を展開しており、例えば、ゲンツラーはマクロ的転回（macro-turn）として起点＝目標というパラメーターを非欧州言語にすべきであること、ミクロ的転回（micor-turn）として両パラメーターを国家よりも下位のコミュニティ（都市や、都市内部の離散コミュニティ、あるいは個々の家庭の世代など）に設定するといったように（Gentzler. 2013）、このような潮流はこれまでの翻訳研究の前提を大きく揺さぶろうとしている。

このような流れのなかで、①等価、②目的、③規範、④異質化、⑤文化翻訳という概念がどのようなコンテクストのなかで、どのような否定項・対立項を措定し、どのようなイデオロギーを有しているかについて、ここで簡単に見ておきたい。以下の(1)から(5)の議論はピム（二〇一〇［二〇一〇］、二〇一一）に拠るところが大きい。

①等価

等価とは基本的にはA＝Bという等号で結ばれた左辺と右辺の等価値関係を言う。そしてこのAとBのパラメーターは広義に解するとテクスト、言語、社会を取ることができるが、パラメーターが明瞭に区別されたA、Bとして認識されること、翻訳はテクストを訳す行為として位置づけられること、往々にして翻訳者の母語へ訳し、翻訳者の母語社会へ受け入れることが多いために、Aが他者化され向こう（A）からこちら（B）へ移すというメタファーが働く。したがって、等価には起点・目標の二項対立への傾注、（翻訳者である）人よりもテクスト間の関係、意味（価値）への固執、転移の概念を包含するというイデオロギーを帯びやすい（cf.ピム、二〇一一）。

このようなメタファーが働くコンテクスト内で、欧州において等価概念は有益性があり続けたし、今もまだあり続けている。勢力均衡（cf.一六四八年のウェストファリア条約以来）を背景にした対等な国家間関係の樹立の必要性、多言語状況下における近代国民国家内での統治の必要性、あるいは時代が下って一九六〇年代、七〇年代では欧州統合において超国家的法律や統治のための翻訳が必要となり、「法的等価」（legal equivalence）が謳われたこと（言語平等主義という法的擬制）、さらには人類学などの展開による文化相対主義を背景にした文化間の対等・平等の観念、科学や文化の対等な知的交流の必要性、キリスト教福音主義の伝道の必要性と適合性（詳しくは、《3.7》など、西洋文化拡張主義に適った概念装置であったし、今もなお有効性がある。

その有効性を揺さぶり解消し駆逐しようと企てたのが目的（スコポス）理論や規範理論である。理論的には、パラメーターの上記Bのうちの「社会内での機能」に焦点化した議論で、目的理論の場合は等価の適用範囲を限定的にする方向で、規範理論の場合は等価の適用範囲を拡大し有名無実化する方向で議論を展開した。では、その社会的背景は何か。

②目的

目的（スコポス）理論とは、翻訳が目標側（上記B＝右辺）で有する機能や目的を達成するように、翻訳を行うべきだとする考え方で、起点テクストはあくまでも情報提供機能を担うのみであり、翻訳という新たなコミュニケーション行為によって目標側の読者に起点テクストの情報を目標言語によって伝達するというものである（藤濤、二〇〇七）。したがって理論上は起点テクストの訳出方法は何通りもあり、目的に合わせて説明を加えたり、新バージョンを作成したりするなど、翻訳者の役割を拡張することを認める考え方で、翻訳的行為（translatorial action）（≪4.1）とも親和性が高い。このように翻訳者の役割拡張を前提とした理論が必要だった背景に、教え子が就職先で翻訳以上のことを要求される状況を技術翻訳の大学教員が認識し、ターミノロジーやプロジェクト管理などを含んだローカリゼーション産業も射程に入れた理論化を図らなければならなかったドイツでの事情が考えられる（ピム、二〇一〇）。フェルメール（H. J. Vermeer）、ホルツ＝メンテリ（J. Holz-Mänttäri）、ノード（C. Nord）などがその推進者であり、ドイツでフェルメールに学んだ藤濤も日本でこの理論に基づいた研究・教育を行っている。

一九八〇年代のドイツでこの理論が必要だった理由は、ドイツで長い歴史を持つ学部（特にフェルメールがいたハイデルベルクやゲルメルスハイムなど）だけでなく欧州内で既存の技術専門学校が大学制度に組み込まれる状況の中、翻訳者や通訳者の養成が十分に「学問的」で独立した学問領域を成すのにふさわしいかどうかが議論され、翻訳者は言語テクストの再生・再現だけを行っているのではなく、異文化コミュニケーション行為を広く行っているのだ、と強く訴える必要があった。このような政治的動機もあって、既存の翻訳概念、等価、言語学を対立項として立て、翻訳学の独立性を弁護し、それは成功した。しかしながら、この学派は創設時の背景事情を超えて進化できなかったとピムは位置づけている（ピム、二〇一一）。以上より、等価を狭義の翻訳概念、スコポスに適った翻訳を広義の概念、さらにその周囲に異文化コミュニケーション行為があると位置づける意図がここにあることが明確に読み取れる（藤濤、二〇〇七、一六三頁）。前述のステッコニの議論からすると、この目的（スコポス）理論は仲介を前景化させているものだと言え、翻訳の国際化やローカリゼーション、視聴覚翻訳や広告翻訳といった新たな翻訳ジャンルの潮流を考える際には、翻訳行為の多義性・多面性・多様性・多層性を直視したうえで、目的のみに議論を還元・縮減するのではなく、「役割拡張」の論点と関連させて翻訳ジャンルごとに緻密な議論を慎重に進める必要があると言えよう（≪4.1）。

③規範

等価概念を解体しようとするもう一つの企ては、一九七〇年代から八〇年代に文学分野で興った翻訳規範論である。これは、あらゆる翻訳には等価があると操作的に定義したうえで、起点テクストと目標テクストのシフトを同定し、そこから目標社会における翻訳のあり方を規範として抽出し、さらにそのデータを蓄積して翻訳法則を導出するというプロジェクトである。これが生起した理由は、実証主義的科学観が根強い西洋の土壌のなかで、翻訳行為に法則性を見出すという学問の科学性を追求しようとしたのが一つ。もう一つはこの学説が生起したのがイスラエル、旧チェコスロバキア、オランダ、ベルギーという欧州の中でもマイナー言語諸国であり、メジャー言語である英語、ドイツ語、ロシア語からの文化流入が多くあるため（一連のこの学派の議論の源流がロシア・フォルマリズムにあるのもこのことの必然でもある）、必然的に自分たちの社会である目標側の多元システム内で翻訳が果たす機能・役割が重視される（多元システム論）とともに、目標社会内で働く翻訳規範を重視した議論を行うことで、等価イデオロギーを打ち破り、目標言語・目標社会の優位性を説く議論が展開することが、当然の成り行きだったこと、以上の二点が考えられる。前述のステッコニの議論でいうと左辺と右辺の差異がことさら強調された主張だと言える。このように、翻訳規範論はスコポス理論とほぼ同時期に興ったが、欧州内での地政学的な違いから、目標重視の志向性の動機は異なっている（記述的翻訳研究および規範理論については詳述する。≪4.1）。

ではいわゆる欧米の主流国では、等価イデオロギーの内部で何が起こったか。等式の右辺と左辺の力学が政治的に問われることになるのが、次の異質化の問題系である。

④ 異質化

翻訳のあり方は二〇〇〇年以上にわたって、直訳 vs.意訳という二項対立図式であったことは前述のとおりであるが（≪3.2.2）、単なる直訳か意訳かというテクストレベルないしコミュニケーションレベルの問題を超えて、政治論や文化論、美学や倫理にまで議論を展開・昇華しているのが、異質化・受容化という問題系である。

そもそも翻訳を意味や意図の伝達・コミュニケーションと考えるならば、目標言語の規範に従ってわかりやすく翻訳テクストを産出すれば事足りるはずである（受容化翻訳）。しかしながら、そのように考える背後には起点社会と目標社会が言語間階層においても社会（国家）間階層（覇権関係）においても対等（つまり広義の等価）であることが前提となるわけだが、ほとんどの場合、この前提を共有した翻訳状況は存在しない。その意味で、ピムが等価という想定は歴史的に発生した翻訳者・翻訳利用者の共通認識であり、多くの状況で費用効率が高いと主張し、歴史的共通認識として幻想という形で等価を積極的に認める（ピム、二〇一〇［二〇一〇］）というのは正鵠を射た見方であると言える。だとするならば、等価イデオロギーに対する思弁的な挑戦とその実践的翻訳論が展開されるのは当然である。

また、そもそも近代合理主義を体現する人間が、明確な合目的性と社会規範（言語規範や翻訳規範）を明確に意識し、それらに従って理性的、分析的、客観的、中立的に言語を操り、翻訳を実践するというある種の共同幻想（イデオロギー）[14]が翻訳研究に付き纏うのであれば、——思想的ナルシズムを極力排除して平明に言うならば——言語や社会に本来的に内在する、そして他者のみならず自己の中にも確かに存在する異質性を認識・自覚し（≪5.1）、(1)異質なものを積極的に受容して自己（の言語）を鍛えたり、(2)異質なものとの出会いを通してより真の言語に近づくことを説いたり、(3)異質なものに正面から向き合い対話する倫理を強調したり、あるいは(4)他者の異質性を受容しつつ尊重して自文化中心主義を自己批判したりする、という知的な営みはその共同幻想を打ち砕く好機となると言えるだろう。このような概括に基づいて俯瞰すると、(1)ドイツのシュライアーマハー（F. Schleiermacher）がドイツ・ロマン主義の下で異質化翻訳を説き（一八一三年）、(2)ドイツのベンヤミン（W. Benjamin）が逐語訳を推奨しつつ純粋言語について説き（一九二三年）、(3)フランスのベルマン（A. Berman）が翻訳の否定分析論を説き（一九八四年）、(4)アメリカのヴェヌティ（L. Venuti）が異化戦略を説いた（一九九五年）のも、翻訳（研究）史のなかで自然な流れであろう。

具体的なコンテクストを見ると、(1)主にラテン語からの受容化翻訳を行っていたフランス・ナポレオンの文化的覇権に対抗する形で、シュライアーマハーはドイツ・ロマン主義下では主にギリシア語を対象に異質化翻訳を推奨した（Schleiermacher, 1813/1963［2004］）。当時のドイツは異質な要素の移入によってドイツの言語・文化の発展を図ろうとしていたのである。

次に、時代が一世紀半以上下ったフランスでは、(3)ドイツ・ロマン主義的翻訳理論をフランス語で導入しようとしたベルマンは、対話の哲学（レヴィナスやラカンなど）が盛んであった同国において他者に対する文化的開放性を掲げ、倫理的な立場から異質化を推奨した（Ber-nam, 1984）。

アメリカ大陸へ目を転じると、別の目論見で異質なものの取り込みを企てる考え方が浮上した。それは、(4)純粋に逐語訳や直訳による異質性のある翻訳をするということではなく、（ピム、二〇一一の言葉を借りると）やや奇妙な文にするという戦略（精確には、後述するように異質同化だけでなく、同質異化も導入する戦略。《4.3》）によって翻訳者の可視性を高め、翻訳に対する社会的認知度を高めつつ、アングロアメリカ文化における少数言語・少数文化に対する認識をも高めることで自文化中心主義的なアメリカの主流文化を自己批判するという動きを示したのがヴェヌティだった（Venuti, 1995）。これは自らの言語（英語）を発展させるという契機とは正反対に、英語の覇権に対する抵抗、自文化中心主義への内部からの抵抗を意味し、その意味でドイツとは等価等号の右辺と左辺が逆転した関係での異化戦略の主張であると言える。

このように、前述のステッコニの言う差異が強調される異質化の議論において、等価イデオロギー内部でも等号の右辺と左辺との複雑な力学や、あるいは周辺諸国との関係性のなかで、等価のあり方自体が根本的に問い直されてきたと言える。したがって、シュライアーマハーが 'Dolmetscher'（商業テクストを翻訳する者＝通訳者）を 'Übersetzer'（学問・芸術系のテクストに携わる者）と峻別し、コミュニケーションに資する翻訳を行うのが前者と位置づけ、後者については翻訳とは「高度に創造的な地平であって言語に新たな命を吹き込むもの」（Schleiermacher, 1813/1963［2004］, p. 44）として重要視したのである。ここから翻訳に美学、倫理、使命などと言った異次元の地平で等価のあり方が議論されることになる（ドイツでの具体的な展開については、三ッ木、二〇一一が非常に詳しい）。

最後に、等価イデオロギーにおける右辺と左辺の二つのパラメーター自体を解消しようとする動きが、次の（バーバ流）文化翻訳の流れである。

⑤ 文化翻訳

もともと文化翻訳の概念自体は(15)、特定の文化の「意味」を解釈し、それを他者へ伝達するという、文化人類学における研究営為を指す言葉として使用されてきた。ギアツ（C. Geertz）は、様々な文化的事象は、共同体の成員にとっての「意味」を運ぶ「象徴」であり、「文化」とは、そうした象徴の結束性を持った連なり（広義の「テクスト」）であるとした。人は、生についての知識や生に対する態度（すなわち「意味」）を、そのような象徴の中に読み取り共有し、それを通して生を意味付けしていると捉えた（Geertz, 1973）。「文化の翻訳」とは、そうした特定の共同体の成員が織り出すテクスト、言い換えれば、彼ら彼女らが書いたテクストの中に、彼ら彼女ら自らがどのような「意味」を読み取っているかを読み取る行為、解釈を解釈するという多層的な解釈の過程自体を指している（河原、二〇一三c）。この流れを汲むものとして、ギアツが提唱した厚い記述(16)（thick description）に倣い、厚い翻訳（thick translation）が提唱されている（Appiah, 1993; Hermans, 2003, 2007）。この意味での文化翻訳概念は、特段、等価概念を解消するものではない（分厚く説明するという観点からは、前述のステッコニの言う仲介の側面が強調されていると言えよう）。

ところが、文化間の関係を翻訳に照らして研究するという意味での文化翻訳の流れがある。これは脱植民地化や移民の置かれた二つの社会・文化の間にある異種混淆性の立場から、等価の等式の右辺と左辺を混合し重複させ、文化複合体として捉える見方である。一九九四年にインド人であるバーバ（H. Bhabha）が主張した考え方で、ポストコロニアル社会では宗主国と植民地とが文化的複合体を成し、一方から他方への文化の転移ではなく、両文化が変容するのだ、という主張である。これは等価図式でいう左辺と右辺を解消するものであり、起点テクストと目標テクストを比較対照するといった手続きを採らないのが特徴であると言え、最も急進的に等価を解消する考え方であると位置づけられる。このように見ると、ギアツ的な人類学の発想と、バーバ的なポストコロニアリズムとの発想の違い、等価の位置づけの違いが鮮明に読み取れるのである。

*

以上のように「等価」概念をテクストだけに固定・固執せず、言語や社会にまで広げてみてくると、等価を支える左辺と右辺の非対称性への気づきから、等価に対する挑戦を西洋内部の中心あるいは周縁から、そして西洋の外部から突きつけてきた主な学説の社会文化史的コンテクストが詳らかになってくることがわかる。このように時代背景や社会的背景を抜きにして学説は論じえないし、また、各学説が何に言及指示し、何を合目的性として掲げ、何を批判の対象にしているかを検討しつつ、その反面、何が意識に上っていないかを社会文化史的コンテクストと照らし合わせながら検証していくことが必要である（これらの諸学説の合目的機能＝機能^{1}と非合目的機能＝機能^{2}については、第6章で検討する）。

3.2.3.2　翻訳諸学説の主な潮流

以上が翻訳学の主要概念の概略である。次節から翻訳等価の諸論点（等価、シフト、ストラテジー、プロセス）について検討するのであるが、その前に、言語等価論内部での諸学説について、他の諸学説とも関連させながら、学説の流れを整理する。まずは、⑴翻訳研究のアプローチとして、①翻訳の科学、②翻訳のコミュニケーション学、③翻訳の機能主義、④翻訳の記述研究、⑤翻訳のテクスト・機能言語学を素描し、次に、⑵等価の諸要素として、①起点と目標、②比較のための第三項、③原著者の意図、④読み手・受け手の反応、⑤機能の転移・再現、について概観する。

(1)　翻訳研究の諸アプローチ

① 翻訳の科学

これは当時の科学主義万能の時代背景のなか、科学的な言語研究の嚆矢だと考えられたチョムスキー（N. Chomsky）の『文法の構造』が一九五七年に出たのを承けて（Chomsky, 1957）、深層構造の転移という考え方を基底にして翻訳理論が展開された。まずナイダ（E. Nida）が一九六四年に『翻訳学序説』を出し（Nida, 1964）、後述するように翻訳の三段階システムを提唱した（≪3.3.1）。そのすぐ後、翻訳シフト論を展開したキャトフォード（J. C. Catford）が一九六五年に *A linguistic theory of translation* を出し（Catford, 1965）、次いでドイツ・ライプツィヒ翻訳科学派のカーデ（O. Kade）が一九六八年に 'Zufall und Gesetzmäßigkeit in der Übersetzung' を発表、さらにドイツのヴィルス（W. Wilss）が、*Übersetzungswissenschaft: Problem und Methoden* を著すなど、生成文法の影響下で統語構造の分析やそれに依拠した等価論を展開した。しかしながら、生成文法の枠組みはパロールを扱う翻訳研究には不向きであることが徐々に判明し、これ以上の進展は見なかった（詳細は、Gentzler, 2001, pp. 44-76）。

②翻訳のコミュニケーション学

これは主にドイツ・ライプツィヒ翻訳科学派が推進したマルクス主義的合理主義による伝達科学的な翻訳研究で、カーデ（O. Kade）、ノイバート（A. Neubert）、イェーガー（G. Jäger）などがいる（平子、一九九九、一九八頁：Wotjak, 2006）。コシュミーダ（E. Koschmieder）が一九六五年に *Beiträge zur allgemeinen Syntax* を出したのを皮切りに、カーデが一九六八年に前述の 'Zufall und Gesetzmäßigkeit in der Übersetzung' を、ノイバートが一九六八年に 'Pragmatische Aspekte der Übersetzung' という論文を、ヴィルスが一九七七年に前述の *Übersetzungswissenschaft. Probleme und Methoden* を、コラー（W. Koller）が一九七七年に *Einführung in die Übersetzungswissenschaft* を著し、コミュニケーション研究を基軸に客観的・科学的な翻訳を目指す研究枠組みを展開した（詳しくは、《3.3.1》。客観的な科学性の追求という点で、ドイツにおいて①と②は研究者が重複している。

③翻訳の機能主義

これは前述の「目的理論」に代表されるドイツ・ハイデルベルクを中心に展開した機能主義的翻訳理論で、①②とは趣が全く異なる枠組みと言ってよい。ライス（K. Reiß）が一九七一年に *Möglichkeiten und Grenzen der Übersetzungskritik*、一九七六年に *Texttyp und Übersetzungsmethode: Der operative Text* を出してテクストタイプ論を展開し、次いでともにハイデルベルグ在住のライスとフェルメール（H. Vermeer）が共著で一九八四年に *Grundlegung einer allgemeinen Translationstheorie* を著して目的（スコポス）理論を主張、同年にはフィンランドのタンペレ在住のホルツ＝メンテリ（J. Holz-Mänttäri）が *Translatorisches Handeln: Theorie und Methode* を著して翻訳的行為論を主張、その後ハイデルベルグでフェルメールの薫陶を受けたノード（C. Nord）が一九八八年に *Textanalyse und Übersetzen: Theoretische Grundlagen, Methode und didaktische Anwendung einer übersetzungsrelevanten Textanalyse* を著して起点テクスト側も重視したスコポス理論を展開した（詳しくは《4.1》）。

④翻訳の記述研究

これは前述の「規範理論」に代表される主にイスラエル・ルーヴェン学派のもので、もともとはロシア・フォルマリズムの系譜を汲むものであり、一九六三年にチェコのフォルマリスト学派であるレヴィー（J. Levý）が *Umění překladu* を出したのを筆頭に、[17] 一九七二年にホームズ（J. S. Holmes）が 'The name and nature of translation studies' という論文を出して翻訳研究ないし翻訳学の樹立の必要性を説き、イスラエルのイーヴン＝ゾウハーが一九七八年に発表した 'The position of translated literature within the literary polysystem' が土台となり、翻訳の記述研究が始まった。イスラエルのトゥーリー（G. Toury）が一九七八年に 'The nature and role of norms in literary translation' という論文を発表、一九八〇年には *In search of a theory of translation*、一九九五年には *Descriptive translation studies and beyond* を出版し、「翻訳規範論」を展開した。またイギリスのヘルマンス（T. Hermans）が一九八五年には *The manipulation of liter-*

ature: Studies in literary translation を編集し「操作学派」が誕生、同年にはベルギーのランベール（J. Lambert）とヴァン・ゴープ（H. van Gorp）が'On describing translation'という論文を発表し、ヘルマンスはまた一九九九年には *Translation in systems* を出した。さらにルーヴェンにいた（のちにアメリカテキサスに移った）ルフェーヴル（A. Lefevere）が一九九二年に *Translation, rewriting and the manipulation of literary fame* を著して「リライト理論」を展開するなど、ロシア・フォルマリズムの影響下で現れたイーヴン＝ゾウハーの多元システム理論がいくつかの形で展開された（詳しくは《4.1》）。

⑤ 翻訳のテクスト・機能言語学

以上は翻訳研究プロパーの研究者による翻訳研究の潮流であったが、言語学の研究者も翻訳研究に取り組み、それを土台に翻訳研究プロパーの研究者も議論を展開するという流れがある。

まず翻訳研究で最も影響力のある論文の一つと言えるのが、ヤコブソン（R. Jakobson）の一九五九年論文'On linguistic aspects of translation'である。その他にも、フランスのムーナン（G. Mounin）の一九六三年に出た『翻訳の理論』、また、ドイツのコセリウ（E. Coseriu）の一九七八年の論文「翻訳論における誤った設問と正しい設問」（『コセリウ言語学選集4』所収：Coseriu, 1978）などがある（詳しくは《3.3.1》）。

応用言語学・言語教育学の分野ではウィドーソン（H. Widdowson）が一九七九年に論稿を発表、テクスト言語学の分野からはデ・ボウグランド（R. de Beaugrande）が一九八〇年に、選択体系機能言語学からはハリデイ（M. K. Halliday）が一九九二年にそれぞれ論稿を発表した。特に、ハリデイの影響力は極めて強く、翻訳研究者としてハティム（B. Hatim）、メイソン（I. Mason）、ベーカー（M. Baker）、ハウス（J. House）、マンデイ（J. Munday）、マルコ（J. Marco）などを輩出している（詳しくは《3.3.1, 4.1》）。

以上が言語等価論・社会等価論の主なアプローチである。これ以外にも、翻訳プロセス研究（ヴィネイ・ダルベルネ、ガット、ベル、レデレール）、翻訳教育学からの研究（ニューマーク）、翻訳シフト研究（ブルム＝クルカ、ファン・ルーヴェン＝ズワルト）、認知言語学的研究（ハルヴァーソン）、あるいはチェスタマン、ゲンツラー、ティモツコ、ピム、クローニンなどは翻訳研究の分野では重要な研究者であるし、ジェンダー系の議論としてサイモン、ハーヴェイ、ポストコロニアル研究としてスピヴァク、ニランジャナ、バーバ、翻訳哲学としてベンヤミン、スタイナー、ベルマン、ルセルクルなどが挙げられる（以上、詳しくは次節以降を参照）。

(2) 等価の諸要素

以上は翻訳研究の中の諸アプローチの大きな流れと主要研究者であるが、ここでは翻訳等価を論じる際の諸要素とその相関関係について考察する。いくつかの要素が考えられるが、ここでは、①意味、②起点と目標、③比較のための第三項、④原著者の意図、⑤読み手・受け手の反応、⑥機能の転移・再現、について簡単に見ていく。これらの相関関係として一般的に想定されるのは、①言葉の「意味」が、②「起点言語から目標言語へ」と等価に伝えらえるのが翻訳であり、原文テクストと目標テクストが等価であることを客観的・中立的に分析するためには③「比較のための第三項」が必要となる。そしてその背後には、④「原著者の意図」があり、その意図が十全に読み手や受け手に伝わったか、あるいはどのように伝えるべきかを、⑤「読み手・受け手の反応」として分析する。そして、言葉には様々な機能があり、その機能が起点側から目標側へと伝えられているか、つまり⑥「機能の転移・再現」について分析する、というシナリオが翻訳研究の一般論として描ける。このような描き方の適否を含めて、本書はこれらの重要な諸要素とその相関関係を社会記号論から検証を行うことで、翻訳諸学説の検証を行っていく。

①意味

広義の等価としては前述したように等価等式の左辺と右辺が言語テクストのみならず、言語（変種）や社会の地平での等価値という意味であるが、狭義の等価としては言語テクストのみ、あるいはパロールとして現れている背後にあるコードないし構造としての言語の地平での等価の議論となる。ここでは狭義の等価を扱う。

言語人類学系社会記号論に拠る方法論としては、言語使用は発話出来事として捉えるのが正当で、翻訳はパロール的な出来事である以上、語用論的意味から議論を出発させることになる（Koyama, 1997）。具体的には言及指示的意味、つまり何が言われているのかのみならず、（前提的・創出的）社会指標的意味、つまり何が為されているのかを論じる行為論的意味を扱うことになる（2.5.1の図2-21における②と③、そして③との連関で④）。

この点、後述する諸学説の中で、例えばナイダの動的等価、コラー、ウィドーソン、ベーカーの語用論的等価、ド・ボウグランドの経験的等価、ニューマークのコミュニケーション重視の翻訳、ニューマン、ハウス、ド・ヴァールト&ナイダ、ハリデイなどの機能的等価は専ら図2-21の②を論じている。そしてコラーが対照言語学と翻訳の科学を峻別し、前者がコード・構造・ラングを扱うものであり、後者が語用・パロールを扱うものであると明確に述べているにもかかわらず、方法論的には図2-21における①をデノテーション（外延）として論じ、④をコノテーション（内包）として論じるという従来の意味論に基づいた対照言語学的な射程で分析を行っている（コラー、ベーカーなど）。あるいはこれを狭義の翻訳論だとして排しつつ、動態・語用・機能などという概念によって図2-21における④や②を論じることに終始している（コラー、ベーカー含めた上記の研究者）。また②を論じるにしても、ベーカーのように推論の認知プロセスの分析に留まっている。具体的には次節で詳細に検討する。

②起点と目標

①でも説明したように（詳しくは、《2.4, 2.5》）、翻訳はまず、(a)原文を書き記すという語用実践行為があり、(b)その結果物である原文テクストを目標言語で表現する、あるいは書き記すという別の語用実践行為がある。本来ならばこの(a)という起点側での語用実践行為と(b)という目標側での語用実践行為のテクストとコンテクストとを比較対照するのが、起点と目標を比較対照することの意味合いであることは、第2章の全体の趣旨から導出される（cf. Koyama, 1997）。

しかしながら、これまでの翻訳諸理論がこのことに十全に迫ることができているかについては、以下で緻密に検証しなければならない。むしろ、語用実践行為、為されていることの比較対照ではなく、起点テクストと目標テクストの言及指示対象（外延、内包など）を比較対照する方法であるとか、あるいは語用論から離れてコードとしての起点言語と目標言語との抽象的な比較対照を行うことによって翻訳研究を行おうとしているものもあることが想定される。これについても充分検証しなければならない。

③ 比較のための第三項

上述①のような意味観が支配的な翻訳諸学説の状況があるためか、起点と目標の等価を判断する際の基準となる「比較のための第三項」(tertium comparationis) を措定する場合にも (Vernay, 1981、あるいは Bassnett, 2002 の不変の核)、言語構造的な抽象的意味が抽出可能なことが前提となって議論が展開している。これに対しては、結局それは虚構物であるとの批判 (Toury, 1978/2004, 1985 への批判)、実体がないとか証明不可能であるとの批判 (Seleskovitch, 1968; Seleskovitch & Lederer, 1984 の脱言語化への批判)、あるいは後述するように主観性・恣意性があるとの批判がある (van Leuven-Zwart, 1989, 1990 の Architranseme への批判)。(学問的・科学的検証というコミュニケーション行為を含む) コミュニケーション出来事の一回性・暫定性・偶発性を考えると、「同じ価値」「比較のための第三項」「脱言語化」といった客観的・中立的・抽象的な仮説上の中間的不変項として「比較のための第三項」を論じることは困難を来す (詳しくは、3.3.2「翻訳等価の本質」、3.4.2「翻訳シフトの本質」、3.5.1「これまでの翻訳ストラテジー論とその批評」の項を参照)。

④ 原著者の意図、⑤ 読み手・受け手の反応、⑥ 機能の転移・再現

同様に、イヴィルの説く④「原著者の意図」(これは起点側における局面)、ナイダの「動的等価」が説く⑤「読み手・受け手の反応」(これは目標側における局面)、あるいは上述①で言及した機能的等価を唱えた研究者や等価を量化・客観可能な等価として見る一連のライプツィヒ学派の研究者が説く⑥機能の転移・再現 (これは起点側の機能が目標側に転移するという局面) も慎重に検討しなければならない。翻訳における間テクスト的三面関係の複雑な指標的類像性の議論 (様々な指標の矢の動態の考慮。《2.6.1》) をせずして、あたかも導管メタファーに依拠したコミュニケーション観に基づいた形で、目標テクストによって原著者の意図を再現するとか、読み手・受け手の反応を原著作の読み手の反応と同一にするとか、原文の機能をそのまま目標テクストで移転・再現するといったような議論に終始している感は拭い去れない。具体的には次節で詳細に検討する。

以上の諸論点を参照点にしつつ、次節で言語等価論のなかの翻訳等価性プロパーの諸学説について論じていく。

3.3 翻訳等価

3.3.1 これまでの翻訳等価論[18]とその批評

3.2.2で既に述べたように、主観的かつ規定的な二項対立の構図による等価理論が長い間続いた後に、言語学に依拠した翻訳的な理論的考察を行った学説が登場することになる。この等価 (equivalence: equal value) という概念は、機械翻訳の分野の影響から出てきた用語のよ

これまでの翻訳等価論とその批評 (3.3.1の内容一覧)

表3-2　言語テクストの重層性

局面	レ　ベ　ル		次　元	位相
言語構造	ラング	語彙範疇	意味論的次元	▲ミクロ
		文法範疇	統語論的次元	
行為	パロール	テクスト構成	テクスト機能的次元	
		語用実践	語用論的次元	
詩学	フィギュール	文体様式	文体論的次元	▼マクロ

うであるが（cf. Yngve, 1957）、古典派経済学やマルクス経済学の「等価交換」の概念の影響も背景として考えられる（cf.柄谷、一九七四／一九九〇）。

翻訳における「等価」概念を論じるうえで必要なのは、両言語テクスト間におけるどの次元ないし位相における等価性に着目するかである。そこでまずは言語テクストの重層性について簡単に触れておきたい（2.2.2～2.2.4も参照）。

言語は形態素・語のレベル、それを線条構造に結び付ける統語・文法のレベル、さらにそれをまとまったテクストとして構成するテクスト構成のレベルと、ミクロ単位からマクロ単位へと分析の幅を広げて捉えることができる（≪2.2.4）。そして語彙範疇と文法範疇という二つの範疇がF・ソシュールの言う「ラング」、つまり言語構造ないしコードとして定位できる言語テクストの側面である。次に、この言語構造を実際の言語使用の場でどのような意味を生起させて使用し実践するかという語用実践のレベル、すなわちF・ソシュールの言う「パロール」の側面がある。さらには、言語の諸機能のうち、言語それ自体に意識を向ける作用ないし機能にフォーカスを当てるのが詩的機能（≪2.2.4）であるが、この詩的機能を含めた文体を扱うのがフィギュール（文彩、文体様式）のレベルである。そして、テクスト機能（≪2.2.4）に関しては、本書が依拠する社会記号論ではテクスト構成をメタ語用的テクスト（再）編成プロセスとしてパロール（語用論的局面）として扱うことになる。

ここで簡単に文体について論及する。さしあたり、「文体」とは「文やその諸要素のような言語に固有のミクロ構造レベルに現れる――［中略］構造 structure よりはむしろ織物 texture のレベルに現れる――言説の形式的な属性」であり（ジュネット、二〇〇四［一九九一］、一一三―一一四頁、傍点は原文のまま）、「表現主体によって開かれた文章が、受容主体の参加によって展開する過程で、異質性としての印象・効果をはたす時に、その動力となった作品形成上の言語的な性格の統合である」（中村、一九九三、一六二頁）としたうえで、議論を進めることとする。これは前述（≪2.6.1）した詩学記号論の射程内の議論で、パースの（類像性の一部である）イメージやダイアグラムも重要となる。

では、**表3-2**で示したこの言語テクストの重層性を承けて、これまでの言語等価に関する諸理論が何を対象に論じているかを中心に、**表3-3**でまとめる。時系列に並べてある。

この表はあくまでも時系列に学説を並べたうえで、各学説が扱う項目を一覧で示したものである。学説の時間軸に沿った流れを踏まえつつ、以下において主要な「翻訳等価」に関する学説を素描しつつ批判的に分析していく。諸学説の議論の対象を分類し、以下の細項目の順で検討していく。基本的には時系列に沿いながら、学説間の相互連関がわかるように流れを追っていく。

3.3.1.1　導入するための言語学的土台：ヤコブソン、ムーナン、コセリウ

表3－3　翻訳等価の類型

レベル	ラング／コード		パロール／機能		
次元	語彙	文法	テクスト	語用・機能	文体
ナイダ（1964，1969）	① 語の意味分析	② 言語間の統語的転移	③ 等価反応達成の手法（形式的等価 vs. 動的等価）		――
ノイバート（1968，92，94）	（狭義の言語的等価・意味的等価への批判）		テクスト的等価，語用論的・コミュニケーション的等価		――
カーデ（1968）	語彙的（量的）等価類型	――	コミュニケーション価値の潜在的等価		――
ポポヴィッチ（1976）	① 言語的等価	② 範列的等価	――	③ 文体的等価　＊用語注意	④ テクスト的等価　＊用語注意
コラー（1979）	① 指示的等価 ② 暗示的等価	――	③ テクスト規範的等価	④ 語用論的等価	⑤ 形式的等価
ウィドーソン（1979）	① 構造的等価	② 意味的等価	――	③ 語用論的等価	――
ボウグランド（1980）	――	――	――	経験的等価	――
ニューマン（1980，1994）	←　状況変数に応じた機能的等価　→				
ニューマーク（1981，1988）	① 意味重視の翻訳		② コミュニケーション重視の翻訳		――
ハリデイ（1992，2001）	メタ機能論的等価				――
	観念構成的機能		テクスト形成的機能	対人的機能	
ベーカー（1992/2011）	① 語の等価 ② 句の等価	③ 文法的等価	④ テクスト的等価	⑤ 語用論的等価	――

まずは、翻訳等価を議論するに当たり、言語学者の主張を検討する。等価そのものを論じているものばかりではないが、翻訳を考えるうえで極めて有益な視座を提供するものばかりである。その要点を社会記号論や等価構築の観点から見ていく。

（1）　R・ヤコブソン（一九五九年）

ヤコブソンは翻訳等価それ自体についての論及はしていないが、重要な論点を提起しているので、ここで取り上げる。

（a）ヤコブソンは一九五九年論文「翻訳の言語学的側面について」で、翻訳を三種類に分類した（Jakobson, 1959/2004）。記号間翻訳、言語間翻訳、言語内翻訳である（テーゼ［2-2］）。また、F・ソシュールの記号論に依拠して、能記（シニフィアン）と所記（シニフィエ）の恣意性・無因性を論じ、それを前提としてコード・ユニット間の完全等価を否定し、二つの異なったユニット間のメッセージ全体での等価について論じた（≪2.6.2）。これは各コード（起点言語、目標言語）の能記と所記の恣意性・無因性からくる各々の言語構造や分節性の相違から、コード・ユニット間の完全等価を否定するものであるが、この論調のイデオロギーとして言えるのは、本論文に関しては当時、ヤコブソンはソシュール記号学・言語学に立脚しているため、言語構造と語彙形式に議論が集中し、翻訳の不可能性を静的に論証はするものの、翻訳の持つ不確定性やダイナミズム、無限更新的な可変性については論じきっていないことである（パース記号論に依拠するとこれが可能であることは第2章全体で述べたとおりである）。

（b）また、韻文である詩については、形が意味を表象する、つまり能記と所記が意味的動機・有因性を有していることより、詩の翻訳不可能性と創造的転移の必要性を唱えている。これはヤコブソンの言語の六機能（≪2.2.3）のうち詩的機能に見られる意味的動機・有因性の裏付けとなる。他の諸機能のうち、言及指示機能、表出機能、動能機能、交話機能は言語構造と語彙形式の厳密な対応関係の箍《たが》を外すことで、メッセージ全体としてみれば翻訳可能であることを示すものである。[19]但し、メタ言語機能については、起点言語への自己言及機能であるため、本質的に翻訳不可能性を他の機能よりも顕著に内包している。

(c)更なるヤコブソンの特徴は、広義の翻訳概念を提唱したことである。記号間翻訳、言語間翻訳、言語内翻訳と三つのカテゴリーに分類したものの、この三つは非離散的範疇であり、翻訳を言語一般、記号一般の意味づけの営みであると捉えた点は卓見である（テーゼ[2-1]）。文化翻訳や同一目標言語内での訳出物の多様性をも見据えた、コミュニケーション全般を射程に入れた翻訳におけるヤコブソン的視座は、翻訳学の視点と研究対象の幅を大きく拡張したと言える。したがって、等価概念も等号の左辺と右辺が単に言語と言語だけでなく、記号と記号、というふうに人間の意味空間全般を支える等価というカテゴリー化一般の現象を扱えることとなる（≪2.1）。

(2) G・ムーナン（一九六三年）

ムーナンは一九六三年の『翻訳の理論』（ムーナン、一九八〇［一九六三］）で、言語学の立場から翻訳理論に迫る論を展開した。「翻訳の存在は現代言語学のスキャンダルだ」と叫んだように、翻訳不可能性の議論と翻訳が実際に実践されている事実を言語学から解明する試みを行った。

ムーナンはまず翻訳は言語接触の一つと位置づけ、翻訳作業の科学的研究を言語学の一部門とすることを唱える。次に、言語学における意義の諸理論から見た翻訳活動について論じる。イェムスレウも、ソシュール、ブルームフィールド、そしてハリスも、意味の認識を記述言語学の出発点に置くかわりに到達点の先に置こうとし、意味の助けを借りずに理論を構築しようとする。しかし意味の助けを排除しないほうがよいとムーナンは言う。そして、世界観としての言語、翻訳活動と文明の活動を論じ、語彙と翻訳へと論を進める。ここでは語彙の構造、最少意味単位、共示（connotation）、言語コミュニケーションに関して、当時の最新の言語理論を議論しながら、「意味」の問題へと迫りつつ、翻訳を理論的に論じていく。ついで、世界観の観点から言語の普遍事象と翻訳について論じ、そして民族誌学、文献学を翻訳と位置づけた論を展開し、統辞論と翻訳を論じて、最後に結論を記している。この結論の章で論じられていることを、要約しつつ引用する。

- 翻訳はやはり可能であるという理由や、如何にして可能であるかを理解しようと思うなら、〈まず〉次の事実を全面的に受け入れる必要がある。すなわち、言語は世界をある特定のやり方で見ることを人に強いるものであり、また、その結果、世界をそれ以外のやり方で見ることを妨げるものでもある、という事実を。また、次の事実を十分に認める必要がある。すなわち、言語は、世界経験ほどには迅速に変化しないものであり［中略］、人間の経験の変化は、自動的に言語に影響を及ぼさない［中略］。人間が世界について獲得する経験の通時態が、言語の通時態に反映することはない。
- 現代言語学は、そうとはっきり言ってもなければ、その事実から引き出し得るいっさいを引き出したわけでもないが、人間が世界についての過去の経験から作り上げた古い構造化を言語が化石状態で保持しているということを教えてくれる。

- 確固としてうちたてられたあの言語学的主張によれば、我々の言語は世界の見方を方向づけ、あらかじめ規定し、予告し、作り、限定している。しかし実際この主張が陥りやすい真の危険は、それが〈硬直した〉やり方で定式化されることである。ウォーフはおそらくこの危険のもっとも有名な犠牲者であるが、この危険には、とりわけ共時論的分析、内的言語学、記述・形式言語学に専念し、自らの仮説によって言語に及ぼされる時間の要素の働きを考慮しない言語学者たちが陥りやすい。そこで、この主張は、言語は我々の世界観を方向づけ組織づけるばかりではなく、それを不動のものにするということまで示唆するに至るのである。非常に長い間閑却されてきた言語から世界への動きを強調するあまり、世界から言語への明らかな動きをこの主張は忘れている。それは、世界とことば、ことばと世界の観察を妨げるという現象の無視されていた側面を強調するあまり、経験的世界は、言語がそれに対抗させる障害にうち克つものであるという側面を忘れている。
- 現実には、世界観と言語は不動ではない、そして翻訳――二言語間の接触――もまた、不動で永遠の言語状況ではない。言語と世界との間の関係に弁証法があるように、言語と言語の間にも弁証法がある。特定の二言語の翻訳不可能性は、すべての言語に共通な性格から生じる特質と少なくとも同程度に、これら二言語間の接触の歴史にも基因している。
- 〈翻訳不可能性〉の問題は、言語接触のこうした弁証法の照明のうちにおいてこそ考えられねばならない。その時には、ここで問題となっているものは、絶対的で形而上学的で永遠な観念ではなく、まったく相対的な観念であるということがわかるのである。
- 翻訳不可能の逆説が解決されるのは、このような照明のなかにおいてである。現代言語学のおかげで、我々は次のことを知り、かつそれを承認している。
  (1)《個人的経験を〈その単一性において〉伝達することは不可能である》ということ。
  (2) 理論的には、二言語がもつ基礎単位――音素、記号素、統辞特徴――が、つねに通約可能とはかぎらないということ。
  (3) しかし、話し手と聞き手、あるいは書き手と翻訳者が共有する状況に頼ることによって、伝達はやはり可能であるということ。
- 昔の翻訳者たちのように、翻訳はつねに可能であるとか、つねに不可能であるとか、またつねに完全なものであるとか、つねに不完全なものであるとか言うかわりに、現代言語学は、翻訳を、その成功においては相対的で、達せられる伝達の水準においては可変的な一操作として定義するに至っている。［中略］総体として見られた言語――そこにはそのもっとも主観的なメッセージも含まれる――が問題となる時には、共通の状況の追求や、可能な接触の増加を通しても、おそらく翻訳による伝達は、けっして真には完遂されてはいないのであり、このことは同時に、それがけっして冷厳に不可能ではないのだということをも意味しているのである。（ムーナン、一九八〇［一九六三］、二七四―二八二頁）

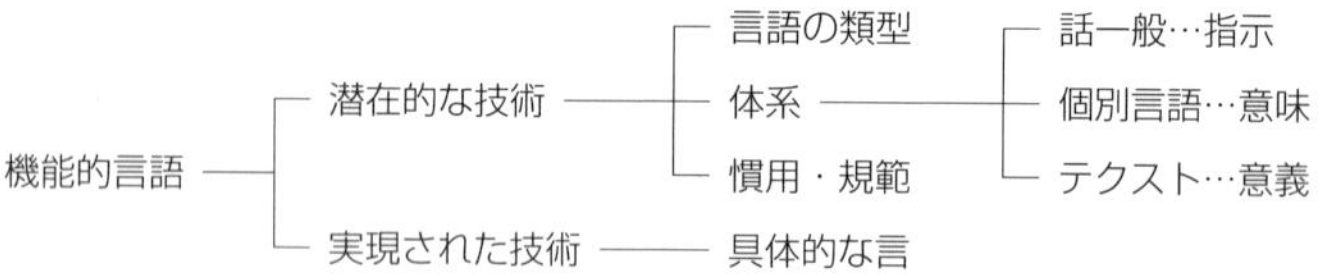

図3-1　コセリウの言語体系

ムーナン自身は翻訳等価については明示的には記していないが、等価概念の根源について議論していることは明瞭である。特に「現代言語学は、翻訳を、その成功においては相対的で、達せられる伝達の水準においては可変的な一操作として定義するに至っている」と言っている点は注目に値する。誤解の多い言語相対論に対して、社会記号論系言語人類学的な言語相対性論ともパラレルな議論を提示しつつ、翻訳を言語接触の一場面と定位し、翻訳不可能性を（ベンヤミンなどのある種の）形而上学の次元で説くのではなく、状況の共有によって相対的には可能であることを示している。これは狭義の等価概念に対する鋭いスキャンダル論でもある。(20)

(3)　**E・コセリウ（一九七八年）**

コセリウ(21)は一九七八年の論文 'Falsche und richtige Fragestellungen in der Übersetzungstheorie' で、これまでの翻訳に関する四つの誤った問題設定について論を展開した。

コセリウの翻訳に関するこの論文に入る前に、コセリウが想定していた言語の体系および意味の体系について簡単に触れておく。図3-1で示すように、まず、機能的言語（lingua funzionale）の区別すべき構造化（strutturazione）の段階は四つあり、それらは(1)実現の段階（具体的な言《げん》parlare concreto）と本来の意味での技術または潜在的な技術（技術としての知識）の三つの段階、すなわち言語《ラング》の(2)慣用・規範 norma (3)体系 sistema および (4)言語の類型 tipo linguistico であるとする。そして(1)がソシュールのパロール（parole）、(2)(3)がラング（langue）に相当するとする（コセリウ、二〇〇三［一九七三］）。また彼は、言語に話《わ》一般（Sprechen im allgemeinen）、個別言語（Einxelsprache）、テクスト（Text）という三つのレベルを区別し、これらの三つのレベルに対応する言語内容をそれぞれ、指示（Bezeichnung）、意味（Bedeutung）、意義（Sinn）と呼んだ。さらにこれらに対応する言語研究として、生成文法、彼自身の機能的・構造的言語学、テクスト言語学を掲げ、相互の補完関係を説いている（コセリウ、一九八二［一九七七］）。

このコセリウの言語内容とそれを基にした翻訳論に関して平子（一九九九）が平明に解説しているので、原典である一九七八年論文を参照しつつ、平子の解説を要約しつつ引用する（平子、一九九九、二〇〇―二〇六頁）。

◆コセリウによる「言語内容」の三分類

a．語義・意味（Bedeutung）：もっぱらラングそのものから与えられる内容。

b．記号作用・指示（Bezeichnung）：言葉が事柄を「記す」（記号として表す）働き。

c．意義（Sinn）：テクストの特別な内容。語義や記号作用と単純に合致はしない内容。

（平子は「語義」「記号作用」「意義」という訳語を当てている。）

◆翻訳の二つの作業

•翻訳は解釈という意味論的作業と、表現という命名論的作業から成る。表現においては、起点言語の語義を表す語義を目標言語においてさがす。語義そのものがテクストの中で機能するのではない。語義はテクスト内容の一部というよりはむしろ、内容伝達の道具である。つまり語義を伝えるのではなく、語義を用いて話すのである。

•テクスト内容はもっぱら記号作用と意義から成り、語義どうしは内容において対応する。特定の状況・文脈における等価であるから、語義というよりは語義の応用が優先する。二つの言語を用いて相似の状況を構成するのである。

•語義の相違（＝現実形成の相違）が翻訳の問題だとしばしば思われているが、そうではない。そういう相違は翻訳の前提、条件である。翻訳とは、根本的にあい異なる語義を用いての等しい表現である。

•現実そのものを知らないときは翻訳はできない。雪を知らない地方の人々は雪を彼らのラングで表しようがない。しかし雪のない国の人間も、いったん雪を見て理解すれば、これを何とか表すことはできる。「翻訳」というよりはもっと広い「翻訳行為」によって。

•言語以外の知識によってもテクストは機能し得る。例えば、笑顔が人類普遍的に「喜び」を意味するというふうに言語外の手段が普遍的に通用する場合、それは翻訳においても暗黙に前提される。だが普遍的に妥当しない場合、問題が生じる。「黒は死と悲しみの、白は喜びの象徴」という関係はどの社会でも妥当するわけでなく、逆の象徴関係となる社会もある。そういう場合、〈黒い〉に〈白い〉という訳語をあてないと、意義（意図）が逆さに出てしまう。

以上のように、コセリウにおいても後述のカーデが説く狭義の翻訳（コード変換）と広義の翻訳（二言語コミュニケーションによるプロセス）を区別し、前者を「翻訳」（Übersetzung）、後者を「翻訳行為」（Übersetzen）としているのである。

コセリウはこの一九七八年の論文で、これまでの翻訳に関する四つの誤った問題設定について論を展開したのであるが、その詳細を検討する。

私が誤った設問とみなすものの中で、もっとも目につくのは、次の点である。

(1) 翻訳および翻訳行為の問題性を、個別言語（「ラング」）にかかわる問題性として扱う。

(2) 翻訳［中略］から、すくなくとも暗黙のうちに要求されるのは、原典の中で表現しようと意図されていること、原典をとおして表現しようと意図されていると解されることの全部を、翻訳する側の言語手段で再現することである。ところが、翻訳言語にはその能力がない。したがって、翻訳言語は実用上不可欠であるとはいえ、その本質上すでに「不完全」なものである、とする。

(3) 純粋に個別言語にかかわる技術としての翻訳（「言い換え」）を、翻訳行為（すなわち翻訳者の行為）と同一視する。その結果生じる自己撞着の一つは、翻訳が理論的には不可能であるにもかかわらず、経験的にはやはり実在している、というパラドックスである。

(4) そもそも翻訳には、抽象的レベルでの、最適の不変性がありうる、と仮定する。（コセリウ、一九八三［一九七七］、三一二―三一三頁）

では、順にこの四つの問題について検討する。まず第一の問題については、コセリウは個別言語の個々の内容や意味、要するに語義（Bedeutung）は翻訳されない。翻訳が関わるのは個別言語のレベルではなく、テクストのレベル（Sinn）であるとする。そして、翻訳の任務とは何か。言語の面で言えば、それは、同一の意味をではなく、同一の素材関連［記号作用・指示 Bezeichnung のこと］と同一の意義［（Sinn）］とを、別の個別言語の手段（すなわち本来は、その個別言語の意味［語義・意味 Bedeutung のこと］）によって、再現することである。したがって、図3-2に示すように、「翻訳者はまず最初に（原典における記号作用・指示を理解するさいには）、意味論的（semasiologisch）に操作し、そのあとで（別の個別言語ではどのような言語手段に相当するかを確認するさいには）、命名論的（onomasiologisch）に操作するのである。

翻訳で第一に問題になるのは、記号作用における等価値である。その際、起点言語の意味と目標言語の意味との関係は、間接的なものにすぎない。そして、特定の場面、特定の文脈のなかで等価値が問題なのであるから、対応関係を確認するさいには、意味と意味の使用とを区別する必要がある。また、ある一つのテクストの中で言い表されている事態は、目標言語の中でもすでに名称をもっている事態である必要はない。重要なのは、表現しようと意図されている事態の構成要素が両言語社会の中で知られていることである。そして、一つの言語がある特定の記号作用のための意味を全然もちあわせていない場合、ある特定の素材に言語的な形が与えられていない場合にのみ、問題が存在する。翻訳の際、記号作用と意義との間に紛糾が生じるのは、(a)表されている事物自体が当該の二つの言語社会で異なった象徴機能を持っている場合、(b)起点テクストに含まれている個別言語的事実が単に記号作用・指示に関連する機能だけでなく、同時に直接象徴機能をも持っている場合である。このような場合には、翻訳者は記号作用を取るか意義を取るかの二者択一に迫られることになる（以上、コセリウ一九八三［一九七七］、三一二―三二六頁を要約・編集しながら抜粋した）。

第二の問題については、翻訳に本来合理的な限界があるのは、記号作用の体系としての言語の相違のせいではなく、テクストの中に使われた実体（その中には「実体」としての言語、つまりメタ言語や記号作用の言及対象としての言語も含まれる）のせいなのである。翻訳が可能なのは、ただ「言われたこと」だけであり、厳密な意味での記号として働く言語だけである。テクスト成立の前提である「言語外的実体」は翻訳できないし、テクストの中に現に在る実体も、それがテクストの中でまさに実体としての機能をもっている限りは翻訳不可能である。

第三の問題については、個別言語に関する技術としての翻訳（言い換え・変換 Übertragung）と、実際に翻訳者たちのやっている行為（翻

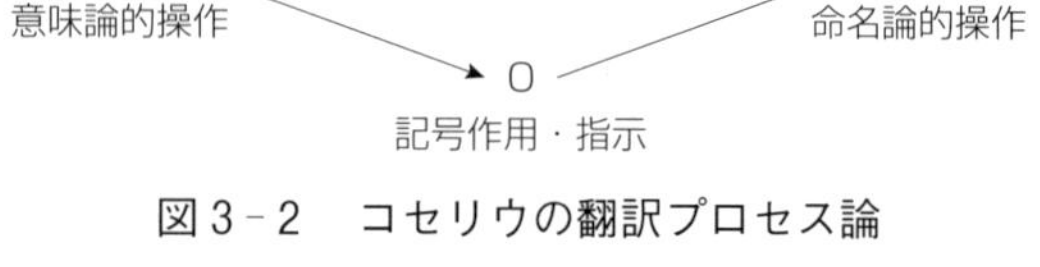

図3-2　コセリウの翻訳プロセス論

訳行為Übersetzen）とを区別しなければならない。この言い換えは一つの純粋に技術的な行為である。相当するもの、つまり記号作用の点で等価値のものを確認する技術である。それに対して翻訳行為は複雑な行為であって、言い換えだけから成り立つのではない。言い換えないこともしばしば翻訳行為であるし、言い換えてはならないこともある。したがって翻訳行為には、相当するもの（目標言語の中に新しい意味や表現法）を作り出す、そのまま持ち込む、適合させる、模倣する、分析的に説明する、註ないし解説をつける、といったこともある。まとめると、理論的な意味で不可能な翻訳とは言い換えのことであり、実際に存在する翻訳とは、翻訳行為のことである。この翻訳行為という行為には理論的な限界はない。

最後に第四の問題について、言い換えと翻訳行為とを区別することに関連して出てくるのが、翻訳に要求される「不変性（Invarianz）」である。これに関して、音声や文字における最低値の不変性から、テクストの意義における最高値の不変性に至るまで、最適不変性の序列などが考えられてもきた。しかし、この問題設定には次の二つの点で同意できない。第一に、翻訳行為は目的をもった、歴史的制約を受けた行為であって、何が最適であるかは、そのテクストの読者、テクストの種類、翻訳の目的などに応じて、そのつど違ってくる。それだけではない。同一のテクストであっても、その部分部分によって、最適の不変性は異なるかもしれない。第二に、翻訳行為の相手や目的とは無関係に、例えば一般的なテクストの種類に関して、あるいはテクストの部分部分の相違を無視して、単純にテクスト全体に関して、抽象的に要求される最適不変性を想定し、言葉どおりに訳すべきか自由に訳すべきかを問うのであれば、そのような区別が全く不十分なものであることは明白である。普遍妥当の翻訳の理想などというものは、自己矛盾した概念である。言語行為一般にとって普遍妥当の最適性が存在しなのとまったく同様に、翻訳行為にとって普遍妥当の最適不変性などはありえない。翻訳行為の場合も、言語行為の場合と同様に、通用するのはただ、目的によって動機づけられ、目的によって差異のある、諸々の言語慣習（Normen）である。ある特定のテクストそれ自体の「最良の翻訳」などというものも、同じ理由から存在しない。存在するのはただ、このテクストの、特定の相手に対する、特定の目的をもった、特定の歴史的状況における、最良の翻訳なのである。（以上、コセリウ一九八三［一九七七］、三二六―三三六頁を要約・編集しながら抜粋した。）

＊

以上がコセリウの翻訳論である。これは等価構築の核心を突く論でもあり、言語人類学的な意味観にも適ったものでもある。ラングとパロールを明確に峻別している点、翻訳のメタ言語性を見据えている点、「存在するのはただ、このテクストの、特定の相手に対する、特定の目的をもった、特定の歴史的状況における、最良の翻訳なのである」として、翻訳出来事の一回性／固有性／偶発性について指摘し、翻訳行為Übersetzenの相対性について明確に論じている点などにおいて、である。また、「不変性（Invarianz）」についても、その認定と記述が相対的であることを認めている点も、テーゼ［2-5］と合致すると言えよう。

＊

ここまでは言語学者による翻訳論を検討した。ヤコブソンは記号論を土台に翻訳をコミュニケーション行為として広義に解し、メッセージ全体での翻訳可能性を理論的に開いた。ムーナンは言語学における意味の重要性を説きつつ、翻訳（の意味）の相対性・可変性を主張した。そしてコセリウは翻訳行為がパロールである点を確認し、翻訳に限界はなく、また翻訳の不変性自体が様々な変数に応じて可変的であり、普遍的に妥当する最良の翻訳とは特定のテクストの、特定の相手に対する、特定の目的をもった、特定の歴史的状況における翻訳でしか実現できないことを説いた。これらを参照軸にしつつ、以下の翻訳研究の諸学説を検討する。

3.3.1.2　数学的等価：イーングヴ

(4)　V・イーングヴ（一九五七年）

イーングヴは機械翻訳における「統語的翻訳の枠組み」を示した論文をいち早く一九五七年に出した。この論文は、Routledge社の*Encyclopedia of translation studies*〔初版〕の「機械翻訳—歴史」の箇所（Somers, 1998）にも引用されているように、当時かなり広く読まれ影響力があったようである。後述するE・ナイダの逆行変形、核文レベルでの転移という考え方がここですでに示されている。(22)

翻訳研究で広く使われるようになった等価（equivalence）という用語をいち早く使ったのはこの論文であるようであり（但し、注18）、等価が意味するのは、この論文が言う自然座標（natural coordinate）における値＝位置（value）ではないかと思われる。その意味で"equi-valence"（値が等しい）を使っているようである。

> 異なった言語には異なった座標（coordinate）群がある。したがって［中略］入力言語のセンテンスの座標を産出言語で等価なセンテンスの座標に転換する必要がある。（Yngve, 1957）

この論文で、機械翻訳では異なった言語間でのセンテンスどうしの（等価な）マッチングは困難ないし不可能であるとしている。人間の翻訳者も同様の困難さがあるが、何とか満足のいく対応ができているとしており、機械翻訳における完全な統語的翻訳を行うにはまだまだ多くの問題があるとしている。

これは明らかに導管モデルに依拠したコミュニケーションイデオロギーを有しており、指定子の転換のメタファーに見られるように、機械翻訳を志向する研究者が等価をデジタル化し計算式で演算可能な形式にしたいと願っていた言語イデオロギーを反映していると言える。

3.3.1.3　等価反応：ナイダ、ド・ボウグランド、ウィドーソン、ニューマーク

次に、翻訳とは単なる形式的な言語変換ではなく、原文の読者が示す反応を翻訳の読者にも実現するにはどうするかという問題意識のなかで、翻訳の動的な意味性やテクスト性に着目して議論が展開した。

(5)　E・ナイダ（一九六四年、一九六九年）

まずは「翻訳の科学」を標榜したE・ナイダの主張を検討する。ナイダの主張は大きく三点ある。(1)意味分析の手法、(2)言語間の統語的転移の手法、(3)等価反応達成の手法、である。

まず、(1)意味分析に関し、『翻訳学序説』（Nida, 1964）では「意味への科学的アプローチ」を唱え、言語学に立脚した意味分析の手法を提案した。それは、意味は言語的意味、指示的意味、感情的意味があり、

指示的意味と感情的意味を決定する手法として、位階構造化、成分分析、意味構造分析を唱えた。そして意味の決定にはコンテクストが重要で、言葉に結びついた連想は感情的・暗示的意味であり語用論的な使用における言語に属する、というものであった。

次に、(2)言語間の統語的転移の手法としてナイダは、N・チョムスキーの変形生成文法の影響を受けて、翻訳プロセスを「科学的」に説明しようとした。チョムスキーの変形生成文法のモデルの概略は、句構造規則が深層構造を生成し、それが変形規則によって変形され、表層構造を生成し、表層構造は音韻規則と形態規則に支配される、というものである。この考え方をナイダは応用し、C・テイバーとの共著である一九六九年『翻訳――理論と実際』（Nida & Taber, 1969）では、翻訳では起点テクストの表層構造を深層構造（核文構造）[23]の基本要素[24]に「分析」し（逆行変形）、その要素が翻訳過程で「転移」され、意味と文体の面で「再構成」されて目標テクストの表層構造を生む（変形）、とする翻訳の三段階システムを提唱した。そしてすべての言語が六から一二ほどの核文構造を持っており、核文レベルで諸言語はよく一致すると主張する。この核文レベル（精確には、核文付近のレベル）で転移を経たのち、「直訳的転移」「最少転移」「文学的転移」の三段階を経て表層構造へと変形される、とする。

さらに、(3)等価反応達成の手法を検討する。ナイダは一九六四年の本で、直訳・自由訳・忠実訳という用語を排し、「二つの基本的志向性」あるいは「等価のタイプ」を導入した。「形式的等価」と「動的等価」である。前者は、形式・内容両面において起点テクストの様々な要素に目標テクストが一致するようにする訳出、後者は原文読者と翻訳読者が同じ効果ないし等価反応[25]を持つように受容できる訳出を目指す、というものである。後者は目標言語的ニーズや文化的期待に合わせ、完全に自然な表現を狙うというものである。これは受容者志向のアプローチで、文法・語彙・文化的内容の翻案が自然さを達成するには不可欠であるとする。起点言語からの干渉や起点テクスト環境の異質性の転移を極力排除するものである。

以上三つがナイダの主要な主張である。しかしその後、様々な批判に晒されることになる。言語に拘泥しすぎだとするA・ルフェーヴルの批判（Lefevere, 1993, p. 7）、等価な効果・反応は不可能とするフーなどの批判（Hu, 1993, pp. 455-456）、ナイダの主張は主観的であり、科学性に欠けるとする批判、翻訳の三段階システムは仮に言語構造論としては妥当だとしても、実際の翻訳の認知プロセスに合致しているか疑問だとする批判、脱構築論からするとこれは神学的・改宗勧奨的姿勢であるとのE・ゲンツラーによる批判（Gentzler, 2001）などである。しかし評価すべき点としては、翻訳理論に目標テクストの受容者や文化的期待を要素として組み込んだこともある。

本書の「等価構築」の視点からこれを眺めると、まず(1)意味分析の手法というナイダの語彙意味論は、成分分析や意義素の抽出が可能とする、当時の誤った科学主義のもとでの意味論学説に依拠していることがそもそもの誤謬につながっており、社会指標的意味や意味づけのダイナミズムが考慮されていない。これらの意味分析は、認知的な意味の側面に限ってみても、近時の特に認知意味論の展開によりその限界が明らかにされていると言えよう（松本、二〇〇三：深田・仲本、二〇〇八など）。これは当然、言語の社会指標性の多層性、多様性という観点からしても誤謬を含んでいる。(2)言語間の統語的転移の手法という統語論は、チョムスキーが意図的に言語のうち科学的に立証が可能な側面のみに焦点を当ててミスリードした点を等閑視し、翻訳のプロセス研究に応用してしまったことがそもそもの誤謬につながっている。この誤謬はセンテンスレベルにおける意味や意味づけの観点が完全に欠落したために起きている。まして、語用論的多様性や翻訳行為の一回性・固有性・偶発性などから統語的側面を捉え直すという言語人類学的学知の完全な欠如がある。さらに(3)等価反応達成の手法という認知的側面やコミュニケーション的側面は、前述（≪3.2.2）のA・タイトラーにその祖形があるものの、ナイダが初めて唱えた点は評価に値する。しかしながら、安易に等価効果とか等価反応と言ってしまったことが厳しい批判に晒されてしまった。これは言葉の意味についての深い考察が欠けているために犯してしまった誤謬である。ナイダが科学主義を標榜し、分析の客観性を主張したにも拘らず、依拠した科学的言語理論の非科学性が露呈する結果となった。

しかしながら、ナイダ批判論自体にも、イデオロギーが付きまとっていることは否めない。ルフェーヴルのナイダ批判（Lefevere, 1993）は、後述（≪4.2）する等価誤謬論の本質的主張からのものであるが、これについては等価誤謬論の誤謬を参看されたい。語順、語の分節性の違いからくる過剰翻訳、文化的事象の翻訳等価な効果・反応は不可能とするフーなどのナイダ批判（Hu, 1993）は確かに正当だが、その裏付けとなる原理的根拠を認知科学や記号論に求めるなどして、もっと強固な原理による批判が望まれる。またゲンツラーがナイダのプロテスタンティズムの隠蔽について批判し（Gentzler, 2001）、メショニックがナイダを似非プラグマティズム、操作的な行動主義であるとの批判を展開したが（Meschonnic, 1986, p.77）、例えばゲンツラーはフェミニズムの関与的アプローチについては批判しないなど、跛行的な批判であることは否めない。このように、批判論が内包する視点の偏向性やイデオロギーにも留意する必要がある（この詳細は後述する。≪5.1）。

(6)　R・ド・ボウグランド（一九八〇年）

次に、テクスト言語学の研究者であるド・ボウグランドは一九八〇年の *Text, discourse, and process* で、テクスト言語学の一つの応用例として翻訳について論及した（de Beaugrande, 1980）。「仮想のシステムを扱う『主流』の言語学は（テクスト言語学にくらべ）比較的ほとんど提供するものがなかった。翻訳は常に（テクストの）実現の問題だからである」と述べ[26]、テクスト言語学はそれとは異なり翻訳研究に実質的な貢献ができるとしている。ポイントは、「翻訳が可能なのは唯一、人間が経験世界を共有し、おそらく少なくともいくつかの普遍的な処理方略を備えているという理由からだ」という点である。このことが、ド・ボウグランドが唱える「経験的等価」の土台となる考え方である。

> ［前略］テクストとその翻訳との間の等価は、形にあるのでも語彙的意味にあるのでもない。テクストの受容者の経験のみにありうるのだ。［中略］「意訳」vs.「直訳」をめぐる議論ではなく、「受容者ベース」vs.「翻訳者ベース」というのが真の対立であろう。そして前者のみがコミュニカティブな等価を主張できるのである。（de Beaugrande, 1980）

この経験における等価は、本来は間テクスト性や詩的言語の多価性を指す。が、これは翻訳の受容者の認知的経験の等価、つまり認知効果における等価と読み替えることができ、その点でナイダの動的等価と同じである。つまりは、ナイダの動的等価論の批判がそのままこれにも当てはまることになる（なお、Snell-Hornby, 1988, p. 21 の批判も参照）。

しかしながら、テクスト言語学からの見地から翻訳論に迫るものとして、これ以降の翻訳研究者に与える影響も強い。処理方略とか経験的等価といった概念は、等価構築の視点からすると真っ当な議論である。つまり、「等価」概念を「原文の意味と訳文の意味が同じになるように訳すこと」というある種の努力目標だと考えた場合（河原、二〇一三a）、翻訳者にとっては様々な処理方略を駆使して等価を目指すのであり、受容者、つまり読者にとっては翻訳されたものは原文と同じ意味であることを想定して受容し、等価の経験（だと見なしたこと、見なされること）を経ることからすると、ある種の指針となる概念になる。「経験的等価」を「経験的等価構築」と読み替えると、これは新たな価値のある説となり得るだろう。ナイダのように単に「後者は原文読者と翻訳読者が同じ効果ないし等価反応を持つように受容できる訳出を目指す」というのではなく、様々な処理方略の中から選択的に等価を目指すとことを前面に押し出す点において、そして経験的等価の相対性を認める点において、経験的等価は有益だと思われる。(27)

(7)　H・ウィドーソン（一九七九年）

応用言語・言語教育学者であるウィドーソンは一九七九年の'The deep structure of discourse and the use of translation'という論文で、言語教育に翻訳をどう組み込むかという観点から、翻訳について論じている（Widdowson, 1979）。まず、構造的等価（形式的な類似性の対応関係）、意味論的等価（観念構成的および対人的要素を表す共通した深層構造）、語用論的等価（発話のコミュニケーション機能の等価）について定義した上で（Widdowson, 1979, p.65）、以下のように述べている。

（言語教育の技術として）翻訳を使うことへの反対論がおそらく一般的に依拠している想定は、翻訳は必然的に構造的等価を打ち立てることになるというものである。例えば、翻訳によって学習者は起点言語の文と目標言語の文の間に直接的な意味の一対一対応があると想定してしまうのである。それに関連して、翻訳によって学習者は目標言語の文の形式的な特徴に目を奪われてしまい、コンテクスト上の意味を求めること、つまり、文と適切な状況との関係の機能である意味に注意が向かなくなってしまうという批判もある。

しかし、翻訳が意味的等価を構築する練習として文法的な深層構造に準拠して行われるならば、一番目の批判は失当である。また翻訳が語用論的等価を構築する練習としてレトリック的な深層構造に準拠して行われるならば、二番目の批判も失当である。

（Widdowson, 1979, p. 67）

これはあくまでも言語教育に翻訳を導入する教育的視点からの論稿ではあるが、翻訳研究プロパーの学者が等価を問題にし始めたのと同時期に、構造的等価、意味論的等価、語用論的等価という概念を提唱した意義は大きいと言える。背後に「深層構造」なるチョムスキーアンの言語イデオロギーが見え隠れしているものの、ウィドーソンが「翻訳が意味的等価を構築する練習」「翻訳が語用論的等価を構築する練習」という表現によって、等価の構築性を謳ったことも注目に値するし、「練習」という表現によって翻訳行為の一回性、偶然性、可変性、暫定性、改良可能性、などの示唆を含ませていることも目を引く。

(8) P・ニューマーク（一九八一年、一九八八年）

翻訳教育を専門にするニューマークは翻訳者訓練を念頭においた学説を提案した。一九八一年の*Approaches to translation*（Newmark, 1981）と、一九八八年の*A textbook of translation*（Newmark, 1988）である。彼は忠実性や起点言語重視vs.目標言語重視といった旧来の用語法を「意味重視の翻訳」「コミュニケーション重視の翻訳」として論を展開した。「意味重視の翻訳」はできる限り原文の正確な文脈的意味に近い形で目標言語の意味的・統語的構造に合わせて訳し、「コミュニケーション重視の翻訳」は原文読者とできるだけ近い効果を翻訳読者に与えるように訳す、としている。しかし、原文と翻訳は時空を超えていることから、等価効果は錯覚だとし、また翻訳読者にすべて説明を施す訳文を提供することを疑問視しているなど、全面的な等価効果は否定している。彼の論調は、時間と作業条件の制約がある翻訳環境に鑑み、翻訳者が認知プロセスの効率化を図ることを重視し、基本的に起点テクストの語彙と文法に密着させる「直訳」による労力の軽減を推奨している。そのうえで、意味重視にするかコミュニケーション重視にするか、という選択を勧めている。そしてこの二つが対立する場合（意味重視だと異常な訳出になるなど）には、コミュニケーション重視の翻訳が優先されるとする。

ニューマークの主張を詳細に見ていくと確かにナイダとは異なる点もある。しかし、彼自身がナイダの動的等価と自身のコミュニケーション重視の翻訳とを同一視しているなどのように、等価効果や読者を考慮するニューマークの主張はナイダとそれほど変わらないかのように受け取れる。従来の二項対立に新規の用語を提唱するなど、批判もあるかもしれないが、ナイダの域を出ないためか、あまり脚光は浴びていないようである。しかしながら、パラメーターを立て、意味重視の翻訳とコミュニケーション重視の翻訳とをマトリックス化して比較対照するなど、翻訳者教育を目的にした理論の提唱には実践面での意義がある。しかし、そうであるがゆえに、強い規範的性格（prescriptive、規定的とも訳される）を帯びてしまっていることも確かだ。

ニューマークを総括すると、教育目的からの演繹的なアプローチであるというイデオロギーを有していることがわかり、そこから従来の二項対立の説明、等価効果や翻訳読者への配慮、認知プロセスの効率化のための直訳の推奨などの論点が導かれていると言える。

＊

以上が等価反応に焦点を当てた諸学説である。ナイダの動的等価（後に機能的等価）、ド・ボウグランドの経験的等価、ウィドーソンの語用論的等価、ニューマークのコミュニケーション重視の翻訳という各々の概念は、目標社会のなかで具体的なテクストがどのような語用論的意味を有するか、あるいは有するべきかについての議論を展開するものである。

3.3.1.4　伝達科学的等価：ライプツィヒ学派（ノイバート、カーデ、コシュミーダ、ヴェルネ）

次に検討するのは、ドイツ・ライプツィヒ翻訳科学派の学説である。この学派はマルクス主義的合理主義による伝達科学的な由来をもつ翻訳理論を展開した。パロール（コミュニケーション）第一主義の翻訳論である（平子、一九九九、一九八頁）。

(9) A・ノイバート（一九六八年、一九九二年、一九九四年）

まず、ノイバートは一九六八年の'Pragmatische Aspekte der Übersetzung'（Neubert, 1968）で、翻訳を「起点言語テクストの話し手と目標言語テクストの話し手との間のポテンシャルな関係を結ぶこと」と規定した（Neubert, 1968 [1981], p.64）。これは、話し手（Sprecher）どうしを結ぶのであって、言語（Sprache）どうしをではないという人間本位・現場本位の考え方である（平子、一九九九、一九八頁）。コミュニケーションを第一義とする翻訳理論であるとも言える。

また、ノイバートはG・シュリーヴとの共著である一九九二年 *Translation as text*（Neubert & Shreve, 1992）で、上記の考え方を発展させ、タイトル通り、テクスト全体から翻訳や等価概念について考察する議論を展開している。以下、その主張の抜粋を記す。

- ほとんどの翻訳等価への批判は等価を狭義に解釈していることに起因する。起点言語の語と目標言語の語は意味が等しいなどということはほとんどありえない。
- しかし、テクスト的等価は可能である。これは語どうしの意味的等価ではない。テクスト間の語用論的等価という新たな系列のものである。このテクスト的等価はプロトタイプという概念に端を発している。テクストどうしが等価だと言えるのは、テクストのプロフィール（特徴）が状況的にも機能的にも等価なプロトタイプから出てきたものである場合、つまり等価な社会的、コミュニケーション的な役割を果たしている場合である。
- この場合、新テクスト（＝目標テクスト）は原文テクストの場を占める、いわば起点テクストを再テクスト化した代理なのである。テクストの表層は一致せず、意味構造が修正された場合でも、両テクストは本質的に類似した状況の類似した読者に類似した情報を生み出しているのである。これはまさにコミュニケーション的等価の定義である。コミュニケーション的等価はディスコース・レベルにおいて、テクスト的等価となる。そして、この両者は個々の目標志向の翻訳行為のなかでのみ理解できるのである。
- 「等価」の概念は、目標言語のプロトタイプによる制約の範囲内での意味的一致ということになる。起点テクストのテクスト構成は意図的に再構成されて目標テクストのテクスト構成を生み出すのである。
- コミュニケーション的等価はテクストに不確定な要素があることをほのめかしている。読者がテクストから抽出するテクスト的意味は翻訳者によって仲介されてきた。同一のテクストが何度も翻訳され、以前の翻訳テクストに取って代わる目標言語でのテクスト化が行われることもあろう。すると多くの目標言語のテクストが現れ、それぞれが起点テクストとテクスト的にもコミュニケーション的にも等価なものとなる。この複数の目標テクストどうしは厳密に言えばパラレルテクストではない。しかしながら、共通したテクストの特徴を互いに持っている。テクスト構成について相互に明確化し合うことにもなるかもしれない。こういった兄弟テクストは一つの翻訳作品群であるが、これは異なったコミュニケーション状況の下で生み出された解釈群なのである。
- 翻訳へのテクスト的アプローチ（研究方法）は実用性があるのだろうか。翻訳教育について考えてみよ。教育的な技術とリソースを発展させて翻訳学習者にテクストを意識した方略や技法を認識してもらう役には立ちそうである。またテクスト構成の諸要素をシラバスやカリキュラムに組み込めば、教育の役に立つ。このようにプログラム化することで、予測可能性や質の管理といった経験的な問題にも注意を向けられる。また、研究面としては、この方法論の概念上の妥当性や実用性は、翻訳実践の観察を通して検証される。経験的な証拠によってこの理論を修正したり拒否したりして、新たな概念を打ち出し、翻訳実践を観察した事実の説明を行っていく。このようにして理論を強化していく。(Neubert & Shreve. 1992. pp. 142-148)

またノイバートは、一九九四年 'Competence in translation: a complex skill, how to study and how to teach it' という論文(Neubert. 1994)で、翻訳の評価や実務においては、起点テクストと目標テクストの間に「何らかの等価関係」を想定せざるを得ないと述べている。これは特定の状況に限定される機能的概念であると言え、翻訳教育を念頭に置いた議論である。

ノイバートはコミュニケーションの科学という観点から、狭義の等価概念は排除しつつも、テクスト的・語用論的・コミュニケーション的等価を唱える。「テクストのプロフィール(特徴)が状況的にも機能的にも等価なプロトタイプから出てきたものである場合、つまり、等価な社会的、コミュニケーション的な役割を果たしている」という点を重視するのである。そして、「『等価』の概念は、目標言語のプロトタイプによる制約の範囲内での意味的一致」と定義し、同一の原文に対する複数の翻訳テクスト(兄弟テクスト)は一つの翻訳作品群であり、異なったコミュニケーション状況の下で生み出された解釈群であるとして相対的に捉えている。

確かにコミュニケーションの科学を標榜したライプツィヒ学派であればこそ、コミュニケーション等価という上位概念を措定し、翻訳行為という具体的な出来事を通してテクスト化された際、それがテクスト的等価・語用論的等価となるという位置づけにしている点は正当である。しかし、仮にプロトタイプを想定できたとしても、具体的な語用出来事空間のなかで飛び交う無数の指標の矢を統一的に規制する力が働かない限り、原文の読者と翻訳の読者との間に本質的に類似した状況や類似した情報を生み出すことはあり得ない。「テクストの表層は一致せず、意味構造が修正された場合でも、両テクストは本質的に類似した状況の類似した読者に類似した情報を生み出しているのである。これはまさにコミュニケーション的等価の定義である」という言明自体、導管モデルに近いコミュニケーションイデオロギーを含んでいると言えよう。

⑽　O・カーデ(一九六八年)

カーデは、一九六八年 'Zufall und Gesetzmäßigkeit in der Übersetzung' という論文で、以下のように主張した(Kade. 1968)。平子(一九九九)から引用する。

> カーデは「二言語コミュニケーションによるプロセス」を広義の翻訳、その中の核心部分である「コード変換」(起点言語から目標言語への変換)を狭義の翻訳とよぶ[Kade 1968: 199]。[中略]翻訳とは「起点言語の合理的な情報内容を保持しつつ、伝達効果を損じないで目標言語で置き換えること」である。この情報内容を客観的にとらえるためにカーデは不変量(Invariante)[同書 二

〇七〕という物理学の用語を用い、コード変換において「コミュニケーション価値の潜在的等価」を不変に保つことをめざし、「翻訳単位」というものを考える。「翻訳単位とは、起点言語テクストのうちの、目標言語テクストの部分に置き換えられうる最少部分であり、これが内容次元での不変の条件をみたすのである」とカーデはいう。（平子、一九九九、一九八頁）

またカーデは、同一九六八年論文で、特に専門用語などの語彙的等価について次のように分類している（Kenny, 2009）。

(1) 一対一等価：一つのＳＬ表現に対し、一つのＴＬ表現が対応する場合
(2) 一対複数等価：一つのＳＬ表現に対し複数のＴＬ表現が対応する場合
(3) 一対部分等価：一つのＳＬ表現が意味する概念に対し、ＴＬ表現が一部しかカバーしない場合
(4) 一対ゼロ等価：ＳＬ表現に対応するＴＬがない場合

これは量的な関係で等価を分類し、コード変換（狭義の翻訳）に客観的な単位を活用することで、客観性のある科学的な翻訳理論を目指していると言える。ところが、翻訳研究を言語の体系や構造の研究と同一視していること、議論が単語レベルに限定されていること、を理由に批判を受けている（Snell-Hornby, 1988, p. 20）。旧来の古い意味論に立脚した素朴な議論ではあるが、後述するベーカーも実際の翻訳分析において類似した議論をしていることは押さえておきたい点である。

このライプツィヒ翻訳科学派は、導管モデルに近いコミュニケーションイデオロギーにより、意味やコミュニケーションを量化可能、客観化可能な原理で説明しようという契機が強いことが指摘できる。

(11) その他のライプツィヒ学派

以上のようにライプツィヒ学派はマルクス主義的合理主義による伝達科学的な翻訳論を展開したが、その祖形と考えられるのはＥ・コシュミーダである（Koschmieder, 1965）。翻訳は置き換えではなく、「言語実用論の領域で考えるものである。言語はそれが意図するものにおいて測られるべきものにすぎない、したがって二つの言語の間で、意図という共通項において、一対一の交換が可能である。コシュミーダは、意図というものは言語にかかわりなく存立し得る超言語的なものなので目標言語においても表現できる、と言うのである」（平子、一九九九、一八七―一八九頁）。図で示すと、下の図3-3になる。

これを土台に、伝達科学（コミュニケーション科学）からの翻訳論を展開したノイバートが話し手（Sprecher）どうしを結ぶという人間本位・現場本位の考え方を展開したことは前述のとおりである（Neubert, 1968/1981）。また前述したカーデは、翻訳とは「起点言語の合理的な情報内容を保持しつつ、伝達効果を損じないで目標言語で置き換えること」であるとし、情報内容を客観的に測定するために、コミュニケーション価値の潜在的等価の不変量を想

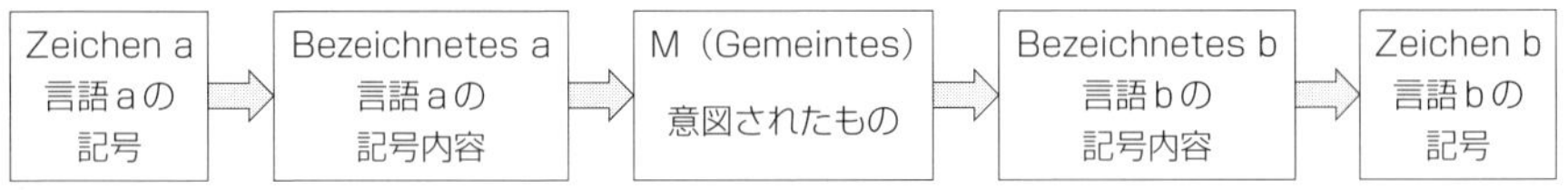

図３-３　コシュミーダの翻訳プロセス論

定し、等価を量的なものとして捉えた（Kade, 1968）[28]。さらに、ヴェルネ（H. Vernay）は情報の等価という観点から、起点言語と目標言語の間の純内容の一致というテーマを論じ、「比較の第三点（tertium comparationis）」を設定した（Vernay, 1981）。これも不変項を想定したものである。後述するが、コラーは翻訳評価の観点から、二言語間のラングどうしの対応関係と二テクスト間のパロールどうしの等価関係を峻別し、パロールのレベルでの一対一対応の関係を体系化しようとした（Koller, 1979［1989］）。

以上のように、ライプツィヒ翻訳科学派の伝達科学（コミュニケーション科学）からの翻訳論は、不変項を措定し、それを量化・客観化させるというプロセスを理論化し、パロールレベルで原メッセージを過不足なく翻訳によって再現することを目指していたと概括できる。しかしながら、この立論の背後にある言語・コミュニケーションイデオロギーについては前述のとおりであるし、不変項の措定がいかに不安定であるか（不変項判断自体、社会文化的コンテクスト負荷性やイデオロギー負荷性があり相対的であり得る）を考えると、立論が不十分な面がある（前述のコセリウも参照）。

3.3.1.5　文体的等価：旧チェコスロバキア学派（ポポヴィッチ）[12]　A・ポポヴィッチ（一九七六年）

ところ変わって一九六〇―七〇年代、（当時）チェコスロバキア（現・スロバキア）ではロシア・フォルマリズムの影響のもと、文体に関する翻訳の議論が展開した。その一人であるポポヴィッチは翻訳等価の概念を次の四つに分類する（Popovič, 1976 in Bassnett, 2002, p. 32）。

(1) 言語的等価：起点テクストと目標テクストの両方に言語レベルで等質性（homogeneity）がある場合。例として、逐語訳。

(2) 範列的等価：語の選択軸の要素に等価性がある場合。例として、文法要素をポポヴィッチは語彙的等価よりも上位のカテゴリーだと捉える。

(3) 文体的等価：起点テクストと目標テクストの両方に、不変の核となる意味と言表とが同一になることを狙った要素の機能的等価がある場合。

(4) テクスト的等価：テクストの連辞軸での構成に等価がある場合。例とし、形式や形の等価。

ポポヴィッチによる等価の分類は、ソシュールの範列と連辞の考え方と、文体の重視という特徴がある。特に韻文の翻訳においてテクスト的等価を提唱して、形式や形の等価をどのように具現化するかという議論を行っているのが特徴的である。しかしながら、(1)原理的に起点言語のある単語と目標言語のある単語との意味に完全な一致はありえないところ（逐語訳が可能な場面はごく限られている）、「言語的等価」という概念で逐語訳に「等質性」があると無批判に位置づけている点（これは(2)「範列的等価」にも当てはまる批判である）、(3)二言語間で意味と言表が一致する言語要素を無批判に措定し、機能的等価を論じている点など、理論的には改善の余地のある等価論であると言える。具体的な翻訳テクスト分析がなされていないためわかりにくさもあるが、ポポヴィッチの学説は一九六〇年代、七〇年代にチェコスロバキアで翻訳等価や翻訳シフト（≪3.4.1）について理論上大きな展開があったことを示している。

この理論が仮に不変の核なるものを想定できたとしても、それが顕勢態としてテクスト化される際、等価概念が相対的で多様であることをどこまで文体論的等価として許容するのか、判然としないことが指摘できる。

3.3.1.6　機能的等価：ニューマン、ハウス、ド・ヴァールト&ナイダ、ハリデイ

翻訳を言語構造ではなく機能として捉える機能主義は等価の議論にもいくつか存在している。その意味で、次章で検討する社会的等価の諸学説とこれらの議論はかなり近似しているとも言える。では、具体的に見てゆく。

⒀　A・ニューマン（一九八〇年、一九九四年）

ニューマンは一九八〇年の*Mapping translation equivalence*’、そしてその主意に沿って書いた一九九四年‘Translation equivalence: Nature’の論文で、翻訳のあらゆる変数がどのような状況でも重要であるとは言えないため、翻訳者が個々のケースで優先順位を決めるべきであることを強調し、機能的等価（functional equivalence）を提唱した（Newman. 1994. pp. 4695–96）。重要な箇所を以下で抜粋する。

- すべての変数に対して等価またはおよその対応を求めるのは困難で不可能なことでさえあろう。文化的格差が大きい場合、翻訳研究者のなかには翻訳は不可能だと主張するものも出てくる。この主張に対する答えは二つ。一つは、翻訳等価は絶対必須の特性ではなく、およその対応関係であって、翻訳者が言語の差を補償するための資源を操作することが関わるものである。
- 二つめは、すべての変数があらゆる状況で重要性があるわけではない。例えば、視空間的な等価は新聞の見出しであれば重要だし、音声上のマッチングは映画の吹き替え、詩の頭韻、あるいはソングライターが楽譜に合わせて翻訳する場合には重要である。翻訳者の表現の選択はこのようなすべての特徴の相互作用によって決まる。
- 等価はそれぞれの場合で優先順位をつけることが問題となる。時として目標言語の自然な統語順を犠牲にしても特定の詩的効果を再現し、機能性を持たせるようにすることもある。
- 何が機能的かを決するのは、翻訳者が翻訳を行うたびごとに意識的に、あるは直観的に行う決断による。まったく同一の原文が同じ翻訳者または違う翻訳者によって再翻訳される場合、一つの原文がたくさんの「等価な」翻訳テクストを生み出すし、異なった時代の異なった読者に向けられた場合は特にそうである。そのことを説明してくれる。
- 機能的等価を決するには、翻訳者はいかなるコミュニケーション状況でもそうであるが、トップダウンのやり方を採らねばならない。まず起点テクスト、目標テクストの両方の角度から見たディスコース全体の一般的な性質を考え、それから下位の言語単位のレベルでのマッチングを行っていく。等価が最も完全で忠実に実現されているのは、最も下位のレベルでマッチングが実現している場合であると考えられるであろう。（Newman. 1994. pp. 4695–96）

ニューマンの主張は、多くの状況変数とそれらの相互作用によって、機能性を重視して翻訳結果が決せられること、その決定は翻訳者が意識的または直観的に行うこと、機能的等価はトップダウンのやり方で

行われることなどというものである。この点、機能的等価を扱ったものに、ニューマンより古くはHouse（1977）、ニューマンより新しいものはde Waard & Nida（1986）がある。House（1977）は翻訳評価を体系化するためにこの概念を導入した。彼女はテクスト機能の多次元分析を提唱し、三つの言語使用者と五つの言語使用を措定し、起点テクスト、目標テクストの「テクストプロファイル」を作成して、状況の次元で両者がマッチングすることを以って等価とした（House, 1977, pp. 42-49）。しかし、これは潜在化翻訳（≪4.1(6)）のみに当てはまること、社会文化的規範の差異を考慮せねばならないこと（House, 1977, pp. 204-205）など、困難な点もある（これには批判が集まり、あとで改訂版を出した。House, 1997）。またWaard & Nida（1986）は従来ナイダが主張していた動的等価に代わるものとして、より誤解が少ない「機能的等価」を提唱した。これは翻訳のコミュニケーション機能に焦点を当てるものである。

　これらを等価構築の観点から考察すると、意味の構築にあたり人はインプットする入力情報に価値の優劣をつけ、取捨選択を行う。その際、トップダウンで判断がなされる。最も下位のレベルでマッチングが実現することは原理的には不可能であり、翻訳においてある要素を前景化し、他の要素を後退させて機能の点で等価を実現する、ということを全面に出した学説である。等価は本質的にある／ない、という議論ではなく、何を重視して等価を構築するか、という議論へとシフトさせる点で、機能的等価という概念は有益である。

(14) M・ハリデイ（一九九二年、二〇〇一年）

　選択体系機能言語学（Systemic Functional Linguistics: SFL）の提唱者であるハリデイは一九九二年'Language theory and translation practice'という論文のなかで、言語学の立場から翻訳理論に貢献できることについて記している（Halliday, 1992）。まず翻訳理論とはどのように訳すべきかではなく、翻訳をする際に何が起きているかに関するものである、したがって、説明的かつ記述的であるとする。そして、翻訳とは意味を作り上げる活動（meaning making activity）であり、導かれた意味の創造（guided creation of meaning）であるとする（これは起点テクストに導かれた、という意味である）。そして、翻訳に関連する言語理論は、選択としての意味の理論（a theory of meaning as choice）でなければならず、そのためにはそれは「機能的意味論」（a functional semantics）を備えていなければならない。機能的意味というのは、具体的には言語のメタ機能（観念構成的、対人的、テクスト形成的機能）[29]のことである。もし意味が文脈における機能だとすれば、意味の等価は文脈における機能の等価である、としている（Halliday, 1992。二〇〇一年論文も同趣旨）。そして、二〇〇一年の'Towards a theory of good translation'という短い論文では、よい翻訳とは、翻訳の行われる状況（context）において最も価値がおかれる言語的特徴をとらえた翻訳、あるいは起点言語テクストでの価値に即した翻訳である、としている。

　このことを前提として、選択体系機能言語学に依拠して起点テクストと目標テクストとを比較対照し、メタ機能レベルでの等価を探るというのが、ハリデイの一九九二年論文の翻訳論の趣旨である。一九九二年論文でも同様に、言語間、そしてテクスト間の「意味的等価」を論じるにあたり、等価は絶対的なものではない、ということが大切であるとしている。ファース（J. R. Firth）がよく言ったように、もし意味がコンテクストにおける機能であるならば、意味の等価はコンテクスト内の機能の等価なのである。言語学者はこのようなプロセスの分析モデルを定立するのである。言語学は翻訳等価の理論を提供できるものではない。一般理論はありえない。しかしながら、コンテクストの理論は提供できる、というのがハリデイの主張である。そして同論文では以上の主張に続いて、具体的テクスト分析を行いながら、選択体系機能言語学によるコンテクスト理論を紹介している。

ハリデイの翻訳論を受けて、SFL学派の翻訳研究者[30]はレジスター分析（《4.1）を中心として多くの翻訳理論を展開した。後出するB. Hatim、I. Mason、M. Baker、J. House、J. Munday、J. Marcoなどである。「翻訳者が翻訳の際に行っているのは、機能的等価が築かれているコンテクストとは一体何なのか、について常に行っている選択なのである」というハリデイの発言は本書が採る等価構築の視点も含意されている。確かに社会的コンテクストがあり、それが言語の範列軸における選択を規制するという着想において、この選択は即ち言語使用者の主体的決定であり構築行為であると言える。

しかしながら、SFL学派は言語使用のダイナミズムを捉え損ねているきらいがある。つまり、テクストから回顧的にそれを規制する社会的コンテクストの同定および三つのメタ機能の分析を行うのであるが、SFLはディスコース実践が刻々と変化する有り様、言及指示レベルでだけでなく、相互行為のレベルでもメタ語用論的にテクスト化とコンテクスト化の反復により意味空間の更新、創造、発展が為されていること（パース記号論も同趣旨）、それによってミクロレベルでもマクロレベルでも社会文化史的なコンテクストが刻々と変動しているというダイナミズムを説明しきれていない。SFLは自らを「社会記号論」と称しているが、記号論的な動的全体が把捉できていない、つまり、言語コミュニケーションにおける構築行為の実相を捉えきれていないことが指摘されよう。[31]

＊

以上のように機能を論じるのは翻訳理論として筋がよい。しかしながら、第2章で検討した言語人類学系社会記号論からすると、そもそも翻訳の機能の土台となる言語機能の理論化が言及指示機能に特化されてしまった場合、充分な議論が展開できないことが指摘できる。

3.3.1.7　原メッセージの等価：イヴィル

原著者の意図、あるいは原文のメッセージを汲み取って訳す、というのは一般の翻訳論によく見られるものであるが、それを理論化すると、次のような展開となる。

⒂　V・イヴィル（一九八一年）

イヴィルが発表したのは、翻訳シフト論の箇所で後述（《3.4.1）するCatford（1965）の形式的対応とテクスト的等価を再考した論文で、「言語外メッセージ」という概念を用いて、起点テクスト、目標テクスト、言語外メッセージの二重の相互関係を図示したものである（Ivir. 1981）（図3-4参照）。

主張内容は以下のとおりである。形式的対応は翻訳によるコミュニケーションの三角形の基底となっており、翻訳等価の基礎ともなる。翻訳者はまず形式的対応関係から翻訳等価を探し、もし同一の意味的な形式的対応が見当たらないとか形式的対応では等価が確保できない場合にはじめて、あまり同一の意味を保証しないような形式的対応に頼ったり、形式的対応を破壊する構造的・意味論的シフトに頼ったりして翻訳を行う。しかし、この後者の場合においても、形式的対応は

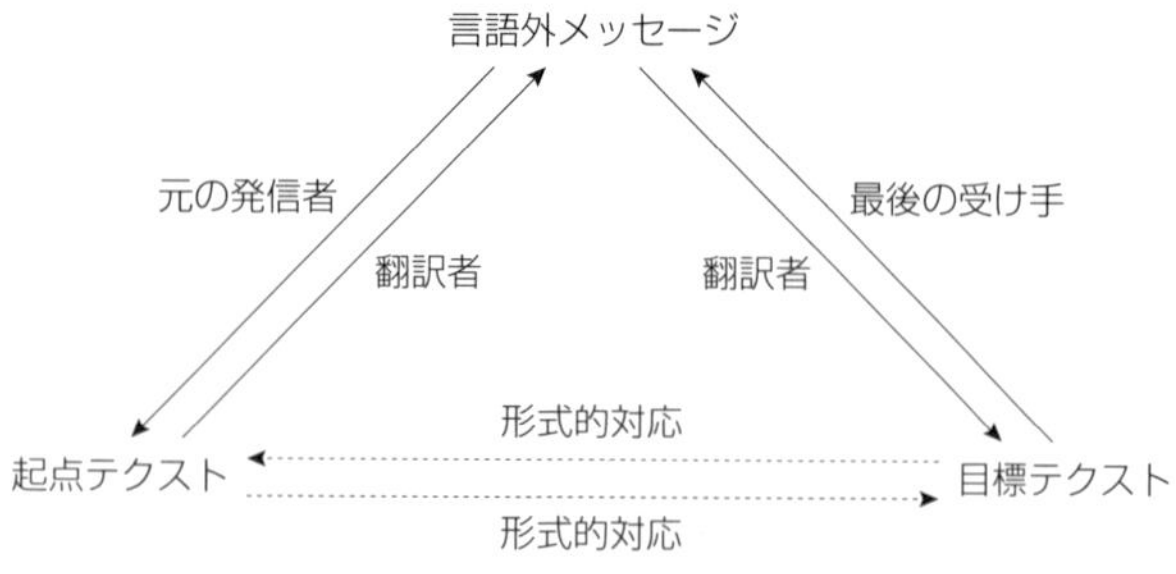

図３－４　翻訳の形式的対応とプロセス

意味のチェックを行う際に使用する。以上が言語的プロセスとしての翻訳であるが、メッセージと表現とは厳密には分かちがたく、これらのプロセスでは言語外のメッセージ内容に繰り返し戻る（再帰する：repeated recursions）。そのことより、翻訳プロセスの図のイメージは次のようになる。

　この主張は翻訳シフトと翻訳プロセスの両方に関係する議論ではあるが、特段、実益のある議論ではない。翻訳を言語変換だと捉える典型例の諸学説の一つであるという理解で済ますことができる。しかし、それに至る立論プロセスで次のような言及があることは注目に値する。

　翻訳等価はメッセージの元の送り手と最終的な受け手が翻訳者を介して行われるコミュニケーションのダイナミックな過程の産物である。そしてメッセージは絶対的には伝達されるものではなく、元のメッセージがコード化される段階、それが伝達される段階、それを解読する段階のいずれにおいても変容が生じる。そしてそれを解読する翻訳者がさらに別言語にコード化する段階でも変容が起き、その伝達、その翻訳読者による解読においても同様である、つまり、コミュニケーションは相対的なもので、翻訳も同様である、という知見である。

　この見解は、明らかにコードモデル、導管メタファーというコミュニケーションイデオロギーを有しているが、原メッセージを参照点としてそれが変容する点を捉えている点で、等価構築性のごく一部の考察を含んでいるものと言いうる。

3.3.1.8　等価の下位分類：コラー、ベーカー

　直訳、意訳などと一般的に言っても、あるいは等価を実現すると言っても、テクスト全体のどの位相でそれが実現されるのかによって細かい議論を展開しなければならないはずである。コラーは語・文・テクストがどのような意味を担うかによって等価を五類型に分け、ベーカーは言語単位をミクロなレベルからマクロなレベルへと上げ、最後は語用論へと展開することで等価を五類型に分けた。このような分類によって、より緻密な等価分析ができるようになったと言える（但し、このような分析手続きの不備については、Koyama, 1997）。では具体的に検討する。

⒃　W・コラー（一九七九年）

　ドイツのヴィルス、カーデ、ノイバートなどのライプツィヒ学派が翻訳の科学性を追求した翻訳理論を展開したことは前述のとおりであるが、等価に関しては、W・コラーが一九七九年 *Einführung in die Übersetzungswissenschaft* で、「対応」という概念との対によって、翻訳の科学と対照言語学との違いを鮮明化した（Koller, 1979/1989）。対照言語学は二言語のシステムや構造を比較しその異同を描くのに対し、翻訳の科学は特定の起点テクストと目標テクストの組み合わせ、および文脈から等価基準を判断する、というものである。等価の実体についてコラーは示してはいないものの、五つの異なった等価タイプ

の記述を試みた。①指示的等価（語彙の指示的意味に関わる。STとTTの語が現実世界の同一物を指す）、②暗示的等価（同義の言葉の選択に関わる。語が同一ないし類似の連想を引き起こす）、③テクスト規範的等価（テクストタイプに関わる。語が類似の文脈で用いられる）、④語用論的等価（同等な効果に関わる。ナイダの動的等価と同じ）、⑤形式的等価（テクストの形と美的価値観、文体的特徴に関わる。表現的等価とも言い、綴りや音韻面で類似した特徴を持つ）、の五つである。コラーはまず翻訳のテクスト分析を行い、つぎにコミュニケーション状況を分析して等価要件の階層を定めることを想定している。そして、テクスト分析のチェック項目として、言語の機能、内容の特徴、言語と文体の特徴、形式的・美的特徴、語用論的特徴、の五つを挙げている。しかし、コラー自身、予備的な考察しかできていないことを認めている（Koller, 1979/1989, p. 104）。

　コラーについて概括すると、科学主義を深めるため、翻訳の科学と対照言語学、翻訳能力と外国語能力などの従来とは異なった二項対立図式を描いたことは注目に値する。また、等価についても従来の二項対立に便乗しその延長線での議論を展開するのではなく、五つの異なった等価タイプの記述を試みたことも評価に値する。コラーの段階に至って、言語学の知見が翻訳研究にかなり導入され、理論的な枠組みも整備されてきたと言えるだろう。

　しかしながら、コラーの理論はまだ予備的段階のものであり、依拠している言語理論も一九七〇年代までのものであって、精緻さに欠け、テクスト分析の方法や等価階層の決定のプロセスについて議論の余地が残されている。また、そもそも「等価」とか「意味」の原理論、本質論を展開することなく、翻訳研究に適用できそうな言語理論のごく一部を導入しているのみであり、素描した全体像は当時としては画期的ではあるが、これを受けて更なる理論的整備が必要だと言える（例えば、語彙意味論から演繹できるような言及指示的語用レベルでの意味の多面性を翻訳等価の多面性を十全に扱えるものとして捉えたり、語彙的等価とテクスト的等価を並列的に分類したりするなどの誤謬が例えばコラーには見られる）。科学主義を称揚するドイツの学派が、専ら言語学に依拠しているという点、翻訳の言語的側面に分析対照を狭めている点が、当時の翻訳研究のイデオロギーとして析出されるだろう。

(17)　M・ベーカー（一九九二年、第二版二〇一一年）

　M・ベーカーは一九九二年 *In other words* で、五つのユニットにおける等価を論じている（Baker, 1992）。二〇一一年の第二版では、(1)語レベルでの等価、(2)語を超えたレベルでの等価、(3)文法的等価、(4)テクスト的等価：主題・情報構造、(5)テクスト的等価：結束構造、(6)語用論的等価、(7)等価を超えて：倫理と道徳性、の七つを扱っているが、(4)と(5)はテクスト的等価で一括され、(7)は等価とは別の論点を第二版で付け加えているため、基本的にベーカーは等価を五つのレベルで捉えている。ベーカー自身、等価は様々な言語的・文化的要因に影響され、常に相対的であるという条件を付している（Baker, 1992, p. 6）。また、等価概念は翻訳者が慣れ親しんだ便宜上の概念だともしている（Baker, 1992, pp. 5-6）。

　「等価」を論じるに当たり、ベーカーは「翻訳教育」を目的に、翻訳の分析ユニットで等価を論じる志向性で体系を示したところが評価されよう。ベーカーには、(1)語→(2)語を超えた句→(3)句を超えたセンテンスの統語→(4)(5)センテンスを超えたテクスト、そして(6)語用論、というボトムアップ式に等価を検討し、翻訳教育目的を達成しようという工夫が見られる。

思うに、従来、直訳vs.意訳（ないし、起点言語志向vs.目標言語志向）という二項対立図式は盛んに議論されてきたものの、それが一体テクスト全体のどこで発現しているのかについての緻密な議論がなされず、主観的に分析単位を設定して議論されがちであったが、ベーカーによる翻訳ユニットごとの分析方法によって、語レベルでは起点言語志向であるが、統語レベルでは目標言語志向である、などのようなより緻密な議論への展開が可能となる。同書は「等価」論を扱った翻訳理論として最も議論の対象になるものであるため、他よりも厚く詳細に検討してゆくこととする。

(1)語レベルでの等価の章では、まず語と形態素の区別をするが、分析の中心は語の意味であるとする。そして語の意味を四つに分類する。命題的意味（言及指示的意味のこと）、感情的意味（感情を伴った内包的意味のこと）、前提的意味（他の語との共起制限のこと）、連想的意味（方言やレジスターに起因する意味のこと）の四つである。連想的意味の方言には、地理的なもの、時間的なもの、社会的なものがあり、レジスターにはフィールド、テナー、モードという三つのパラメーターがあるとする[32]。次に、語のレベルで等価が実現できない場合、つまり非等価の問題を扱う。この非等価の理由として言語による経験の分節の違いを挙げ、言語による意味場と語彙項目の違いを説明する。そして、語レベルでの非等価に対応するストラテジーを詳述する。非等価の諸言語ペアに共通した問題として、(a)文化特有の概念である場合、(b)起点言語の概念が目標言語で語彙化されていない場合、(c)起点言語の語が意味論的に複雑である場合、(d)起点言語と目標言語が意味の分節を異にしている場合、(e)目標言語に上位語がない場合、(f)目標言語が特定の用語（下位語）を欠いている場合、(g)身体的・対人的な視点に違いがある場合、(h)感情的意味に違いがある場合、(i)形態に違いがある場合、(j)特定の語形を使用する頻度や目的に違いがある場合、(k)起点テクストの借用語を使用する場合、を挙げている。次に、プロの翻訳者が使用するストラテジーとして、(a)より一般的な語（上位語）による訳出、(b)中立的または感情的意味が薄い語による訳出、(c)文化的置換による訳出、(d)借用語の使用または借用語に説明を加えた訳出、(e)関連語を使用した言い換えによる訳出、(f)関連しない語を使用した言い換えによる訳出、(g)削除による訳出、(h)説明図による訳出、を挙げている。

(2)語を超えたレベルでの等価の章では、コロケーションとイディオム・固定表現の二つを大きく扱う。コロケーションについては、その幅と有標性、コロケーションとレジスター、コロケーションの意味、翻訳におけるコロケーションをめぐる落とし穴と諸問題の四つを説明している。そして、落とし穴と諸問題として、起点テクストのパタンの踏襲、起点言語のコロケーションの意味の誤解、正確さと自然さとの緊張関係、文化特有のコロケーション、起点テクストの有標なコロケーション、を挙げている。次に、イディオム・固定表現については、翻訳の方向性、イディオムの解釈、イディオム翻訳の困難さ、イディオム翻訳のストラテジー、を挙げている。イディオムの解釈として、(a)イディオム表現の両義性（文字通りの意味とイディオムとしての意味）、(b)イディオム表現の起点＝目標両言語における表層的な意味の類似と深層的な意味の相違について説明している。また、イディオム翻訳の困難さとしては、(a)イディオム・固定表現は目標言語に等価表現がない場合、(b)目標言語に類似表現があっても、意味内容や内包的意味が異なる場合、(c)起点言語でのイディオムの使用に、字義的意味とイディオム的意味を両義的に使っている場合、(d)イディオムを使用する慣習、コンテクスト、頻度、が起点＝目標言語間で異なる場合、を挙げ、イディオム翻訳のストラテジーとしては、(a)類似した意味と形式のイディオムを使用する、(b)類似した意味だが類似しない形式のイディオムを使用する、(c)起点言語のイディオムを借用する、(d)言い換えによって訳出する、(e)イディオムの遊びの部分を削除して訳出する、(f)イディオム全体を削除して訳出する、を挙げている。

(3)文法的等価の章では、文法範疇と語彙範疇、諸言語における文法範疇の多様性、語順[33]に関する概略、テクストについての導入、を説明している。文法範疇と語彙範疇では、形態素、統語、語の関係について簡単に説明し、文法範疇の選択は義務的で、語彙範疇の選択は選択的であることを説明している。諸言語における文法範疇の多様性では、数、性、人称、時制と相、態に関する説明がなされている。そして語順に関する概略では、諸言語の構成要素の違いに関して、格変化にも触れながら若干の説明をしている。最後に次項(4)の導入として、テクストと非テクストを比較し、テクスト構成の特徴として主題構造、情報構造、結束構造、一貫性と推意、ジャンル・テクストタイプについて触れている。

(4)テクスト的等価：主題・情報構造の章では、ハリデイ学派の情報フローの概観とプラハ学派の情報フローに関する立場である機能的文眺望（FSP）について扱う。まずハリデイ学派の情報フローに関しては、主題構造としてテーマとレーマ（文法性と許容性、テクスト構成と展開、有標vs.無標の順番―左方テーマ、分裂文、疑似分裂文、テーマに関するハリデイ学派の評価）、情報構造として旧情報と新情報（ディスコース中の新旧の判断方法、旧情報の決まり方、有標vs.無標の情報構造、有標の情報構造と有標のレーマ）が取り上げられている。次に、プラハ学派の情報フローに関する立場として、CD（communicative dynamism）を紹介し、項目としては文眺望理論における線条構造とテーマの位置づけ、線条構造と有標の構造、構成要素順とコミュニケーション機能との緊張関係―翻訳における問題、線条構造における順序配列の誤りを最小化するストラテジーの提案、を説明している。そして、ストラテジーの提案として、態の変換、動詞の変換、名詞化、外置移動を挙げている。

(5)テクスト的等価：結束構造の章では、指示（反復、下位語、上位語、一般語、代名詞）、代用・省略、接続（付加的・反意的・因果的・時間的・継続的接続）、語彙的結束性（再叙・コロケーション）を扱っている。

(6)語用論的等価の章では、一貫性、一貫性と解釈プロセス：推意、一貫性・推意と翻訳ストラテジー、を扱う。まず一貫性と結束構造の違いと、テクスト・コンテクストとの関係を説明し、次いで推意について説明している。推意の説明では、P・グライスの会話の協調原則を紹介し、会話的含意や標準的含意について述べている。一貫性・推意と翻訳ストラテジーでは、語と構造の慣習的な意味と指示的意味の同定、協調原理とその格率、言語的・非言語的発話のコンテクスト、その他の背景知識の項目、以上の項目に関係する項目の利用可能性、について説明している。

*

以上がM・ベーカーの一九九二年 *In other words* 及び二〇一一年第二版の内容である（第二版で追加された「等価を超えて：倫理と道徳性」の章は、等価構築の観点からは等価論に大いに関係するが、本書では批評を省略する）。ここでは少し立ち入って、ベーカーの等価理論を批評することによって、本書で取り上げた他の等価論諸学説をも包摂して検討する。

以上で見てきたベーカーの体系は、（翻訳教育の）操作上、「等価」を五つの単位に分類したものである。①語のレベル、②語を超えたレベル、③文法のレベル、④テクスト構成のレベル、⑤語用論のレベル、の五つであるが（ポポヴィッチ、コラー、ウィドーソンも同様の志向性を有する）、この体系のもっとも弱い点は、①～④が言語構造、つまりコードの次元、⑤が語用論、つまり言語実践行為の次元であるところ、ベーカーは⑤を一貫性（coherence）と推意（implicature）という認知的側面の議論に矮小化してしまった点にある。これは等価構築の「行為性」に照らすと誤謬を含んでいると言わざるをえないことは、第2章で述べた社会記号論から当然に帰結されることである。①～④は二言語間の等価構築をする言語構造の地平で、⑤は翻訳行為のもつ社会行為の地平で論ずるのが適切であり、峻別したほうがわかり易い。

一つひとつ仔細に検討すると、①語のレベルでは、まず語の意味構造について品詞別に緻密な議論をすることなく、語彙意味論の分類を旧来のものに依拠していることもさることながら、本書が入門的翻訳教育書であることから仕方ない面もあろうが、ハリデイ学派のレジスター概念を導入するのであれば、同学派の全体系内でフィールド、テナー、モードが三つの言語のメタ機能（観念構成的機能・対人的機能・テクスト形成的機能）や語彙・文法層などとどのように関連するのかについてしっかりした記述を行ってほしいところである。また、語の意味構造の最新の言語理論（例えば認知言語学による多義構造論など）を等閑視し、翻訳に際して直面する語の訳語決定の困難さを翻訳ストラテジーの分類から経験的に析出・抽象して演繹的に語の意味について扱っているところが、教育目的に資するためとはいえ、十分さを欠く印象がある（この点、ナイダも語の意味分析を等価の議論の前提として行っているが、扱っている言語理論が古く、考察が不十分である）。

次に、②語を超えたレベルでは、これも入門書であることからすると仕方ないのかもしれないが、近時、コーパス言語学の展開により発展を見せているphraseology（慣用連語）の緻密な議論が十分展開されていない。そして、ここでも訳語決定の困難さを翻訳ストラテジーの分類から経験的に析出・抽象して演繹的に語を超えるレベルでの意味の分類に収斂させてしまっていること、そしてそれが二言語間の質ではなく量的な関係へと帰着させている点が問題だと言えよう。また、フレーズないしイディオムの比喩性やその意味構造などについて論ずべきところ、単にイディオム性としてイディオムには字義的意味とイディオムとしての意味の両義性があるとだけしているという問題点も挙げられる。

③文法のレベルでは、扱っている文法範疇が一部の西洋言語に特有の範疇に限定されており、通言語的な対照言語学ないし言語類型論で扱われている項目を網羅的に分析しているわけではない。したがって、この程度の記述・説明では訳出ストラテジーとしても極めて限定的な説明でしかないと言わざるを得ない。そもそも、言語学が展開している文法には、英語で言えば、学校文法・伝統文法、構造言語学、生成文法、認知文法、機能文法、選択体系機能文法、（役割・指示文法も含んだ）言語人類学的普遍文法など様々あるが、これらのうちどの文法理論が翻訳分析ないし翻訳教育に資するのかの検証がまず必要となる（この点、ナイダは生成文法を基底にした翻訳の三段階プロセスを提唱

しているが、言語使用の実時間を考慮しない、意味論不在のプロセス論は、パロールを扱う翻訳研究において、論外である）。

④テクスト構成のレベルでは、ハリデイ学派とプラハ学派の理論に依拠した説明を行っている。もともとベーカーがハリデイ学派を翻訳研究に応用した研究者であるので、選択体系機能言語学の知見からの分析が多くなることは必至であるが、やはりテクスト言語学の諸理論の全体を見渡したうえで、ハリデイ学派が唱える論点を翻訳研究に応用する正当な理由を示し、そのうえでテクスト構成に関する議論を展開してほしいところである。また、テクスト構成と密接な関連がある分野は文体論であるが、全く論及が見られないため、これにも言及がほしいところである（ノイバートやカーデのようなテクスト論を基底にした機能的等価・コミュニケーション的等価を論じている学説もあるが、テクスト性という言語構造論と語用論的効果という認知効果を混同した議論の展開が散見される）。

最後に、⑤語用論のレベルでベーカーは、一貫性（coherence）と推意（implicature）という認知的側面の議論に矮小化してしまった点が問題であることは前述のとおりである。そもそも「語用論」とはいかなる学問分野であるのか、それを翻訳研究に応用するとは一体何なのか、という原理的な議論を等閑視し、語用論の分野で盛んに議論が展開されている論点のみ取り出して説明をするという誤謬は根本的に見直さなければならない。この点、ナイダの動的等価の概念やニューマークのコミュニケーション重視の翻訳の概念も提唱されているが、これは翻訳の有する認知的効果のごく一部を照射した議論である。以上がベーカーの等価理論への大まかな批判点であり、それに連動して他の翻訳諸学説にも当てはまる批判点でもある。

以上がこれまで翻訳研究として提唱された等価諸理論である。これらの議論を踏まえて、次に翻訳等価の本質論に迫ってゆく。

3.3.2　翻訳等価の本質

翻訳等価がいかに翻訳の実践および研究の中心概念であるかに関し、A・チェスタマンは「等価は間違いなく翻訳理論の中心的な概念である」と述べ（Chesterman, 1989, p. 99）、S・バスネットも自身の翻訳学の入門書で等価を扱っている。そのうえで、次のように記している。

> 翻訳における等価は従って、同一性（sameness）の探究として研究すべきではない。同一性は、同一のテクストを同じ目標言語に翻訳した二種類のテクストの間にも存在しないし、まして起点言語と目標言語での翻訳との間にも存在しない。ポポヴィッチの四つのタイプは議論のスタート点として有益であり、ノイバートの三つの記号論的カテゴリーは起点＝目標テクストの内外の記号と構造との間の弁証法として等価を捉える方法へ向かうものである。
> （Bassnett, 2002, p. 36）

これは重要な指摘で、等価「A＝B」（equivalent: equal value）は「A≡B」（identically equal）ではなく、「A≒B」（similar）なのであって、AとBが織りなす弁証法的な緊張関係である。バスネットの謂う「数学における正確な等価の定義が翻訳理論で使われる場合の深刻な障害となっている」（Bassnett, 2002, p. 33）とは、まさにこのことである（前述のイーングヴ参照）。そして、この等価関係は、まずもってポポヴィッチのいう⑴言語的等価、つまり起点・目標両テクストという言語のレベルでの類似関係であり、これは⑵範例的等価、つまり選択軸でのパラダイム内の語彙範疇、文法範疇の選択に関わってくる。パースの言葉でいうと、同一パラダイム内の同一カテゴリー判断という類像性判断ということになる。またこれは⑷テクスト的等価、つまり連辞軸でも発現する関係で、類像性を連辞軸という指標性の軸に投影した、ヤコブソンの言う言語の詩的機能のレベルでの等価関係と言える。これらが、起点・目標両テクスト状況での類似した関係のなかで類似した機能を担うとするのがポポヴィッチのいう⑶文体的等価ということになる。

ここでバスネットのいうノイバートの三つの記号論カテゴリーとは、⑴統辞、⑵意味、⑶語用の三つの要素のことで、これはパースのカテゴリーに従っているとしている（Bassnett, 2002, p. 34）。ポポヴィッチと対照させると、統辞がテクスト的等価、意味が範列的等価、語用がテクスト的等価、そしてその前提として言語的等価がある、という位置づけである。しかしながら、ここに言う機能的等価、テクスト的等価は言語的なものに閉じた概念では決してなく、バスネットのいう社会・文化・歴史的に開かれた「テクスト的関係網」（textual grid）の大きな枠（社会記号論で言う、マクロ・ミクロコンテクストにおけるメタ語用的フレーム）での緊張関係に内置されたものであることを念頭においておかねばならない（Bassnett & Lefevere, 1998, p. 5; Lefevere, 1999, pp. 76-77; Bassnett, 2007, pp. 19-23）。

そして、バスネットはこの弁証法的緊張関係のなかに「不変の核」（invariant core）があるとする。

> もし一〇人の翻訳者が同じ詩の翻訳に取り組んだら、一〇通りの翻訳をするというのは、翻訳研究の確固たる事実である。しかしながらこの一〇通りの翻訳の中にポポヴィッチのいう詩の原文の「不変の核」はあるだろう。この不変の核はテクスト内の安定して変わらない基本的な意味的要素によって表象されるものである。この要素の存在が経験的な意味の考察によって証明されるのである。変容ないしバリエーションというのは、意味の核は修正しないが表現形式に影響を与える変化のことである。要言すると、不変の核とは一つの原文に対して存在するあらゆる翻訳の間で共通して存在するもの、と定義できよう。（Bassnett, 2002, p. 33）

この不変の核の正体と、これが一回一回の翻訳行為によってどのように変容を受けるか、そしてその変容に影響を与える諸変数は一体何か、を突き止める必要があるが、本書は前述のとおり「等価は本質的に〈あるもの〉ではなく、〈構築されるもの〉」とする等価構築性から翻訳分析ないし翻訳諸学説のメタ分析を行う立場を採っている。そこでそもそも、この不変の核なるものを認めるか否か、仮に認めるとしてもどのような手続きでどのようなものを措定するか、そしてそれを操作上認める際に、どのような性質と限界があるかについても見極めが必要になってくる。要するに、翻訳不可能性を超克しつつ、翻訳不確定性の諸要因とは何かについての見極めが大切になる。

等価構築において強い相対性を認めるのであれば、不変の核なるものは存在しない。すべての翻訳結果は相対的である。他方、弱い相対性を認めるのであれば、ある種の核なるものを理論上措定し、その核からどの質・量で逸脱するかが相対性の要となることとなる。後者がいわゆる比較のための第三項を認める立場であるとも言えるが、どのような第三項を措定するか、今後さらに議論してゆかねばならない。

これは単なる理論的遊戯ではなく、最終的な翻訳テクスト分析の際の判断基準・評価基準を策定する作業に必要な重要な理論装置になるものである。

メタ理論の立場から言えば、不変項や比較のための第三項は、これを抽象的に理論上措定することは可能である。しかしながら、それを認定し記述する際、認定者・記述者の等価構築性が本質的・不可避的に介在する。つまり、コンテクスト負荷性とイデオロギー負荷性を帯有するため、無色透明で中立な認定・記述は難しい。これはテーゼ[2-5]からの当然の帰結でもある。ここではそのような問題状況があることを指摘するに留め、次に社会記号論から見た等価について論及する。

3.3.3　社会記号論から見た翻訳等価と翻訳等価理論

3.3.3.1　社会記号論から見た翻訳等価

まず翻訳等価という現象を社会記号論から説明すると次のようになる。パース記号論における、①類像性、②指標性、③象徴性は、翻訳行為における、①言語的側面、②社会文化史的側面、③イデオロギー的側面、というふうに大きく峻別し対応させることができる。

①類像性は、起点言語＝目標言語間の言語の意味と形式の両面における同一／同等／類似／相似性が、形態素・語・句・節・センテンス・テクスト構成の各ユニットにおいて実現されるという、言語テクストにおいて発露されるものである。厳密に言うと、二言語間は言語構造そのものが異なり、それに応じて意味と形式も異なる。したがって純粋な完全等価はあり得ない。しかし、このような翻訳不可能性が本質的に存在しつつも、それを超越して翻訳が可能となるのは、ＳＴ（起点テクスト）≒ＴＴ（目標テクスト）であるとの見立て行為を行う、つまり二言語間で等価構築行為を行うからこそである。

しかしながらその等価構築は言葉の意味解釈の不確定性により揺らぎがあり相対的なものである。その不確定性には、②ＳＴ≒ＴＴであるとの見立てを行う翻訳者の社会文化史的なコンテクストの反映（社会指標性）や、③その翻訳者の持つ価値観や信念体系、言語や翻訳に関するイデオロギーの介入（象徴性）を必然的に伴う。

以上から、①言語的側面、②社会文化史的側面、③イデオロギー的側面の諸側面において狭義の意味での等価は原理的に不可能で、翻訳シフトは必然的に生起する。となると、②社会文化史的側面がどのように、①言語的側面に反映するのかについての指標的類像作用(indexical icon)と、③イデオロギー的側面がどのように、①言語的側面に反映するのかについての象徴的類像作用(symbolic icon)の両面において、翻訳シフトを分析する必要が出てくる。これには、これまでの翻訳理論が説くような翻訳等価や翻訳シフトに特化した諸学説だけでは極めて不十分であり、翻訳学全体の諸学説を俯瞰的に検討し、①②③の諸側面の全体的布置を整備していく必要がある。

以上を踏まえて翻訳シフトを再定義すると、次のテーゼになる。

[3-1]　翻訳シフトとは、起点テクストを目標テクストに翻訳するときに不可避的に起きる言語的、社会指標的、イデオロギー的変化のことである。

そしてこの変化が言語操作・記号操作上不可避であることを見据えたのが等価構築論であり（河原、二〇一四ａ）、このような翻訳等価構築論、翻訳シフト論を踏まえたうえで翻訳学ないし翻訳研究のこれまでの諸概念装置や諸学説を検討していくことが必要となる。

3.3.3.2　社会記号論から見た翻訳等価に関する諸学説

以上を承けて、次に翻訳シフトに関する諸学説を社会記号論から説明すると次のようになる。各学説が翻訳行為のうち、上記①②③のどの側面を前景化させて分析しているかをメタ分析すること、そしてなぜそのような分析をしているかについて、①類像性の観点からはその背後にある言語／翻訳メタファーを探ること、②社会指標性の観点からはその学説が提唱された社会文化史的コンテクストを探ること、③象徴性の観点からはその学説の提唱者が属する学術コミュニティのイデオロギー（集団表象としての意識）やその提唱者個人のアクシオロギー（倫理・道徳的価値観）を探ることが必要となる（総括は第5章で行う）。

では次の項では、翻訳等価と表裏一体の関係にある翻訳シフトについて、これまでの諸学説を検討する。

3.4　翻訳シフト

これまでの翻訳理論では一般的に、翻訳シフトとは、「起点テクストを目標テクストに翻訳するときに起きる小さな言語的変化」と定義される（Catford, 1965; Munday, 2008/2012）。これは翻訳シフトのうち言語的側面に特化した定義であると言えるが、言語によって何を文法項目とし、何を文法項目としないか、あるいはそもそも言語により何を言語化し、何を言語化しないかについて相違があり、これが翻訳に付随する「損失と付加（loss and gain）」（Bassnett, 2002）となって現れる。これをヤコブソンの言葉を借りると（わかりやすいので英語のままで記すと）、"Languages differ essentially in what they must convey and not in what they may convey."（Jakobson, 1959/2004）となる。そこで、翻訳において（一般的な意味での）言語的等価を実現しようとすると、この"what they must convey"という部分で二言語間の言語構造上の違いにより義務的な翻訳シフトが生じ、"what they may convey"の部分で任意的（選択的）な翻訳シフト、つまり個々の翻訳者にある程度委ねられた裁量によって翻訳実践のあり方がズレを生じることになる（cf. van den Broeck & Lefevere, 1979; Toury, 1980; van Leuven-Zwart, 1989）。

また、これは翻訳行為に対する社会文化的制約の観点ともある程度パラレルである。Toury（1995/2012）は翻訳規範を効力（potency）の観点から捉えなおし、一方の極に絶対的規則（absolute rules）が存し、他方の極に純粋な特異性（pure idiosyncrasies）が存しており、翻訳規範はこの両極の連続体（cline）の中間に位置するとした。絶対的規則は義務的シフトに、特異性は任意的シフトに対応すると考えられる。

以上から、翻訳の言語的側面、社会行為的側面の両面において、義務的にシフトが生じる極と、翻訳者の個性として任意にシフトを生じさせる極とがあり、これらが翻訳者の意識／無意識の反映となって現れる、という立論が可能となるだろう。では、これまでの翻訳シフトについての議論を検討する。

3.4.1　これまでの翻訳シフト論とその批評

3.4.1.1　J・C・キャトフォード（一九六五年）

J・C・キャトフォードは一九六五年の *A linguistic theory of translation* で、翻訳シフトを初めて提唱した。先述のように翻訳シフトとは「起点テクストを目標テクストに翻訳するときに起きる小さな言語的変化である」としたのはキャトフォードである（Catford, 1965）。彼は、形式的対応とテクスト的等価という比較軸を立てる。これは、同書の「翻訳等価」の章で、「一方で翻訳等価は、起点テクストと目標テクストの比較によって発見される経験的な現象であり、他方で翻訳等価の基礎となる条件ないし正当な理由」があり、この二つを「区別しなければならない」としており（Catford, 1965, p. 27）、この経験的な現象としての等価を目に見える形で分析可能にするための概念装置としてこの二つの用語を導入していると思われる。しかし、この用語がすっきりしないので換言して説明するならば、形式的対応とはラングレベル（抽象的な言語構造のレベル）での二言語間の対応関係を見るもので、テクスト的等価はパロールレベル（具体的な発話・談話レベル）での当該二言語テクストの対応関係を見るものである。[34] 形式的対応では、ラングレベルで語、句、節などの対応関係を形式的に見る。これは言語形式のみに着目して起点言語と目標言語の対応関係を個別に見ていくものである。他方、テクスト的等価は「等価」、つまり「意味」に着目し、起点テクストと目標テクストの意味がどのように対応しているかを見るものである。そして、形式的対応とテクスト的等価とのズレがまさにシフトとなって現れる、と考えている。キャトフォードは同書の「翻訳シフト」の章で、「『シフト』という言葉によって意味しているのは、起点言語から目標言語へと向かう過程のなかで形式的対応から離れていくことである」と説明している（Catford, 1965, p. 73）。

注目に値するのは、同書の「翻訳：定義と一般類型」の章で、翻訳のランクという概念を導入していることである。ランクとは翻訳等価が構築される際の文法的（または音韻的）階層に位置づけられるものであり、具体的には、文、節、句、語群、単語、形態素という階層をなす言語単位のことである。このランクという考え方によると、従来の「自由訳（free translation）」「直訳（literal translation）」「逐語訳（word-for-word translation）」は次のように規定できる。自由訳はランクの拘束がなく、時として文も超えて自由に訳す場合。逐語訳は「語のランク」に拘束された翻訳。そして直訳はこの極端な両者の間に位置するものである、としている（Catford, 1965, pp. 24-25）。

彼はこのシフトには大きく二種類があるとしている。詳細は以下のとおりである。

①レベルのシフト：起点言語のある言語レベルのある項目が目標言語で異なったレベルで翻訳等価物を有する場合。具体的には、例えば一方の言語では文法で表現され、他方の言語では語彙によって表現される場合。（彼は「レベル」という概念を、音韻論と書記素論、文法と語彙をそれぞれ異なったレベルと措定し、上述した「翻訳等価の基礎となる条件ないし正当な理由」としての「実体（substance）」としている。そしてこのレベル間でシフトすることを、レベルのシフトと呼んでいる。）

②カテゴリーのシフト：翻訳における形式的対応からの離脱。これには四つのタイプがある（ここではわかりやすく、キャトフォードの説明を換言して記す）。

(a) 構造のシフト：ほとんどの場合、文法構造のシフトを指す。

(b) クラスのシフト：品詞転換、品詞のシフトを指す。

(c) ランクのシフト：上述のランク（階層的な言語単位）のシフ

トを指す。

(d) 体系内シフト：ラング間では起点言語と目標言語が対応する言語体系の文法項目を有しているにも拘らず、翻訳において目標言語での訳語選択の場面では、起点言語とは異なった言葉を選ぶ場合を指す。例えば、英語にもフランス語にも名詞には単複形があるが、英語の advice（単数形）を仏訳すると des conseils（複数形）となるような場合である。

キャトフォードを総括すると、翻訳研究の科学的アプローチを初めて意識した研究で、当時の機械翻訳への関心の高まりと相俟って、言語テクストのみに焦点を当てたものと言える。したがって、形式的対応とテクスト的等価という比較軸を立て、これを一貫させた論を展開した。しかしながらこれは静的な構造レベル、ラングレベルでの対照言語学的性格を有していること、機能・状況・文化などのコミュニケーション行為としての翻訳の特徴を等閑視していること、分析例が自ら作例した理想化されたテクストを対象にしていることなど、ファースやハリデイの言語学的モデルに依拠していると言いつつ（同書1章）、ある意味で生成文法を翻訳研究に応用しようとしたE・ナイダと同じ轍を踏んでいると言わざるを得ない。翻訳研究は本来的にパロールの研究であるからである。

また、もう少し細かく見ていくと、キャトフォードの枠組みは、形式的対応とテクスト的等価という比較軸のみに基づいた分析であるので、対応関係や起点＝目標テクスト間の形式的なズレは論じているが、それがどのようなズレなのかという内実について、意味論や文法論からの議論がなされていない。しかも、文法のシフトの議論も、一部ヒンズー語、日本語、ナバホ語、シンド語などの若干例は取り上げているが、明らかに主要な西洋言語を念頭に置いてなされている。さらには、センテンスレベルの議論に収斂しているため、センテンスを超えた情報構造のレベルなどの議論もなされていない。このように、批判点も多い翻訳理論である点は否めない。

しかしながら、キャトフォードはそれ以降の本格的な翻訳理論の礎になるような提言も行っている。「翻訳等価が確保されるようにするには、起点テクストと目標テクストが状況内で機能的に関連した特徴に結びついたものでなければならない」（傍点は筆者。原文はイタリック体）と言い（Catford. 1965. p. 94）、ある種の機能的等価の概念を打ち出している。また、「翻訳不可能性」の言語面と文化面について、言語テクスト分析に依拠した論を若干展開していること（同書14章）、13章「翻訳における言語の多様性」で下位言語（sub-languages）ないし変種（varieties）について論及し、言語は全体論として語ることは操作的に有益ではなく、個人語、方言、言語使用域、スタイル、モードによって等価のあり方も異なることを示唆した点は、大いに評価されよう。

3.4.1.2　一九六〇—七〇年代のチェコスロバキア：J・レヴィー、F・ミコ、A・ポポヴィッチ

一九六〇—七〇年代、（当時）チェコスロバキア（現・スロバキア）では文体に関する翻訳シフトの議論が展開した。まずレヴィーは一九六三年の *Umění překladu*（Levý. 1963）で、詩の翻訳を中心に文芸翻訳の美的効果を目的とする等価について論じている。等価を達成させるべきテクストの特徴を分類している。指示的意味、暗示的意味、文体的布置、シンタックス、音の繰り返し（リズムなど）、母音の長さ、音の明瞭度、である。これらが翻訳で重要になるかどうかはテクスト

タイプによるとしている（マンデイ、二〇〇九［二〇〇八］、九六―九七頁）。

またレヴィーは、一九六七年（英語の翻訳は二〇〇〇年）の ***Translation as a decision making***（Levý, 1967/2000）では、目的論的な見地から翻訳を実践的な語用論的行為と捉え、翻訳者による訳語選択の漸次的変化のあり方をゲーム理論と関連付けて、次のように論じている。

> 翻訳理論は規範的になりがちで、翻訳者に最適な解決策に従うように指示をしがちである。しかしながら、実際の翻訳業務は実践論（語用論）的なものであり、翻訳者は最少の努力で最大の効果を約束してくれる選択肢から一つを決断して解決策を得る。つまり、直観的にいわばミニマックス方略を選択するのである。
>
> （Levý, 1967/2000, p.156）

同じくチェコスロバキアのミコは一九七〇年の'La théorie de l'expression et la traduction'（Miko, 1970）という論文で、表現のシフトや文体のシフトを理論的に論じた。ミコは起点テクストの表現上の特性や文体を維持することが、翻訳の中心的、おそらくは唯一の目標であるとし、機能性・図像性・主観性・衒い・卓立・対照といった分類に基づく文体分析を提案している。そして、表現のシフトを分析することで翻訳をシステム全体として捉え、そのうちの諸要素のうち支配的なものと従属的なものとの峻別も可能になる旨を説いている（マンデイ、二〇〇九［二〇〇八］、九七頁）。これは、個々の翻訳シフトと翻訳全体としてのシステム、延いては翻訳規範との関係をつなぐ重要な指摘でもある。

さらに、ミコと同じような視点を持つポポヴィッチは、一九七〇年の'The concept "shift of expression" in translation analysis'という論文で、翻訳シフトをいくつかのタイプに分類した（Popovič, 1970, pp.78-87）。

(a) 本質的シフト：二つの言語、二つの詩、二つの文体の間にある相違の結果生じる避けがたいシフト。
(b) 包括的シフト：文学ジャンルのテクストの本質的な特徴が変容する場合。
(c) 個別的シフト：翻訳者自身の文体や個人語によって、翻訳が全体として個人的偏向を帯びる場合。
(d) 否定的シフト：起点テクストの言語や構造に親近性がなく情報が不正確に翻訳される場合。
(e) 局所的シフト：起点テクストの局所的な事実が翻訳で変容する場合。

翻訳シフトに関して、ポポヴィッチはシフトが原理的になぜ起きるのかについて類型を考案したと言える。そして、原文の美的全体性の忠実な再現を試みる翻訳者の意識的努力の結果がシフトとなって現れる、と捉えた。

またポポヴィッチは前述（≪3.2）のように、「文体的等価」と「テクスト的等価」を提唱したのであるが、これらの概念は、本質的に原文と翻訳にはズレ（シフト）が生じることが前提で、機能の点で等価を狙うとか、テクスト構成の点で等価を狙うとかいった意味での原文と翻訳の一致を唱えるものである。このことから、原文と翻訳の一致を志向する等価論と、原文と翻訳のズレを志向するシフト論は表裏一体の関係であることがわかる。

ここでチェコスロバキア学派を総括すると、この学派は詩などの韻文を念頭に置いた文体論から等価やシフトを理論づけ、そこから他のテクストタイプへと応用する発想が見られる。等価達成が時間、主体、状況、テクストタイプなどにより相対的で変化を受けるものであり、したがって本質的に原文と翻訳との齟齬＝シフトを内包しているものであることを、一九六〇～七〇年代ですでに言い得ていた点は大いに評価できる。このチェコスロバキア学派の等価・シフトの議論が更なる展開を見せることなく、他の翻訳研究者へと研究が継承されなかったことが悔やまれるところである。翻訳シフト論の研究においては、個別論点の検証も必要であるが、翻訳プロセスのなかで翻訳者の認知レベルにおいて原文のどの側面が前景化し、どの側面が後景化するかによって、訳語、構文、情報の流れ、文体などが全体的に決定されるのであり、このチェコスロバキア学派が取り組んだように、「原文の美的全体性の忠実な再現を試みる翻訳者の意識的努力の結果がシフトとなって現れる」という発想から、あくまでも翻訳をシステム全体として捉えて研究することは極めて重要であるといえる。

3.4.1.3　S・ブルム＝クルカ（一九八六年）

語用論学者であるブルム＝クルカは一九八六年の'Shifts of cohesion and coherence in translation'という著名な論文で、「明示化仮説」を提唱した。翻訳行為には結束関係の明示化（explicitation）が必然的に伴うという仮説である。この翻訳における結束構造の変化がどのようにテクストの機能的シフトをもたらすかをいくつかの例で示した。そしてこの明示化が起こる理由は、語彙的結束構造のネットワークが言語間で異なるからである、とした。詳しくは、以下に集約される。

検証した二言語間の結束構造（cohesion）のパタンの違いから、翻訳の分析によって次のうちのいずれかが明らかになるだろう。

1. 目標テクストの結束パタンは目標言語の同じレジスターのテクストの規範に近似する傾向がある。
2. 目標テクストの結束パタンは起点言語の同じレジスターのテクストの規範を反映させる傾向がある。これはおそらく翻訳操作における転移プロセスが理由であろう。
3. 目標テクストの結束パタンは目標言語、起点言語のいずれの規範を志向したものではない。これは独自のシステムを形成するもので、おそらく明示化プロセスを示唆するものであろう。

(Blum-Kulka, 1986/2000, p.313)

結束パタンの二言語間での異同により、上記の1.～3.のいずれかが成り立つと結論づけている。

また、翻訳における一貫性（coherence）のシフトについても論及している。一貫性のシフトについては、読者ベースのシフトとテクストベースのシフトがあり、両方ともがテクストの潜在的な意味に影響する。したがって、このテクスト効果については心理言語学的なアプローチによって実証的な研究が必要である、としている。

これはあくまでも仮説であって、明示化とは逆の暗示化の作用も同時に、かつ頻繁に観察されることからすると、明示化のみを仮説対象にしたことは、跛行的な論構築であると言わざるを得ない。ただし、結束関係の明示化のみを仮説内容にしているため、仮説検証の対象が散逸し議論が散漫になるのを防ぐことはできるだろう。明示化が翻訳のどの部位／位相で頻繁に発現し、どの位相では発現しない／暗示化

表３-４　対照モデルの主な分類

シフトの分類	定　　　義
調整（modulation）	一方の transeme は Architranseme と符合するが，他方は意味的，文体的に異なっている場合．
修正（modification）	両 transeme が Architranseme と何らかの形で（意味的，文体的，統語的，語用論的，あるいはこれらが複合して）乖離している場合．
変異（mutation）	追加，削除，または目標テクストでの根本的な意味の変化のため，Architranseme が立てられない場合．

に傾斜するかということの包括的な検証が必要となる。また、特に翻訳分野・ジャンルによるメディアの制約が大きいので（字幕、絵本などの翻訳分野）、ジャンル別の議論も必要になってくる。

3.4.1.4　K・ヴァン・ルーヴァン＝ズワルト（一九八九年、一九九〇年）

一九八四年に博士論文としてオランダ語で発表したものが、一九八九年と一九九〇年に Target 誌に掲載されたのが、このK・ヴァン・ルーヴァン＝ズワルトの「翻訳シフトの対照＝記述モデル」である。これは小説テクストを分析対象にしたモデルで（van Leuven-Zwart, 1989, p. 154）、(1) 対照モデルと、(2) 記述モデルから成る。詳細は以下のとおりである。

(1) 対照モデル（van Leuven-Zwart, 1989, p. 155-170）：起点テクストと目標テクストを詳細に比較対照し、ミクロ構造シフト（文、節、句）の分類を行う。

- パッセージを“transeme”と呼ぶ「理解可能なテクスト単位」に分け、起点テクストと目標テクストの対応関係を見る。
- 次に、“Architranseme”と呼ぶ起点テクストの transeme の不変のコアな意味を定義する。これは「比較のための第三項」（tertium comparationis）として機能する。
- そして個々の transeme ごとに、二つの transeme の関係と Architranseme とを比較する。そして、表３-４で示した各シフトを特定する。

このようにしてすべてのシフトが確認され、「ミクロ構造」レベルで分類を行ったら、各分類の生起数を合計し、記述モデルによって累積効果を計算する。

(2) 記述モデル（van Leuven-Zwart, 1989, pp. 171-179）：翻訳文学の分析を目指したこのマクロ構造モデルは、物語学（Bal, 1980）と文体論（Leech & Short, 1981）からの借用概念に基づいたものである[35]。これは、ディスコース・レベルと物語レベルとを、三つの言語のメタ機能（対人的・観念構成的・テクスト形成的機能）と組み合わせる試みである。ミクロ／マクロ構造シフトとディスコース／物語レベルの三つの機能とをマッチさせる複雑な図によって、これらの要素の相互作用を析出する。

対照モデルでは、五〇〇〇語抽出したテクストにおける個々のシフトを合計し、パタンを検証する。その結果は、意味的シフトが圧倒的に多く、特定化や説明も頻度が高かった。対象としたテクストは目標テクスト志向で、目標文化での受容可能性が重視されていることが多いと結論づけた。そしてこの理論は、高位のディスコースと関連づけて、規範の特定を行う試みでもある。これは、ヴィネイとダルベルネ、そしてキャトフォードの特徴である言語分析より先に進んで、トゥーリーの規範論へと展開していくものである、という。

しかしながら、批判がいくつかマンデイに記されている（Munday, online）。具体的には、マンデイはMunday（1998）とGentzler（1993, p. 137）に依拠して、この対照モデルは極端に複雑であると言っている。八つのカテゴリーと三七のサブカテゴリーを立てているが、これらのすべてが明確には差別化が図られていない。また大量のテクストについてシフトをすべて分析することも困難である（コーパスを利用すればこの点はクリアーされるかもしれないが）。さらには、Architransemeを等価基準として使うことは、比較のための第三項が抱える主観性の問題にぶつかる。最後に、シフトの分類と、メタ機能及び物語／ディスコースのレベルとの統計的なマッチングを行ったからといって、個々の分類の違いが相対的に重要であるようには思えないとし、複雑な計算を文体論に持ち込むことは批判に晒されてしまうことになるという。ここで展開しなければならないのは、コミュニケーション状況や物語構造が具現化していく際にミクロシフトの効果がどのように働いているかを分析的／批判的に検討することである、とマンデイはいう（Munday, online）。

ヴァン・ルーヴァン＝ズワルトの説を等価構築の観点（翻訳にはシフトが不可避で、等価は本質的にあるものではなく、翻訳者の主体的選択によって構築されるものであるという翻訳観）から評してみたい。まず、⑴対照モデルの箇所から検討すると、“transeme”と呼ぶ「理解可能なテクスト単位」という概念が恣意的である。起点テクストの理解の単位（本書では「チャンク」と呼ぶ）と目標テクストの産出の単位（本書では「翻訳単位」と呼ぶ）が峻別されておらず、どちらの側からこのtransemeを立てるのかが判然としない。また、“Architranseme”なる概念の恣意性も指摘せざるを得ない。抽象的、理論的にはこの概念の定立は可能かもしれない。しかし、マンデイも批判しているように「比較のための第三項」と同じ轍を踏む結果となってしまう。やはりしっかりした理論的根拠を土台にした方法を考案すべきであろう。

さらに、両transemeと“Architranseme”の比較という方法論も説明力が希薄である。“Architranseme”は定義上、起点テクストのtransemeの不変のコアであるならば、本質的に“Architranseme”は起点言語の干渉を受けた言語的実体であるはずだ。そうであるならば、目標側のtransemeと比較対照すると必然的に何らかの乖離が生じるはずである（そもそも二言語間で構造的に乖離のない言語はあり得ない）。

次に、⑵記述モデルの箇所を見てみると、相当語数のコーパスを分析し、パタンの生起数の累積からシフトの全体的傾向をつかみ、その結果と物語学や文体論とを関連づけながら、三つの言語のメタ機能（選択体系機能言語学における三つのメタ機能）をディスコース・レベルで論じ、マクロ構造レベルでのシフトを量的に捉えていくという手法であるが、これもマンデイが批判しているように、テクストの個別の箇所ごとに、どのようなシフトがミクロ及びマクロレベルで生起し、それがどのような文体を醸し出し、全体としてどのような物語のパタンを作出しているかを、量的ではなく質的に論じなければ、文体論や物語論のダイナミズム、つまり等価構築の生きた実態は見えてこない。全体としての大まかな傾向から規範を抽出するというのは、トゥーリーが陥っている誤謬ではあるが、ヴァン・ルーヴァン＝ズワルト自身が言語学的分析手法とトゥーリーの規範論とを盲目的に架橋することを称揚している限り、トゥーリーと同じ誤謬に陥ってしまう結果となってしまった。

以上、翻訳等価の分類、翻訳シフトの分類や翻訳ストラテジーの分類などといった分類学（taxonomy）が陥りがちな過ちに対して自覚的になることの重要性を、少し立ち止まって考えてみた。

3.4.1.5　S・ハルヴァーソン（二〇〇七年）

S・ハルヴァーソンによる二〇〇七年の「翻訳シフトの認知言語学的研究」は、主にLangacker（1987）を主軸とした認知言語学の観点から翻訳シフトを扱った研究で、翻訳普遍性との連関を模索するものである。

まずハルヴァーソンは既存の翻訳シフトをほぼすべて検討するなかで（Catford, 1965; Popovič, 1970; Toury, 1980, 1995; Vinay & Darbelnet, 1958/1995; Malone, 1988; van Leuven-Zwart, 1989, 1990; Klaudy, 1996）、これらの諸説に欠けている点として主に三つ挙げている。(1)起点テクストと目標テクストの形式的関係ないし意味的関係については論じているが、（認知的）因果論的なプロセスを論じていない点、(2)豊富なデータによる実証研究がなされていない点、(3)翻訳シフトは義務的なものと選択的なものがあるなか、前者については翻訳普遍性との連関が論じられておらず、後者についてはコンテクストとの関係が論じられていない点。

そこで彼女は、(1)については認知言語学的な視座から動態的な意味構築のメカニズムをLangacker（1987）に倣って「形式＝意味のペア」の基本構造から概説し、かつCroft & Cruse（2004）が「事態構成」を「我々が伝達しようとする経験のあらゆる側面の無意識的な構築」として定義し、それに立脚した「注意／際立ち、判断／比較、視点／状況依存性、構成／ゲシュタルト」といった概念を説明したことを土台に、それと既存の翻訳シフト学説の諸概念とを対照表によって示した（次頁の表3-5）。(2)については、彼女はまだ研究途上であるとしており、そのため本論文は暫定的なデータから立論している。(3)については翻訳普遍性（S-universal：普遍的特性）の諸概念は表3-5に盛り込んでいるが、コンテクスト要因については、認知的動機との連関があることは指摘するものの、同論文では十分には論じきれていない。

結論として彼女は、翻訳シフトは認知的にダイナミックなプロセスであり、翻訳シフトが生起する理由を突き止めるには、①認知、②慣習、③コンテクストの三つを考慮しなければならないとする。①認知については、翻訳について一般化、標準化、平準化、単純化といった現象が起こる「重力仮説」（gravitational pull hypothesis）（Halverson, 2006）の更なる追究が必要であること、②については、翻訳シフトに義務的なものと選択的なものがあり、これらが翻訳的慣習と言語的慣習との間でどのような緊張関係があるかについて更なる検討が必要であること、③については翻訳行為モデル（Holz-Mänttäri, 1984）、翻訳規範（Toury, 1980, 1995）、機能的アプローチ（Nord, 1997; Reiß, 1971/2000）、社会学的アプローチ（Pym et al., 2006）など広範にわたる視座が必要であることを唱えている。

これは認知言語学の視座から初めて翻訳シフトないし等価について本格的に論じた論文であると評価できる。特に一般の言語コミュニケーションにおける認知メカニズムと、翻訳に特有の諸ストラテジーを連関させながら論じている点、また、翻訳シフトを単に言語形式のみの事後的分析や単純な意味論的比較分析に終始するのではなく、翻訳シフトをプロセスであると位置づけ、その動的プロセスの背後にどのような認知メカニズムが潜んでいるかについて正面から論じている点、

表3-5　事態構成の操作としてのシフトと普遍性

事態構成の操作	シフトタイプ（V & D, van Leuven-Zwart, Klaudy）	S-universal（暫定的）
Ⅰ　注意／際立ち		
A．選択 1．プロファイリング 2．換喩	modulation (several subtypes)	
B．範囲 1．叙述の範囲 2．探索領域 3．接近可能性	modulation, adaptation	explicitation？
C．スカラー調整 1．量（抽象化） 2．質（スキーマ化）	modulation (lexical), Klaudy's generalization / concretization modulation (lexical), plus van	generalization / simplification, explicitation？
D．ダイナミック 1．虚構的移動 2．総括的／順次的走査	transposition, modulation	
Ⅱ　判断／比較（イメージスキーマ含む）		
A．カテゴリー化（フレーミング）	(all translation !)	standardization / sanitization, simplification, increasing conventionality, convergence
B．メタファー	modulation	
C．図／地	transposition / 'interchange'	
Ⅲ　視点／状況依存性		
A．観点 1．視座 2．方向付け	modulation	
B．ダイクシス 1．時空間（空間イメージスキーマ含む） 2．認識（共通基盤） 3．共感	modulation	
C．主観性／客観性		
Ⅳ　構成／ゲシュタルト（他のイメージスキーマ含む）		
A．構造的スキーマ化 1．個体化 2．位相的／幾何学的スキーマ化 3．スケール	transposition？ modulation	
B．フォースダイナミックス		
C．関係性	transposition	

出典） Harverson (2007).

さらには翻訳シフトと翻訳普遍性との連関を論じている点など、これまでの翻訳等価論、翻訳シフト論、翻訳ストラテジー論、翻訳普遍性などの議論よりも厚みがあると言える。

ところが、同論文はテクストとコンテクストとの連関についてその分析や理論的枠組みの提示の必要性を唱えてはいるものの十分ではなく、社会言語学的な視座を組み入れた認知言語学的視座を獲得するには至っていない点、等価ないし等価概念の本質である意味についての哲学的、記号論的な次元での深い理解が伴っていないためか、認知言語学という理論的枠組みが当然視している意味観に安易に立脚して翻訳シフトを論じており、翻訳シフトがなぜ生起するのかの原理的解明が複眼的かつ深い次元で捉えきれていない点など、弱点も指摘されよう。認知言語学を自家薬籠中とする論者であればあるほど、その理論負荷性という軛から逃れられず、背負った理論の限界を露呈する結果となっていることは否めない。

3.4.1.6　コンピュータベースのシフト研究の方法

上記のように翻訳シフトに関する主な研究が登場する一方で、言語学に依拠した別の潮流も現れた。それがコンピュータを使用した研究手法である[36]。

まずその先駆け的として、Baker（1993）がコーパス言語学の翻訳研究への応用を提唱した。そして、Baker（1995）はコーパスを使った記述的研究を提案した。これは翻訳言語の普遍的特徴（明示化、簡素化、慣用化、標準化）を調査するためのものである。さらに、文学翻訳における翻訳者の文体の調査方法として、Baker（2000）は単言語コーパスに依拠した方法を提案した。しかし、これは二言語並列コーパスを用いた研究ではないため、厳密な意味でのシフト研究にはなり得ていないのが難点であるものの（社会経済的な理由からの批判については、ピム、二〇一一）、これにより量的データによる新たなシフト研究の可能性が開かれた。

二言語並列コーパスを用いた翻訳シフト研究の先駆けはMunday（1998）で、これはコーパスベースで翻訳シフトを調査する方法を提示している。調査対象として、個々の語彙項目の一貫性、代名詞の結束構造、語順／分節化を選んで分析している。そしてこれらはナラティヴの変化を見るのに有効だとしている。さらに今後の研究の方向性として、文学研究においては、他動性パタン、登場人物の展開、モダリティと著者＝読者関係などを調査することも有効だとしている。

以上の流れを踏まえて、Cyrus（2009）は翻訳シフトという言語学ベースの古い研究手法は、コンピュータベースの方法によって見直されるべきであることを、Munday（1998）のほか、Ahrenberg & Merkel（2000）、Laviosa（2002）、Olohan（2004）、Cyrus（2006）、Macken（2007）を引用しつつ概括的に述べている。特に、Olohan（2004）はこの研究分野の最先端の概略を記している（但しこの本の大半の研究は英語の単言語コーパスに依拠している）。また、この研究分野の立場から、翻訳学ないし翻訳研究における「言語学的再帰」を唱えるものも登場した（Vandeweghe, Vandepitte & Van De Velde, 2007）。

日本でもこの分野の研究が少しずつ進んでいる。例えば、染谷・赤瀬川（二〇一一）は「大規模翻訳コーパスの構築とその研究および教育上の可能性」を示唆しているし、日本通訳翻訳学会の学会誌やウェブジャーナル『翻訳への招待』でもいくつか論稿が見られるようになった。また、台湾のShih（2012）はコーパスベースで英語から中国語への翻訳における前置詞のシフトの研究を行っている。結論として、英中語の対照言語学的相異、テクスト機能、翻訳者の文体（style）の違いによってシフトのあり方がダイナミックに決まる、としている。

この研究分野ないし手法の特徴は、量的研究（語彙頻度、語彙分布、語彙密度、文の長さ、キーワードの統計的比較）と質的研究（個別事例のコンコーダンス・ラインの詳細分析）の両方からアプローチし、特にコロケーションと語彙項目の典型的な使用法の調査において分析者の直観をはるかに凌ぐ翻訳シフト分析が可能になることである（マンディ、二〇〇九［二〇〇八］、二九五、二九八頁）。しかし、同時にこれは、テクスト全体の傾向性であるとか個別事例の共起語彙などの傾向性を知る、あくまでも言語ベースの研究手法であり、なぜ翻訳シフトが生起するのかといった、翻訳の産出と伝達の社会文化史的コンテクストとの関係づけが等閑視され、その点が常に問題となる。

3.4.1.7　その他の翻訳シフト研究

以上が翻訳シフト研究の主な潮流であるが、二〇〇〇年以降のその他の研究も若干記しておく。

Osimo（2008）は意味ベースの翻訳シフトのモデルを提案している。これは、翻訳等価や翻訳シフトの分析（七つのシフト範疇）を土台に、翻訳における意味を探究するモデルである。これは翻訳研究から言語学へインパクトを与えようとする目論見もあるようだ。

他方、翻訳研究の範疇のものだと、例えばイランのAkbari（2012）は、児童文学における構造上の翻訳シフトについて論じている。具体的には、情報の再配列、追加、削除、文の時制の変化といった構造上のシフトについて分析、英語からペルシャ語へ翻訳する文学翻訳者は意識的な問題解決方略（明示化、補償）を使って、不可避的な意味の喪失を最小限にする、としている。

また同じくイランのHosseini-Maasoum（2013）は前述のCatford（1965）のカテゴリーシフト（構造的シフト、クラスのシフト、ユニットのシフト、体系内シフト）に関して英語からペルシャ語への翻訳を対象に分析を行っている。

この二つのイランの研究は、言語分析ベースのキャトフォード時代への逆戻りのような研究である。しかしながら、多言語間での翻訳シフトの地道な研究は必要であり、決して無駄になるものではないだろう。

同様に言語分析ベースの研究として、英語＝インドネシア語の発話行為動詞の意味的シフトを扱ったSukra（2008）がある。結論としてシフトの原因を、二言語の特徴や体系の違い、言語外要因として選択的・義務的決定を行う翻訳者の能力、翻訳の目的、目標言語の読者、テクストや文体の特徴、を挙げている。

その他、別の学際性のある研究でインパクトがあるものとして、タイのChueasuai（2013）がアメリカの女性雑誌のタイ語版の翻訳を対象に選択体系機能言語学に依拠して、言語テクストの言語的意味とヴィジュアル上の記号的意味のシフトを調査しているものがある。これは記号としての言語のヴィジュアル的なシフトを扱った、翻訳研究としては珍しいものであると言える。しかしながら、この視点は記号論の点からも、重要であると言える。

3.4.1.8　これまでの翻訳シフト論の総括

これまでの翻訳シフト論の潮流をまとめると表3-6のようになる。

これまで見てきたように、旧套の翻訳シフト論の研究は、まだその全体像が十全に描けていない段階であると言える。上述のように翻訳シフトの定義が「起点テクストを目標テクストに翻訳するときに起き

表3－6　翻訳シフト論の総括

研究者名	シフト項目	内容
キャトフォード（1965年）	シフトの部位・位相	ランク（文，節，句，語群，単語，形態素）
レヴィー（1963年）	シフトのテクスト的側面（文芸翻訳の美的効果）	テクストの特徴（指示的意味，暗示的意味，文体的布置，シンタックス，音の繰り返し，母音の長さ，音の明瞭度），ゲーム理論
ミコ（1970年）	表現／文体のシフトのテクスト的側面	文体的特徴（機能性，図像性，主観性，衒い，卓立，対照）
ポポヴィッチ（1976年）	表現のシフトの原理的分類	本質的シフト，包括的シフト，個別的シフト，否定的シフト，局所的シフト
ブルム＝クルカ（1986年）	テクスト構成の一局面でのシフト	結束構造における明示化仮説
ルーヴァン＝ズワルト（1989，1990年）	ミクロ構造シフト，マクロ構造シフト	対照モデル（調整・修正・変異），記述モデル（物語学・文体論）
ハルヴァーソン（2007年）	シフト生起の理由の分類	① 認知（重力仮説，翻訳普遍性），② 慣習（義務的シフト・選択的シフト，翻訳的慣習・言語的慣習），③ コンテクスト（翻訳学の諸概念）

る小さな言語的変化」である以上、翻訳の「言語的側面」に焦点を当てた議論に終始してしまうのは必至である（今後、この定義も社会文化的側面、イデオロギー的側面を考慮して見直しが必要であることは後述する）。しかし、ハルヴァーソン以外、社会文化史的コンテクストを度外視した議論を展開したことが原因となって、翻訳シフトという翻訳研究にとって極めて重要な鍵概念が、他の重要概念（例えば、等価・ストラテジー・規範・スコポス・イデオロギーなど）との連関において議論が重ねられ、中身が深められることがないままになってしまったと思われる。尤も、ルーヴァン＝ズワルトは（社会記号論の一つである）選択体系機能言語学を取り入れたり、後述する（目標言語社会を照射した）G・トゥーリーの翻訳規範論と言語学的分析手法を結び付けようとしたりしたが、翻訳シフト分析の手法自体が複雑になりすぎたため、却って社会的要因との架橋がうまくいかなかったものと思われる。

そこで、以上のことを踏まえて、翻訳の「シフト」概念について、本質論に切り込んで検討する。

3.4.2　翻訳シフトの本質

翻訳シフトにおける根源的な問いは次の二つである。「シフトはどのように記述できるか」と、「シフトはなぜ起こるか」である（Palumbo, 2009, pp. 104-106）。前者の問いについては、シフトが言表において発露することに鑑み、翻訳行為の言語面に着目してきた旧套の翻訳シフト論がかなり記述を試みてきたと言える。しかも、この翻訳シフトという概念は、これに隣接すると考えられる「翻訳等価」「翻訳ストラテジー」などの概念を論じるなかで併せて議論されているため、言語分析を主眼にした翻訳研究では広く翻訳シフトが扱われてきたと言えよう（翻訳等価論に関しては、河原、二〇一四a参照）。

他方、後者の問いは、突き詰めると「なぜ、翻訳は原文とズレるのか。なぜ忠実な翻訳は不可能なのか」といった翻訳不可能性や翻訳不確定性の問題と表裏一体である。

これには静的な言語構造面（ラングレベルでの二言語間の構造的差異）と動的な翻訳行為面（より一般的には動的な言語コミュニケーション行為出来事、ないし、パロールレベルでの主体の行為の不確定性）におけるズレないしシフトが大いに関係している。前述のように旧套の翻訳シフト論が記述を試みてきたのは、静的な言語構造面、ラングレベルでの二言語間の構造的差異が、具体的な原文テクストと翻訳テクストとの間でどのように発現しているかの分析であると言える。そしてシフトが生起する根源的な理由を、あくまでも二言語間の言語構造の差異に帰着させようとしてきたのである。したがって、本来的に翻訳研究はパロールの研究であるところ（Koller, 1979）、現実的にはラングの研究を行ってきたのである。

では、以下でこの二つの根源的な問いについてもう少し掘り下げて検討する。

3.4.2.1　翻訳シフトの記述の視角と方法

まず、シフトを論じるには、その前提となる「不変」なるもの（翻訳の過程で変化しないまま残る要素）を措定しなければならない（Bakker & Naaijken, 1991）。これは、「翻訳等価」という概念が論じられる際に併せて論じられてきたものであり、比較のための第三項（tertium comparationis）もその一つである。翻訳シフトとの関係で言うならば、この不変なるものは、①翻訳前の模範的・規定的な必須条件となるか、②翻訳後の記述的・発見的な概念となるかに理論上は分かれる（以下、表3-7を参照）。

①の場合で、(a)シフトは好ましくないものとされれば「シフトするな」という当為命題が含意され、シフトは起点テクストの価値や特性を変容させる（つまり不変なるもの、等価から逸脱する）間違いや誤訳とされることになる。他方、(b)シフトは好ましいものとされれば「シフトせよ」という当為命題が含意され、シフトは言語体系の差異を克服するうえで必要または望ましいものと捉えられることになる。この延長線の議論がNida (1964)の動的等価（dynamic equivalence）やVinay & Darbelnet (1958)の翻訳の手順（translation procedure）であり（Vinay & Darbelnetはシフトという用語は使っていないが、議論している内実は同じである）、これをさらに敷衍して統語論・意味論・語用論の各レベルで詳述したのがChesterman (1997)である（Bakker, Koster & Leuven-Zwart, 2009）。

したがって、このように①のなかのシフト肯定論の範疇で議論が展開されているのが、一連の「翻訳手続」（procedure）及び「翻訳方略」（strategy）という位置

表3－7　翻訳シフト論の記述法

不変なるもの	シフトの志向性	理論，概念
① 翻訳前の模範的・規定的な必須条件	(a)消極志向：「シフトするな」	等価からの逸脱，間違い，誤訳
	(b)積極思考：「シフトせよ」	動的等価論，翻訳手順論
② 翻訳後の記述的・発見的な概念	(c)プロセス志向	義務的シフト，選択的シフト
	(d)結果物志向	言語学ベースの研究，文体論ベースの研究，記述的翻訳研究（規範研究）

づけになる。これは翻訳前ないし翻訳中にどのようなシフト操作（転換操作：conversion）を行うかという展望的な（prospective）議論である。以上のように、不変なるものを翻訳前の模範的・規定的な必須条件として捉える考え方とそれに依拠した諸概念、諸理論装置は当為命題を含意した模範的・規定的な翻訳のあり方を論じる「べき論」である。

②の場合は、翻訳行為後に事後的に回顧して（retrospective）静的にシフトのあり方を分析し記述するもので、記述的（descriptive）・発見的（heuristic）な構築物（construct）として描かれる。これには、(c)プロセス志向（product-oriented）のものと、(d)結果物志向（product-oriented）のものとがある（但し、両者の境界は曖昧である）。

(c)プロセス志向の研究については、本質的に翻訳の認知プロセスがブラックボックスで解明するのが困難なため、翻訳の最中にどのようなシフト操作ないし転換操作（conversion）を起こしているかの記述・説明は難しい。しかしながら、上述の義務的シフトと選択的シフトがあることは指摘できるだろう（Kade, 1968 in Bakker, Koster & Leuven-Zwart, 2009）。

(d)結果物志向の研究については、Catford（1965）が先駆け的に行った前述の研究が言語学ベースのもの、Popovič（1970）、Miko（1970）が文体論ベースのものとして挙げられる。Popovič（1970）が提示した前述の五つのシフトのうち、本質的シフトと個別的シフトは義務的シフトと選択的シフトに大いに関連するものである。文体的シフトを考慮すると、本質的シフトは二言語間の言語構造の相違だけでなく、原文と翻訳の詩学や文体の不可避な相違も含むものであり、個別的シフトは翻訳者独自の文体的性向や個人語レベルでの主観性も含むものであると言える。

また同じく結果物志向の研究に関し、翻訳の社会的機能面に着目し記述的翻訳研究（Descriptive Translation Studies）を行うG・トゥーリーは、目標言語内で規制する翻訳規範は、適切性（adequacy）と受容可能性（acceptability）の間で翻訳等価の位置を決定し、翻訳シフトは適切性からの逸脱であると定位した（Toury, 1995/2012）。そして、翻訳行為を「規範が規制する行為」（norm-governed activity）であると定義する彼は、規範分析の手続的概念として「等価」を前提的に認めたうえで、個々のシフトを確定することによって当該テクストの翻訳規範を確定することになるとしている（ここで、義務的シフトは「不変なるもの」として考えられ、規範ではなく規則が規制するシフトだとして規範の分析からは手続き的に排除されている）。またコーパスを用いればシフトに一定のパタンや規則性を見いだせる（翻訳普遍性）とした。

そしてさらに前述の言語学的分析と文体論的分析を総合しようとしたvan Leuven-Zwart（1989, 1990）や認知プロセス論と言語学および社会的諸要因との連関を示そうとしたHalverson（2007）も結果物志向の研究であると言える。

ここで注意しておきたいのは、Popovič（1970）が指摘するシフト解釈の多義性・相対性である。「原文から見て新しいものとして出現したもの、あるいは（目標言語社会の側から）期待されていたのに出現していないものはすべてシフトだと解釈されうる」というシフトの概念定義（Popovič, 1970, p. 79。なお括弧内は筆者が補足）には、三つの要素が認められる。原文と翻訳の関係、目標社会における翻訳の期待・受容、シフトの解釈可能性の幅、の三つである（Bakker, Koster & Leuven-Zwart, 2009）。まず、原文にない要素が翻訳に見られる場合は、シフトがあると認定されうる。また、原文から見てシフトがない（ゼロシフト）と思われる場合であっても、目標言語社会での期待を裏切ると、これもシフトを構成することになる。つまり、シフトの有無・性質・程度はシフトの解釈の視点（起点から見るか、目標から見るか）や解釈者の主観に左右されるのである。これはポポヴィッチがいう二重の性格（dual character: Popovič, 1970, p. 82）、あるいはレヴィーがいう翻訳の二重の地位（double status: Levý, 1969, p. 72）、つまり原文の規範と翻訳の目標言語側の理想の両方に従うべき性質、あるいは原文を別の言語で再構成されたテクストである面と目標文化で翻訳がそれ自体として機能するテクストである面を併せ持つ性質があるため、シフトの解釈に多義性・多様性が生まれ相対的になってしまうのである。そこでシフトはあくまでも分類上の性質（categorial quality）を帯びたものであると言われることもある。

3.4.2.2　翻訳シフトが生起する複合的理由

次に、「シフトはどのように記述できるか」という前項の問題意識を承けて、「シフトはなぜ起こるか」へと問題設定を移行させてみたい。

シフト概念に解釈の多様性・相対性があるとするならば、分析の仕方によってもシフトの認定は多様になりうる。それは、一般的に現象に概念を当てはめるという記述・発見的作業ないし記号操作は構築行為であるからである。前項で検討したシフトの記述法は主としてテクストベースの言語分析寄りのものであり、これらの記述法の背後には、言葉の意味は明確で固定したもので、（Architranseme などと称される）安定した共通核・不変なるものがあって、それ以外はすべてシフトであるという考えが背後にある。つまり、単純な等価概念を据えた言語／翻訳イデオロギーを有した理論群であると言える。

この点、ピムはシフト分析の方法を大きくボトムアップ型とトップダウン型に分けている（ピム、二〇一〇［二〇一〇］、一一二—一一八頁）。ボトムアップ型は前述のルーヴァン＝ズワルトの学説が典型であるが、言語の小さい単位（語、句、文）から分析を始め、大きな単位（テクスト、コンテクスト、ジャンル、文化）へと射程を広げていく分析方法である。ピムによると、この方法論は出発点である言語分析の段階でシフト解釈の不透明性が払拭されず、結局は簡約化理論（reductive theories）による方向づけが必要となるため、多くの分類法・学説が出来するとしている（ピム、二〇一〇［二〇一〇］、一一四—一一五頁）。前述の翻訳シフト論が多種多様に出現するのも、また関連概念である翻訳等価論、翻訳ストラテジー論なども多彩な論が展開されるのも、ここに根本的な理由の一つがあると言えるだろう。

では、もう一つピムが分類したトップダウン型（ピム、二〇一〇［二〇一〇］、一一五—一一八頁）について検討する。前述のスロバキア系の研究者が提唱していた「表現のシフト（shifts of expression）」の分析は、例えば前述のように原文の規範と翻訳の規範という二つの文体規範があることを主張するなど（Popovič, 1970）、単純な等価の維持・再現のモデルではない。これは著者の声と翻訳者の声の多声性を認める文学の文体論や、シフトは歴史的諸要因によって左右されるとする翻訳研究の文化的転回や、あるいは翻訳の普遍的特性を探究する方向性などへと展開する総合的な研究枠組みを示唆するものとしてピムは高く評価している（ピム、二〇一〇［二〇一〇］、一一五—一一六頁）（但し、前述のように本書筆者は、文体論にフォーカスを当てたスロバキア系の諸学説は、基本的には社会文化史的な複雑なコンテクスト諸要因を理論に編入しているとは言い難く、言語テクストベースの研究を超えるものではないと考える）。またこれに関連し、Holmes（1970）の韻文の翻訳に関するシフト分析も、翻訳者の意思決定は常に文化的制約を受けることを示唆するものとしてピムは紹介している。[37] そしてピムは翻訳シフトを左右する莫大な数の状況変数の記述的方法のトップダウン型のモデルとして、「システム」「規範」「目標側志向」の三つを取り上げている（一一八―一三二頁）。

その一つとしてトゥーリーの記述的翻訳研究を取り上げる（詳しくは後述。《4.1》）。彼は翻訳を規範に規制される活動であるという概念定義をしており、そこには不変なるもの以外、つまり翻訳シフトはすべて規範によって説明可能であるという前提があるようである。これは翻訳という多義的・多面的・多層的な現象ないし事象を説明するために簡約化された一つの仮説である。しかし、規範以外にも社会的・認知的・言語的規制要因は様々あるはずであり、多くの批判を集めている。

例えば、イーヴン＝ゾウハーのシステム理論の流れを汲むHermans（1999）は、トゥーリーの用語（起点言語規範適合性を表す「適切さ」／目標言語規範適合性を表す「受容可能性」）は評価的な含みがあり客観性に欠けること、目標「言語」重視の姿勢であること、翻訳に関わるすべての変数を知り、その法則性を導くことの不可能性、などの疑問を提出した。また、多元システム理論を批判するGentzler（1993/2001）は、僅少の事例から一般化を行うことは過剰汎化につながり、それは単なる信念の焼き直しにすぎないこと、記述された規範はあまりに抽象的なものであること、などとシステム理論と共通した批判を行った。さらに、Munday（2012）も、シフトを同定する際に行う目標テクストの起点テクストへのマッピングがその場限りのものであり、このモデルは客観性に欠け、再現可能なものではないこと、再現可能性を重んじる準科学的な規範／法則というアプローチがどの程度、状況変数が多岐にわたる複雑な翻訳現象に適用可能か疑問であること、トゥーリーの二つの法則自体、相互矛盾を孕んでおり、規範や法則よりもう少し複雑な要因を組み合わせたモデルの提示が必要であること（起点テクストパターンの効果、目標テクストにおける明快さの選好と曖昧性の回避、思考プロセスの効率を最大化する必要性のような翻訳者の現実的な考慮、時間の制約の下での意思決定の重要性など）を説いている（マンデイ、二〇〇九［二〇〇八］、一七九―一八一頁）。

したがって、言語テクスト分析をベースにしつつＤＴＳを自身の理論の射程内に（無批判のまま、ある種都合よく）編入しようとしている前述のルーヴァン＝ズワルト、ハルヴァーソン批判も、もう少し視野の広い観点から見直しが必要になってくると思われる。

以上の諸学説を検討すると、科学的研究への志向性が簡約化理論への誘因的契機となり、複雑な諸要因からモデル化・理論化可能なものを抽出し、そこからある種のトップダウン型で演繹的に説明・体系化しようとする傾向が看取される。しかしながら、各理論が背後に負うている理論負荷性について再帰的な考察がないまま議論を展開していることが、翻訳研究ないし翻訳学の持つ現在の最大の盲点であり課題であると言える。

そこで必要になってくるのが、翻訳自体を対象にした研究の理論的枠組みのみならず、翻訳諸理論を研究の対象にした「メタ理論」である。この両方を満たすものとして、Ｃ・Ｓ・パースの記号論に依拠した社会記号論を導入し、その翻訳分析への適用可能性と、翻訳理論のメタ理論分析への適用可能性を見たうえで、翻訳シフトの全体像の見通しを立てることが必要となる。

3.4.3　社会記号論から見た翻訳シフトと翻訳シフト理論

3.4.3.1　社会記号論から見た翻訳シフト

3.3.3で翻訳等価について議論したことが全く同じように翻訳シフトにも当てはまる。したがって、結論だけ記しておくと、以下のようになる。

①言語的側面、②社会文化史的側面、③イデオロギー的側面の諸側面において翻訳シフトは必然的に生起する。となると、②社会文化史的側面がどのように①言語的側面に反映するのかについての指標的類像作用（indexical icon）と、③イデオロギー的側面がどのように①言語的側面に反映するのかについての象徴的類像作用（symbolic icon）の両面において、翻訳シフトを分析する必要が出てくる。これには、翻訳シフトに特化した、本書で検討した諸学説だけでは極めて不十分であり、翻訳学全体の諸学説を俯瞰的に検討し、①②③の諸側面の全体的布置を整備していく必要がある。

以上を踏まえて翻訳シフトを再定義すると、テーゼ［3-1］ということになる。このような翻訳等価構築論、翻訳シフト論を踏まえたうえで翻訳学ないし翻訳研究のこれまでの諸概念装置や諸学説を検討していくことが必要となる。

3.4.3.2　社会記号論から見た翻訳シフトに関する諸学説

以上を承けて、次に翻訳シフトに関する諸学説を社会記号論から説明すると次のようになる。各学説が翻訳行為のうち、上記①②③のどの側面を前景化させて分析しているかをメタ分析すること、そしてなぜそのような分析をしているかについて、①類像性の観点からはその背後にある言語／翻訳メタファーを探ること、②社会指標性の観点からはその学説が提唱された社会文化史的コンテクストを探ること、③象徴性の観点からはその学説の提唱者が属する学術コミュニティのイデオロギー（集団表象としての意識）やその提唱者個人のアクシオロギー（価値観）を探ることが必要となる。

このように考えてくると、これまでの翻訳シフトに関する諸学説は、単純な等価性を前提に単純な言語転移モデルに留まるもの、目標テクストのテクスト性や文体を意識した翻訳の再構成性に着目しつつも言語ベースの分析に留まるもの、認知言語学を借用して翻訳の認知プロセス分析を編入しつつも言語ベースの分析に留まるもの、という位置づけとなることがわかった。また、トゥーリーのように翻訳規範といった社会文化史的コンテクストを加味した理論展開も見られるが、翻訳行為の多義性・多面性・多層性を包括的に扱うのに十分耐えられるモデル化はまだ見られないこともわかった。さらなる概括は、第5章で行う。

では次に、翻訳シフトは翻訳行為に必然的に生起する現象だとして、その最適なあり方を論じる翻訳ストラテジーについて検討する。

3.5　翻訳ストラテジー

これまでの翻訳理論では、一般的に翻訳ストラテジーとは、⑴広義では、「翻訳する状況によって定まる目標を達成するために翻訳者が使う最も効果的な、一連の（緩やかに定式化された）規則ないし原則」(Jääskeläinen, 1993, p. 116)、⑵狭義では、翻訳対象のテクストによって生じる特定の問題や翻訳タスクを遂行するうえでの特定の問題を解決する際に使う手続きや方法（cf. Krings, 1986, p. 175; Lörscher, 1991, p. 76; Chesterman, 1997, p. 92）であるとされてきた（Palumbo, 2009, p. 132）。そして実務レベルでも、翻訳シフトの一部を意識化し、自らの翻訳行為における指針や方針としている場合も多くある（例えば、翻訳実務指南書に見られるテクストレベルでの品詞転換の方法として、河原、二〇一〇）。理論研究の文脈では、翻訳シフトの意識化が細部にわたるものから翻訳全般に対する姿勢や目標にいたるまで、以下で検討するように様々なストラテジーが提唱されている。主要な例を分類しつつ挙げると、以下のとおりである（河原、二〇一三b、一一二頁）。

(1) マクロ・ストラテジー：翻訳に関する全体的な方針・方策・身構え
- 自らの仕事に取り組む姿勢や目標：異質化と受容化（Venuti, 1995）
- テクスト全体についての計画あるいは考え方（Pym, 2011）

(2) ミクロ・ストラテジー：訳出作業における個別の問題に対処するための詳細な方法
- 直接的翻訳（直訳など起点言語をそのまま踏襲する訳出法）と間接的翻訳（目標言語になじむように調整する訳出法）（Vinay & Darbelnet, 1958/1995）
- 八つの方法（テクスト全体に関係）と一五の手続（センテンスおよびそれ以下の単位）（Newmark, 1981）
- 一〇の文法に関する方略、一〇の意味に関する方略、一〇の言語使用の意味に関する方略（Chesterman, 1997）

（以上は、河原、二〇一三b、一一二頁を敷衍して少し情報を付加したものである）

ところが、これらの翻訳ストラテジーの定義ないし位置づけは、ストラテジー分析をする個々の研究者が、自分の問題意識や関心事、あるいは分析者の社会文化的コンテクストや個人的なイデオロギーに引き寄せて、時として恣意的な分類に終始している場合もあり、翻訳学ないし翻訳研究全体における翻訳ストラテジーの定位として必ずしもわかりやすいものではない（同様の問題意識として、Chesterman, 2005; Gambier, 2010）。

そこで本節では、先駆け的な研究を一つ（Vinay & Darbelnet, 1958/1995）取り上げ、次にその後の翻訳ストラテジー論の海外での展開を批判的に検討しつつ、翻訳学ないし翻訳研究のなかで一つの大きな概念装置である翻訳ストラテジーの研究上の扱いのあり方について論じる。

3.5.1　これまでの翻訳ストラテジー論とその批評

3.5.1.1　J・ヴィネイ&J・ダルベルネ（一九五八年）

J・ヴィネイとJ・ダルベルネは一九五八年 *Stylistique compare du français et de l'anglais*（Vinay & Darbelnet, 1958）で、フランス語・英語間の比較文体論の分析を行い、様々な翻訳の方略と手順を明確にした。一般的な翻訳方略として、直接的翻訳と間接的翻訳を挙げている。以下、詳細を記す。

直接的翻訳

(1) 借用：起点言語の言葉がそのまま目標言語に転移される。

(2) 語義借用：起点言語の表現や構造が直訳によって転移される。
(3) 直訳：逐語訳のことである。

基本的には直訳が翻訳のための良い処方箋となる、としているが、直訳すると異なった意味になる、直訳すると無意味になる、直訳が構造的理由で不可能である、目標言語のメタ言語的経験の内部に対応する表現を持たない、言語の異なったレベルの何かに対応してしまう、という場合には、次の間接的翻訳を行うべきだとしている。

間接的翻訳

(4) 転位：品詞転換のことである。義務的転位と選択的転位がある。
(5) 調整：起点言語の意味と視点を変えるもので、直訳や転位が目標言語において不適切で慣用的でなくぎこちない場合にこれが正当化される。義務的調整と選択的調整がある。
(6) 等価：同一の状況を異なった文体的・構造的手段で訳すことである。イディオムやことわざの翻訳の場合に有効。
(7) 翻案：起点文化のある状況が目標文化に存在しない場合、文化的言及対象を変えることである。

この七つの方略は、次の三つのレベルで作用する。

(1) 語彙
(2) 統語構造
(3) メッセージ：発話とそのメタ言語的状況ないし文脈
　＊メッセージは、語順と主題構造、接続語句を含む。

また、隷属（二つの言語体系の違いによる義務的な転位と調整）と、選択（翻訳者のスタイルや選好による非義務的な変更）という重要なパラメーターを説明し、選択という文体論の領域こそ翻訳者の主要な関心事であるとした。従って翻訳者の役割は「使える選択肢の中から選択して、メッセージのニュアンスを表現する」こととなる。

ヴィネイとダルベルネはさらに、起点言語から目標言語への移行の際に従うべき五つの手順のリストを挙げる。

(1) 翻訳の単位を見つける。
(2) 起点言語テクストを検討し、翻訳単位の記述的、情緒的、知的内容を考慮する。
(3) メッセージのメタ言語的内容を再構築する。
(4) 文体的効果を考慮する。
(5) 目標テクストを作り、改訂する。

(1) 翻訳単位に関し、「語彙的単位」と「思考の単位」が結合したものとみなし、「発話の最小単位であり、その記号が個別には翻訳できないような形で結びついたもの」としている（Vinay & Darbelnet, 1995, p. 21）。具体的には、個々の単語、文法的に結合したまとまり、固定表現、意味的に結合したまとまり、である。また、分析を容易にするため、起点テクストと目標テクストの両方の翻訳単位に番号を振り、それぞれのテクストに振られた同じ番号の対応関係を見ることで、どのような翻訳手順と翻訳方略が採られているかを見る、というものである。

この論考が（黎明期の機械翻訳系の議論とは別に）翻訳理論研究において初めて「等価」概念を打ち出したものだと言われている。但し、我々がいわゆる「等価」として論じている内容よりも、上述のようにかなり限定的な概念を扱っており、イディオムやことわざの翻訳の場合に有効だとしている。いずれにしても、この英仏語間の翻訳ストラテジーとその手順を示す論考は、一連の翻訳理論や等価理論の先駆けをなすもので[38]、仏独語間（一九六三年）、英西語間（一九七七年、一九八二年）でも同様の研究書が出るなど、かなり大きな影響力を持った。

翻訳の手順と具体的なやり方を示した同書は、近代以前の二項対立図式から大きく前進したといえる。本来、二項対立は離散的な対立軸ではなく連続体（cline）であって、グラデーションに応じたきめの細かい議論が展開されてしかるべきであった。そこを初めて突破したのが同書であると位置づけられよう。いち早く、翻訳ストラテジー研究に取り組んだという功績はあると言ってよい。

3.5.1.2　その後の翻訳ストラテジーの諸学説

その後、翻訳の実践面での理論的展開として、多くの翻訳ストラテジー論が提案された。上述のように、等価を論じるなかで提案されたり、翻訳シフトを論じるなかで提案されたりしたものもある。が、基本的には翻訳の理論と実践を橋渡しする論点が、このストラテジー論であり、様々な立場や多くの翻訳分野・ジャンルからの知見が提出されている（次頁の表3-8）。

翻訳ストラテジーの先行研究をコンパクトにまとめているのが、Chesterman（2005）、カーンズ（二〇一三［二〇〇九］）、Gambier（2010）、稲生・河原（二〇一〇）、篠原（二〇一三）であり、翻訳のメタ言語、メタ理論研究の観点で俯瞰的に図にしているのがvan Doorslaer（2009）である。これらを頼りに概括的にまとめる。

まずChesterman（1997）はこのストラテジーなるものの一般的特徴について述べている。プロセスであること、テクスト操作であること、目標志向であること、問題（解決）中心であること、潜在的に意識化したものであること、間主観的であること、である（Chesterman. 1997, pp. 87-92）。そのうえで、自身は一〇の統語的ストラテジーと一〇の意味論的ストラテジーと一〇の語用論的ストラテジーを提唱している。もともと言語学者でもあるチェスタマンならではの特徴づけと詳細な分類であると言える。

では、果たしてこのように細分化した分類を行う必要があるのだろうか。これまで提唱されてきたストラテジーの分類の数々を（網羅的ではないが）一部ここで挙げる。上述のように、翻訳シフトの一環として提唱されているものや翻訳テクニック論・メソッド論や翻訳等価論のなかで提唱されているものもあるが、一旦同じ俎上に載せて、理論的な検証を行う。

以上を概括すると、これらは翻訳結果を静的に捉え、原文と訳出物との差である翻訳シフト（cf. Catford. 1965など）を緻密に検証し、それぞれの基準で分類している分類学（taxonomy）である。これらは翻訳者が翻訳実践行為において実際に活用すべき「ストラテジー」として提唱されたもので、上記のように諸説あり、いずれも説明力があるのかもしれない。しかし本書は、これらの詳細な分類行為の背後にあるイデオロギーと、その分類が狙っている目的に着目する。

そもそも「ストラテジー（戦略）」とは、『広辞苑』によると、「戦術より広範な作戦計画。各種の戦闘を総合し、戦争を前局的に運用する方法」であり、また*Longman dictionary of contemporary English*によると、"strategy"とは"a well-planned action or series of actions for achieving an aim / skillful planning in general"とあるように、一定の目標を達成するための計画的な方策のことである。とこ

表３－８　様々な翻訳ストラテジー論

Vinay & Darbelnet（1958/1995）一般的翻訳ストラテジー：７つの手続き，方法 ―直接的翻訳：① 借用　② 語義借用　③ 直訳 ―間接的翻訳：④ 転位　⑤ 調整　⑥ 等価　⑦ 翻案
Nida（1964）５つの調整技術 ① 追加　② 代替　③ 変更　④ 脚注　⑤ 言語から経験への調整
Catford（1965）翻訳シフト ―レベルのシフト（文法から語彙へのシフト） ―カテゴリーのシフト ① 構造的シフト　② クラスのシフト　③ ユニットのシフト　④ 体系内シフト
Vázquez-Ayora（1977）一般的翻訳ストラテジー ① 直訳　② 間接的翻訳（転位，調整，等価，適合）　③ 二次的翻訳（拡大化，削除，補償，明示化）
Malone（1988）一般的翻訳ストラテジー ① 一致（同等，置換）　② 屈曲（分岐，収束）　③ 再生（拡大化，縮小化）　④ 並べ替え　⑤ 再構築（拡散，凝縮）
Newmark（1988）一般的翻訳ストラテジー ―８つの方法（テクスト全体に関係） ① 語対応訳　② 直訳　③ 忠実訳　④ 意味訳　⑤ 翻案　⑥ 意訳　⑦ 慣用語法に則した訳　⑧ コミュニケーション重視訳 ―15の手続（センテンスおよびそれ以下の単位） ① 転移　② 文化的等価　③ 記述的等価　④ 同義語　⑤ 語義借用ないしなぞり　⑥ 調整　⑦ 補償⑧ クプレ　⑨ 同化　⑩ 機能的等価　⑪ 成分分析　⑫ シフトまたは転位　⑬ 広く認められた訳語　⑭ 言い換え　⑮ 註，註解
van Leuven-Zwart（1989）一般的翻訳ストラテジー ① 調整（特定化，一般化）② 修正（意味論的・文体論的・統語論的修正）　③ 変異（追加，削除，根本的な意味変化）
Gottlieb（1992）字幕翻訳の翻訳ストラテジー ① 拡張　② 言い換え　③ 転移　④ 模倣　⑤ 複写　⑥ 変換　⑦ 圧縮　⑧ 簡素化　⑨ 削除　⑩ 放棄
Franco（1996）文芸翻訳における異文化要素の翻訳ストラテジー ① 複写　② 音の適応　③ 借用翻訳　④ 註（含ルビ）　⑤ 本文中の補足　⑥ 類義語での言い換え　⑦ 限定一般化　⑧ 絶対一般化　⑨ 帰化　⑩ 削除　⑪ 創造
Chesterman（1997）一般的翻訳ストラテジー ―10の統語的ストラテジー ① 直訳　② 語義借用，なぞり　③ 転位　④ ユニットのシフト　⑤ 句構造の変更　⑥ 節構造の変更　⑦ センテンス構造の変更　⑧ 結束性の変更　⑨ レベルのシフト　⑩ レトリックスキーマの変更 ―10の意味論的ストラテジー ① 同義語　② 反意語　③ 上位語　④ 反転　⑤ 抽象化の変更　⑥ 強調　⑦ 拡張，圧縮　⑧ 言い換え　⑨ 比喩の変更　⑩ 他の意味論的変更 ―10の語用論的ストラテジー ① 文化フィルター　② 追加，削除　③ 明示化，暗示化　④ 対人的変更　⑤ 言語行為の変更　⑥ 一貫性の変更　⑦ 部分的翻訳　⑧ 可視化の変更（註，註解など）　⑨ 翻訳編集　⑩ 他の語用論的変更
Lomheim（1999）字幕翻訳の翻訳ストラテジー ① 省略　② 要約　③ 拡大　④ 一般化　⑤ 詳述　⑥ 中立化
Molina & Albir（2002）一般的翻訳ストラテジー ① 適合　② 明示化，追加　③ 補償　④ 縮小化　⑤ 一般化　⑥ 直訳　⑦ 言語的拡大化　⑧ 語義翻訳　⑨ 推論による創造　⑩ 固定した訳語　⑪ 特定化　⑫ 転位　⑬ 圧縮　⑭ 借用　⑮ 描写　⑯ 置換　⑰ 調整　⑱ 変種
Davies（2003）『ハリー・ポッターと賢者の石』における異文化要素の翻訳ストラテジー ① 保持　② 付加　③ 省略　④ グローバル化　⑤ 現地化　⑥ 変形　⑦ 創作
Díaz-Cintas & Remael（2007）字幕の異文化要素一の翻訳ストラテジー ① 借用　② 語義翻訳または直訳　③ 明示化　④ 置換　⑤ 転移　⑥ 語彙創造　⑦ 補償　⑧ 省略　追加
稲生・河原（2010）ニュース字幕翻訳の翻訳ストラテジー(39) ① 命題保持訳　② 削除　③ 言い換え　④ 補足
Pedersen（2011）テレビ字幕における異文化要素の翻訳ストラテジー（メソッド） ① 保持　② 詳述　③ 直接訳　④ 一般化　⑤ 置換　⑥ 省略　⑦ 公的等価

表3-9　翻訳ストラテジー論の布置

スタンス	① descriptive（規範；normative）	② pedagogical / evaluative（模範；prescriptive）	③ committed（介入；intervenient）
ベクトル	retrospective 回顧的（後向き） ←	→	prospective 展望的（前向き）
巨視的・全体的（macro, global）	志向性（起点 vs. 目標）	指針（起点 vs. 目標）	戦略（抵抗 vs. 受容）
微視的・局所的（micro, local）	方略 客観的シフト分析	手順と技法 目的達成の具体的やり方	戦術 具体的攻略方法

ろが翻訳学の現状は、翻訳ストラテジーに関する用語、分類が百人百様であり、「用語上の混乱状態（terminological mess）」にある（Pym, 2011, p. 92, Chesterman, 2005 や Gambier, 2010 も同趣旨）。

　おそらくこれは後述（≪5.1）するように翻訳理論を提唱する際のスタンスの違いが関係しているように思われる。スタンスとは、記述的スタンス（descriptive stance）vs. 関与的・介入的スタンス（committed/intervenient stance）、そして教育・評価目的（pedagogical/evaluative stance）の大きく三つに分類されるだろう（≪5.1）。また、翻訳行為全般に対する巨視的なものか、個々の翻訳の訳語選択における意思決定に関する微視的なものか、という分類もあり、これら二つを掛け合わせると**表3-9**のマトリックスになる。

　まず、①記述研究の場合は、目標テクストが有している客観的なテクストの性質を同定するために、目標テクストと起点テクストとのシフトを丹念に比較対照し、シフトの性質を認定するための基準となるものがストラテジー（志向性）である。巨視的レベルでは起点志向か目標志向か、微視的レベルだと翻訳ユニットごとにどのようなシフトが起こっているかを分析する基準となるのがストラテジー（方略）ということになる。

　②教育・評価目的の場合、巨視的レベルでは、目標テクストを産出する全体の指針、ないし、評価をするうえでどのような指針が全体として採られているかを認定する基準がストラテジー（指針）である。そして微視的レベルでは、一定の翻訳目的を達成するための具体的な手順や、手順に従って採るべき技法を扱うのがストラテジー（手順・技法）である。また評価を行う場合は、どのような手順や技法が採られているかを認定する基準がストラテジーである。

　③関与的スタンスの場合は、背後に戦争の隠喩が潜んでいることに呼応し、ある種の敵を想定[40]したうえで、攻撃の全体的な方針が戦略（strategies）であり、微視的なレベルでの具体的攻略方法が戦術（tactics）である、という位置づけになるだろう。（これらが翻訳規範とどのような関係があるかは、4.1で後述する）。

　また、諸説が採用する混乱した用語を整理すると、以下のようになる。

　このように提唱者自身の主観的、恣意的な分類によりストラテジーの種類も多種多様であるし、翻訳行為全体におけるストラテジーの位置づけも立場によって多種多様であることが読み取れる。これは全く翻訳学のメタ言語の混乱に起因するのであるが（Gambier & van Doorslaer, 2009）、概念装置の概念定義、目的、分類法、全体での位置づけ、機能などについて統一的なコンセンサスが取れないならば、この混乱状況は続いてしまう。

　この点に関し以下で、翻訳研究におけるメタ言語の混迷状況を憂い

表3-10　翻訳ストラテジーをめぐる用語の整理

レベル	用語
巨視的 全体的 (macro, global)	• strategy (Pym; Venuti; Gambier) • global strategy (Kearns) • method (Pedersen; Chesterman)
微視的 局所的 (micro, local)	• strategy (Pedersen; Vinay & Darbelnet; Vázquez-Ayora) • local strategy (Kearns) —この下位に，strategy と procedure • strategy (Chesterman) —この下位に，理解と産出のストラテジー • tactic (Gambier) • procedure (Pym)

ている主な研究者であるチェスタマン（Chesterman, 2005）とガンビィア（Gambier, 2010）による諸論点の整理を紹介し、寸評を加える。

まずチェスタマンは翻訳ストラテジー論に関する五つの問題提起を行っている。(1)用語の問題、(2)概念・理論の問題、(3)分類の問題、(4)適用の問題、(5)教育上の問題、の五つである（Chesterman, 2005）。

(1)用語の問題としては、"strategy"という用語に類似したもの（類義語）として、"transfer" or "operation"（cf. Klaudy, 2003）、"procedures"（Vinay & Darbelnet, 1958）、"techniques"（Nida, 1964）、"transformations"（Retsker, 1974）、"techniques" and "procedures"（Newmark, 1981, 1988）、"shifts"（Catford, 1965）、"trajections"（Malone, 1988）を挙げている。しかし、これらは論者のスタンスを明確にし、そのイデオロギーと目的を明らかにしつつ**表3-10**の布置に収めれば混乱が解決するものと思われる。

(2)概念・理論の問題としては、(a)結果vs.プロセス、(b)言語的vs.認知的、(c)問題解決的vs.ルーチン、(d)全体的vs.局所的、の四つの下位論点を立てている。この点、(a)は3.5.2.1、(b)は3.5.2.3（意識vs.無意識の論点に関連させて）、(c)は3.5.2.3で若干触れつつ3.5.3、(d)は3.5.2.2で扱う。

(3)分類の問題としては、本書ですでに述べたことと同様の問題提起をしている。また、目を引くのはチェスタマンがここで「義務的／選択的変化」という概念を導入し、絶対的ではないものの有益かつ必要なものだとしていることである。しかし、これは本来、翻訳シフト論で論じるべき論点であり、詳しくは3.4を参照されたい。

(4)適用の問題としては、実証研究において翻訳ストラテジーはどのようにしたら操作可能になるか、という問題があるとしている。例えば「訳出単位」（unit of translation）の概念自体、確立されていないため、どのストラテジーがどの単位で機能しているのかの同定が困難であるという問題提起である。これは翻訳ストラテジー研究においても、翻訳教育においても共通した難しさであると言えよう。

最後に(5)教育上の問題としては、チェスタマンは次のように明確に述べている。「概念は教育目的上、明確かつ簡素なものでなければならない。つまり、"portable"でなければならない」としている。これは「教育」という目的を明確に掲げてストラテジーを説明する場合には、非常に重要な点である。[41]

次にガンビィアは、Chesterman（2005）を受けた論稿を展開し、ストラテジーの異なった分類法やストラテジーの重要な下位概念を挙げている（Gambier, 2010）。内容はほぼChesterman（2005）と同じではあるが、翻訳の作業プロセスの論点（本書の3.6で扱う）と、問題解決的vs.ルーチンの論点はオリジナリティが高いので、後ほど検討する。

以上を承けてここでは、理論のメタ分析のケーススタディとして、翻訳規範と翻訳ストラテジーの関係を批判的に分析し、その分析をとおして翻訳ストラテジーの論点の整理を行い、メタ言語の混乱状態を解消する試みを行う。

3.5.2　翻訳規範と翻訳ストラテジーの関係の批判的分析

では、等価構築の観点からこれについて総括する。チェスタマンはストラテジーとは「翻訳者が規範に従おうとする方法である。注意すべきなのは、それは等価の実現を求めるための方法ではなく、単に考えられる最善の翻訳にするための方法である」としている（Chesterman, 1997, p. 88）。この「翻訳者が規範に従おうとする」心的作用は「規範意識」として定位できるものである。そしてこのチェスタマンの言明を引用するカーンズも「これは、ストラテジー研究が今後進むべき道を示しており、それには翻訳ストラテジーを詳細に吟味するための新たなカテゴリーと分類が必要になるだろう」とチェスタマンに追随する旨を述べている（カーンズ、二〇一三［二〇〇九］、二二五―二二六頁）。果たして翻訳ストラテジーと翻訳規範の関係をこのように捉えるのが正当なのか。次にこの言明の妥当性について検討する。

チェスタマンはトゥーリーの翻訳規範の考え方を敷衍した翻訳規範論を展開している（Chesterman, 1997）。もともとイスラエル学派を生み出したイーヴン＝ゾウハーが多元システム理論を提唱し、それを継承してトゥーリーが翻訳規範論を案出した。このトゥーリーによる翻訳規範論は、目標言語社会全体のシステムとして社会規範が機能し、その一環として翻訳規範が翻訳実務家コミュニティという下位の社会を慣習的に規定する、という議論を展開している。チェスタマンもこの議論を土台にして翻訳ストラテジー論を論じているようである。チェスタマンの翻訳ストラテジー論によると、個々の翻訳者は最善の翻訳を求めて翻訳規範に従おうとする。そのために採用する具体的技術論がストラテジーであるという位置づけである。しかし、これは規範とアイデンティティ形成の関係性についての見識が甘い結果起こる誤謬を含んだ見解であると言わざるを得ない。

チェスタマンのこの主張は、翻訳規範に従うのが最善の翻訳のあり方であるというものであるが、等価の実現（つまり構築）が最善の翻訳に努めることではないかのような誤解を与える言明である。しかし等価はあくまでも翻訳を実践するときの努力目標として実際に機能しているという事実を見据えておかねばならない（河原、二〇一三a、一一八頁）。その際、様々なコンテクスト要因が作用することで、個々の翻訳者によって等価構築のあり方に相違が生じる、というのが等価構築性に照らし演繹されることであり（河原、二〇一四a）、後述するように翻訳規範は等価構築を行う一つの要素にすぎないし（≪4.1）、規範から逸脱することで翻訳者個人の個性やアイデンティティを示す行動パタンも観察されるのがミクロ社会レベルでの実際である。

次に、どのような理論構成が考えられるかについて検討する。詳細な検討は翻訳の目的論、規範論、イデオロギー論などとの連関を見据えないと困難であるが、①等価構築の心的・認知的手続きに焦点を当てるか、②等価構築の結果に焦点を当てるかによって、等価構築の具体的な観察方法が異なってくる。まず、②後者は起点テクストと目標テクストのテクスト的な「ズレ」として物質的に観察可能である。翻訳者が意識的・無意識的に等価構築行為を行った結果が、ズレ（shift）となって現れており、これは静的な産出物として客観的に捉えることができる。では、①前者の心的・認知的手続きの面はどうか。これは翻訳者が過去の翻訳経験から翻訳プロセスのなかで起点テクストを意識的・主体的に転換する（ずらす）行為（conversion）とその意識に焦点を当てるものである。意識的・主体的に転換するのであるから、等価のあり方についても当然認識しているのである。しかしながら、自らが意識しえない何らかの縛り（規範なり慣習なり個人的行動性向・価値観・イデオロギーなど）が作用することで結果として自らが認識しないズレも生じる、というのが翻訳の等価構築の実際であるだろう。そして、前述した日常言語におけるストラテジーの語義を踏まえて、本来の定義を「翻訳ストラテジー（strategy）とは翻訳者が意識的にシフトを起こさせる、または最小限に抑える転換操作のことである」とするならば、(a)「実際の翻訳物のズレ」から(b)「主体的な転換行為の結果物」を引き算したものが理論上は(c)「無意識的行為の結果物」となり（図3-5の(a)(b)(c)がこの包含関係を示している）、ここにはストラテジーのような意識的行為が関与しない残余（つまり、(c)）が存在することになる。そして理論上はこの残余範疇にも規範の規制は作用しているため、チェスタマンの言明は理論的に破綻することになる。

また、そもそも規範を逸脱することによって翻訳者が自身のアイデンティティを表出するという行動は、社会一般で見られる規範とアイデンティティの関係と同じであり（ゴッフマン、一九八五［一九六一］：野村、一九九二／一九九八）、チェスタマンがトゥーリーに依拠して特定の社会の総体を規制する規範を想定し、その構成員はすべてその規範に従うという着想がイデオロギー（虚偽意識）となって、規範、規範意識、ストラテジーといった概念の理論構成を曇らせていると言わざるを得ない。翻訳者コミュニティという社会を一枚岩なものと見立て、内部の構成員が一律に斉一的行動を取るという理論家のイデオロギーがここに読み取れる(42)。以下を図示すると図3-5のようになる。

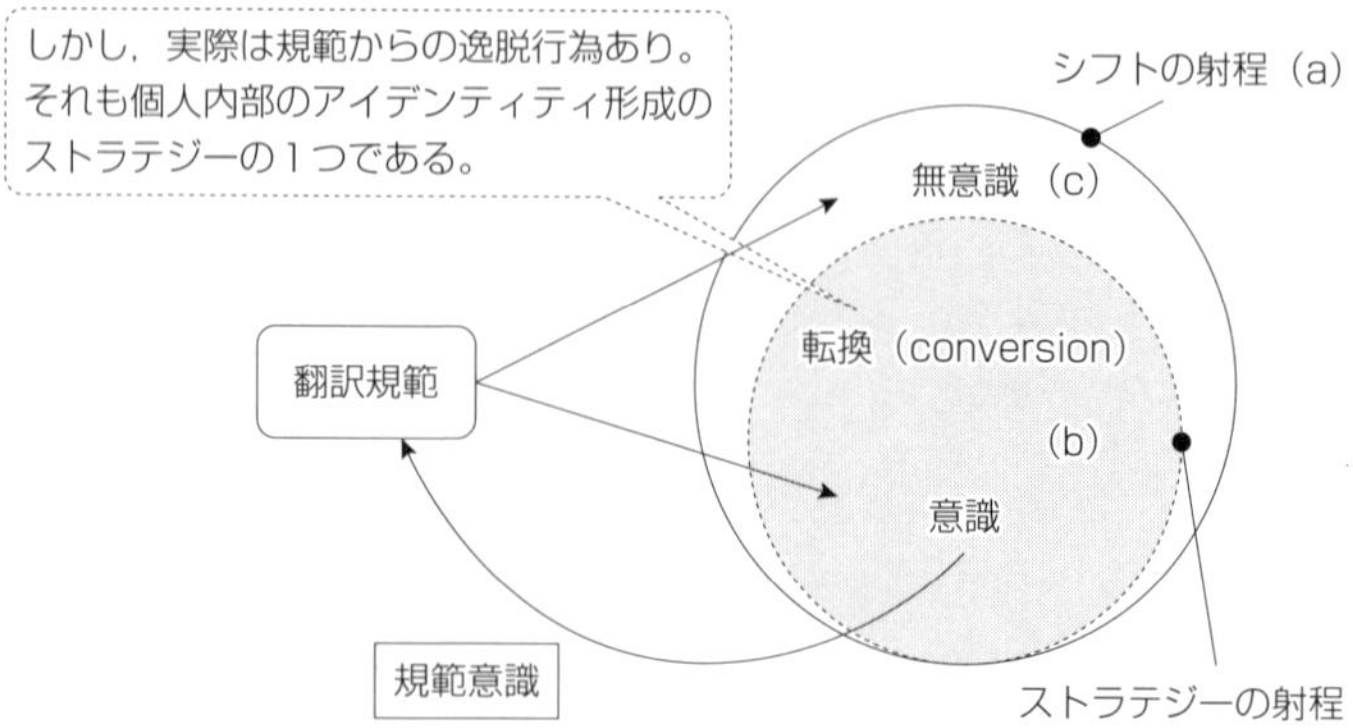

図3-5　翻訳ストラテジーと翻訳規範の関係

以上を前提に、ストラテジーに関する先行研究を検証する。

3.5.2.1 手続き的ストラテジー vs.テクスト的ストラテジー

一つ目の論点はストラテジーとは手続きなのか、手続きがテクストに現れた結果なのかということである。Molina & Albir（2002, p. 507）は翻訳ストラテジーの定義に、(a)手続き的ストラテジーと、(b)テクスト的ストラテジーの大きな二つがあることを指摘している。これは前述のように、(a)は転換行為に関わる本来の翻訳ストラテジーの射程であり動的なもの、(b)は結果物の観察方法としての翻訳シフトに関するもので静的なものである。翻訳行為の分析のベクトルの方向としては、(a)は展望的（前向き：prospective）で実際の翻訳プロセスの中で問題解決としてどう訳語決定を主体的に行っていくかに関わる局面、(b)は回顧的（後向き：retrospective）であり、実際に翻訳された結果物としての目標テクストと起点テクストとを翻訳が終わった事後に分析する局面である。この点、レルシャー（Lörscher, 1991）の主張を引用しているカーンズのコメントは正当である。

> レルシャーは、翻訳ストラテジーとは、「個々の翻訳者がある言語から他の言語にテクストの一部を翻訳する際、直面する問題を解決するための、潜在的に意識的な手続きである」という記述的定義を展開することで、それ以前の規定的見解（例えば Hönig & Kußmaul, 1982）からの訣別を訴える（Lörscher, 1991, p. 76）。この意味での心的現象としてのストラテジーそのものは観察不可能であるが、研究者がストラテジー指標を分析することで復元できる可能性がある。（カーンズ、二〇一三［二〇〇九］、二一一頁）

重複を厭わず繰り返すと、翻訳ストラテジーに関する数多くの学説のうち、(a)手続き的ストラテジーと、(b)テクスト的ストラテジーとして分類できるもののうちで本来的に「ストラテジー」と称するに値するのは(a)であり、(b)は「翻訳シフト」として静的なテクストベースの記述研究の対象となる項目であることを確認しておきたい。(b)テクスト的ストラテジーとは、手続きそのもの、翻訳ストラテジーそのものではなく、転換操作という手続きの結果の記述という意味合いであり、その結果には翻訳者の意識的なストラテジーが関与していない無意識のシフトも含まれていることに留意する必要がある。（そうでなければ、トゥーリーの本来の翻訳規範の記述的研究の研究手法が破綻してしまうことになる。）

3.5.2.2 局所的ストラテジー vs.全体的ストラテジー

もう一つの大論点としては、局所的ストラテジーと全体的ストラテジーの問題がある。全体的ストラテジーは、起点志向か目標志向か、あるいはこれを関与的・介入的スタンスで捉えるならば戦略として起点テクスト／目標文化に対して抵抗的な構えを持つか、受容的な構えを持つかの選択に関わることであり、どのテクストを翻訳する、しないといったトゥーリーのいう初期規範の論点に該当する事柄が争点となる。しかし、この全体的ストラテジーは、トゥーリーのいう運用規範の論点である基質的規範（パッセージの脱落・再配置・追加、テクストの分節化、脚注など）であるとかテクスト・言語的規範（語彙項目・句・文体的特徴などの選択）といった局所的なテクストの操作の全体的な集積があって初めて成り立つし（ボトムアップ）、逆に全体的ストラテジーのあり方が定まることでこれらの個別具体的な局所的ストラテジーのあり方も決定される（トップダウン）。規範との違いは、ストラテジーは主体的・意識的意思決定を行う対象を射程に入れていることである点である。これは特にヴェヌティが提起した異化／同化をめぐる一連の介入的アプローチ（Venuti, 1995, 1998）や、アイデンティティ・ポリティックスの陣営が展開する人道的・政治的なアジェンダ（Baker, 2006）と、それらを具現化するための実践的な局所的ストラテジーとが密接に関係するのであるが、詳しくは後述する（≪4.2）。いずれにしても、これらは等価構築のあり方を全体的にも局所的にも規制する大きな要因であることは確かである。

3.5.2.3 問題解決的 vs. ルーチン

これは翻訳ストラテジーの自動化（無意識化とは異なる）に関わる論点である。まず、翻訳ストラテジーは「問題解決」のためであるという想定がある。例えば、Lörscher（1991, p. 76）は「翻訳ストラテジーとは、ある言語から別の言語へテクストの断片を翻訳する際に個人が直面する問題を解決するための、潜在的に意識的な手続きである」としている。これはテクスト面ではなく、認知面に焦点を当てた定義であり、本書の趣旨にも適っている。また、これは問題解決に関連したもので、分析ストラテジー、調査ストラテジー、再策定ストラテジーなどがあり、翻訳ストラテジーを手続き的なものとして正当に位置づけている。

翻訳ストラテジーは心的・認知的手続きを本性とするため、時間とともに手続記憶と化するなかで、自動化が促される（Chesterman, 2005, p. 21）。この点、自動化と意識の関係を考えておかなければならない。問題解決には意識は不可欠である。ところがある解決ストラテジーを頻繁に使用することでそれがルーチン化してしまうと、ストラテジーが制御不能になるとか無意識のものになると思われがちであるが、そうではない。翻訳者は通常、自覚した意識がないまま翻訳を行うが、必要ならば意識的に内省や分析を行うことはできるのであり、訓練や実務作業の反復によって習得され検証されるなかでストラテジーの自動化・内在化が進むのである（Gambier, 2010, p. 417）。したがって、自動化し普段意識していないからといって、翻訳ストラテジーが無意識下に移動するのではないと理論的には構成される。無意識化の範疇は前述のように翻訳シフトとして分析するのが妥当である。

3.5.3 翻訳ストラテジー論の今後の展開——実務を射程に入れて

以上のように、翻訳ストラテジーの理論の全体像は、まず総論として表3-9で示したように翻訳の研究スタンス（記述的、教育・評価的、関与・介入的）の同定とミクロかマクロかの位相の違いを考慮する。そして各論として具体的なストラテジーの分類作業を、前項（3.5.2）で示した、①手続き的ストラテジー vs. テクスト的ストラテジー、②局所的ストラテジー vs. 全体的ストラテジー、③問題解決的 vs. ルーチン、に応じて峻別する、という構成となる。既存の翻訳ストラテジーの諸論もこのような観点から分析すると、有益性と機能性が増すと思われる。その際、ある程度、翻訳ジャンルごとに峻別して翻訳ストラテジーを体系化していくことが必要となる。一般的な翻訳ストラテジーなのか、例えば映画字幕翻訳のストラテジーなのかで、ストラテジーの全体的構成も異なってくる（この点、近時の翻訳プロセス研究の動向も幅広く見てゆかねばならない）。

最後に、理論と実務との架橋の作業が必要となる。これは多く出版されている翻訳実務のための実用書を分析し、共通項を抽出して上述の体系に当てはめてゆく作業を行うことになる。テクストベースの極めて局所的な議論として、品詞の転換というストラテジーに関して試みたものに、河原（二〇一〇）がある。しかしながら、理論と実務の橋渡し作業を本格的に行うためには、以下の三つが必要となろう（Chesterman & Wagner. 2002. pp. 57-58）。これは、*Can theory help translators? — A dialogue between the ivory tower and the wordface* という、理論家と実務家との興味深い対話が展開している文献からである。

①調査のストラテジー：特定の用語をどうやって見つけるか、インターネットのどこを探すか、誰に電話をして尋ねるか……。プロを養成する翻訳コースで教えることとして、辞書の引き方、パラレルテキストの見つけ方や使い方、用語リストの探し方、利用の仕方などが調査に関するストラテジーである。

②創造性のストラテジー：行き詰ったらどうするか、脳が動かなくなったらどうするか……。散歩に行く、コーヒーをもう一杯飲む、同僚に聞く、ジャズやモーツァルトを聞く、即断せず一晩考える、他のことを考える、空想する、違う箇所を訳す。このようなことは教えてもらうことではないが、コーヒーでも飲みながら気軽に話されるトピックであり、一般的に創造性を高めるストラテジーである。

③テクスト的ストラテジー：起点テクストをどうやって処理するか、どうやってもっと違う訳出を思いつくか、どうやってメタファー、方言、引喩、倒置構造、レトリック上の問題を訳すか。プロが問題解決のために使っているテクスト上のストラテジーは、上の二つと比べるとかなり多く研究されてきた。

以上の①②は翻訳理論の視点からすると無視してもよい項目であるようにも思われるが、翻訳の作業効率や質の向上を真摯に図ろうとするなら、翻訳プロセスの包括的な考察をしたうえで、正面から理論的に精緻化する価値のあることだと思われる。

これに関し、「翻訳の作業プロセス」として翻訳ストラテジーを見る見解もある（Gambier. 2010. p. 415）。

—翻訳前の理解のストラテジー（構成上のストラテジー、読解のストラテジー、テクスト分析のストラテジー、用語検索や情報検索の調査のストラテジー、専門家への相談など）。

—翻訳中の産出のストラテジー（草稿を書き上げ、局所的な問題を解決し、翻訳の最終稿を仕上げる）、修正のストラテジー、生き残りストラテジー。

—翻訳後：最終の作品をどのように提示し流通させるか、媒体をどのように選ぶか、どのように支払を受けるか。

以上のように、テクストベースの静的な翻訳ストラテジー分析に終始した枠組みから、実務を視野に入れながら、翻訳の作業プロセス全体を射程に入れた翻訳ストラテジー論の展開も今後必要となろう。

3.6　翻訳プロセス

以上は「等価構築」に関わる重要な論点であり、時代の流れに沿いながら一つひとつ丁寧に検証した。しかし、認知プロセスの研究は、等価構築に関わるものの、その内容よりもむしろ手続き面の性質が強く、深追いをしても情報処理理論、言語心理学、記憶研究、脳言語科学など多岐にわたる分野をカバーしなければならないため、ここでは代表的なもののみの概要を「等価構築」に関わる面のみに焦点を当てて論じていく。

3.6.1　A・ガット（一九九一年、第二版二〇〇〇年）

ガットは関連性理論に依拠した翻訳研究を一九九一年に*Translation and relevance — Cognition and context*として出版した。これは、一九八六年にスペルベル（D. Sperber）とウィルソン（D. Wilson）が『関連性理論』を著したのを承けて（第二版は一九九五年）、翻訳のプロセス論に応用したものである。関連性理論は発話解釈の推論に関する理論で、発話された言語情報（意味論的コード）の解読（表意の理解）と文脈情報からの推論（推意の理解）を行って発話意図を理解するときの認知プロセスを説明するものである。これを翻訳に援用したガットの主張の要点をまとめると、次のようになる（Gutt, 1991/2000, pp. 199-237；東森・吉村、二〇〇三）。

- 翻訳とは伝達行為の一種で、原文を翻訳者が解釈したものを言語間ないし言語変種間で伝達する営みである。つまり、言語境界を越えた解釈的用法の適用である。言語間で仲介行為が可能なのは、翻訳者が原文と訳文とに解釈的類似を確保するからである。
- これは、言語間の間接話法、あるいは直接または間接引用として、原文の著者がテクスト化したことを読者に伝えることで関連性を達成する。したがって、翻訳は意図明示的伝達という一般原理で説明可能である。
- したがって、翻訳における解釈は認知と伝達の原理で説明可能であり、直訳・意訳を広く射程に入れつつも、原理的には翻訳はただ一種類あるのみである。翻訳のために特別の理論を立てる必要はなく、推論過程自体は複雑だとしても、翻訳の概念そのものは簡単である。
- 直訳は解釈的用法の特殊な場合で、起点テクストと目標テクストが一〇〇％の解釈的類似性をもつ場合である。また、翻訳者は自分自身の解釈的意図を伝達するが、必ずしも明示的に伝達する必要はなく、単に推意によって伝達することも可能である。

以下は、東森による付記的な解説である（東森・吉村、二〇〇三、一七九―一八三頁）。関連性理論の翻訳研究への応用可能性について論じている（便宜上、アルファベットを付す）。

(a) 逐語訳の場合は、統語形式・語彙形式の類似性に基づき説明できる。
(b) 意訳と言われているものは、命題形式の類似性で説明できる。
(c) 問題点を四点指摘すると、まず第一に、日英語で明示すべき部分が、メトニミーとメタファーの使用で異なる場合の説明が問題である。
(d) 第二の問題は、異なる二言語間の、同時通訳の翻訳と通常の翻訳との違いの説明が必要なことである（Setton, 1999）。［中略］処理労力によって処理する時間があまりない同時通訳の翻訳の［原文ママ］一つの特徴で、関連性理論による処理労力と命題内容の類似性という観点から、説明可能である。
(e) 三つ目の問題は、漫画の翻訳では視覚情報が文字情報より重要で（Watts, 1989）、関連性理論では広告同様に、この分野でも十分に説明ができる。

(f) 四つ目の問題は、［中略］同一言語間での翻訳（例えば大阪弁の若者と標準語との翻訳。［中略］）も、説明すべきデータである。

(g) 最後に、最新のテレビにおける文字テロップの問題も、同じ言語による情報の〈翻訳〉という観点から説明が可能である。

［後略］

関連性理論は、関係の公理が人の推論メカニズムの基底だとし、人は関連性（最小の処理労力で最大の認知効果を上げること）を最大にするように方向づけられており、すべての意図明示伝達行為は最良の関連性の見込みを伝達すると主張する（Sperber & Wilson, 1986/1995）。この関連性理論は、言語は決定不十分性（underdeterminacy）を本質とし、言語的意味は伝達される意味を下回るとして、推論による発話解釈を理論化したものであると位置づけられる。

ところが、この理論は第2章で前述したような意味の不確定性（indeterminacy）や宛先依存性、無限更新性などのダイナミズムを射程に入れていないモデルだと言える。翻訳の「等価」は人により、状況や社会、時代や歴史により変わるもので、翻訳とは翻訳者による当座の意味づけ行為の結果である、つまり等価構築行為の産物である。構築性ゆえに、可変的で無限更新性に晒されているのが、関連性理論が説く「推論」の背後にある原理的本質である。ところが、関連性理論はこの人の意味づけ作用である「推論による発話解釈」を平準化し、回顧的、遡及的にその認知プロセスを説明するものであって、なぜ「推論による発話解釈」が状況によってこれほどまで異なるのか、多様性があるのかという根本的な問題に対して、答えを用意していない。東森がまとめたものを頼りに、具体的に見ていく。

ガットの理論の主張は、そのイデオロギーを如実に反映している。つまり、この理論は複雑で多面的・多義的・多層的な人間の言語コミュニケーションについて、単純な「推論による発話解釈」をグライス（P. Grice）が提唱した会話の協調原則のなかの「関係の公理」に矮小化して論じてしまったため、同じく複雑で多面的・多義的・多層的な翻訳コミュニケーション行為の分析についても、この一点にのみ収斂させてしまった。したがって、(a)から(g)の東森自身によるコメントも、その域を出ないものである。確かに関連性理論を適用すれば、（通訳を含む）翻訳の諸現象は説明可能かもしれない。しかし、それは諸現象の多面的側面のうち「推論による発話解釈」の面だけに照射して説明しているからであり、翻訳理論として新機軸を立てて理論の発展に貢献している部分は薄い。

ただし、この理論で目を引くのは、「解釈的類似」という概念が、とりもなおさず「等価」を暗黙裡に想定していることである。そしてこの解釈的類似という効果を翻訳読者に与えるという視点から（本書でいうと、解釈的類似を確保するための等価構築のあり方を探るという視点から）、もっときめの細かい議論を行うことがこの関連性理論は可能である。特に字数制限が厳しく課されている字幕翻訳の分野で、どのように原文の言語情報を選択的に訳出したり、字数制限があるにも拘らず補助的な説明を訳文に含めたり、あるいは原文からかけ離れた訳出を行うことで解釈的類似を達成するかについて、表意、高次表意、推意といった概念装置で分析が可能となる（染谷、二〇一一：cf. 今井・西山、二〇一二）。

また、通訳・翻訳のプロセス研究のなかで、水平的翻訳と垂直的翻訳の処理モデルがあるが（de Groot, 1997）、自動化されたテクストベースの情報処理（いわゆる浅い処理）が前者、発話意図まで含めて深いレベルで概念化を行う情報処理（いわゆる深い処理）が後者に該当するとも言える（染谷、二〇一三）。そして、この「浅い処理」と「深い処理」の違いは、関連性理論でいえば「表意・高次表意」のレベルでの処理と「推意」のレベルでの処理の違いと言い換えることもできるわけで、通訳・翻訳のバイリンガル状況での情報処理モデルに特化した形での関連性理論の応用可能性は十分あるものと考えられる。

等価構築性から、このガットの関連性理論を適用した翻訳モデルを総括すると次のようになる。このモデルは翻訳における等価構築が様々な言語知識レキシコンや百科事典的知識に依拠して、一義化、飽和、照応解決、富化、アドホック概念形成といった語用論モジュールである推論装置を使って推論をしながら起点テクストの解釈がなされているかを詳細に記述するモデルであるといえる[43]。しかし、通訳・翻訳における解釈的類似は重要な概念だが、まだ十分にその知覚メカニズムが解明されているわけではない。我々は、類似性の知覚は、①論理形式上の類似性を判断する能力と、②広義のメタファー処理能力の両面から議論することができると考える（染谷、二〇一二）。メタファー処理能力とは「複数の対象を比較する能力、比較するということに基盤をもつカテゴリー化の能力（＝類似点に基づいて世界をカテゴリー化する能力）：同一の対象を異なるレベル・観点から捉える能力」と定義することができる。これはすなわち、あるものと別のあるものとに類像性を見出す認知作用であり、パース記号論の用語でいえば「解釈項」の射程で論じられる論点である。

ここで見落としてはならないのは、この解釈項が働く際、様々なコンテクストが背後に存在しているということである。解釈者たる翻訳者は、自分が有する様々な言語知識レキシコンや百科事典的知識を駆使して推論的解釈を行う。ところがその知識は個々人の過去の経験を基盤にした長期記憶に格納された個性の強いスキーマ的な知識であり（つまり、推意前提が人により異なる）、また一連の一義化、飽和、照応解決、富化、アドホック概念形成などの推論装置も生得的なモジュールとしては斉一性があるが、実際の言語使用の場面におけるその適用結果は一様ではなく、それぞれの個性が反映された「解釈傾向」に支えられたもので、解釈的推論は「意味の不確定性」や「宛先依存性」に常に晒されているのである。つまり、関連性理論は言葉の意味の決定不十分性（linguistic underdeterminacy）について平準化された認知推論モジュールとして説明を試みるものであるが、言葉の意味の不確定性（linguistic indeterminacy）については議論の射程に入れていないと言える。したがって、同一の原文に対して翻訳者が異なれば訳出も異なるという事実の解明には資さない。コミュニケーション行為の一回性、偶然性、出来事性から翻訳行為のダイナミズムを分析する本書の等価構築性の解明には不十分な理論装置である。

3.6.2 R・ベル（一九九一年）

ベルは一九九一年 *Translation and translating: Theory and practice* で、翻訳プロセスのモデル化を試みている。これは人工知能の要素を取り入れ、選択体系機能言語学の枠組みを採用し、統語論・意味論・語用論における分析と合成とかならなるモデルである。これは、翻訳を情報処理の観点から説明するもので、起点言語の解読と目標言語への産出に短期記憶と長期記憶を要するとする。トップダウンとボトムアップ両方の構造を持ち、その手順は図で示されている（本書では省略）。まず、起点テクストの分析のほうは、統語構造分析（mood, transitivity, theme）→意味構造分析（レジスター：mode, tenor, domain）→言語行為分析（illocutionary force, speech act）という分析を経て、意味表示へと到達する。この意味表示は完全に言語から自由な意味表示に転換されるとしている（Bell, 1991, p. 56）。目標テクストの産出のほうは、これとは逆の方向へと合成していくことになる。

　この点、マンデイはこのモデルは仮説的なものにとどまると批判している。実証データでサポートされておらず、例として挙げられているテクストも文脈から切り離されたものだからである（マンディ、二〇〇九［二〇〇八］、一〇一頁）。そもそも、これは人工知能に依拠したモデル化であること自体、問題があるし、様々なコンテクスト要素を捨象し、言語から自由な意味表示を取り出したものは、およそ人の言葉に対する意味づけの実相から乖離しているもので、到底等価構築の説明モデルとはなりえない。ちなみに、本書は第二部で「意味」、第三部で「記憶」を扱い、翻訳の総合科学を目ざしてはいる。但し、その基底には選択体系機能言語学が参照枠としてある。

3.6.3　M・レデレール（一九九四年）

　セレスコヴィッチの弟子であるM・レデレールは、パリ学派の通訳における「意味の理論」を踏襲し、翻訳の三段階のプロセスをモデル化した解釈モデルを提唱した（Lederer, 1994）。本書の第1部で「翻訳の理論的側面」について説明しており、通訳、口頭言語と書記言語について述べたあと、解釈（脱言語化、意味、即座の意味把握、意味単位）、書記言語の形態、理解（言語的構成素の理解、暗意の理解、認知的インプット―認知的情意的インプット・世界知・言語外知識・状況的知識）、表現（再言語化、検証の段階、内容の一致と等価の形態）という構成で論を進めている。しかしながら、その骨子としては、マンデイ（二〇〇九［二〇〇八］、九九頁）もAlbir & Alves (2009) も、以下の三つを挙げている。

(1) 読みと理解：言語能力と世界知を用いて、起点テクストの意味（sense）を把握する。これは、言語的知識のみならず、認知的なインプット、百科事典的知識、状況的知識によって補足されるとする。これによって得られるのが意味で、意味はあらゆる言語的、非言語的要素から独立したものであるとする。

(2) 脱言語化：理解から再表現に至る中間段階のことで、通訳・翻訳で再表現が行われるのは言語形式ではなく脱言語化された意味であるとする。

(3) 再表現と検証：これは単一言語コミュニケーションにおける言語化と同じプロセスを経るとしている。つまり、送り手の意図する意味を言語形式に変えるプロセスである。そして、検証はDelisle（1982/1988）が追加したもので、いわば二度目の解釈をとおして暫定的な翻訳結果が起点テクストと等価であるかどうかを検証するプロセスであるとする。

　これはマンデイも批判しているように、脱言語化は理論的に未成熟であるし、そのプロセスは実際に観察できない（マンディ、二〇〇九［二〇〇八］、九九―一〇〇頁）。しかも、特に翻訳は起点テクストが目の前にあり、もっと精確に言うと原文テクストが恒常的に現存するため、それから目を背けて裸の意味を取り出すというのは、現実的ではない。しかも、このことは前述(1)のバイリンガルモデルにおいて、通訳でさえ作動記憶システム内で水平的翻訳プロセスを標準／無標としていることからしても、翻訳ではなおさら訳出単位ごとに言語形式に依拠した処理を行っている。但し、意味ないし意味づけの所在という観点からすると、セレスコヴィッチ[44]／レデレールの言わんとする素朴な考えは評価されてしかるべきであって、特に通訳教育の分野でいまだにこの解釈モデルが人気があることもある程度首肯できる。

同書はこの後、等価について扱い、認知的等価、情意的等価、言語の精神と等価の創造、等価の評価などの論点を扱っているが、基本的には前述のコラーの等価と対応、という図式を踏襲したもので、特に意味の理論固有の目新しい議論はない。また第二部では、翻訳実務、翻訳教育、外国語教育への応用、機械翻訳についても扱っている。

3.6.4 その他のモデル

その他、D・キラリーの社会学・心理学的モデル（Kiraly, 1995）は、社会学的モデルとして社会的責任主体としての翻訳者の自己像や役割について論じ、心理言語学的モデルとして発話プロトコル（think-aloud protocol）によって翻訳の制御された側面の解明につながるとして、それを情報処理モデルに取り込んでいる。またヴィルス（W. Wilss）は認知心理学を応用して意思決定プロセスのモデルを提示している（Wilss, 1996）。ヴィルスはスキーマ理論を応用して知識の類型化を図り、その知識に基づいた意思決定プロセスを六つの局面に分類している。問題の特定、問題の分類（描写）、関連情報の調査と検索、問題解決ストラテジー、解決策の選択、解決策の評価、である。そして特に翻訳教育において問題の複雑さをどのように簡素化・単純化するかの認知プロセスを提示している。

これらは、等価構築という観点からすると、一見翻訳の意味とは関係ない論点であるように思えるが、等価構築には翻訳者という主体がどのような自己像や役割観を持ち、翻訳の実際上の活動をコントロールしているかも大きく関わるし、また個々の意思決定のプロセスが等価構築のあり方を大きく左右するとなると、意思決定プロセスの解明も等価構築には極めて大切である。

その他、翻訳者のキーボードへのキー・ストロークを記録したり、アイ・トラッカーで眼球運動を測定したりするなど、まさに翻訳のオンラインプロセスの身体的部位の反応から探るなどの諸研究も、翻訳プロセスの解明の一環として行われており、等価構築のあり方を多角的に検討する際のヒントになる（詳しくは、Yamada, 2009, 2011 などを参照）。

*

以上が「言語等価論」に関する、等価論・翻訳シフト論・翻訳ストラテジー論・翻訳認知プロセス研究であった。これらの諸論点がどのように有機的な体系を構築しているかについては、第4章で検討する他の翻訳研究諸学説と併せて、社会記号論を基に第5章でメタ理論分析しつつ総括を試みる。では本章の最後に以上で言及した諸学説の有効性と社会的機能について検討する。

3.7 等価学説の社会的機能

最後に、等価学説が社会のなかで具体的にどのような機能を担ってきたかについて、ナイダの翻訳論（SIL／WBT（ウィクリフ）、エスノローグ）についての具体例および聖書翻訳学説のその後の変遷の具体例を通して検証していく。

3.7.1　SILについて

前出（≪3.3.1）のナイダ（E. Nida、1914-2011）は、識字や新約聖書のメッセージ、福音の伝道・拡散を目的としたSIL（Summer Institute of Linguistics）[45]の重要人物で、SILの創始者であるW・C・タウンゼント（一八九六―一九八二）にミシガン大学に送り込まれ、言語学を習得することになった。その背景としては、タウンゼントが、厳密な構造言語学による科学的な手続きによって言語が習得され翻訳されれば、どのような宣教師であっても、どのような未開の部族であっても、いかに未知の言語であっても、伝道が可能であるという信念の裏打ちがあったからである。ナイダをはじめとした宣教師たちは、言語の専門家として識字の普及や福音の伝道を目的に、母語主義（母語は魂のことば Handman, 2007, pp. 171-174）を掲げる。このようにして母語中心主義[46]と福音主義とが一体化した形で、SILでは構造主義を中心とする言語教育および翻訳教育が伝道主義のもとで施される[47]。

　このような社会的背景から出てきたのが、ナイダが提唱した「動的等価」の概念である。この翻訳ストラテジーは、(1)統語面では、起点言語たる聖書テクストの文法構造から深層構造へと逆行変形することで普遍的な意味構造を抽出し、それを目標言語で適切な文へと再構成（変形）するという科学的手続きを採るというものである。まずここでは、生成文法に依拠した統語構造の普遍性と、それに基づいて抽出が可能な普遍的意味が理論的に存在するというイデオロギー、意味の普遍主義（原言語）のイデオロギーが看取されると言える。しかも、生成文法が想定するのは、言語変種ではなくSILが認定する離散的な言語であり、言語ナショナリズム的な言語観とプロテスタンティズムが共鳴して福音が伝道されることとなる。

　次に、(2)（語用論的な広義での）意味の側面では、そのようなプロセスを踏んで得られた意味を確実に現地の人々に伝道せねばならない使命を全うするために採用されたのが、形式的等価ではなく「動的等価」（のちに「機能的等価」）である。起点テクストである聖書テクストの形式的な類像性（文体、修辞）より、メッセージの伝達（＝福音の伝道）のほうを優先し、「すべての人々が、自分の言葉で神のことばである聖書を読めるようになることを目指」すのである。もちろん、これには保守的な教会からの猛反対もあったが、聖書翻訳においては主流の翻訳ストラテジーとなっており、ナイダの学説を継承・発展する動向が顕著に見られるのが、聖書翻訳における等価イデオロギーである（≪3.7.2で詳述する）。ここには、導管モデル的な客観的に伝達可能な意味の存在（神のメッセージ、福音）、社会指標性を等閑視した言及指示的意味中心の言語イデオロギーが看取されると言える。

　以上、(1)(2)を総括すると、母語主義と伝道主義が一体となり、（伝道可能な）離散的な言語が想定された母語へと福音を宣べ伝える一環として翻訳を行うために唱えられたのがナイダの学説であったことがわかる（ナイダの学説をめぐる聖書翻訳としては、Handman, 2007 のほかに、Kirk, 2005; Greenspoon, 2005; Schieffelin, 2007; Errington, 2008 などがある）。

　このことをさらにマクロな視点で見ると、動的等価という翻訳ストラテジーに関し、「動的等価が可能であれば、翻訳と解説の間に正当な妥協ができ、それゆえ伝統主義的教会に長い間権力を与えてきた障

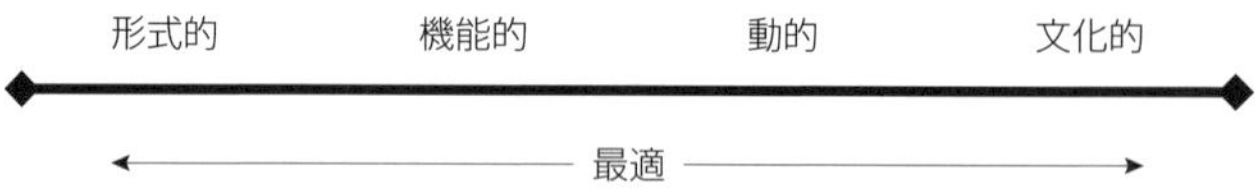

図3-6　聖書翻訳規範としての等価軸

壁の一つを除去することになった。なぜなら、聖書の翻訳が理解しにくい限り、聖書の説明のために聖職者が必要だったからだ」とピム（二〇一二）は説明し、「キリスト教福音主義に適合するもの」で、「西洋文化における拡張主義にとって適切な概念だ」と結論づけている。もしこの見方が正しいならば、動的等価という概念および具体的な翻訳戦略は、欧米内部においても、欧米外の新世界に対しても、現代福音主義の発展のための理論装置になると言えるだろう。

3.7.2　聖書翻訳における近時の等価研究の動向

上述のような宣教活動の流れに連動し、聖書翻訳研究の分野でも動的等価概念が展開を見せている。聖書翻訳の分野は、他の分野とは異なり、等価と規範とが直結した、ある種イデオロギッシュな議論が見られる。規範概念を打ち出したトゥーリーは、等価は翻訳の記述研究のための前提としているのに対し、Kerr（2011）は、「聖書翻訳の『規範』の一つはまさに等価概念である」としている。

具体的に見ると、ナイダが提唱した動的等価から派生していくつかの理論が出てきている。意味ベースの翻訳（Larson, 1984; Barnwell, 1986）、文化的等価（翻訳的文化変容）（Kraft, 1979）、完全等価（Price, 1987）、最適等価（Price, 2007）、最近接の自然的等価（God's Word to the Nations, 2004）、機能的等価（de Waard & Nida, 1986）、（等価実現という）スコポス理論（Reiß & Vermeer, 1984）である（学説の動向については、Kerr, 2011 が詳述している）。これを聖書翻訳規範としての等価の連続体軸（cline）に載せると、図3-6のようになる。

このカーの論文は聖書翻訳のこれまでの翻訳研究の動向も押さえつつ、特にプロセスモデル、関連性理論（Gutt, 2000）、文化的転回（Wendland, 2008）などにも論及しており、聖書翻訳の近時の動向をうまく概括している。ジャンル論と等価、規範論とを結び付けた論文で、後述（≪4.4）するジャンル別の等価の多様性を論じるうえでの土台にもなる。

聖書翻訳研究の動向としては、他の翻訳研究領域と異なり、「聖書」という原典にいかに忠実であるかという「等価」イデオロギーが強く前景化することが挙げられる。また、聖書翻訳者が等価を誠実に実現するとしても、翻訳の際に考慮すべき文化的要因として、古代の聖書時代の文化、現代の目標文化、目標言語である母語に訳す翻訳者に対して西洋文化を仲介し忠告や導きを示すこと、の三つがあるとカーは説明している（Kerr, 2011）。これは翻訳者トレーニングを念頭に置いた、ある意味で西洋キリスト教徒の目線からの説明だと言える。したがって、カーは結論として二〇世紀後半と二一世紀はじめの聖書翻訳の諸理論を歴史的コンテクストから説明したいと言っているにも拘らず、聖書翻訳研究の非合目的性を露呈しているとも言えよう。

*

以上、聖書翻訳に見られる翻訳学説の実社会及び研究コミュニティでの社会的機能を見てきた。強力な合目的性とそれに付随する非合目的性が、社会（コンテクスト）と学説（学術テクスト）との間で複雑に絡みつつ、イデオロギッシュに連動していることがわかる。

注

（1）指示の不確定性から翻訳の非決定性原理を導いているクワインとは区別したい（Quine, 1960）。本書は言語行為一般にみられる意味の不確定性から、翻訳の不確定性を導出している。

（2）例えばノードもスネル＝ホーンビーも自らの機能主義に対する否定項として等価概念を批判し、特にコラーの概念（≪3.3.1）と対立させている（Nord, 1988, pp. 23, 25-26; Snell-Hornby, 1986, p. 15; 1988, p. 22）。しかし、これは等価を狭く本質主義的に捉え、直訳を想定して議論を展開しているにすぎず、後述するようにコラーの等価モデルは機能主義そのものとも言える。

（3）パラダイムに関しては、野家（一九九八）が簡潔、かつ要を得た形でまとめている。パラダイム（paradigm）はクーン（T. S. Kuhn）の科学論を支える最重要語で、もともとはギリシア語で「範型」や「モデル」を意味した。下ってはラテン語など語学学習における語形活用の「模範例」を意味する。クーンが依拠したのは後者の語義であり、彼はパラダイムを「一定の期間、研究者の共同体にモデルとなる問題や解決法を与える一般に認められた科学的業績」と定義している。つまり、現場の科学研究を先導する具体的指針のことである。個別の専門分野はパラダイムを確立することによって、「科学」として認められる。したがって、パラダイムを放棄することは、科学研究を止めることに等しい。クーンは科学の歴史を、知識の蓄積による連続的進歩の過程としてではなく、パラダイムの交代による断続的転換の過程として捉え直した。そのため、クーンの科学観には「パラダイム論」という呼称が与えられている。しかし、クーン自身がパラダイムを「世界観」と同一視するなど意味の拡散に一役買ったため、マスターマン（M. Masterman）はその曖昧さを批判し、パラダイムに二一種類の異なる用法があることを指摘した。クーンはそれを受けて、パラダイムを「専門母型」（註：disciplinary matrix の訳語）と言い換えたが、この用語はまったく流通しなかった。晩年のクーンはパラダイムを「解釈学的基底」や「辞書」という概念によって表現し、その内容を解釈学的考察や意味論的分析を通じて分節化することを試みている。他方、パラダイムはクーンの意図を越えて「物の見方」や「考え方の枠組み」を意味する一般語として使われ始め、現在にいたっている（野家、一九九八、三〇五頁）。

　このようにクーンは『科学革命の構造』の初版に対する、特にカール・ポパーやマーガレット・マスターマンからの批判を受け、専門母型なる概念を打ち出し、これに記号的一般化、パラダイムの形而上的部分、価値、見本例という重要な四つの要素があるとし、とくにこの見本例を重んじた（詳しくは、『科学革命の構造』一九六九年の補章を参照：クーン、一九七一［一九六二／一九七〇］、一九七—二四二頁）。

（4）新約聖書が書かれた言語は、「イオニア化したアッティカ方言」がコイネー——すなわち、ヘレニズム及びローマ時代の「共通の」言語——となったものである（ケスター、一九八九［一九八二］、一三六—一五三頁）。

（5）但し、聖書の神聖性と聖書が記された言語（ヘブライ語、コイネーギリシア語、のちに翻訳されたラテン語）の神聖性とは明瞭に分けて論じる必要がある。社会言語学的な言辞には両者の神聖性を同一視しているものもあるが（小山、二〇一二）、これは各時代やキリスト教の諸教派による、言語観や「神の言（ことば）」（ヨハネによる福音書一：一）に対する捉え方によっても異なりうる——これは聖書の翻訳（不）可能性にも関連する——ため、神学者の更なる説明を要する。が、それは別稿に譲る。

（6）Kerr（2011）は Nord（2005）を引用し、人に対する道徳的な責任を“loyalty”と言い、テクストに対する責任を“fidelity”と位置づけている（Nord, 2005, pp. 32-33）。

（7）⑴翻訳者は原著者の意味と素材を完全に理解しなければならない。もっとも、曖昧な点を明確にするのは自由であってよい。
⑵翻訳者は、言語の尊厳を損ねないためにも、起点言語と目標言語の両方の知識を完全に持っていなければならない。

(3)翻訳者は逐語訳を避けるべきである。
(4)翻訳者はラテン語的な表現や変わった表現形式を避けなければならない。
(5)翻訳者は不自然さを避けるために表現豊かに言葉を組み立て、つなげなければならない。（Dolet, 1540/1997 in マンデイ、二〇〇九［二〇〇八］、四一頁）

（8）(1)翻訳は原作品の考えを完全に書き写さなければならない。
(2)書く際の文体や表現様式は原文と同じ特徴をもっていなければならない。
(3)翻訳は原文のもつ読みやすさをすべてもっていなければならない。
（Tytler, 1790/1997 in マンデイ、二〇〇九［二〇〇八］、四一頁）

（9）なお、"foreignization"と"domestication"の訳語に関し、ヴェヌティ（二〇一一）の訳者解説で鳥飼は「異質化」「受容化」を選んでいる。「外国化」「内国化」を採用しない理由は、「国家」を前提とした議論ではないためであり、また「異化」はその音声を同時通訳で聞いた時に理解の困難さがあるためとしている。そして、「異質化」「受容化」を選んだ積極的な理由も示している。

確かに、ヴェヌティ（二〇一一、四五六―四五七頁）での鳥飼の主張は的を射ておりそれに従いたいところではあるが、本書はL・ヴェヌティの主張を検討する際に、「異質化」を下位分類して「異質同化」「同質異化」と称しているため、「異質化」という用語の「質」を敢えて外したり、「受容化」ではなく「同化」を選んだりして造語しやすくするという判断から、「異化」「同化」を採用している（《4.3）。そして、シュライアーマハーやベルマンの「異質化」「受容化」の議論とはやや異なり（cf.水野、二〇一〇、三八―三九頁）、ヴェヌティ独自が戦略的用語としてこれらの概念を導入したことに鑑み、本書ではヴェヌティの用語には「異化」という訳語を当てる。

ただし、「異化」というと、シクロフスキー（Ви́ктор Бори́сович Шкло́вский: V. Shklovsky）が「方法としての芸術」（『散文の理論』所収）で示した概念（Остранение: defamiliarization / ostranenie）で、日常言語と詩的言語を区別し、自動化された状態にある日常の事物を、初めて見るもののように、その存在そのものを感じとれる形で描出し、「生の感覚」をとりもどすための芸術の一手法であるとし、自動化（automatization）との対概念として定立したロシア・フォルマリズムを代表する概念の一つであること（佐藤、二〇一二、一九五頁）、そしてこれがブレヒト（B. Brecht）の演劇上の概念である「異化効果」にも影響を与えたことを想起させる概念であることを付記する。

また、「同化」というと、文化接触研究において異文化滞在者や移民などが移動先の新しい文化的要素を取り入れて自己の中に内在化させることを指す。母文化のアイデンティティ保持や母文化出身者との交流に否定的な態度を持つ場合を同化（assimilation）、両者に肯定的な態度を持ちつつ新しい文化を内在化する場合を統合（integration）として概念を区別している（小柳、二〇一三）。これは行為者側から見た社会心理である。また、平野（二〇〇〇）は、文化触変の観点から、外来文化要素を受け入れることを「受容」（acceptance）、受け手文化の人々が外来要素を積極的に受容し自己を変容させることを認める場合を「同化」（assimilation）としている。そして国が同化を強制すること、文化を変えさせようとすることを「同化政策」と呼ぶ（平野、二〇〇〇、一一〇頁）。これは受け手ないし受け入れ国の側の心理的態度ないし政策である。このように異文化適応論や国際文化論に言う「同化」「受容」は、翻訳研究のものとは異なっていることを付記する。と同時に、本来翻訳研究においても「異質化」「受容化」を文化触変論や異文化適用論、社会心理学（アコモデーション理論：集中・収斂か逸脱・分岐か）や国際社会学や言語政策論などの文脈の中で、言語面と社会文化面の相関として論じていく必要があるが、この点は今後の課題としたい（なお、小山、二〇一一a、一九七―二〇四頁）。

（10）尤も、これらはある程度、表3-1の③を含んだ①であると思われる。

（11）日本の意訳の伝統については、水野（二〇〇七）を参照。

（12）例えば、差異と類似（あるいは同一性）の関係性について、ベルマン（二〇〇八［一九八四］）を翻訳した藤田は訳者あとがきで、「差異のうちに同一性を探りあて、そのことによって差異を際立たせる営み、それこそが翻訳ではなかったか」という問題提起を前面に打ち出している

（四〇四頁）。

(13) 例えば、「仲介」のメタファーに典型的に示される翻訳観は、翻訳を伝聞あるいは報告された談話だと見る見方である。ヘルマンス（二〇一一）は、翻訳は報告された談話・発話であり、「すでに発話された言葉の再現と再配置である」とし、「自由直接話法—直接話法—間接話法—要約的翻訳—省略についての言及」を挙げ、典型的な大部分の翻訳は「直接話法」であり、上記のグラデーションのなかではじめの項目のほうは翻訳者が原作を模倣している場合であることを示し、おわりの項目のほうが翻訳者はより自分の言語使用域で発話し可視的な存在となるとしている。

また、スコポス理論の系譜を汲む伊原（二〇一一）は、翻訳を異文化コミュニケーション行為と捉えつつ、翻訳を話法のコミュニケーション行為として具体的なテクスト分析を行っている。具体的な結論の一つとして、「英語小説内の話法表現が登場人物寄りで直接話法的に和訳されていれば同化で、語り手寄りで間接性が高まれば異化」としている（二二一頁）。

(14) 本書第二章に呼応させるならば、意味づけ論が意味の不確定性として意味の不可知性を説き、言語人類学系社会記号論が意識の限界や近代理性の限界を説いていることからして、このような言語に対する捉え方はイデオロギッシュであると言える。

(15) 加藤（二〇一〇）によると、「文化翻訳」はE・E・エヴァンス＝プリッチャードが一九五〇年のレクチャーでこの語を使用したことが最初だという。

(16) アイヌの口頭伝承訳の研究を行っている佐藤（二〇一一b）は、アピア（Appiah, 1993/2000, pp. 389-401）は「他者を尊重しつつ、翻訳される語の文化的コンテクストを読者に理解させる手法として、注や解説を駆使する翻訳を『厚い翻訳』と定義した」としている（二〇〇頁）。

(17) フォルマリズムの流れとして、旧チェコスロバキアにおいて、文体論を中心に翻訳理論が展開した。後述するミコ（Miko, 1970）、ポポヴィッチ（Popovič, 1976）などがある。

(18) 等価の起源は、F・ソシュールの弟子にあたるシャルル・バイイ（Charles Bally）にある。Vinay & Dalbernet（1958）が引用するバイイの文献に見られるが、両者に理論的継承関係は特にない。

(19) 朝妻（二〇〇九）は、ヤコブソンによる自然言語の創造性の根拠を「転位」としての「近接性」としている。テーゼ［2-1］における翻訳において、もとの記号と翻訳された記号は完全に等価的なものにはなりえない。つまり、話し手は自らの意味したい内容を言語記号に完全に言い換えることはできず、またそれを受け取る聞き手もその言語記号から完全な意味内容を解釈することはできない。つまり、聞き手、話し手双方にとって言語記号は意味が転位しており、近接的に意味のずらしがあるからこそ、意味の表現の幅が生まれると立論している。したがって、個々の記号単位に完全な等価に基づいて翻訳するのではなく、メッセージ全体に置き換えることで意味を理解するのであり、これは本来の意味での翻訳（言語間翻訳）においても同様である。その意味で、ヤコブソンは「メッセージ全体としてみれば翻訳可能である」と主張しているのである。

(20) なお、スキャンダルと翻訳スキャンダル論については、長沼美香子「翻訳における『等価』言説」を参照（長沼、二〇一三）。

(21) コセリウの論稿は『コセリウ言語学選集』として三修社から四巻出版されており、その他いくつか翻訳書も出ている。

(22) ところが、Nida（1964）では、このYngve（1957）を引用しているものの、その引用箇所では等価や核文には論及していない。また、核文レベルでの転移を定式化したNida &Taber（1969）ではYngve（1957）を引用していない。

(23) 核文とは、メッセージが目標言語へと転移されるレベルのものである。これは生成文法の初期理論に登場するものだが、理論的意味が明確ではないことから標準理論では放棄された。

(24) 基本要素（機能クラスのタイプ）には、出来事（動詞が中心）、対象（名詞が中心）、抽象（形容詞を含む）、関係（前置詞、接続詞を含む）があるとする。

(25) 等価反応を確保するための翻訳の四つの基本的要件として、次を挙げている。(1)意味を成すこと、(2)オリジナルの精神と様式を伝えること、

⑶自然で簡単な形式の表現を有すること、⑷類似の反応を生み出すこと。

(26) 括弧内は筆者が文脈上補足した。

(27) このド・ボウグランドの「経験的等価」を踏まえて読者サイドの認知的負荷から等価のあり方を考察した水野的の「翻訳における認知的負荷と経験的等価―読者の文理解と作動記憶をめぐって」も参照（水野、二〇〇八）。

(28) この点、すでに一九二二年の段階でJ. Postgateが*Translation and translations: Theory and practice*のなかで、等量（commensurateness）という言葉を繰り返し用い、「翻訳は量と質において、オリジナルに忠実でなければならない。量と質は自立したものではなく、量への無関心は質へと影響しないはずはない」としている（Postgate, 1922, p. 65）。そしてこれを日本の野上豊一郎が一九三八年『飜譯論：飜譯の理論と實際』で「等量的翻訳」という概念でそのまま踏襲していることを、Curran（2008）*Theatre translation theory and performance in contemporary Japan: Native voices, roreign bodies*が指摘しているのを拾い上げ、さらに緻密に分析したのが長沼（二〇一〇）「野上豊一郎の翻訳論」である。

(29) 「観念構成的機能」「対人的機能」「テクスト形成的機能」は注（31）で示している各変数（フィールド、テナー、モード）が一連の談話意味を形成し、これら三つのメタ機能となる。

(30) 小山（二〇一一b）は以下のようにSFL学派を評している。

　一般に、（翻訳研究においては）「言語学」イコール「ハリデイ機能文法」であると捉えられている節があるが、機能文法だけでも数多あり、ハリデイ機能文法は言語学の内部では（英語、チェコ語／日本語などに偏向し、例えば豪州先住民諸語や北米先住民諸語などを上手く分析できないなどといった理由により）余り高い評価を得ておらず、言語教育や翻訳研究のような、かつて「応用言語学」と呼ばれていた分野で勢力を保っているものにすぎない、ということが、あまり明瞭に認識されていないようである（小山、二〇一一b）。

(31) 要するに、社会指標機能レベルでの「コンテクスト創出機能」が考慮されていないと言える。基底にある考え方は、「社会の様相がテクストに現れる」「テクストは社会の具現（realization）である」という言語観である（佐藤、二〇〇六、一九頁）。これはこの学派の理論的枠組みとして、文化のコンテクスト（ジャンル）→状況のコンテクスト（言語使用域：活動領域・役割関係・伝達様式）→テクスト（観念構成的・対人的・テクスト形成的機能）を大きい順に同心円で表し包含関係で図示しているMartin（1992, p. 496）にも現れている。この点、コンテクストと言語の間の関係は対話的交換の関係である（Matthiessen, 1995, p. 33）、社会の新たな要請によって言語体系における意味の仕方の可能性が絶えず更新されかつ拡大されて、新たな意味が作り出される（Halliday, 1994, p. 273）、コンテクストもシステムも、対人的相互作用としてのテクストが繰り返し産出消費されることによって構築され維持され、また再構築され変化させられる社会記号的構築物なのである（山口、二〇〇〇、六―七頁）といった説明が見られるが、後述の翻訳理論におけるレジスター分析（≪4.1）同様、社会がテクストにどのように具現されているかの静的かつ回顧的な分析にほとんどの理論的説明を費やしていると言える。

(32) 「フィールド」は何について書かれているか、「テナー」は誰が誰とコミュニケーションしているか、「モード」はコミュニケーションの形式、をそれぞれ表す。これら三つの変数がレジスター（言語使用域）を成す。

(33) 現在の言語学では通常「構成要素順」と言う（例えば、ウェイリー、二〇〇六［一九九七］）。

(34) この点、本書では表3-2で示しているように、一般言語学と同様に、社会記号論の立場からテクスト的等価はパロールないし語用のレベルに位置付けているが、ベーカーはこれをラングないしコードのレベルに位置付けている（語用論的等価は別の範疇として分類しているため）。

(35) このマクロ構造モデルは、物語学（Bal, 1980）と文体論（Leech & Short, 1981）からの借用概念に基づいたものであるとしているにもかかわらず、ヴァン・ルーヴァン＝ズワルトは物語論や文体論に関するその他の重要な文献を参照していない。

(36) これは、コーパスベースの機械翻訳の研究とは異なるので注意が必要である。

(37) Holmes (1970) は韻文の翻訳文体に関し、韻文を常に散文に翻訳するというシフトに加え、①起点テクストに似た形式を翻訳で使う模倣形式、②起点テクストに似た機能を果たす形式を選択する類似的形式、③テクストの内容に基づいて新しい形式をつくる有機的形式、④個々の翻訳者が各自解決法を見つける外的形式の四つの選択肢を打ち立てた (ピム、二〇一〇［二〇一〇］、一一六―一一七頁)。

(38) 尤も、ヴィネイとダルベルネは、仏独語を比較したマルブラン (Malblanc. 1944/1963) からヒントを得ている。

(39) ニュース字幕翻訳の分析の手順は以下が考えられる (具体例は、稲生・河原、二〇一〇参照)。まず、英語原文と日本語字幕翻訳を訳出単位ごとにパラレルに並べ、命題 (ないし項) がそのまま保持されている部分を同定する (命題保持訳)。次に、原文にあり翻訳にない箇所を同定する (削除)。そして、原文が何らかの形で別の日本語表現に言い換えられている箇所を同定する (言い換え)。さらに、原文にはなく、翻訳文にのみ現われている補足的な表現を同定する (補足)。これらの作業を行うと、英語原文と日本語字幕翻訳との対応関係がすべて抽出できるので、実際の翻訳者もこの四つの転換操作を意識して行っているものと思われる。したがって、①命題保持訳、②削除、③言い換え、④補足、という四つの転換操作を以ってニュース字幕翻訳における「訳出ストラテジー」と筆者は考える。そしてこれは即座に翻訳教育ツールにもなる (実例として筆者が二〇一〇年度前期に津田塾大学で行ったドキュメンタリーフィルムの日英字幕翻訳の教育実践がある。河原、二〇一一c参照)。

また、この四つのストラテジーを採用する背後にある理由・動機を三つの側面から分析し (前述の翻訳行為の状況――①言語的側面、②コミュニケーション的側面、③社会・文化的側面を参照)、なぜこれら四つのストラテジーを現場で採用するのかについての理由を理論的に明らかにすることで、訳出現場での諸ストラテジー採用の意思決定の正当化や合理化が図られ、翻訳教育にもこれを応用することができると思われる (稲生・河原、二〇一〇)。

(40) ジェンダー研究からの翻訳理論であれば男性ないし男性性が、ポストコロニアリズム研究からの翻訳理論であれば少数派を支配する存在全般 (西洋の大国、諸々の社会的マジョリティなど) が (想定上の) 敵となりうる。

(41) この点、学習者のコンピテンスとしての英文法力を養成することを目指した新しいタイプの英文法書である田中 (二〇一三) は、英文法の妥当性 (教育・学習的妥当性) の三条件として、①teachability (教えることができる)、②learnability (学ぶことができる)、③usability (使うことができる) を挙げている (一七頁)。これは教育工学上の「妥当性」を説くもので、翻訳学においても、教育という応用場面での妥当性が純理論の妥当性や健全さを保証するという発想で、この三条件の観点からメタ言語の混乱状況を整理し直す作業は極めて有益だと思われる。

(42) 規範論を役割論との関連で論じてみると、次のようになる。一方で役割規範には諸個人を同調させる規範統制的側面と、他方で個人の欲求充足を起点として、社会秩序を流動化させ、新たな構造を形成してゆく規範の再構造化の側面とがある (棚瀬、一九九二)。そして、相互行為過程で役割の内容が当事者の自由な交渉・合意によって形成される面がある一方、この流動性を否定せず個人にとって容易に変更できない所与のものとして感ぜられる役割の安定性・社会性、つまり役割の規範化・制度化の面もある。このように、役割には制度化の二つの方向、つまり行為者が多数の役割期待を統合し調整しつつ獲得するというハビトゥス形成と、共通価値を媒介にして役割が社会性・安定性を獲得するという社会制度形成が見られる。前者が廣松のいう役柄であり、後者が物象化である (廣松、二〇一〇)。

他方、このような制度化・固定化という志向性がある反面、役割の再構成、規範の更新・改編の絶えざる動きも存在する。これは人が日々の社会実践において役割関係を再生産すると同時に、変化を求める存在でもあり、そのことによって意識的・無意識的に役割から距離を取ったり、競合する役割・規範をめぐる葛藤から新たな秩序を生み出そうと逸脱行動を行ったりし、そのことにより新たなアイデンティティを再編する、という営為を行う。これは一回一回の役割行動の実践として現象化するものと言える。

以上からすると、トゥーリーは規範の抽出という記述的研究を累積することで、翻訳に関する一般原則を引き出し、翻訳研究の科学性と体系性を求めようとしているが（Toury, 1995/2012）、これは翻訳規範を法則性へと昇華させる志向性や、翻訳者の役割の「役柄」や「物象化」の側面を照射する志向性が強いために（合目的的機能のこと。翻訳理論の用語で敢えて言えばスコポスに当たる）、翻訳ストラテジー論の理論構成へも不慮の影響（非・合目的的機能のこと）を生じさせてしまった、とメタ分析できる。

(43) 関連性理論の諸下位概念に関しては、関連性理論を扱った文献を参照されたい。例えば、Sperber & Wilson（1986/1995）、東森・吉村（二〇〇三）、今井・西山（二〇一二）など。通訳研究では、Setton（1999）がある。

(44) 一九六八年に登場したセレスコヴィッチの「意味の理論」は、特に通訳の実務家や通訳教育者に人気を博してきた（例えば、小松、二〇〇三、二〇〇五；近藤、二〇〇九）。マンデイも指摘するように理論的には未熟なもので、いわゆる俗理論（folk theory）ではある。しかしながら、通訳のクライアントやエージェントあるいは一般の通訳の聴衆に対し、通訳は逐語的な一対一対応ではないことをアピールするという社会的契機、そして通訳教育の場面で原文の表層的な字面に囚われ過ぎないようにと指導するうえでの訳出モデルの提示という教育的契機から、通訳教育者であり通訳実務家であるセレスコヴィッチが提唱した主張が多くの支持を集めてきたことにも正当な理由がある。では、理論的にはどうか。筆者の考えるところ、一九六八年という時代に鑑み、理論的裏付けが取れる時代背景にはなかったとはいえ、直観的には通訳・翻訳の認知処理をある程度言い当てている説ではあり、脱言語化という極めてミスリーディングな用語を排し、心理言語学、認知科学、バイリンガリズム研究、記憶研究などと接合することで洗練する可能性がある祖形であると言えるであろう。この点、意味の理論の批判をまとめた水野（一九九七）「『意味の理論』批判と通訳モデル」を参照。

(45) このSILという組織（http://www.sil.org/）は、アメリカテキサス州に本部がある、キリスト教信仰に立つNGOで、少数言語の調査、記録、翻訳、識字などの活動を通して、その言語を話す人々を支援している。ここのメンバーは、宣教と言語のトレーニングを受け、様々な言語が話されている地域に赴き、現地で伝道の奉仕をしたり、学術団体として各国の大学などで研究・教育を行ったり、現地語の辞書や文法書等の成果を発表したりしている。一九三四年にはじまった言語講座（Institute of Linguistics）が毎年夏（Summer）に行われていたことから、この名称が使われている。この組織は世界ウィクリフ同盟（http://www.wycliffe.net/）とパートナー関係にあり、日本では日本ウィクリフ聖書翻訳協会（Wycliffe Bible Translators Japan、http://www.wycliffejapan.org/）がある。これは、「聖書翻訳、学術、識字教育などを通して、すべての人々が、自分の言葉で神のことばである聖書を読めるようになることを目指」す団体で（同団体のウェブサイトから引用）、聖書翻訳の現状について、「聖書全巻がある言語が五一八言語」「新訳聖書があるのが一二七五言語」「聖書の分冊があるのが一〇〇五言語」「聖書翻訳プロジェクトが進行中なのが二〇七五言語」「聖書翻訳プロジェクトがまだ始まっていないのが一九六七言語」（二〇一二年一一月世界ウィクリフ同盟統計資料。これは、SILインターナショナルが提供している世界の少数言語の調査を行っているEthnologueの資料による、http://www.ethnologue.com/）とされる。

(46) 広く見られる交易語や混淆変種では、情緒的に不安的な要素が残り十全な改宗が見込めないため、心に響く言葉、魂に訴える言語として、母語主義が選択されている（パプア・ニューギニアの例：Handman, 2007）。

(47) 前述したバーガー（一九九五［一九六二］）は、アフリカ各地でのキリスト教布教活動の顕在的機能と潜在的機能の例を挙げている（≪1.4.2）。

第4章 翻訳等価性をめぐる諸アプローチ

等価論の展開

翻訳学のこれまでの理論的潮流や理論陣営間の攻防の経緯については本書のいくつかの箇所でこれまで素描してきたので、ここではその概略的な説明は省略し、すぐに個々の内容分析に入る。本章も諸学説の概略とその背後にあるイデオロギーを主に扱っていく。現在最も標準的な翻訳学体系とされるマンデイの『翻訳学入門』（原著の初版二〇〇一年、第二版二〇〇七、第三版二〇一二年）にある程度即しながらも、「等価構築」の観点から諸論点や全体の体系を整理して、「社会等価論」「等価誤謬論」「等価超越論」「等価多様性論」の順で議論を進めていく。

4.1 社会等価論
——社会行為性を加味した言語分析の諸学説

前章で見てきたような翻訳の「言語」的側面に照射した議論では、とかく二言語間の言語の表層的な等価性が議論されることになると見られがちだが、翻訳が社会でどのような機能を果たしているのか、つまり社会的機能を加味した言語的側面に照射する翻訳理論が登場するのはごく当然のことである。本書ではこれを「社会等価」とし、社会的なコミュニケーション行為性を加味した言語分析の諸学説という位置づけで概観する。

全体の流れとしては、まず(1)テクスト自体のタイプに着目するテクストタイプ理論、次に(2)それを踏まえて諸分野や他の学問領域との関係の全体を描こうとする統合アプローチ、また、(3)翻訳者を取り巻く関係者との関係のなかで翻訳行為のあり方を分析する翻訳的行為論、さらに、(4)目標文化側での翻訳の目的や機能について論じるスコポス理論、逆に(5)スコポス理論を踏まえたうえで起点言語軽視の批判を超克するための翻訳テクスト分析理論、以上はドイツの流れであるが、(6)選択体系機能言語学派の翻訳研究者が展開するレジスター分析論（イデオロギー分析も含む）、また、(7)イスラエルを中心に目標文化のマクロコンテクストをシ

本書が分析対象として扱う翻訳諸理論の全体的な見取り図（第3章〜第5章）

第3章　言語等価論　等価前史，翻訳等価，翻訳シフト，翻訳ストラテジー，翻訳プロセス
第4章　翻訳等価性をめぐる諸アプローチ
- 社会等価論　テクストタイプ論，目的論，多元システム論，規範論・法則論など
- 等価誤謬論　ジェンダー論，ポストコロニアル理論など
- 等価超越論　解釈学，異質性・脱構築・倫理など
- 等価多様性論　翻訳ジャンルの多様性と役割拡張，研究手法の多様性など

第5章　翻訳等価性をめぐるイデオロギー　記述的翻訳研究，関与的・介入的翻訳研究など

ステムの観点から分析する多元システム理論、(8)それから派生した記述研究を踏まえた翻訳規範論と翻訳法則論、同じ流れでオランダ・ベルギー・イギリスなどの研究者グループが記述研究を展開した(9)操作学派、が登場した。但し、(9)は次節の冒頭で論じるという構成にしている。

4.1.1 テクストタイプ理論

まず登場したのがテクストタイプ理論で、これは言語学が言語の機能論について論じている潮流に乗った主張である。ライス（K. Reiß）は元々翻訳評価をめぐって議論が錯綜するなか、テクストタイプの違いによって評価のあり方も異なるという問題意識から、この理論を提唱した（Reiß. 1977/1989）。これはK・ビューラーの言語機能に関する三分類（叙述機能、表出機能、訴え機能）に呼応する形で[1]、翻訳テクストの機能を情報型テクスト、表現型テクスト、効力型テクストに分類し、これら3極の間に混成型もあるとする。これらのテクストタイプをベースに、言語内の教示基準（意味的、語彙的、文法的、文体的特徴）および言語外の教示基準（状況、主題分野、時、場所、受け手、送り手、情動的含意）によって目標テクストの適切性が評価されるとする。

　この点、なぜテクストタイプが三つしかないのかという疑問、個別具体事例でどのように適用されるのかという疑問などが提出され、これを受けてノード[2]はヤコブソンの交話的機能を追加した枠組みを提示するなどしている（下記(5)で議論する「道具としての翻訳」という概念の中にこの機能を追加している）（Nord. 1997. p. 40. 51 表3参照）。いずれにしても、言語機能の多面性・複層性に鑑みると社会記号論にいう機能のごく一部のみに焦点を当てた理論であると言える。

4.1.2 統合アプローチ

テクストタイプ理論をやや複雑にしたのが統合アプローチである。スネル＝ホーンビー（M. Snell-Hornby）は一九八八年（改訂版は一九九五年）の著書で、ライスが提唱したテクストタイプ理論を敷衍する形で（Snell-Hornby. 1995. pp. 29-31）、翻訳の分野、テクストタイプ、社会文化的背景知識、訳出プロセス、言語学領域、音韻的側面をマトリックス化して示している（Snell-Hornby. 1995. p. 32）。

　彼女は本書の第1章で翻訳学は独立した学問分野であることを唱え、そのために総合科学を目ざしたことが推察される。そしてテクストタイプに依拠する準拠概念として、カテゴリー化やプロトタイプ、ゲシュタルトなどを導入し、テクスト類型論とプロトタイポロジー（敢えて訳せば原型類型論）の延長線上にこの統合アプローチのマトリックスを描いている。

　しかしながら、各項目の有機的な連関があまり示されておらず、祖形ないし構図を描くという野望に終わった感がある。しかも、「等価幻想」なる項に八頁半も紙幅を割いたうえで「等価は翻訳理論の基本概念として不適切である。等価という用語は、（二〇年以上にわたる白熱した議論の末）不正確かつ不明確であることもさることながら、言語どうしは対称であるという幻想を抱かせてしまう。しかしながら、このような対称性は曖昧な概括の域を出るものでは決してなく、翻訳の基本問題を歪めてしまうのである」というふうに、翻訳の等価概念について根本的な疑義を提示している。しかし、言語学や哲学、記号論などに根差した意味の本質から等価概念に迫る作業は行っていない。そして、彼女は操作学派（≪4.2）を紹介しつつ、同書の後の章でシステム、規範などの概念を導入したり、フレーム意味論や言語行為論などを説明したりするなど、翻訳に関する多様な概念や要素を盛り込んで翻訳学全体を統合しようと試みてはいるが、それらを統括するためのメタ理論を導入していないがために、一貫した論の展開が見られない印象を受ける。

4.1.3　翻訳的行為論

今度はテクストの機能から、翻訳者及びその周辺にいる関係者の相互行為における翻訳の機能を論じる説が登場する。それが翻訳的行為論である。ホルツ＝メンテリ（J. Holz-Mänttäri）が一九八四年に提唱したもので、本全体の英訳はない。ドイツ語のタイトルは、*Translatorisches Handeln: Theorie und Methode* であり、英訳すると *Translatorial action: Theory and method* となるであろう。これは、'translator' および翻訳に関係する様々な主体の行為に照射する理論であるので、本書では翻訳関係者の相互行為やインタープレイに焦点が当たっていることに鑑み、「翻訳的行為論」と訳すことにしておきたい[3]。この訳題の趣旨を活かせば、この理論は翻訳者および翻訳関係者の相互主体的行為に照射した理論で、「何が機能的に適切であるのかは、翻訳者が決定しなければならない」という目標テクストの「訳出テクスト操作」の側面が前景化されよう。Holz-Mänttäri（1984）は、発起者、依頼者、起点テクスト作成者、目標テクスト作成者、目標テクスト利用者、目標テクスト受け手、という翻訳をめぐる相互行為の参与者を理論に組み込み、彼ら彼女らはそれぞれに一義的、副次的な特定の目標を持って翻訳を利用するのであり、このような翻訳を取り巻く関係者の調整を行いつつ、受け手のニーズに合わせた目標テクストの決定を主体的に行うのが翻訳者である、という位置づけで翻訳的行為を論じる。

これは、実際の実務翻訳での制約を取り込んだ理論として、翻訳実務の立場からの評価は高い。現在、実務翻訳や産業翻訳の現場では、コーディネーターやプロジェクト・マネージャーなどの多くの関係者が翻訳に関わり、ローカリゼーションのような大規模なプロジェクトを組んでチーム翻訳をする場合も多い（山田・鳥飼、二〇一三、一二六―一二七頁）。翻訳実務の実践において、関係者が意識化しやすい要素を明確に理論化する作業は、作業効率の点でも翻訳の質の向上の面でもメリットは多いだろう。また、本書の言う「等価多様性」の議論に呼応し、4.4.1で後述するように翻訳者及び翻訳関係者の役割拡張という傾向（表4-2を参照）にも連動させた議論が展開できる。

理論的には、ノードも指摘するように（Nord, 2005, pp. 31-32）、起点テクストが「構築と機能のプロファイル」のための分析される二義的な対象と成り下がっていることなどという批判もあるが、等価構築の観点からすると、「目標テクストの訳出テクスト操作」の側面を前景化してみせたことは、ある程度評価される。しかしながら、この理論が、意味とか等価についての原理的な理解に依拠しているとか、この理論の言う「操作」という概念が等価構築の実相を如実に把捉しているとか、翻訳行為が主体のイデオロギーの主体による言語化の一現象である側面を理論化しているとかいうのではない。また、関係者の相互行為の実態を、コミュニケーションモデルの全体のなかで理論化するなどの視点も特にない。実務に即した、意識化されやすい側面を鮮明化している理論であると言える。

4.1.4 目的理論（敢えて、スコポス理論）

これも翻訳の機能を重視した理論で、元々、フェルメール（H. Vermeer）[4]が一九七〇年代に提唱していたものだが、先ほどの翻訳的行為論と近似している。翻訳者は目標文化内で目標テクストが果たす目的を達成するために、起点テクストを情報リソースとして目標テクストを産出する、というのが骨子で、目標文化内での目的を第一義的に重視するため目的理論、ギリシア語を使用することで学術用語としての箔付を行いたい（エムブレム化したい）場合は「スコポス」（skopos）理論と称する[5]。Reiß & Vermeer（1984/1991）によると、目標テクスト（Translatum）はスコポスが決定する[6]（フェルメール自身はスコポスは翻訳者が最終決定すると主張している）、起点テクストは目標テクスト産出のための情報提供機能を有するものである、起点テクストの機能と目標テクストの機能は同一でなくてもよい、目標テクストの産出にあたり、①目標テクストの目標文化内でのスコポス、②目標テクストの一貫性、③起点テクストへの忠実性（整合性）が、内容・形式・効果の点でなければならないとし、優先順位は①＞②＞③となると言う。

この理論は、先ほどの翻訳的行為論同様、翻訳行為は交渉され遂行されるものであり、相対的なものであると見極めたうえで、何を重視すべきかに関し、目標文化内での機能（スコポスもしくは依頼内容）を重視するという主張となっている。この点、等価構築の観点から見ても、等価相対性を見据えたものと評価できる。しかしながら、起点テクストをあまりにも軽視している点や、目標テクストのミクロレベルでのテクストの特徴について論述していない点など、批判も多い（次のノードの説がこれらを克服しようとしている）。本書の主意からの批判は、先ほどの翻訳的行為理論への批判とパラレルであり、翻訳という多面的な現象の一局面のみ、しかも実務家ないし研究者が意識しやすい点にのみ照射しているところが限界であると言える。

4.1.5 翻訳テクスト分析理論

次に、翻訳的行為論とスコポス理論の批判点を考慮したノード（C. Nord）によるテクスト分析理論が登場する。これは「起点テクスト」の分析モデルを、翻訳学習者に提供するという教育目的を持ったものである。Nord（1988［2005］）では、まず翻訳を二つのタイプに分け、記録としての翻訳（文芸翻訳など、起点文化コミュニケーションの記録として翻訳を残す役割を果たすもので、逐語訳・直訳・異国化翻訳の手法によるもの）と、道具としての翻訳（翻訳をメッセージ伝達の道具として捉え、受け手が翻訳であることを意識することなくコミュニケーション目的を達成するもの）という二つの機能を措定する。そしてそれぞれについて、起点テクストの特徴の機能を理解し、翻訳の意図された目的に適ったストラテジーを選択するフォーミュラを学習者に提供する教育効果を持つ。具体的には、①翻訳依頼内容《コミッション》（翻訳概要《ブリーフ》）の重要性（意図されたテクスト機能・対象者—送り手と受け手・テクスト受容の時と場所・媒体—音声と文字・動機）、②起点テクスト分析の役割（題材・内容・前提・構成・非言語要素・語彙・文構造・超文節的特徴）、③訳出上の問題の機能的階層（機能を決する、機能的諸要素を決する、起点志向か目標志向かを決する、下位レベルの問題に取り組む）というものであり、「起点テクスト」を重視する方向へと強く傾斜して、これまでの翻訳的行為論やスコポス理論を克服し、緻密なフォーミュラを提示しつつ、硬直性をなくす努力をしている。

このようにノードが翻訳に関する諸要素を明確化したことで、等価構築に関わるテクストとコンテクストの諸要素が明らかになった。その意味で、この理論は優れていると言える。しかしながら、翻訳研究の原理論から眺めると、翻訳教育目的が前景化されているので仕方ないとはいえ、やはりテクストとミクロコンテクストのみ、しかもテクスト産出に関わる表層的な部分のみに意識が向いている点は否めない（教育目的がこの理論の合目的的機能となっており、理論の諸要素も分析者の意識に上りやすいものを中心に構成している）。とはいえ、翻訳教育に貢献していることは大きく評価されてしかるべきである。この理論の理論的立ち位置に関しては、後述することとする（≪5.1）。

4.1.6　レジスター分析論

以上のようなドイツの潮流とは別に、選択体系機能言語学派（ＳＦＬ）にも翻訳研究の展開がある。レジスター分析による翻訳分析である。

レジスター（言語使用域）というのは言語学の学派によって若干異なった概念を表すものである。[7] 通常は、言語が使用される場面における伝達方法、人間関係、分野など社会的状況に応じて人が使い分ける言語変種（variety）を言い、地方方言（regional dialect）や階級方言（class dialect）と区別する概念である（梅咲、二〇〇三、六六〇頁）。この状況の構成要素として、トラッドギル（Trudgill, 1974, pp. 100-107）は、手段・主題・役割関係を、ライオンズ（Lyons, 1977, pp. 574-585）は、役割と地位・場所と時間・形式性・手段・主題・領域を、田中・田中（一九九六、九七—九八）は、目的と話題・手段と方法・地位と役割関係をそれぞれ挙げている（岩田・重光・村田、二〇一三、一二〇—一二一）。

他方、ハリデイ学派は言語の三つのメタ機能と関連させて、次の三つを挙げる。Halliday & Hasan（1989）によると、レジスターにおける社会状況はフィールド（field：活動領域）、テナー（tenor：役割関係）、モード（mode：伝達様式）に分類され、言語の特徴との関連が説明される。フィールドとは言語が使用されている場面で何が行われているか、どの分野に関わるか、テナーはどのような人が関係しているか、モードはどのような方法や目的で伝達がなされるかを示すものである。そしてこれら三つの各変数が意味を成し、これらの意味の連鎖によってテクストの談話的意味を形成し、観念構成的、対人的、テクスト形成的機能という三つのメタ機能を担う、という説明がなされる。

ハウス（J. House）が提唱するレジスター分析は、このハリデイ派言語学を土台にしたものである。ハウスは一九九七年 *Translation quality assessment: A model revisited* という著作で、起点テクストと目標テクストとの比較分析に基づいて、翻訳の品質評価を論じている。具体的には、起点テクストと目標テクストのプロファイルを体系的に比較し、両者の不整合を誤りとして説明し、ジャンルやレジスターの状況的特徴にしたがって分類する。そして翻訳に関する「品質説明」を作成する。最終的には顕在化翻訳（翻訳であるとあからさまにわかる翻訳で、翻訳読者が起点テクストを傍受するような翻訳）か潜在化翻訳（翻訳であると翻訳読者が認識できないような、目標テクストがあたかも原著であるかのような翻訳）という二つのタイプに翻訳を分類することになる。この両者は漸次的連続体（cline）をなすもので、機能的等価を重視した翻訳評価について理論化したものと言える（≪3.3.1（13）も参照）。

また、同じくＳＦＬの系譜を汲むベーカーについては本書第３章で論及したが（《3.3.1》、SFLのレジスター概念から若干検証してみたい。Baker（1992/2011）はSFLを土台にして、テクストレベルと語用論レベルの分析を行った翻訳（学習）者向けの教科書という性質を持つものである。教育目的という点を考慮しなければならないと思うが、同書は全体としてテクスト形成的機能にかなり傾斜した説明となっており、SFLに立脚した観念構成的機能と対人的機能の理論的説明は手薄であることが指摘できる。詳しくは前述のベーカーの箇所を参照されたい。また、語用論的等価の説明も力を入れているが、その限界については前述のとおりである（《3.3.1（17））。

また、同じくSFLの系譜を汲むハティム（B. Hatim）とメイソン（I. Mason）は一九九〇年の *Discourse and the translator* と一九九七年の *The translator as communicator* で、レジスター分析を土台にそれを超えて、翻訳の記号論的考察から翻訳ディスコースや談話共同体のイデオロギーについて考察をしている。例えば、翻訳によって過程構成が変化し、テクストの観念構成的機能にシフトが生じた事例、目標テクストのシフトのパタンが主人公の描写において起点テクストよりも受動的にしている事例、通訳学習者が英語に訳出の際、可能性のモダリティをうまく訳さず、事実を述べた発言のように訳して誤ったメッセージを伝達した事例、アメリカ先住民の視点で書かれた原文が、翻訳者による目標テクストにおける語彙の選択によって欧州中心主義的なイデオロギーとディスコースを押し付けるものになった事例、アラビア語への翻訳で文学ジャンルの翻訳は全編、格式ある古典文体で訳される事例などを取り上げて、翻訳とイデオロギーの関係について分析している。

まず、ハウスとベーカーについては、前述したSFLに対する批判がそのまま当てはまる。また、主題構造や情報構造の分析は、英語中心の枠組みであり、非欧州言語にどこまで適用可能か疑問だというマンデイの批判が出されたり、このような言語学志向のアプローチは保守的な翻訳モデルの投影であり、文化の革新・変容などの翻訳のダイナミックな役割を矮小化させるとのヴェヌティによる批判などもある（Venuti, 1998, p. 21）。またマンデイは、ハティムとメイソンの翻訳イデオロギー分析は広範なテクストタイプを扱ってはいるが、その分析は言語学中心である（語彙選択、結束性、過程構成、文体シフト、翻訳者の仲介など）と批判する（マンデイ、二〇〇九［二〇〇八］、一五六―一五七）。ハティムとメイソンに関しては、言語イデオロギーや翻訳イデオロギー自体というよりも、翻訳物のイデオロギー分析による翻訳者のイデオロギー一般を分析していると言える。但し、その枠組みが脆弱で、言語コミュニケーションの原理から体系的に説明を積み上げる方法論というよりも、SFLの枠組みで分析しやすいものを抽出して質的に分析するという、CDA（批判的談話分析）が頻繁に示す方法論的不備を露呈した形での分析となっている（《1.4.2》。もっとも、翻訳研究において、このようなイデオロギー分析が本格的になされたのは画期的とも言え、本書が目的とする等価構築行為やイデオロギーの分析の先駆けであると評することができる。

4.1.7　多元システム理論

一九七〇年代には、従来の模範的モデル（prescriptive model）に対し、イスラエルを中心に別の潮流が現れた。一つは多元システム理論、もう一つはそれから派生した記述的翻訳研究を基にした翻訳規範論である。これは文学翻訳を目標文化の社会文化史的な大きなシステムの中で流動的に作動する一つの下位システムであると捉えるところから出発する。

イーヴン＝ゾウハー（I. Even-Zohar）は一九二〇年代のロシア・フォルマリズムを理論的根拠にして文学システムの仕組みを解明することで翻訳文学の社会的機能を論じようとした。これは、目標文化を多元システムとして捉え、その中に階層化されたいくつものシステムが存在し、各システムが相互作用を展開するなかでその全体の中での位相を絶えず変化させるというダイナミックなプロセスとして全体を描くモデルで、「中心／周縁」「カノン／非カノン」という対立によって記述しようとする。常態として周辺に位置する文学翻訳が、全体の多元システムのなかで主要な位置を占めるのは、（古い文学に範を求める）若い文学の黎明期、（小国が大国の支配下にあり、その小国の）文学が周辺に存在するとき、（既存の文学が陳腐化した）文学の重要な転換期、の三つであるという。また、文学翻訳の内部も階層化しているという（Even-Zohar, 1978/2004）。

Gentzler（2001）も指摘するように、前述の諸理論同様、目標文化に着目し、翻訳が社会の全体の中でどう機能するかに視点を移した点、翻訳を目標文化全体の事象と捉え、システムの一部という動的モデルとして捉えている点、個々のテクストを単独で分析し、そこから帰納法的にモデルを組み立て上げるのではなく、文化・文学のシステムという大枠で捉えるというこれまでとは違う視角から翻訳を捉えている点、翻訳が適切なものか否かは社会文化史の大きな流れの中で流動的なものとしてダイナミックに見ようとする点などが、評価される。

しかし他方で、これもGentzler（2001）が言うように、少数の事例分析からシステムという大きな対象を論じることには過剰汎化の恐れがあること、個々のテクストや翻訳者を度外視し具体的な現実の制約ではなく抽象的で漠としたモデルの造形化に堕していること、したがって、目標文化のコンテクストと現実の翻訳テクストの実際との結節ポイントが見えにくいこと、などが批判として指摘されている（Gentzler, 2001, pp. 120-123）。

等価構築の視点からすると、マクロコンテクストの分析装置としては、本理論は有効であると思われる。が、漠としすぎている点で、ミクロ社会学的な分析とテクスト分析とを架橋する面も持ち合わせる社会記号論の視点からすると、システム理論一般の持つ限界を改めて問い直す必要があるだろう。ただし、評価しうるのは、一つのシステム内にも複数の層があるとし、同一のシステム内にも複数の訳出の志向性が併存することを認める論（齊藤、二〇一二、一七―二八頁）を排除していない点である。この多元システム理論の有用性について、例えば齊藤は次のように述べている。

> 多元システムが有効なのは、三つの点から説明できる。まず、文学的多元システムにおける、翻訳文学システムと他のシステム（社会的コンテクスト）、本書では特に言語と文学の状況、との相関性について考えることができる。二点目には、翻訳文学と創作文学の対立関係の考察から、明治期における文学翻訳の重要性を提示できることがある。［中略］三点目は、思軒がもっていた訳出法に関する二つの志向（起点テクストを重視する志向と目標テクストを重視する志向）を、翻訳文学システム内に共存する二つの層と符合するものと見なし考察できることである（齋藤、二〇一二、三一頁）。

> 明治期以降、文学的多元システムには、直訳と意訳、また文語体と口語体との競合があった。［中略］本書も同様に、起点テクスト志向と目標志向テクストという対概念として競合する訳出法があったことを［中略］示すが、二つの志向は、一人の翻訳者や、一つの翻訳作品の中に共存し得る。［中略］故に、どちらの志向が強いかという点は、各人の論の説明の中で言及するものの、どちらか一方を優先する発言を行った翻訳者の考えに他方の要素が全くないわけではない。両志向は、翻訳文学システム内において競合し、流動する二つの志向であり、両方の志向を翻訳者はもち得たのである（齋藤、二〇一二、四四頁）。

等価構築の観点からすると、一枚岩的なシステム内で全く同一の規制が働いて訳出行為がなされるのではなく、システムどうしの競合、システム内での諸要素の競合、そして同一翻訳者内での諸要因の競合、これらが複雑な化学反応を起こして、一回的・個別的・偶発的な行為としてなされるのが翻訳である、という位置づけとなる。齋藤は森田思軒の分析を通して、多元システム理論を援用しつつ、それから一定の距離を置き、このような微妙なコンテクスト諸要素の分析を行いつつ、一人の翻訳者の訳出傾向と、当時の明治期の翻訳傾向や翻訳の潮流との相関を示したのである。このように、ミクロレベル・マクロレベルの相互作用と各レベルにおける諸要素の対立・衝突とその調整という微妙な総合判断が要求されるのが翻訳分析であることを、社会記号論の全体に照らしつつ、ここで再度確認しておきたい。

4.1.8　翻訳規範論・法則論

イーヴン＝ゾウハーは、翻訳文学が一つのシステムとして機能する条件として、(1)目標言語が翻訳すべき作品を選ぶ仕方、(2)翻訳の規範、行動、方針が他の併存するシステムから影響を受ける仕方、を挙げている（Even-Zohar, 1978, p. 118）。これを承けて議論を展開させたのが、トゥーリー（G. Toury）である。トゥーリーの翻訳規範論は、これまでの翻訳諸学説のなかで最も影響力があり、引用されるものであるので、少し丁寧に見ていきたい。まずはいくつか項目を抽出し、それらに対する評価は5.1.1で概括的に示すこととする。

4.1.8.1　トゥーリーの研究目的

彼は当初、翻訳を決定する社会文化的条件を多元システム理論によって探究していたが、翻訳研究の科学性と体系性を求めて、次のように語っている。

> 欠けているのは、卓越した直観と優れた洞察を備えた個々の試み（既存の多くの研究はこれにあてはまる）ではなく、明快な仮説から出発し、可能な限り明示化され、翻訳学自体の内部で正当化されるような方法論と研究テクニックを備えた、体系的な分野である。このような部門だけが、個々の研究結果を間主観的に検証し比較することを可能にし、研究自体の再現可能性を保証する。（Toury, 1995, p. 3 in マンデイ、二〇〇九［二〇〇八］、一七一頁：二〇一二年改訂版では、p. XIII に掲載されている。）

4.1.8.2　トゥーリーの研究方法論

では、トゥーリーの方法論について検証する。

(1)　DTS（descriptive translation studies: 記述的翻訳研究）としてまず、

方法論的等価を採る。つまり、翻訳と称するあらゆるテクストは原文と等価であると見なしたうえで、次の三段階の方法で分析を行う。①テクストを目標文化システム内で考え、その受容可能性（acceptability）を見る。②起点テクストと目標テクストとを対照しシフトを析出して、部分部分の対応ペアを同定する。③起点テクストと目標テクストのペアの翻訳プロセスを再現し、科学としての一般化を試みる。

(2)　つぎに、同種類のテクストを見つけ出し、(1)のプロセスを再現する。そして多くのデータを集め、この作業を繰り返し、ジャンル、時代、著者などごとに、パラレルテクストのコーパス化を図り、記述的プロファイルを蓄積してゆく。このようにして、それぞれの種類の翻訳規範を同定する。最終目標は翻訳に関する法則を記述することである。

(3)　シフトの同定の方法に関し、トゥーリーは初期の論文で、シフト分析の基準項として「比較のための第三項」を、また、シフト評価の基準として「適切な翻訳」（adequate translation）を提唱した。

(4)　初期の論文では、仮説的に中間的不変項ないし比較のための第三項（≪3.2.3.2, 3.3.2, 3.4.1, 3.4.2）を、シフトを測る規準としていた。これを普遍的に適切な所与のものとしたうえでのシフト分析を行ったことへ激しい批判があり（Gentzler, 2001; Hermans, 1999）、トゥーリーはこれを取り下げ、起点テクストに目標テクストをマッピングし、対照ペアを比較するという柔軟で非模範的な比較方法を提唱した。

4.1.8.3　トゥーリーの翻訳規範の概念と性質

トゥーリーは翻訳を「規範に支配された活動」だと規定し、規範（norm）をつぎのように定義する。「あるコミュニティが共有している一般的な価値観ないし考え――何が正しく何が誤りか、何が適切で何が不適切だと考えられるかに関し――を、特定の状況にふさわしく、適用可能な『作業指示』にしたもの」（Toury, 2012, p.63）。そして、規範は個人が教育や社会化のプロセスのなかで獲得されるもので、規範を効力（potency）の観点から、一方の極に絶対的規則（absolute rules）が存し、他方の極に純粋な特異性（pure idiosyncrasies）が存しており、規範はこの両極の連続体（cline）の中間に位置するとし、実際の翻訳に現れる等価のタイプと程度を決定するとしている。

4.1.8.4　トゥーリーの翻訳規範の類型

トゥーリーは異なる種類の規範が翻訳プロセスの異なった段階で作用するとして、以下の類型を想定する。初期規範（起点言語の規範へ従うか、目標言語の規範に従うかのマクロ・ストラテジー）、その下位のものとして予備的規範（翻訳政策と翻訳の直接性—翻訳すべきテクストの選択と重訳の問題）、運用規範（目標テクストのマクロ・ミクロな操作・編集）を挙げる。特に初期規範によってシフトのあり方が支配されるとしている点は注目すべきことである。

そして彼は、「翻訳における等価」は、起点テクストと目標テクストを比較し、両者間のズレを見ることでシフトが明らかとなり、これが即ち、両者の間にすでに想定されている等価だと位置づける（機能的関係概念）。つまり、前提として両者にはすでに等価があるものとして分析を行うという手法を採る。これにより、義務的な行動（最大強度）から許容される行動（最少強度）を規制する規範を析出し、翻訳プロセスに作用する規範を再構築する、としている（Toury, 2012, pp. 79-92）。

4.1.8.5　トゥーリーの具体的な研究対象

等位結合句（binominals）の範列的研究（擬古文のパロディの文体の析出）で、目標テクストが起点テクストに対し三〇％増となっていたことといった分量の比較などを行ったのを一つの分析の模範とし（Toury, 2012, ch. 7）、シェークスピアの翻訳、間接翻訳（重訳）、翻訳ストラテジー、文学テクストと文学翻訳テクストとの比較、ハムレットの音韻的側面の分析、翻訳特有の語彙項目と辞書編集上の扱い、自然独習型における翻訳者発達モデルなどを同書の第三部で扱っている（Toury, 2012, pp. 131–293）。

4.1.8.6　トゥーリーの翻訳法則論

トゥーリーは規範の抽出という記述的研究を累積することで、翻訳に関する一般原則を引き出そうとしている（「記述的研究を越えて、翻訳行動の法則へ向けて」という章のタイトルになっている）。それが翻訳法則で、つぎの二つがある（Toury, 2012, pp. 295–315）。①標準化進行の法則（起点テクストの特異なパタンが消され、変種の少ない標準語法を使う傾向）、②干渉の法則（起点テクストの言語的特徴が目標テクストで再現される傾向）。トゥーリーは、翻訳法則は一種の蓋然的な説明[8]であり、例外もあって、その例外は別の法則で説明可能とする（Toury, 2004, p. 29）。そこで彼は「普遍的特徴」（universals）という用語は避けている。

4.1.8.7　記述的翻訳研究一般の評価

トゥーリーの記述的翻訳研究は翻訳学の諸研究のなかで最も評価の高いものの一つであり、今後の記述的翻訳研究にとっての強力な指針でもある。しかしながら、再現可能性を重んじる準科学的な規範・法則というアプローチに対する批判もある。

まず、イーヴン＝ゾウハーのシステム理論の流れを汲むHermans（1999）は、トゥーリーの用語（起点言語規範適合性を表す「適切さ」（adequacy）、目標言語規範適合性を表す「受容可能性」（acceptability））は評価的な含みがあり客観性に欠けること、目標「言語」重視の姿勢であること、翻訳に関わるすべての変数を知り、その法則性を導くことの不可能性、などの疑問を提出した。また、多元システム理論を批判するGentzler（1993/2001）は、僅少の事例から一般化を行うことは過剰汎化につながり、それは単なる信念の焼き直しにすぎないこと、記述された規範はあまりに抽象的なものであること、などとシステム理論と共通した批判を行った。さらに、Munday（2008/2012）も、シフトを同定する際に行う目標テクストの起点テクストへのマッピングがその場限りのものであり、このモデルは客観性に欠け、再現可能なものではないこと、再現可能性を重んじる準科学的な規範・法則というアプローチが、状況変数が多岐にわたって複雑な翻訳現象にどの程度適用可能か疑問であること、トゥーリーの二つの法則自体、相互矛盾を孕んでおり、規範や法則よりももう少し複雑な要因を組み合わせたモデルの提示が必要であること（起点テクストパタンの効果、目標テクストにおける明快さの選好と曖昧性の回避、思考プロセスの効率を最大化する必要性のような翻訳者の現実的な考慮、時間の制約の下での意思決定の重要性など）を説いている（マンデイ、二〇〇九［二〇〇八］、一七九―一八一）。

このように批判が提出されるということは、この理論に対する注目度も高いということであるが、社会記号論からの批評は、第5章の記述的翻訳研究のところで行う（≪5.1.1）。

*

以上、翻訳の社会的側面を言語理論に編入した諸学説を見てきた。

次は、このような言語理論に特化する枠組み、つまり（本質主義的な意味での）等価をベースに社会的要素を加味するという枠組み自体に異を唱え、敵視ないし周縁化しようとする「文化的・イデオロギー的転回」の諸学説（等価誤謬論）について見てゆく。ここからは、これまでの翻訳諸学説を網羅的に検討するのではなく、項目別に何が翻訳研究で問題とされ、どのような論点・争点・視点があるのかについて言及するに留め、翻訳および翻訳諸理論をめぐるコンテクストの諸要素を抽出しつつ、諸学説のイデオロギーを簡単に見てゆきたい。

4.2　等価誤謬論
——社会文化的コンテクスト中心の翻訳分析の諸学説

4.2.1　翻訳と社会的コンテクストとの相関関係

これまで検討してきた言語等価論や社会等価論のような、いわゆる翻訳の言語理論に対して批判ないし周縁化しようという学説群があり、これを翻訳研究で一般的には「翻訳研究の文化的・イデオロギー的転回」と言う。これまでの等価理論を否定する動きであるため、本書では「等価誤謬論」と位置づけている。翻訳研究に社会文化史的コンテクスト分析やイデオロギー分析を導入しようとする流れの一つである（S・バスネット、A・ルフェーヴル、M・スネル＝ホーンビーなどの学説）。

この研究の流れには、多元システム理論に端を発し、上述の規範理論に加え、操作学派、書き換え理論と続く系譜があり、その他、他の学問分野からのハイブリッド化（Simon, 1996）ないし翻訳学に対するコロニー化現象を見せる動きもある。また、ピム（二〇一〇［二〇一〇］、第八章）のように自らが他の学問分野のコロニーと化してしまうことで翻訳学の自立性・自律性を損なうことへの危惧から「翻訳不在の翻訳論」の擬態を拒否する論展開なども見られる状況を素描する。

次頁の図4-1で示しているのが文学研究とそれに呼応する形で展開を見せる翻訳研究の諸学説と諸学者の布置である。法則性を重視する多元システムは、ロシア・フォルマリズムの流れを汲むもので、トゥイニャーノフ（Y. Tynjanov）の「システム―機能」からの着想がある。フォルマリズム内部でも、テクスト内在的志向性のある（コンテクスト要素は捨象し、テクストに自律性を認める）シクロフスキー（V. Šklovskij）、文学と外界の関係の考察の必要性に傾くトゥイニャーノフ、外界との関係性の重要性を説くムカジョフスキー（J. Mukařovský）などが登場した（齊藤、二〇一二、一七―三一頁）。

では、本項で多元システム理論の系譜の諸学説、4.2.2では翻訳とジェンダー研究、4.2.3ではポストコロニアル翻訳理論を検討する。

イーヴン＝ゾウハーはトゥイニャーノフの「システム―機能」を探究する研究者で、それを発展させている系譜が操作学派の一人、ヘルマンス（T. Hermans）である（Hermans, 1999, 2007）。ヘルマンスは多元システム理論を展開するに当たり、社会学者ルーマン（N. Luhman）の社会システム理論を援用する。そして、それを継ぐ研究も登場している（Tyulenev, 2012）。しかしながら、ルーマンの社会システムの基底にあるのは、「複雑性の縮減」（Reduktion von Komplexität）であり、「社会システムは、世界の無限定な複雑性と個々の人間の複雑性処理能力との間を媒介する」ものとして捉えている（クニール・ナセヒ、一九九五、四七頁）。これは、本書が扱う言語イデオロギーやメタ語用を、言語コミュニケーション過程からそぎ落とす理論構築となりかねない。というのも、ルーマンは、「人間の意識的な体験処理能力」は「人間

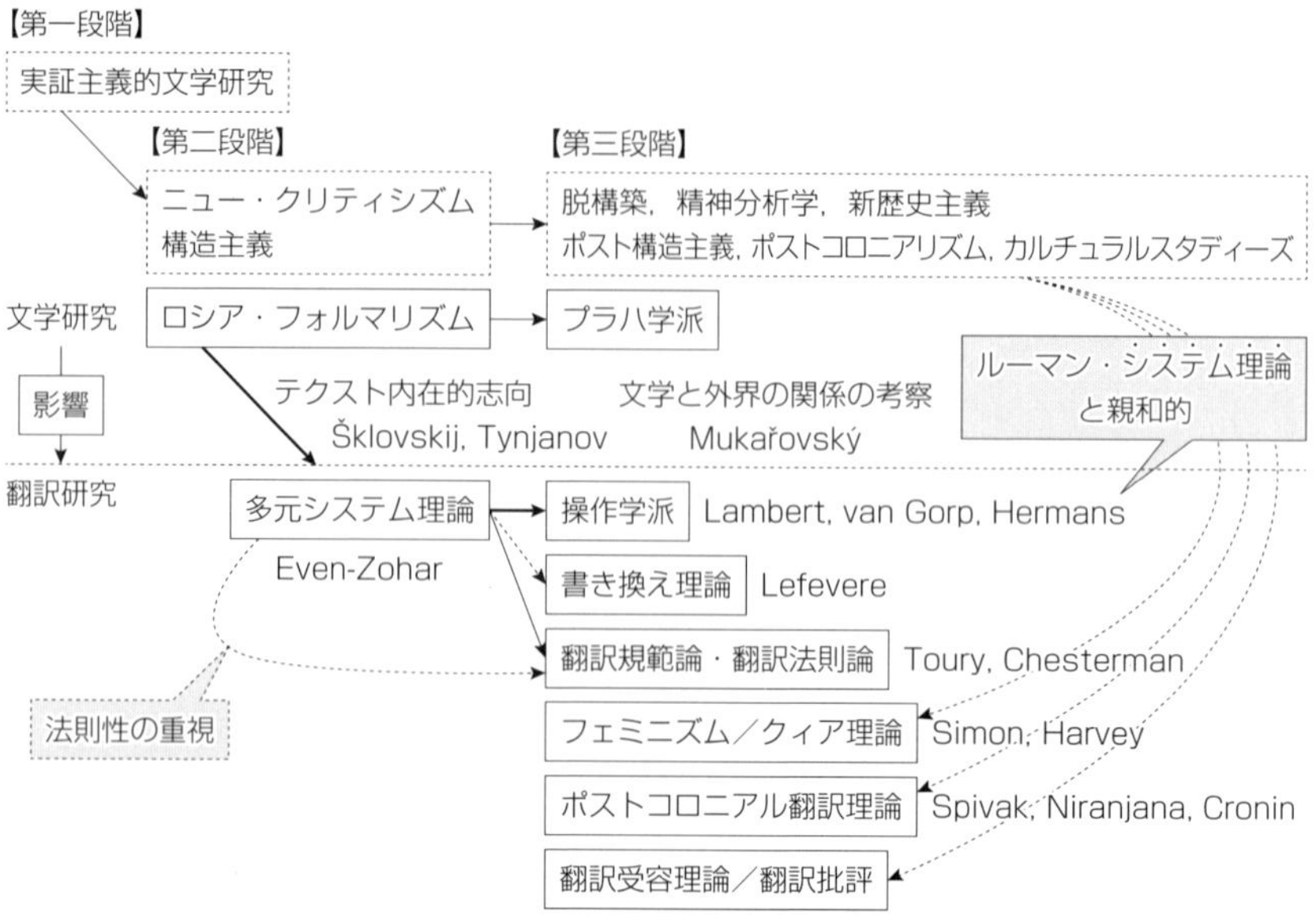

図４－１　文学研究史と翻訳理論史の相関関係

学的な理由からしてほとんど変えられようがない、ほんのわずかな」ものでしかないと言い、ありうべき世界の状態や出来事は、人間の複雑性受容能力にとっては荷が重すぎ、これに代わって社会システムが機能し始めるとしている（クニール・ナセヒ、一九九五、四七頁）からである。したがって、この理論を言語や翻訳の研究に導入すると、サイバネクス的言語観に陥る恐れがある。(9)

他方、操作学派のランベール（J. Lambert）とヴァン・ゴープ（H. van Gorp）は理論モデルと実践的事例研究の間の継続的な相互作用という考え方で研究を進め、起点テクストと目標テクストの言語システムの比較、各文学システム内部の記述などを行い、予備的データ、マクロレベル、ミクロレベル、システム的文脈など、言語的要素と社会コンテクスト的要素を総合する研究を行っている（Lambert & van Gorp. 1985/2006）。

他方、書き換え理論を旗揚げしたルフェーヴル（A. Lefevere）は、多元システム理論の用語法からは離れ、翻訳文学システム内のイデオロギーと支援者の役割の考察を深めていった。彼は、文学システムは、①文学システム内の専門家（評論家、書評者、教師、翻訳者自身）、②文学システム外の支援（イデオロギー、経済的要素、ステータス要素で構成される支援）、③支配的な詩論（文芸装置、文学の役割に関する概念）、の三つが相互作用して翻訳テクスト（の詩論やイデオロギー）を決定するとしている（Lefevere, 1992）。

以上が多元システム理論を汲む系譜の展開である。これらの学説の総括は第5章で行う（≪5.1.2）。

4.2.2　翻訳とジェンダー

これらの翻訳学研究とは異なった分野からの文化的転回の流れもある。一つはカルチュラルスタディーズにおける翻訳に対する関心の高まり、もう一つはポストコロニアリズムにおける翻訳研究の高まりである。

これは単に学際的に翻訳研究を進めようとする単純な流れではなく、翻訳研究がジェンダー研究に強烈に誘導される形となった。Simon（1996）は言う。「本書の目的は二つあり、一つは翻訳研究にジェンダー問題の最も大きな網を投げかけること、そして、ジェンダーを通じて翻訳研究をカルチュラルスタディーズの枠組みに近づけること」（ix頁）。このようなジェンダー研究系の論陣に通底する基調トーンはアイデンティティ・ポリティックスである（vii頁）。したがって、翻訳を文学との関わりの一形態、文学的行動主義・現状改革主義（literary activism）として捉えるのであり（viii頁）、「翻訳は必然的に『欠陥を孕んでいる』のであるから、あらゆる翻訳は『女性と評される』のである」などと言う（一頁）。

これは自ずと、翻訳ないし翻訳理論に対する立ち位置（positioning）も決定するのであり、社会改革の一環として「介入的姿勢」（cf. Munday, 2007）を採り、翻訳の実践を通して男性優位の言説である起点テクストに対し、あらゆる訳出戦略を使ってその歪みを是正し、女性の存在（女性性）が目に見える形の目標テクストを産出するのである（translatorではなく、"translatress"であるという主張などはその一環）。その後、同様のトーンの研究も次々と登場した（例えば、Simon & St-Pierre, 2000; Santaemilia, 2005; von Flotow, 2011）。

しかしながら、このように政治的活動と結びつけるものばかりではなく、記述研究として行われているものもある。例えば、日本でのジェンダー研究者による翻訳研究において、社会改良運動のニュアンスはない（例えば、中村、二〇〇七）。

マイノリティ研究という文脈で言えば、ゲイ・テクストの翻訳研究も登場した。翻訳によって、ゲイのアイデンティティが消えたり、侮蔑化のトーンになったりするシフトについての研究、およびその社会的コンテクストとの関係の研究である。Harvey（1998/2004）が、ゲイ言葉[10]の言語的特徴を、クィア理論を通して文化的アイデンティティに結びつけている点（四〇九―四一二頁）、語用実践行為による言語使用者のアイデンティティ構築性が浮き彫りになり、翻訳者が仲介することで、その構築性のあり方がシフトする点も、等価構築仮説からは、注目に値する。これらの学説の総括も第5章で行う（≪5.1.2）。

4.2.3　ポストコロニアル翻訳理論

ポストコロニアリズム、あるいはポストコロニアル研究は明確な定義はないが、ここでは社会学からの知見を先に見たあとで、翻訳研究への応用について検討する。この研究は、「植民地つまりコロニーを脱した、あるいはコロニーから脱しようとする人びとが、世界認識をそのために脱構築しようとする、そういうやり方、あるいはそういうことをやろうとする研究」（庄司、二〇〇八、一七頁）とさしあたり理解できる。これは、社会の共同性・階層性・システム性を生態系に定礎しなおす運動と捉えられ、「社会とは何よりもまず共同性であり、その共同性が生産力の成長をふまえて膨張しようとし、おなじように膨張しようとする他の共同性と衝突し、争うようになることから階層性が顕在してくる、という考え方」を基底とする（庄司、二〇〇八、二五二頁)。そしてこの研究の三つの主要な淵源は、①カルチュラルスタディーズ、②インターナル・コロニアリズム批判、③オリエンタリズム批判であると庄司は言う(一七—二七頁)。①は文化を媒介にして支配がいかに行われているかを多角的に研究し、それらに対する抵抗の諸形態や抵抗文化の可能性を明らかにしていく諸研究、②は、植民地は通常、宗主国の外側にあってその国の支配統制下に置かれたコロニーだと考えられるが、その国の中にも元々コロニーがあり、そのことを前提に内部植民地主義／支配の構造、内部疎外の構造を明らかにする諸研究(庄司、二〇〇八、一八—一九頁)、③は西欧・西洋中心主義批判で、広くは、「政治的に不均衡な二者関係において生じ易い、前者による後者への潜在的優越意識や偏見、およびその発現としての様々な描写、言説、態度の諸相を指す」(綾部、一九九三、三八頁)。「インターナル・コロニーの範囲が、我々人間と社会の生の根幹にかかわるような諸領域に拡大されていき、それらがまた逆に地球上に広がって、我々の社会を見る眼を根底から変えつつある」という庄司の指摘は重要である(庄司、二〇〇八、二七頁)。

②のインターナル・コロニーの概念をジェンダーに当てはめれば、上述のフェミニズム翻訳研究となるし、③の二項対立図式を起点言語と目標言語のいわゆる「国家」ないし「地域」へと当てはめれば、本項のポストコロニアル翻訳理論となる。いずれにしても、メタファー的な意味でのコロニー(被害者、少数派、被抑圧者、周縁化された存在)がメタファー的な意味での宗主国(加害者、多数派、抑圧者、暴力をふるう周縁化の主体)に対し、戦略的本質主義を繰り広げる戦いが、いわゆる(蔑称としての)「ポスコロ」(post colonialism)であり、それが文化の地平でなされているのがいわゆる(蔑称としての)「カルスタ」(cultural studies)の一部であると戯画化して見られている節がないわけではない(いわゆる「カルスタ」に関し、宮台・北田、二〇〇五など参照)。徒に過剰汎化はすべきではないが、そのぐらいこの陣営の衝撃度とそれに対する反作用的な批判は大きい。

では、基本に立ち返ってポストコロニアリストによる説明を検討する[11]。

こうした研究動向の特徴は、ヨーロッパの**植民地主義**の諸制度、とりわけ**帝国主義**時代の支配が、被支配の地域社会にどのような衝撃を与えたのかを分析したところにあった。なかでも**帝国主義**による諸言説の操作に焦点をあて、**植民地主義的な言説**《コロニアル・ディスコース》世界を、文明と野蛮、征服者と現地人、植民者と被植民者、主人と奴隷、先進と後進、進歩と停滞、中心と周縁、本物と偽物、等々に二分割し、そうした一連の**二項対立主義**《バイナリズム》的な対概念を、真と偽、聖と俗、善と悪といった超越的二項を頂点とするヒエラルヒー[原文ママ]の中に封印する言語システム)の中で**構成される主体**《サブジェクト》と、それに反抗し抵抗し対抗する**主体**《サブジェクト》の双方を分析することに戦略的力点がおかれた。(小森、二〇〇一、iii—iv頁、強調原文通り)

以上の説明のとおり、これはある種の「戦略」である。例えば、スピヴァク(G. Spivak)の戦略は、戦略的本質主義[12]に現れている。翻訳研究においては、「翻訳調」(translatese)と呼ぶものに西洋のフェミニストの抑圧性を見出し、痛烈に批判する(Spivak, 1993/2004)。そして、「翻訳が植民地化の過程において、また被植民地国民についてのイデオロギー的なイメージを撒き散らす(disseminate)上で積極的な役割を果たしたという議論」を展開させた(マンデイ、二〇〇九[二〇〇八〕、二一一頁）。「宗主国＞植民地」「男性＞女性」「原典＞翻訳」という一貫したコロニーの発見により、「模倣的で劣った翻訳コピー」というメタファーを二重、三重に重ねた主張を戦略的に繰り広げていると総括できるだろう。そして、最貧・最辺境のコロニーを「サバルタン」という理論装置に込め、戦略的なマジックワードと化したことは特筆すべきことであろう（スピヴァク、二〇〇八〔二〇〇六〕）。

ニランジャナ（T. Niranjana）は「植民者なき植民地主義」というスローガンを基に、翻訳は非対称的な権力関係を形成し具体化するとし、人道主義的企て（humanistic enterprise）は西洋哲学の言説に植民地支配の概念的イメージを組み入れるものとして退け、翻訳者による「介入主義」（interventionist）的アプローチを唱える（Niranjana, 1992）。Niranjana（1992）自体は、テクスト分析はほんのわずかしか行っておらず（一七四―一七五頁）、専ら植民者によるインドの文化表象を反映した記述のあり方（つまり文化翻訳のあり方）を批判したものである。

バーバ（H. Bhabha）は、「翻訳不在の翻訳論」であるとピム（二〇一〇〔二〇一〇〕）が評したように、翻訳をメタファーとして使いながら、ポストコロニアリズムを展開する論調を採っている（バーバ、二〇〇五〔一九九四〕）。「その中核には、近代の西洋諸国家による植民地支配とそこからの離脱を、支配・被支配という一方的な影響関係として見るのではなく、帝国主義の伸張過程における宗主国の圧力と植民地における抵抗との永続的な対抗確執の過程として捉える視野が存在する」（四二八頁、本橋・正木・外岡・阪元による訳者解説）。要するに両者の境界構築のメカニズムを単純な二項対立の構図ではなく、交渉と抵抗、妥協と融和が交錯する「第三の空間」と捉えているところに、バーバの神髄がある。そのために導入したのが、両価性・異種混淆性・擬態・固定観念・亀裂・中間領域性ないし峡間性・雑種性・時間差・身体的遂行性・不確定性などの概念で、これらを精神分析の学知を援用しながら分析し、アイデンティティ・行為主体性・帰属の問題を理論化した。翻訳に関しては、「変化がもたらす転換の価値は、多様な要素の言い換え、翻訳にある。それらの要素は、これ［中略］でもなければ、あれ［中略］でもない別の何かであり、それが前二者の条件や領域に介入してくるのである」と言っている（四九頁）。もちろん、ここに言う翻訳は記号間翻訳を指しているのであるが（つまりピムの言う翻訳不在の翻訳論である）。

最後にクローニン（M. Cronin）であるが、彼はアイルランドというヨーロッパ内の植民地、典型的な「内なる植民地」の場における翻訳理論を展開している人物である。これは庄司（二〇〇八）の類型でいう、②インターナル・コロニアリズム批判という位置づけになる。彼は、翻訳の両義性について語る。両義性のうちのマイナスの意味としては、翻訳というメタファー（喩としての翻訳）を使って次のように言っている。「文化レベルでの翻訳は、領土レベルでの翻訳に対応する。前者はイングランド文化の受容であり、後者は住民の強制的な退去と移動を意味している」（Cronin, 1996, p.49 in マンデイ、二〇〇九〔二〇〇八〕、二一七頁）。他方、プラスの意味としては、英語からの、あるいは英語への翻訳がどのように植民者と被植民者双方の利益に叶うかについて議論している。即ち、翻訳を通して英語使用による経済的・政治的な発展があり、またアイルランドの学者が英語への翻訳を推進することで自らの文化を守ることができた。しかし、同時にこれらがアイルランドにおける英語強化の契機にもなってしまったという。

アイルランド（欧州の内なる植民地）のクローニンを除く、この３名を総括すると、いずれもインド人であり、西洋において学問を修めた学歴的・職業的背景を有しつつ、翻訳をめぐるポストコロニアル状況を批判している。翻訳学的布置に落とし込むならば、スピヴァクはテクスト翻訳（言語間翻訳）、ニランジャナは文化翻訳（記号間翻訳）、バーバは移民状況（喩としての翻訳）に関するポストコロニアル的考察と批判に主眼を置いていると分析できる。このように、等価誤謬論的な見方、つまりイデオロギー的歪曲がポストコロニアル的状況を生んでいることを直視した論は、翻訳学のあり方として、言語テクスト分析のみに照準を合わせたり、目標言語における翻訳テクストの社会的機能に照準を合わせたりする傾向から、テクストをめぐる政治・経済・社会文化史的コンテクストの分析へと研究者の目を移すものである。言い換えるとこれは、起点社会と目標社会との間に存在する権力的・覇権的・政治的不均衡を問題視する視点から翻訳のあり方を問い直す知的運動である。したがって、「翻訳」概念自体に対しても再考を迫るものであり、ここで「翻訳」概念の射程の拡張可能性や文化翻訳、喩としての翻訳（メタファーとして翻訳概念を使用すること）について考察を深めておかねばならない。この点は、4.4.1で展開する。

次は、さらに「翻訳」概念の重要な要素である「意味」や「伝達・仲介」という概念の見直しを哲学や思想の観点から見直す知的運動について検討する。

4.3 等価超越論——翻訳哲学・翻訳思想

概して、翻訳哲学や翻訳思想が扱う問題系は、翻訳が前提とする意味の伝達という前提的イデオロギーを原理的に問い直す知的運動であると言えよう。例えば、ベルマンは「意味の移動」としての翻訳という考え方を徹底的に批判している（ベルマン、二〇一三［二〇〇八］、四〇―四二頁）ように、意味が等価裡に異言語間で転移するという発想は、西洋合理主義の中心をなすプラトンの絶対主義・ロゴス中心主義の哲学が土台になっていると言える。しかしながら、翻訳、あるいは言語一般には原理的に超克できぬ「他者性」「異質性」「よけいなもの」が確かに存在する。そこで等価概念ではとても解決のつかない〈異《い》なるもの〉とどのように向き合い、それを突破するか、つまり等価をどう超越するかという点に、翻訳者の使命があると考える地平がこの等価超越論である。

一般に、言語や翻訳における解釈の多様性・不確定性の背後には、イデオロギー（そしてアクシオロギー）が潜んでいる（象徴が指標的に類像化するという意味で、本書では“indexical iconization of symbol”としている）、ないし、そのイデオロギーの臨界を超えたところで何かが作用していることも想定し得る。これは、「言われていること」と「為されていること」の基底ないし外延にある象徴界ないしその外延の外の領野のことで、行為や出来事の参与者が暗黙裡に信奉している非経験的な共同幻想などの複合体が人の意識や無意識に非合目的的に作用しているのかもしれない。これは、いわば人間存在自体の不確定性の全複合体の領域であり、他者の他者性（異質性）のみならず自己の他者性（異質性）、そして言語の残余性[13]（the remainder; le residu: よけいなもの、ルセルクル、二〇〇八［一九九〇］など）がその淵源の一部にあると想定される。

そこでここでは、言語の深淵ないし外延の外にあると考えられる、ロゴス中心主義の領野の否定項たる領域に関し、ベンヤミンとデリダを主に検討しながら、翻訳学の最大の難題である「他者性」「異質化」について検討する。まず、ベンヤミンとデリダを若干取り上げてみたい。藤本（二〇一〇、二〇一一）の「翻訳の倫理学——ベンヤミンとデリダ㈠㈡」に沿って見ていくこととする（なお、藤本、二〇〇九）。

まずベンヤミンの「翻訳者の使命」は言語の伝達論を批判し、翻訳の本質は意味の伝達ではないとする。伝達される意味があるとするならばそれは起点言語と目標言語をまたぐ超越的な意味であり、それは神でありプラトンのイデアであると言う。そして、意味のみならず、原文のもつ多義性・ニュアンス・陰影・含蓄・リズムといった行間であれ、字義配列であれ、表象不可能なもの一般（上記の残余性に同じ）に突き当たる。それが翻訳の限界＝境界（臨界と呼ぶ）であり、かような臨界があることによって、原文の変形・変換・転移・置換を伴う翻訳の暴力が自覚でき、自らが原文の代替者（デリダの言う代補）であることを隠蔽・抹消して原文を乗っ取ったり改作したりすることは許されず（翻訳者倫理）、原文に対して忠実であらねばならない自覚が生まれるとする。そして、事実上不可能な忠実さに憑依され続けるという忠実さ、いわば忠実さへの忠実さこそが「翻訳者の使命」であるとする。またベンヤミンは、翻訳は原作がその生の後も「死後の生」（Fortleben）を生きることを可能にする「存《なが》える生」（Überleben）であるとし、原作と翻訳が共存関係、相互確証関係にあるとする。これは馴れ合いや予定調和ではなく、相互に厳しく試練を与え合う関係であり、分有＝分割の共同性を構成する関係で、これがまさに「純粋言語」を志向する関係である。そして、「異質な言語の内部に呪縛されているあの純粋言語をみずからの言語のなかで救済すること、作品のなかに囚われているものを言語置換《ウムディヒトゥング》［改作］のなかで解放することが、翻訳者の使命にほかならない。この使命のために翻訳者は自身の言語の朽ちた柵を打ち破る」とベンヤミンは言う（ベンヤミン、一九九六［一九二三］、四〇七—四〇八頁）。翻訳は原文の原文自体に対する他者性を照射し、原文だけではなしえないプリズムを形成する。原文とそれをめぐる多数多様な翻訳とが織り成す多面体が純粋言語として現れるものである（藤本、二〇一〇）。

つぎに藤本（二〇一一）はデリダの翻訳論を展開する。デリダは「バベルの塔」で、言語の複数性あるいは言語の他者性、自己の他者性について語る。そして単位や統一の内破そのものを示す「散種」を問題にする。それを受けて、アイデンティティ（同一性）とは根源的に引き裂かれた複数性・多数的なもの（諸差異の諸効果）から形成された織物（テクスト）であり、多数多様体としての個別性（特異性）という分裂的アイデンティティ構造は、誰にとっても多かれ少なかれ共通であるだろうとする。さらに、翻訳に関しては、現在所有しそこに安住している言語的布置を他者（他性・他発的なもの）との接触によって組み換え、現在の言語的布置の下に抑圧され埋もれている潜勢力を浮かび上がらせるものであるとし、既存の言語から逸脱する「異質論理的な開かれ」の言語使用こそが、自己の新たな可能性の発掘につながるとしている（藤本、二〇一一）。

このように見てくると、自己のうちにある「他者性」あるいは「異質性」なるものは、人や言語の内部統一を自己崩壊させるものであり、原理的・本来的な複数性・自己疎外性を意識せざるを得なくなってくる。これがまさしく脱構築であり、結果としての散種であって、これを統合する動きが純粋言語であると位置づけられる。これは、言語では解決できないもの、翻訳によっても永久に到達しえないもの、等価を超越したものなのである。いわば虚焦点へ向かう動きであり、メシアなきメシアニズムである。

このように純粋かつ不条理な他者性ないし異質性を包握しつつ、我々はこれら無意識の領域のみならず、言語や翻訳に対して抱く（集団意識としての）イデオロギーや（個人の倫理的・道徳的価値観としての）アクシオロギー、そしてこれらを拠りどころとして現実の具体的な社会文化的コンテクストに身を投錨したコミュニケーション出来事において自我の統一的把握を行う装置としてのアイデンティティをも有しており、これらが複合的に合わさったものが我々のエピステモロジー（象徴界）ないしその外を構成すると位置づけられる。このことを前提に、以下で(1)解釈学、(2)異質性、脱構築と翻訳者倫理、(3)芸術性と宗教性、について(1)(2)を主に検討する。

4.3.1　解釈学

解釈学の骨子については2.3で触れたが、翻訳学で最も解釈学について議論しているのは、G・スタイナーである。主要著書である*After Babel*は一九七五年に初版が刊行され、一九九二年、一九九八年と版を重ねているが、日本語訳『バベルの後に』は上下の二分冊となっており、上巻（一九九九年）は一九九二年版、下巻（二〇〇九年）は一九九八年版の翻訳である。「私の志した展望とは、哲学的な問題意識、文学的な感受性、それに、形式的、技術的な意味における言語学の三者を連合させて一丸のものとしてまとめようとするもの」であり、「言語を愛惜し、言葉こそ自らの人間性を形成するものであることを体験している大方の読者の、関心と歓びを喚起して欲しいと願って」（スタイナー、一九九九［一九九二］xii—xiii、xxv）書いたのが同書であるという。この情動的動機がスタイナーの「信頼の解釈学」を支えているものと思われる。以下、Steiner（1992）の論調に即した解釈を施してみたい。

スタイナーの言う「解釈の運動」は筆者なりに平明に解《ほど》くと次のようになる。つまりこれは、(1)「原典に対する信頼」（起点テクストを全面的に信頼すること）、(2)「侵襲」（信頼する起点テクストのエッセンスをあますところなく吸収すること）、(3)「併合」（目標テクストへと奪い去って我が物にすること）、(4)「補償」（異なるもの（＝起点テクスト）を奪取し受容したことによって失った平衡を回復すること）の四つのプロセスの運動として捉えるものである[14]。

これには二つの方向があり、一つは起点テクスト側である。翻訳者は起点テクストに対して、いくら侵襲・併合したとしてもそこには「残余のもの」、弁証法的には解決できないものがあり、これがまさに積極的な意味をもってその作品に威厳を与え、原作を拡大するという力学的な運動へと向かわせる、つまり翻訳によって原作を高めるのである。もう一つは、目標テクスト側である。起点テクストを信頼し親近性を持って翻訳するのであるが、そこにはどうしても乗り越えられない異質性、抵抗を示す差異が厳然と存在する。この親近性の選択と差異の抵抗の拮抗状態、言うならば、他者に自己を見出す親近性とその他者が厳然として他者であることとの衝突・葛藤が、決着のつかない緊張を生み、翻訳者を惹きつけかつ拒絶し、それが良い翻訳となって表出するのである。

この解釈学について、「究極的に、スタイナーの全般的見方は、表現に関しては古典的な確定論で、それを下敷きとしながら、受容側では非決定論となっている」とピムは言う（ピム、二〇一〇［二〇一〇］、一九五頁)。つまり、2.4の図2-20も併せて説明するならば、翻訳者が原作(表現)から解釈するもの(②ことばからの事態構成:心的表象)は確定的であり、(1)原典に対する信頼と(2)侵襲により確定的な解釈が成しうるが、それを受容側で表現(③ことばへの事態構成:目標テクスト化)しようとすると非決定的となり、(3)併合と(4)補償のあり方は不確定なものとなる、ということである。

スタイナーの「信頼の解釈学」に対しては、「今では様々な点において、現代翻訳学にとって重要ではない」(マンデイ、二〇〇九[二〇〇八]、二七一頁)と評される傾向がある。生成文法を攻撃しつつ広範に参照している点、性差別的とも思える表現・メタファーが見られる点などから、言語学的な考察の面でも解釈学の説明方法の面でも問題があるが(マンデイ、二〇〇九[二〇〇八]、二七一頁)、最大の問題点は、表現に関し古典的な確定論の傾向が強いことと言える。つまり、起点テクストを全面的に信頼することによって、確定的な解釈が可能であると立論している点(機能^{1})である。この点、スタイナーは全面的に信頼するに足りる文学・芸術・宗教的なテクストを専ら念頭に置いて論を展開しているため(P・ブルデューの「カリスマ的イデオロギー」参照)、そのことが却って信頼の解釈学の死角を生んでしまった(機能^{2})と、社会記号論からは説明が可能であるが、更なる考察は第6章で展開する(≪6.4)。

その他の翻訳学をめぐる解釈学については、2.3を参照されたい。

4.3.2　異質性、脱構築と翻訳者倫理

まずは、異質性とその対立項である同質性、その翻訳的現れである異化と同化、起点志向と目標志向に関し、ピム(二〇一〇[二〇一〇]、五五頁)とMunday(2012, p. 304)が作成している表と、これまでの翻訳諸学説の主張内容とを合体させると、次頁の二項対立の表になる(表4-1)。

これまでの翻訳諸学説の二項対立図式をまとめるとこのように配置できる。翻訳が本質的に孕んでいる「異質性・他者性・よけいなもの」と「等価構築」は、「異化」と「翻訳者倫理」という問題系へと読み替えることができる。

「異化」の最初の本格的な議論は、シュライアーマハー(F. Schleiermacher)による「読者を異質なテクストへ近づける」というドイツ・ロマン主義の思想であった。この異化翻訳の方法は、翻訳者個人の問題ではなく、「『文献をすべて一つの言語の中へ移植する』という構想の示す通り、個人を超えたいわば一国の文化政策に関わるほどの、文化上の『賭け』」だったという(三ツ木、二〇一一、六〇頁)。

また、「行間翻訳」という翻訳のあり方のなかでも極めて度合いの強い「異化」の方法について語ったベンヤミン(W. Benjamin)は、本書の趣旨から再解釈すると、近代国民国家標準語を含む離散的な諸言語の概念を破壊し、揺さぶることによって「真なる言語」「超越論的な言語」、つまり「純粋言語」へと到達するという、「メシアなきメシアニズム」「虚焦点」を羨望する神秘主義思想を有していたと言える(cf. 小山、二〇〇八、六六―六九頁)。

つぎにデリダ(J. Derrida)は、ベンヤミンの「純粋言語」を「差延」と再定義し、起点テクストと目標テクストとの区別を脱構築しつつ、起点=目標の地位を逆転させ目標テクストの地位を高めるなど、言語によって構成される意味、概念、体系そのものへの根源的な問いを発した。テクストが想定する意味を揺るがし、他者性を詳らかにし、

表4－1　翻訳学における二項対立図式

翻訳理論家	起点志向	目標志向
キケロ	直訳主義の解釈者の如く	演者の如く
シュライアーマハー	異化作用	同化作用
ナイダ	形式的等価	動的等価
ニューマーク	意味重視の翻訳	コミュニケーション重視の翻訳
ヴィネイ＆ダルベルネ	隷属	選択
レヴィー	反・幻想的	幻想的
ハウス	顕在化	潜在化
ノード	記録としての翻訳	道具としての翻訳
トゥーリー	適切さ	受容可能性
ベルマン	文字通りの訳	同化作用
ヘルマンス	起点志向	目標志向
ヴェヌティ	異化／抵抗する	同化／流暢な
英語表記	foreignizing, minoritizing, alienating, source-oriented, exoticising, ethnodeviant, resistive, literal	domesticating, naturalizing, target-oriented, homogenizing, ethnocentric, fluent, free

出典）ピム，2010［2010］，p. 55；Munday, 2012年版，p. 304）を基に著者作成．

内部矛盾を抉り出すという手法である。つまり、異質性を前景化させる手法により脱構築を図るもので、この考え方を敷衍しルイス（P. E. Lewis）は、「（目標）言語の慣用法に手を加え、原作のもつ多価性や多義性、感情表出的強勢と、独自に作り出したものとが一致するように求める」という「濫用的忠実性」という概念を打ち出した（Lewis, 1985/2004）。この翻訳における脱構築という考え方は、固定化され、当然視されている言語と意味の関係を解体させ、言葉の意味の信頼や安定感を揺るがせつつも、新たな読みの可能性と意味空間の創造を可能にさせるものであり、これもやはり「異質性・他者性・よけいなもの」への挑戦のプロセスなのであり、等価構築の一つのあり方でもある。

このように哲学者や批評家の論に呼応する形で、翻訳研究者も「異質性」へ挑戦する。その代表格がヴェヌティ（L. Venuti）である。ここでは、ヴェヌティの細かい主張は註記することとする。

> 翻訳は本質的に暴力的である[15]。外国のテクストを、目標言語内にすでに存在していた価値観、信念、表象に従って必ず再構成をするからである。（Venuti, 1993）

このように翻訳を暴力というメタファーで捉える主張（英語が少数言語を抑圧しているという主張）をする背後には、「異質性」への敬意と配慮があると考えられる。つまり、世界的覇権言語である英語に翻訳するというヴェヌティのコンテクスト（アングロアメリカ文化）において、起点テクストの言語や文化を最大限尊重したいという意図が感じられる、とこの主張テクストは読める。果たしてそうだろうか。

ヴェヌティの主張によると、翻訳＝目標テクストは副次的・二次的・派生的なもので[16]、起点テクストに比して劣ると捉えられているため、翻訳行為が隠蔽され、不可視性が生じているという[17]。したがって、翻訳者自身、流暢で読みやすい目標言語の慣用語法に従ったテクスト[18]、あたかもそれが原著であるかのようなテクストを産出し、それが反復され再生産されることで翻訳の「透明性という幻想[19]」を出版社や読者、延いてはアメリカのメジャー文化全体に浸透させてしまっている[20]、というものである（Venuti, 1995, 1998/2008）。

ここからヴェヌティの暴力的断罪は始まる。上記のようなアメリカでの翻訳の扱い、つまり、外国テクストをアングロアメリカの支配的なメジャー文化へ同化（domestication）させること、さらには自国の文芸作品の規準に従って同化戦略を採りやすいテクストだけを選択的に翻訳する同化を、彼はアメリカの「自民族中心主義」だと言い、少数言語への暴力的な排除・抑圧だとする。これはそもそも翻訳者が目に見えない（invisible）[21]、劣《れつ》なる存在[22]として扱われていることに起因するのであるから、翻訳者に「可視的」（visible）で「異化」（foreignization）の「戦略」[23]をとり、支配的な価値観に「抵抗」[24]する翻訳の実践（Venuti, 2008, p. 18）を行うよう〈行動への呼びかけ〉（call to action）（Venuti, 2008, pp. 265-277）を行ったのである。これがヴェヌティの「戦略」であり、翻訳者を目に見える存在にする[25]、という主張を全面に押し出したため、多くの攻撃的な反応も集めつつも、一躍人気を博すこととなった。

ヴェヌティのこの戦略は、「異化」の技法にも現れる。Venuti（1998, ch. 1）でも示しているように、異化戦略の具体的な技法としては、起点テクストの構造・統語法へ密着することや語義借用といった起点言語・テクストの異質性を目標言語内で受容・同化するという手法のみならず、古風な構文を使用したり、古語の用法やイギリス式綴りを用いたりして「異種なディスコース」を作出し読者に耳障りな不快感を与える手法などがある（この手法を称して、ピムは「注意を喚起する方法としてやや奇妙な文にするということ」と揶揄している。ピム、二〇一一。≪3.2.3.1）。

このように見てくると、ヴェヌティの主張は上述の「起点テクストの言語や文化を最大限尊重したいという意図」ではどうやらなさそうである。筆者によるヴェヌティの解釈では、彼の最大の主眼は「異化戦略」によるアメリカのメジャー文化、支配的文学システムに対し、マイノリティ言語文学、つまり翻訳文学の地位を高め、延いては翻訳者の社会的地位を引き上げることにあるように思える（Venuti, 2008, ch. 1 は、翻訳者がいかに不当な扱いを受けているかについて、様々な実証データを示している）。つまり、異化を唱える目的・動機は、ベンヤミンやデリダとは異なっているようである（ヴェヌティがシュライアーマハーやベルマンとどのように主張が違うかについては、Venuti, 2013を参照）。この点について、ピムは「外国語の操作知識が悲しいほど縮小している国と時代にあって（単一言語話者の）左翼インテリ文化を国際的なものにみせよう」としているのだという（ピム、二〇一一）。

ちなみに、ここで「異化」について触れておきたい（≪3.2.2）。もともとこれはロシア・フォルマリズムに端を発するもので、シクロフスキー（V. Shklovsky）の論文「手法としての芸術」（一九一七年）に示された芸術創造上の概念である。日常見慣れてしまったもの、自動化しその存在が感じられなくなってしまったものを、初めて見るもののように、その存在を感じ取ることができるように描写する芸術の手法のことである。自動化し透明になった事物を異化し、知覚を困難にし

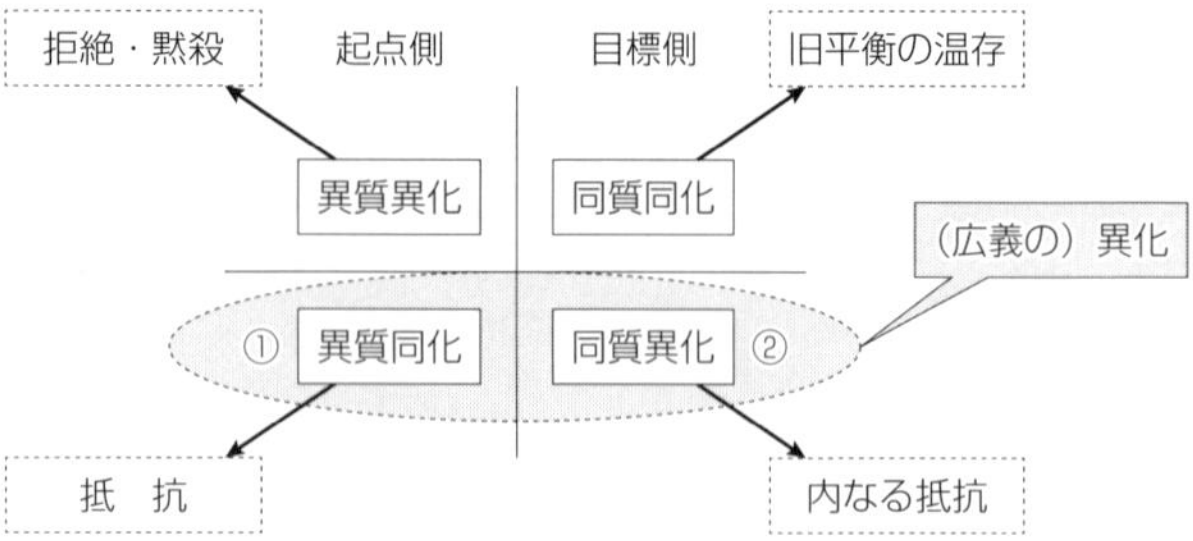

図４－２　異化・同化と文化プロセス

て引き延ばす。これが異化の目的である。これはブレヒト（B. Brecht）が提唱した演劇の「異化効果」にも影響したが、ブレヒトは観客の批判的視点を持った鑑賞態度を問題にし、社会認識の一つとしてこの概念を提唱した（佐藤、二〇一二、一九五頁）。

では、翻訳の文脈での「異化」とは何であろうか。「異質性・他者性」が他者だけでなく、自己にもあるという上記の趣旨からすると、以下のようなマトリックスとして説明することができる（図４-２）。

（広義の）「異化」には二つあり、①他者の他者性・異質性を自己に取り込む・同化する「異質同化」（making the strange familiar: domesticating the unfamiliar）、②自己の他者性・異質性を自己のうちに前景化し非自動化させ、再認識するという「同質異化」（making the familiar strange: foreignizing the familiar）が措定される。究極的には、ベンヤミンもデリダも、――特に「フランス―マグレブ―ユダヤ人」という自己が三重に引き裂かれたデリダ（デリダ、二〇〇一［一九九六］）は――この両者を想定した言語観による翻訳論を展開したのであろうが、ヴェヌティの場合は①への志向性を示しつつ、②を戦略的に用いている様相を呈していること付記する。

話をヴェヌティに戻すと、彼の戦略の成功は、翻訳者の味方になり、翻訳者の地位の向上に寄与する姿勢を示したことだと言えよう。この点は全世界的な反響として翻訳者や翻訳研究者の多くの賛同を得たことから窺い知ることができる。しかしながら、彼の主張はアメリカという覇権言語を第一言語とする国の出版コンテクストで妥当する議論であって、日本では「異化」ないし直訳調の機能は、異なるものである。一般的に、発展途上の国が先進文明を摂取し発展を遂げ、独自の文化を繁栄させていくプロセスのなかでの翻訳の社会的機能は、翻案（同化よりも自由度が高い）による未知概念の導入（日本では、福澤諭吉、中村正直などの時代）、次に、原文に忠実な直訳志向（学者による原文講読の手本のための文献学的翻訳が典型例）、そして自国文化が自立的に展開するにつれて、目標言語になじんだ語法による翻訳（現代日本での古典新訳の動き）、というのが一般的な通時的プロセスである（cf. Cronin. 2009. pp. 169-172）。また例えば日本とアメリカでは翻訳者の社会的地位も異なっている。したがって、ヴェヌティの論調は、一般化が可能な議論というよりも、翻訳が内包する暴力性や自民族・自文化中心主義への抵抗のための一手段として、翻訳のあり方を問う運動であると理解するのが、均衡が取れた見方であるように思われる。等価構築のもつイデオロギー性を前景化したこと、翻訳者の不可視性を可視化したこと、異化・同化という翻訳戦略性を戦略的に語ったことなどは、注目に値する。ただし、「フォーリナイゼーション」という言葉は、ヴェヌティによって再構築された概念であることを意識しておく必要があり、表４-１で示した翻訳学における二項対立図式を翻訳研究に携わるものは戦略的に使用する必要がある点、付記しておく（この点、翻訳ストラテジー論も参照。《3.4.1》）。

ヴェヌティに先んじてこの「異質性・他者性」に取り組んでいたのがベルマン（A. Berman）である。ベルマンは『他者という試練』（ベルマン、二〇〇八［一九八四］）で、試練（épreuve）を二つの意味で用いている。⑴未知の外国語テクストと言葉を経験するという目標文化にとっての試練、⑵元の言語コンテクストから引き離される外国テクストにとっての試練（Berman, 1985 [2004] in マンディ、二〇〇九［二〇〇八］、二三六頁）。彼は、受容化作用（naturalization）は翻訳における異質性を否定するものであると概嘆し、翻訳の倫理的目的は「異質なものを異質なものとして受け入れること」であるとした。ところが目標テクストには異質性が入らないようにする「テクスト歪曲システム」があるとする。この分析を行うのが「否定分析論」[26]である（マンディ、二〇〇九［二〇〇八］、二三七頁）。これに対し「文字通りの訳」（literal translation）は「肯定分析論」であり、目標言語の肯定的な変形（異質性の温存）により意味作用の幅を広げることを意図した概念であり訳出手法である。

　ベルマンは哲学的思考と翻訳ストラテジーを結び付けたことで高く評されよう。しかも、ヴェヌティとは異なり、「異質性・他者性」に対する向き合い方が実直である。異質なものを異質なものとして尊重するという姿勢と翻訳倫理とを結び付けるが、その姿勢はベンヤミンに倣ったものであろう。『他者という試練――ロマン主義ドイツの文化と翻訳』（ベルマン、二〇〇八［一九八四］）、『翻訳の時代――ベンヤミン「翻訳者の使命」註解』（ベルマン、二〇一三［二〇〇八］）、『翻訳の倫理学――彼方のものを迎える文字』（ベルマン、二〇一四［一九九九］）の随所にその姿勢が現れている。

4.3.3　芸術性と宗教性

芸術や宗教の観点で翻訳を論ずると、これだけでかなりの論の展開となる。そこで本書では極めて限定的に扱うこととする。

　翻訳の芸術性の点では、二〇世紀アメリカのモダニズムの詩人であるパウンド（E. Pound）による言語の活性化が著名である。パウンドは古風化（archaicizing）文体によって、当時の詩的教条へ実験的に挑戦をすることを試みた。これは、「意味よりも明瞭さや、リズム、音、形式から言語を再活性化しようと」するもので、古風化と異質化による周縁化であると評すことができ、ヴェヌティの異化方略とも通じるものである。「ヴィクトリア朝／エドワード王時代の英語の伝統の凝り固まった締めつけ」から解放し、「起点テクストの生命のエネルギーを摂取することと、滋養にあふれた目標テクストに再登場させる」（マンディ、二〇〇九［二〇〇八］、二七四頁）ことによって「言語の力」を再起させるものであると言える。

　これは、第3章で述べた（≪3.2.2）、本格的な翻訳理論が展開する近代以前の、ある種の形而上学的な次元での議論で使われていた翻訳を語る言葉と通じるものがあるかもしれない。「心」「気品」「才」「力」「匠」「魂」などがそうで、また宗教テクストの翻訳であれば「聖霊」「真理」という言葉が翻訳論言説に入り込んできていた。

　これらは概して、言語の言及指示機能だけでは到底語りえない、言語の力・魂・霊性・神聖性といったような芸術性や宗教性の次元における言語機能として語られるべきものであるが、それを語ることは今の筆者の任ではない（≪第6章）。

4.4　等価多様性論
——翻訳テクスト・コンテクストの多様性

テーゼ［1-1-4］に鑑みると、翻訳等価の構築行為は、すなわちカテゴリー化という記号過程であり、この記号過程には記号を操る人が存在している社会文化史的コンテクストや、人が持っているイデオロギーが不可避的に介在する。これらが翻訳の不確定性と多様性を生み出すのであれば、これらをある程度類型化しておく作業も必要になる。

理論的には、(1)テクストの多様性として「翻訳分野・ジャンルの多様性」、(2)知のコンテクストとして「歴史（時）、地理（地域）、エピステーメー（学問状況）の多様性」という項目が立てられる。この(2)は、翻訳の歴史（翻訳史）と翻訳研究の歴史（翻訳研究史）の両方を含む。また、(3)メタ理論的視点に立てば、等価構築の多様性の発見法・析出法の多様性、つまり「翻訳研究手法の多様性」、という項目も立てられる。

このうち、本章では(1)を中心に取り上げ、(2)は3.2.1で素描した言語間の等価関係の記述などが翻訳研究にとってさらに必要であることを主張するに留め、(3)はコーパスベースの研究の可能性について若干触れる程度とする。

4.4.1　翻訳分野・ジャンルの多様性と翻訳者の役割拡張

メディアのマルチ化、グローバル化、デジタル化、ユビキタス化などにより多様な言語態が生まれ、そのことで翻訳の分野やジャンルも多様性が生じている。ここでは、各分野の詳細に立ち入ることはせず、図4-3「翻訳概念の射程の広がり（同心円モデル）」の布置において各分野・ジャンルがどういう位置づけになるのか、翻訳の典型・プロトタイプからの距離が翻訳者の役割にどのように影響するのか、役割拡張がどの程度見られるのかに限定して説明することとする。ここでは特に、(1)翻訳者の役割の多様化による役割拡張の局面と、(2)翻訳者の周辺にいる翻訳関連業務の従事者が果たす役割の局面、の二つの局面から「役割拡張」と等価の多様なあり方について見ていく。

翻訳学において、何を以って翻訳とするか、は一つの大きな論点ないし争点である。この点、「翻訳」概念の多様性に関し、文学翻訳をプロトタイプとして、同心円状に非典型的な翻訳形態が布置される。その外円には文化（の）翻訳と言われる、記号間翻訳が存在し、他方で翻訳類似概念（adaptation, localization, appropriation など）もそこに布置され、隣接領域と境界画定を明確化すべきか、接点領域を拡大すべきかが問題となってくる。さらにその外円には翻訳をメタファーとして捉える見解、つまり社会

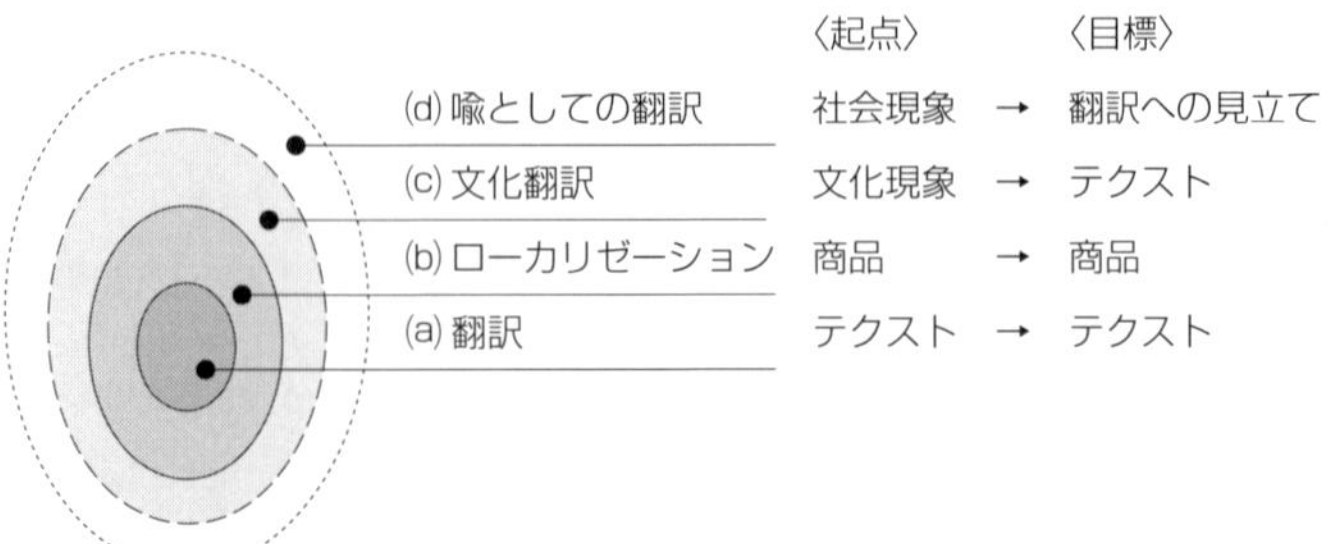

図4-3　翻訳概念の射程の広がり（同心円モデル）

的事象を翻訳と見なしたうえで当該社会現象を分析する学派が存在するという分析が可能である。あくまでもこれらは非離散的な概念であるので、クリアーに割り切れるものではないが、図示すると図4-3のようになるであろう。

これを概念規定すると、一つのモデルとしては以下のようになる。

(a) 翻訳：翻訳者が元の言語（起点言語）での原語書記テクスト（起点テクスト）を他の言語（目標言語）で書かれたテクスト（目標テクスト）に変えること（Munday, 2008/2012による定義）。

(b) ローカリゼーション：外国市場の要求とロケールに応じて、デジタルコンテンツを言語的文化的に適合させること、およびグローバルなデジタル情報の流れにおいて多言語展開の管理をするサービスと技術を提供すること（シャラー、二〇一三［二〇〇九］、一二四頁による定義）。

(c) 文化翻訳：特定の文化の「意味」を解釈し、それを他者へ伝達すること（Geertz, 1973による定義）。

(d) 喩としての翻訳：翻訳を比喩として使うことで、社会現象を分析し説明すること（ピム、二〇一〇［二〇一〇］参照）。

これに照らして(a)〜(d)を分析すると、以下のようになる。まず、(a)（狭義の）翻訳はヤコブソンの(2)言語間翻訳と言える。精確には translating "text" in one language as "text" in another language（ある言語の「テクスト」を別の言語の「テクスト」として訳す）となる。翻訳のプロセスに着目すれば、translating "text" into "text"（「テクスト」を「テクスト」へ訳す）と言えるが、ここでは翻訳とは解釈したものを表現する等価構築行為（河原、二〇一四a）と考え（英語の "as" は「等価」を中核的語義とする：河原、二〇〇八）、translating "text" as "text" としている。

次に、(b)ローカリゼーションは、言語面に着目すればヤコブソンの(2)言語間翻訳であるし、広く新たなロケール（locale：製品の最終的な使用における言語的、経済的、文化的な要素の集合）に向けた製品の準備ととらえれば、(1)記号間翻訳であるとも言える。この(a)と(b)はいわゆる「翻訳学」がその研究対象にしているものである。なお、人類学や社会学に端を発する(c)文化翻訳（≪3.2.3.1, 4.2）や(d)喩としての翻訳[27]は、翻訳のプロトタイプを大きく拡大するものであるが、ここでは立ち入らない。

4.4.1.1　ローカリゼーション・実務翻訳

ローカリゼーションの（広義の）定義は「外国市場の要求とロケールに応じて、デジタルコンテンツを言語的文化的に適合させること、およびグローバルなデジタル情報の流れにおいて多言語展開の管理をするサービスと技術を提供すること」である（シャラー、二〇一三［二〇〇九］、一二四頁）。これは実務翻訳をより大きな視点で商品として捉えたときの定義だと言える。また実務翻訳は、民間企業や公的機関が、業務上の必要に応じて発注する翻訳であると広く定義できる。ビジネスレターから契約書、企画書、マニュアル、Eメール、会社案内、製品カタログ、仕様書、特許関係の文書、内外政府に提出する公的書類、年次報告書、パンフレット、論文、研究成果のレポートまでと幅広い。産業翻訳とかビジネス翻訳とも呼ばれる。

ローカリゼーションという観点で見るならば、翻訳を含んだサービスと技術の提供が求められている点には、本来の翻訳業務以外にかなりの役割拡張がある。そのプロセスは、「分析―準備―翻訳―エンジニアリング／検証―プロジェクトの評価」であり、これ自体が翻訳学とは異なる研究分野の対象となっており、ローカリゼーションが独自の研究領域であるという考え方もある（シャラー、二〇一三［二〇〇九］、一二四―一三二頁）。特にピムが挙げる「翻訳プラス国際化のモデル」（ピム、二〇一〇［二〇一〇］、二〇六頁）は多言語対応のための作業の迅速化・効率化のプロセスとして注目に値するもので、グローバル化におけるローカル化の動きとして、グローカリゼーションの最前線の一現象とも言えよう。また、翻訳メモリ（Translation Memory）や機械翻訳（Machine Translation）などのＣＡＴ（computer assisted translation）は、翻訳者の役割自体を大きく変容させている。特に大規模な翻訳の場合は、プロジェクトを組んで翻訳をする際のプロジェクト・マネージャーの役割などの研究も必要となってくる。

また、近時の興味深い動向としては、機械翻訳、特にGoogle翻訳などに代表される統計的機械翻訳（Statistical Machine Translation）の出現により、品質が良くスピードが圧倒的に速い翻訳が可能となり、“fit for purpose”（目的適合性）、つまり目的に応じて機械翻訳のSMTを使えば、これだけの質が担保できるという考え方が浸透し始めていることである。**図４-４**「テクストタイプ・品質・手法」にそのことが端的に現れている（山田、二〇一三、一四―一九頁）。

従来型のTEP model、つまりTranslation→Editing→Proofreading という工程を踏むTEP model型も引き続きあるものの、他方では機械翻訳を使ったPost-editingやTM/MT-assisted modelも広範に使われるようになってきた。そして、翻訳者は機械翻訳のポストエディターに変わってきており、さらに、翻訳機械にかける前に準備する前編集（pre-edit）を併用した機械翻訳のtranslatability（翻訳し易

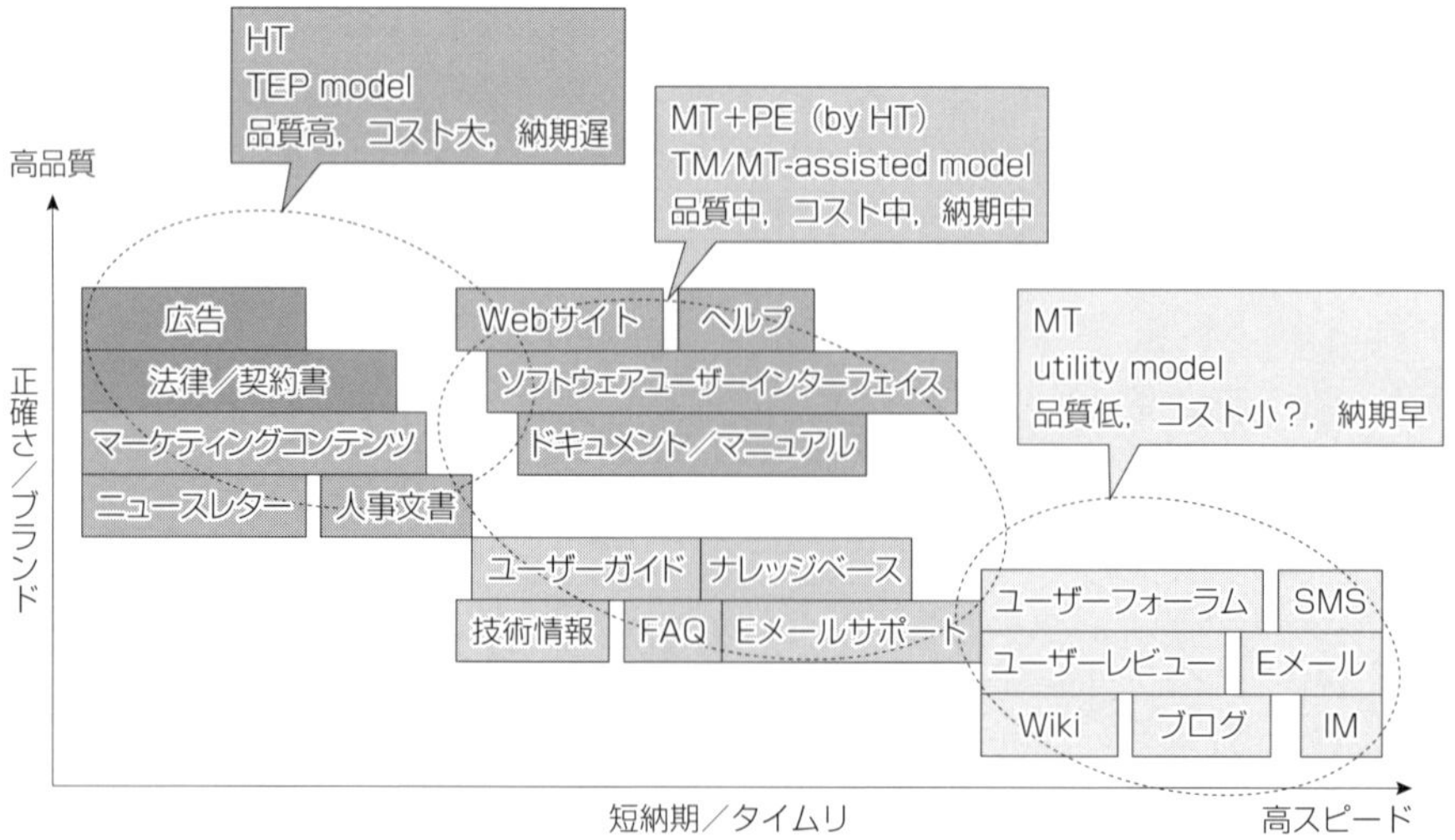

図４-４　テクストタイプ・品質・手法[28]

出典）山田，2013，17頁．

さ）の向上を図る手法も採られている。さらには、原文そのものに文法や語彙の制限をかけて、機械に判別しやすくさせる「制限言語」の使用も行われており、これらの動向に呼応して、翻訳者の役割モデルも変容を遂げつつある。

これを図4-4に対応させて説明すると、右下のテクストであればボランティア翻訳やクラウドソーシング翻訳で十分対応可能である。真ん中の分野は機械翻訳とポストエディットの組み合わせで行う。そして高品質な翻訳が要求される分野は、人が翻訳をして編集し、校正するという従来型の工程ないし手法が採られる。テクストタイプに応じてこの三つのモードを効率的に使い分けることができるという提案も行われている（山田、二〇一三、一六一―一八頁）。

このような翻訳を取り巻く環境が急激に変化していることを受けて、(1)翻訳者の役割の多様化による役割拡張の局面と、(2)翻訳者の周辺にいる翻訳関連業務の従事者が果たす役割の局面という二つの局面における「役割拡張」が見られる。特にこの分野では、コンピュータをどのように、どの程度駆使するか、あるいは駆使できるかによって、(1)(2)の両面における役割拡張のあり方が大きく左右されると言える。また、プロとノンプロとの境界線もやや曖昧になりつつあり、プロがどの程度コンピュータを使用することで作業効率と質の向上が図れるか、他方、ノンプロがどの程度コンピュータを活用することである程度の質の翻訳を自ら行えるようになるのか、そしてこれらの翻訳を周辺にいる翻訳業務の他の従事者がどのように翻訳商品・製品として完成度を高めるのか、という議論をしてゆく必要がある。

4.4.1.2　メディア翻訳

ジャーナリズム翻訳のことを「メディア翻訳」とも呼び、これは最近、翻訳学で研究が始まった分野である（特に、Bielsa & Bassnett, 2009; Schäffner & Bassnett, 2010; 坪井、二〇一三）。これは、本来、オリジナルの原稿を執筆し編集するジャーナリストたちが翻訳作業も行う場合と、翻訳を本業とする翻訳者がジャーナリズムの分野の翻訳を行う場合と大きく二つの場合がある。ジャーナリストが行う場合の翻訳の特徴は、"trans-editing" と呼ばれる「翻訳＋編集」という複合行為が関与している点である。これは一九八九年の第四回スカンジナビア英語研究会議でKaren Stettingが提唱した概念で、概略は以下の通りである（Bielsa & Bassnett, 2009, p.63）。

> ニュース翻訳では、ジャーナリストは目標言語のメディアの規則や慣行に従ってそのコンテクストに合致するようにテクストをリライトしなければならない。これには起点テクストの変容が相当程度伴い、結果として目標テクストの内容が大きく変わってしまう。他方、ニュース翻訳のプロセスは編集プロセスとそれほど違うものではなく、ニュース記事がチェックされ、修正・訂正され、洗練されて発表されるのである。

つまり、新聞記者やジャーナリストによるニュース記事作成における翻訳行為は、本来の業務であるニュースの編集行為の一環として行われており、当然、編集作業に伴う（中立的な意味における）情報操作を伴うものである（具体的には、合成、削除、説明、その他多様なテクスト方略が採られる）（Bielsa & Bassnett, 2009, p.8）。「編集行為性」の関与が、役割拡張になっている点である。具体的には、日本の場合を例に挙げると、大きく分けて国際ニュース報道記事の制作では、以下の三つのプロセスがある（Kawahara & Naito, 2009; Kawahara, 2009; 河原、二〇一三d、二四五頁)。

①記者あるいは社内翻訳者が行う海外メディアの英文配信記事の翻訳(直接翻訳)

②現地メディアからの情報収集・編集による記事作成(複合プロセス)

③海外および日本国内における記者の直接取材による記事作成(直接取材)

詳細に見てゆくと、①はロイターやAPといった通信社が配信する外国語(ほとんどの場合、英語)による記事を国際部(外報部)の記者が翻訳し、編集をして最終プロダクトとしての記事を作成する場合や、CNNやBBCといった放送局が配信する外国語のニュースを国際部の記者が翻訳し、編集をして最終プロダクトとしての記事を作成する場合がある。その際、情報源が外部機関作成のものであるので、情報源の名称を引用する。これを本書では直接翻訳(direct translation)と呼ぶ。

次に②は、現地スタッフという取材・翻訳補助要員が現地の新聞記事やテレビニュースから重要な情報を選んで記者が必要とする言語に翻訳ないし要約をする。そして記者は現地スタッフの助けを借りて取材を行い、日本語で記事を書いて東京本社に配信し、本社で記者や編集者によって編集が行われて最終プロダクトとしての記事を作成する。これを本書では複合プロセス(complex process)と呼ぶ。

③は日本から派遣された記者が現地スタッフの助けを借りずに取材を行い直接日本語で記事を書いて東京本社に配信する。あるいは、日本国内で記者が外務省などの政府官庁や在日大使館や来日した海外要人などに取材をしたり、自ら海外に出張して日本語で記事を書いたりする。そしてそれらの記事を基に、本社で編集者によって編集が行われて最終版の記事を作成する。これを本書では直接取材(direct coverage)と呼ぶ。

これら三つのプロセスにおいて、①通信社配信の記事の記者による翻訳、②現地メディアからの情報収集・編集による記事作成、の二つの過程において、"trans-editing"と呼ばれる「翻訳+編集」という複合行為が関与している。

図4-5にあるように、最終的に発表する記事に仕上げる前に、様々な情報源を使って、元々の取材情報の加工、削除、追加、圧縮などの編集を行う。国際ニュース報道記事の制作では情報源たる起点(テクストないし情報)が、ある出来事を取材した情報の断片であったり、現地語で発信された新聞記事やテレビニュースなどの言語情報であったりする。さらに、編集作業をする中で、随時アップデートされる取材情報、他のニュースソース、あるいは日本語で書かれた同一出来事を扱った記事などを起点としてさらに目標たる新聞記事が修正される。このような複雑な過程を経て初めて最終の記事になる。つまり、翻訳学で当然視されている「起点テクスト」や「目標テクスト」という概念自体、ダイナミックに揺れるものである。「起点テクスト」はテクストに限らず、様々な記号(取材対象たる出来事、取材情報の断片など)であり、それが常にアップデートされ更新を繰り返す。また、そのことを受けて暫定的な「目標テクスト」自体も常にアップデートされ編集を繰り返し、最終の記事が出来上がるまでにどういう起点情報がどの程度採用されているのかの同定が極めて困難であるという特徴がある。したがって、従来の概念である「等価」(起点言語と目標言語

が同じ意味を担う）という概念も、一体何と何の等価なのかが定かでなく、この概念自体、揺さぶりを受けることになる。

また、最終的に記事に仕上げる前の編集プロセスとして、「強調」あるいは「再構成」という作業がある。海外メディアの記事は日本人だけを読者対象にしていないため、日本人にとって重要な情報が記事の中に埋没していることがある。その場合、日本語翻訳では、記事を再構成し、それを冒頭に出して強調するという編集がよくなされる。例えば、G8サミットやG7など多国間会議では共同宣言や声明が出されるが、それが日本に言及している場合でも、海外メディアの記事では目立つ書き方をしていないことがあり、日本人向けの記事としてはそのままの翻訳では使えない。このため、日本人読者のニーズに応じた記事の再構成が必要になる。特に、長文の特集記事などの日本語版を作るときにはこの強調・再構成の作業は重要で、英文記事を情報材料に使い、日本語記事を仕立て直すこともある。

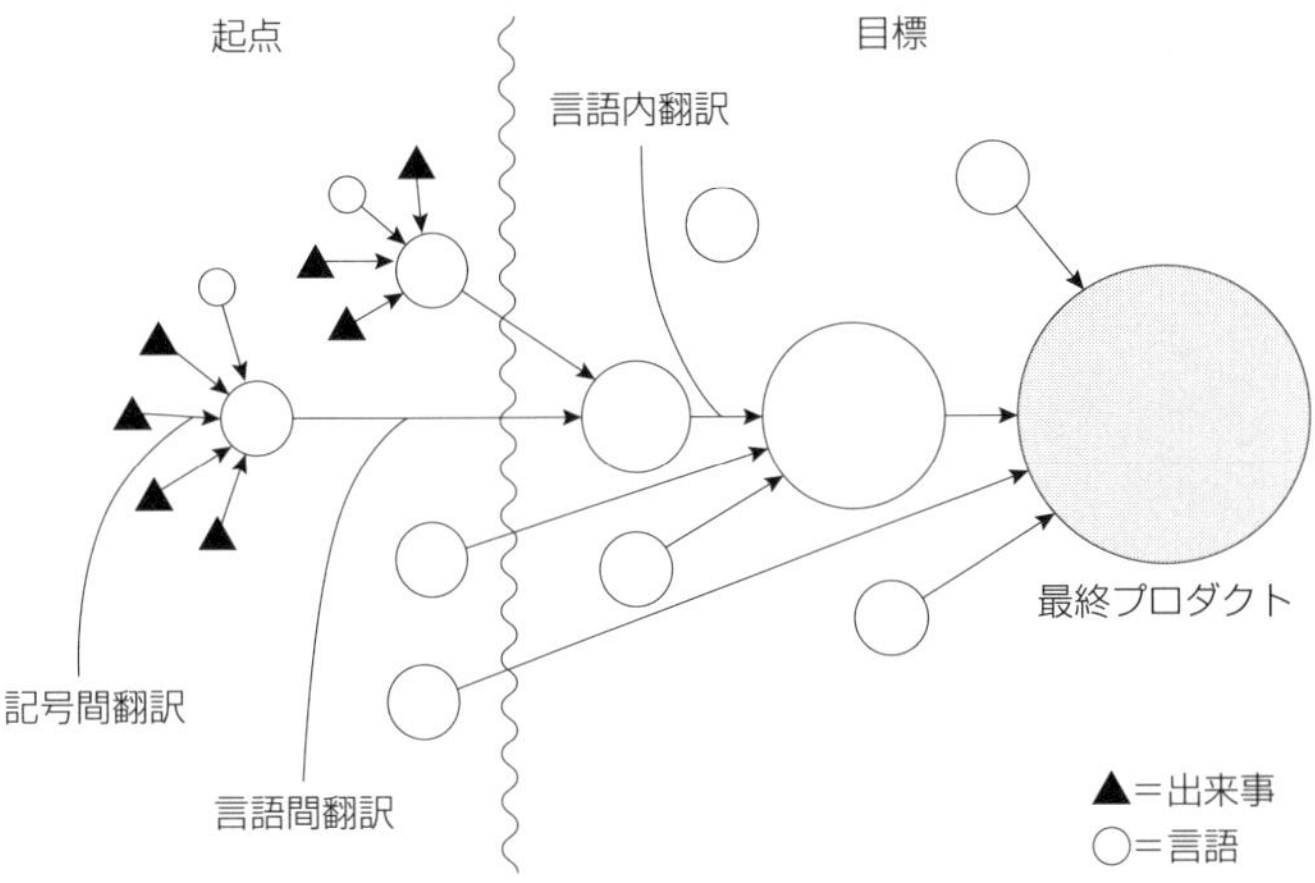

図4－5　国際ニュースの制作プロセス

このように、メディア翻訳では「編集性」がかなり前景化するため(29)、その意味での役割拡張も相当見られる。上記の直接翻訳、複合プロセス、直接取材のそれぞれの場合において、どのような翻訳行為が行われているのか（広義の記号間翻訳・狭義の言語間翻訳）、そのプロセスはどうか、どの程度の編集が行われているのか、などに照らして、メディア翻訳に従事する諸関係者の役割について明らかにしてゆく必要がある（河原、二〇一三d、二四二―二六五頁）。特にこの分野は、(1)翻訳者の役割の多様化による役割拡張の局面と、(2)翻訳者の周辺にいる翻訳関連業務の従事者が果たす役割の局面、の二つの局面から「役割拡張」に迫るというよりも、(1)と(2)とが「ジャーナリスト」として渾然一体化していることによって、「翻訳行為」が不可視な行為になっている点を、「翻訳学」の視点で焙り出していく必要がある。

4.4.1.3　字幕翻訳

これはメディア上の制約が極めて大きい分野で、具体的には、文字数の制約、情報密度の制約、画面の種類による制約が考えられる（ニュース字幕につき、稲生・河原、二〇一〇）。そこで視聴覚翻訳の研究で著名なGottlieb（1992）は「拡張・言い換え・転移・模倣・複写・変

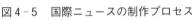

換・圧縮・簡素化・削除・放棄」という一〇の訳出ストラテジーを提唱するなど（≪3.4.1）、通常の翻訳よりもかなり編集性の高い翻訳ジャンルである。

字幕翻訳者は映像を見ながら原文のスクリプトにある台詞やナレーションを字幕ごとに一つずつ区切っていく「ハコ書き」という作業や、字幕を表示するタイミング、つまり字幕の開始点と終了点、そして表示する長さを決定する「スポッティング」という作業も翻訳の周辺的な作業として担当することが多い（翻訳見積サポート、online）。この点もこの分野の翻訳者の役割拡張の局面と言える。

4.4.1.4　広告翻訳

広告翻訳はローカリゼーションの一種であると位置づけることもできるが、際だった特徴があるため、翻訳研究の一分野として研究も進んでいる。コピー制作性、マルチモーダル性、記号間翻訳性、文化的転移性が強いこと、市場の反応が敏感なことなどから、その独自の役割拡張のあり方を見てゆかねばならない分野である（cf.トレージ、二〇一三、一〇－一七頁）。

具体的には、広告翻訳モデルとして「七つの問題の分析」「マーケティング戦略の分析」「クリエイティブ戦略の分析」「資料収集と分析」「翻訳コピー開発」五段階のコンテクスト分析を含む流れを説明する「5CACTモデル」（5 Context Analyses in Copy Translation）[30]が提唱されている（三ツ谷、二〇一二）。これによると、広告コピーライティングの作業行程の始まりは「商品」であるのに対し、翻訳コピーライティングでは「起点コピー」が始点となる以外、つまり異言語・異文化間調整を行うこと以外には、通常の広告コピーライティングの作業行程と変わらない。通常の広告コピーを書く場合同様、「商品」を売るための様々な戦略が練られ、その上でコピーを創出することが求められているのであり、その意味で、典型的な翻訳者の役割が大きく拡張され、コピーライターとしての役割と一体化した役割を担っていると言える。

4.4.1.5　児童文学・絵本翻訳

これは、大人に対立する概念として捉えられている「子ども」をどう考えるか（子ども性の構成概念）によって、その翻訳のあり方も変わってくる。一般的には情緒的内容や創造性を刺激する要素、単純な表現、言語の遊戯的要素等をうまく調和させて翻訳することが成功の要件となる（ラセイ、二〇一三［二〇〇九］、三二頁）。これも一般の翻訳とは異なる役割が翻訳者に求められる分野である。

具体的には、起点テクストの文学規準はできる限り尊重すべきとする考え方と、他方、子どもに馴染みのないものを理解し楽しむ能力がまだ十分備わっていないことに鑑み同化翻訳をする必要があるという考え方との綱引きの状況のなかで、翻訳者は柔軟かつ自律的に異質性の度合いとその子どもによる受容可能性の度合いとを検討し、訳文を決定していかなければならない（ラセイ、二〇一三［二〇〇九］、三四頁）。子どもの受容可能性を重視する考え方の背後には、児童文学の翻訳には知識や道徳を教育する目的、広く社会文化などの世界を理解させる目的、子どもの幸福感を高める目的、認知面での発育を促す目的などがあるとされる（Xeni, 2011）。

その反面、そのような合目的性と背中合わせで、翻訳者自身のイデオロギーも翻訳テクストに反映されてしまう側面もある。また原著者のイデオロギーが彼／彼女の暗黙の想定や価値観としてテクスト表現に現れるために、児童文学の翻訳ではイデオロギー的な意味を担う言語形式が読みやすさ（readability）を減じてしまうこともある（Puurtinen, 1998）。これは、イデオロギーと読みやすさの関係はテクスト外の社会文化的なレベルで決まる、ということを意味する。教育的性格を前面に出すことを重視する社会状況があれば、読みやすさを重視した明快な言語表現が選ばれ、子どもの内容理解や道徳理解が重んじられる。しかし、近時は児童文学が西洋諸国では顕著な教育目的を前面に出していない状況があるために、子どもの言語能力に信頼を置いて複雑な統語形式で児童文学が書かれたり翻訳されたりする。さらに、複雑な構文や難解な言語形式を子どもに教え徐々に習得させるという教育目的を掲げて複雑な言葉を使っている場合もある（Puurtinen, 1998）。このようにイデオロギーと言語テクストと社会とは複雑な（時としてねじれた）関係を示しており、それに応じて翻訳者の役割も変化し得ると言える。その他の点については、後述の出版翻訳と同様の、翻訳者の役割（拡張）が想定されるであろう。

4.4.1.6　出版翻訳

出版翻訳、特に文芸・文学の翻訳は、翻訳の典型例・プロトタイプとされているものであり、これを祖型にして他の多分野の翻訳が自らを特徴づけることが想定される。したがって、この分野が最も「翻訳者の役割」について標準的な規範や慣習を提供してくれるはずであり、出版・文芸翻訳の翻訳プロセスを記述し、翻訳者の役割を同定すること、翻訳行為に関与する関係者（チェッカー、コーディネーター、編集者など）とのパワー関係を詳らかにすること、その他関係する諸コンテクスト要因を特定し、どのような要素が翻訳者の役割と関わりがあり、どのような要因によって役割が変動しうるかについて観察し記述することが必要となってくるだろう。これも、「等価構築」とその延長線にある「役割拡張」という視点によって、記述のポイントがより明確になってくるものと思われる。

ところが近時は、一人で翻訳を行うという典型事例だけでなく、迅速化かつ効率化を図るためにチーム翻訳が行われることもあり、分業体制のあり方なども議論すべき論点となっている。特に用語の統一、文体の統一、進行管理、原稿の管理・相互チェック・編集のためのウェブサイトの活用、翻訳・編集会議の実施（スカイプ利用含む）、プロジェクト管理システムの利用など、監訳者やプロジェクト・マネージャーの役割も射程に入れた議論を展開する必要がある。

4.4.1.7　その他の分野・ジャンル

その他、ゲーム翻訳、舞台翻訳、マンガ翻訳、ファンサブなど、多彩な分野・ジャンルがあり、それらの特徴や傾向を分析し、「翻訳者の役割」として体系化する作業を行うと、多分野における翻訳者の役割の実際の姿が顕わになる。

例えば、ゲーム翻訳の場合、ゲームコンテンツ周りの翻訳には、(1)ＩＴ翻訳と映像翻訳のスキルが求められる、コンテンツそのものを翻訳する翻訳者と、(2)仕上がったコンテンツ（ビルド）を実際にプレイして、翻訳上の不具合を見つける、ゲームコンテンツのＱＡ（Quality Assurance）のチェッカーがおり、(2)は翻訳の周辺で発生する翻訳関連業務としてその役割が特徴づけられる。また、(1)のなかでも、単に画面（ユーザーインタフェース：ＵＩ）を日本語に翻訳するものから、シミュレーションゲームの登場人物の声の字幕や吹き替えといった映像翻訳のスキルが求められる翻訳もある。またコピーライト関連はゲーム翻訳関連の実務翻訳であり、ゲーム制作会社、ゲーム機の会社の厳しい規定を守りながらの翻訳が必要となる（以上、翻訳見積サポート、二〇一四)。

またマンガ翻訳の場合、(1)マンガ翻訳そのものにおいて種々の翻訳ストラテジーが使用されている。印刷上の記号(フォントの種類とサイズ・レイアウト・フォーマット)、絵の記号(色・スピード線・ビネット・視点)、言語記号(タイトル・絵の中の文字・セリフ・オノマトペ・ナレーション)のすべてで、置換・削除・追加・保持といったストラテジーが使われており(Kaindl. 1999 in ザネティン、二〇一三[二〇〇九]、四三―四四頁)、また吹き出し、キャプション、タイトル、パラテクストにおいて、翻訳、非翻訳、脚注、文化的翻案等の種々のストラテジーも使われている(Celotti. 2000. 2008 in ザネティン、二〇一三[二〇〇九]、四四頁)。これは現地読者に向けて作品を「翻案」する工程である(ザネティン、二〇一三[二〇〇九]、四一頁)。また、(2)吹き出しやキャプションの起点テクストを消去して翻訳に書き換えるレタラー(letterer)、画像に必要ないし適切だと思われる変更を行うアートディレクターや画像編集者も翻訳者の周辺にいる。さらに、スキャンレーション(Scanlation)は日本マンガのファンによるサブカルチャーの一つであり、「プロ翻訳」の周辺に位置すると考えられ、マンガ翻訳の実践方法にも影響を与えている。

以上のように、(1)翻訳者の役割の多様化による役割拡張の局面と、(2)翻訳者の周辺にいる翻訳関連業務の従事者が果たす役割の局面、及びこの両者の相互作用、相互連関(翻訳者がどの程度、(2)の役割を担っているのか、担わされているのか、担わざるを得ないのか、など)についてミクロコンテクストで何が起きているのかのみならず、長期的視野からマクロコンテクストでこれら諸翻訳分野・ジャンルで起きている翻訳実践/翻訳関連業務実践における慣行の集積とそれがある程度物象化するところの規範について分析し記述していく必要がある。

第3章の3.2.2で示した**表3-1**「近代以前の二項対立図式のマトリックス」に立ち返ると、上記の各分野の役割拡張の具体的なあり方がわかる。分野やメディアの性格上、美的様式性のあり方もそれぞれに異なるであろう。韻文性ないし詩的機能が前景化するものについては、美的様式性のあり方もそれぞれに異なるであろう。いずれにしても、一般的傾向としては、前掲**図4-3**の同心円の中心から離れれば離れるほど、役割拡張が見られ(**表4-2**の右へと寄る)、翻訳プロパーの役割にプラスアルファされた役割がのしかかってくるのである。**表3-1**を改めて「翻訳者の役割拡張のマトリックス」として作成し直すと、**表4-2**のようになる。これは、翻訳者が翻訳の各種類・ジャンルごとに様々に有する役割群のミクロコンテクストにおけるその場その場での変動により、等価構築のあり方も変わってくることを意味する。特に、文学翻訳における翻案、ジャーナリズム翻訳における"trans-editing"、ローカリゼーションにおけるロケールへの適合、字幕翻訳におけるストラテジー選択などは、個別の役割特性や役割拡張がどのようなものかについて見極める必要がある。そうすることで、その場その場での役割に応じた等価構築のあり方がある程度決定されるからである。

4.4.2 翻訳研究手法の多様性

本書では簡単に二つの流れを説明する。一つは、翻訳テクストの分析手法として、「コーパス」が登場し大きな展開を遂げていること(≪3.4.1)、もう一つは、「翻訳者」に関する研究の関心が高まっていること(マンデイ、二〇〇九[二〇〇八]、二五七頁)に呼応して、テクス

表4－2　翻訳者の役割拡張のマトリックス

連続体	ST 志向 ↔	TT 志向 →	役割拡張
一般テクスト性 ▲散文	① word-for-word 型	② sense-for-sense 型	④ 翻案型，模造訳 ローカリゼーション，実務翻訳，メディア翻訳，字幕翻訳，広告翻訳，児童文学・絵本翻訳，出版・文芸翻訳など
美的様式性 詩的機能性 ▼韻文	③ figure-for-figure ST 維持型	③ figure-for-figure TT 創出型	
特徴	起点言語の異質性の前景化	目標言語の言語らしさの前景化	⑴ 翻訳者の役割拡張：翻訳メディアの分野別特性を活かした翻訳，目標文化との適合性や読者のニーズ，訳者の創造性の前景化(adaptation, transcreation, transediting, localization, etc.)，下記⑵への役割拡張
▼役割拡張	⑵ 翻訳者の周辺にいる翻訳関連業務の従事者が果たす役割，また，翻訳者が⑵の役割をある程度担う形での役割拡張		

ト中心・言語学中心、あるいはコンテクスト・システム論分析中心ではない、人類学、エスノグラフィー、ミクロ社会学などの知見による「翻訳者」の研究が進んでいることである。

コーパスの種類（単言語コーパス、二言語比較コーパス、並列コーパス）や具体的なコーパス研究の手法については、その分野の研究を参照されたいが、ここではコーパスによる翻訳研究によって、等価構築の分析手法として量的分析の観点から異なった知見が得られる可能性が高いことが看取される点を指摘しておきたい。特に、コロケーションや語彙項目の使用は、人の手による恣意的なデータ解析よりも格段に優れている。今後、豊富なコーパスの作成と分析ソフトの解析によって、「量的研究（語彙頻度、語彙分布、語彙密度、文の長さ、キーワードなどを起点テクストと目標テクストの統計で比較）と質的研究（個別事例のコンコーダンス・ラインの詳細分析）の両方」（マンデイ、二〇〇九［二〇〇八］、二九八）からの研究が進むことを期待したい。そうすることで、等価構築の客観的な分析方法を、言語テクストをベースに確立することが可能となる。

もう一つは、「者」に着目した研究である。「結局のところ、翻訳者、または通訳者なしでは翻訳は不可能」（マンデイ、二〇〇九［二〇〇八］、二五七頁）であるという問題意識が根底にある。これはミクロ社会学的な分析がより必要である通訳研究のこれまでの研究が大いに参考になる。[31] 通訳者の役割論研究でよく使われるのはブルデュー（P. Bourdieu）とゴッフマン（E. Goffman）である。翻訳研究でも同様にミクロ社会学的な分析が必要で、「これまでの理論では残念ながら扱われてこなかった翻訳者の役割を理論化する手段として、多元システムの枠組み［中略］に取って代わる、より決定的ではない選択肢として」研究が進められており（Simeoni, 1998; Inghilleri, 2005など）、本書もその一つと言ってよい。

このように新たなアプローチでの研究手法が採られると、「等価構築」の実相にも多角的に切り込んでいくことができる。単に言語テクストだけの研究に終始するのではない、また単に社会文化的コンテクストばかりに目を奪われるのではない、すべてのテクストとコンテクストの諸要素が全体として体系を成している様を如実に捉え、言語化し、理論化していく全体の学を目ざした翻訳学のあり方を模索しなければならない。

*

以上、翻訳等価性に対する異なるアプローチの仕方として「社会等価論」「等価誤謬論」「等価超越論」「等価多様性論」の四類型について検討してきた。これらの諸学説が、翻訳学ないし翻訳研究全体のなかでどのような位相を占めるか、多層的・多面的で複雑な翻訳行為のどの局面に照射して分析しているのか、背後にどのようなイデオロギーがあるか、限界や臨界点はどこか、今後どのような視座が必要になるか、などの検討を、社会記号論を土台にして次の第5章で行う。

注

（1）この点、言語機能論は言語学者によっていくつも提唱されており、ビューラーだけではない。例えば、Bühler（1934/1965）は、本文中に記したように叙述機能／表出機能／訴求機能の三機能を提唱し、Jakobson（1960）は言及指示機能／表出機能／動能機能／交話機能／詩的機能／メタ言語機能の六機能を提唱している。その他例えば、Searl（1982）は発話内行為の類型として表象的／表現的／指令的／義務的／宣言的の六類型を、Brinker（1985/2001）は情報機能／接触機能／訴求機能／（詩的・美的機能）／義務機能／宣言機能を提唱している。そしてアダムツィク（二〇〇五［二〇〇四］、一五七―一七二頁）は、様々なアプローチを統合する「成果モデル」を提唱している。以下、掲載する。

1．知的機能（ひとは何かを経験し、学習し、あるいは理解する、自分の考えを発展させ、あるいは展開させる）
2．実践的機能（ひとは世界の中で、何かを変える、任命する、例えば、誰かにある機能を果たさせる、ある対象を入手する、何かに対して契約をする）
3．行為的機能（ひとは将来、（他人と共通に）どのように振舞うかがよく分かる）
4．感情的・心理的機能（ひとは自分の感情と接触をとる、感情を明らかにする、感じとる、喜び、腹立ち、快楽、あるいは退屈の気持ちを表現する：心理的な重荷から自分を解放する）
5．社会的機能（ひとは他人とコンタクトをとる、他人と知り合いになる、互いに親密になる、あるいは疎遠になる）
6．精神的・倫理的機能（ひとは世界や自分自身に明るくなる、一定の倫理的態度をとるようになる、あるいは、哲学的・宗教的態度をとる）
7．形式的機能（ひとはテクストの美的質と欠陥を認識し、知覚する、一つの模範を実行し、形式的に完全なものか、逸脱したものかを判断する）
8．メタコミュニカティヴな機能（ひとは自分の言語知識、テクスト知識及びコミュニケーション行為能力を拡大する）

そして、アダムツィクは、これらの成果のうち様々なものが互いに組み合わさって現れることがある、いや、それどころかそうするのが普通である、としている（アダムツィク、二〇〇五［二〇〇四］、一七二頁）。

（2）Christiane Nord のカタカナ表記は、ドイツ人である点に着目すると「クリスチャン・ノルト」となるが、ここでは英語的な発音で姓を「ノード」と表記することにする。

（3）この点、マンデイ（二〇〇九［二〇〇八］）とベーカー・サルダーニヤ（二〇一三［二〇〇九］）では「翻訳行為」、ピム、二〇一〇［二〇一〇］では「翻訳者行為」、鳥飼・山田（二〇一三）では「翻訳的行為」としている。翻訳者だけでなく、翻訳に関係する諸氏当事者間の相互「行為」における翻訳の機能を論じていることを捉え、本書では「翻訳的行為」と訳すこととした。

（4）人名のカタカナ表記がしばしば問題となるので付言する。今は亡きVermeer氏に二〇〇九年の秋、パレスチナ・アンナジャー大学の翻訳学国際会議で筆者が会った際に本人に尋ねたところ、生地がオランダで今はドイツに居住しているので、オランダ語式の「フェルメール」でも、ドイツ語式の「フェアメーア」でもどちらでもよいとのことであった。

（5）スコポスの名称についても本人に尋ねたところ、ギリシア語を使用することで高尚なニュアンスが出ると吐露した。この理論を継承しつつ独自の説を展開しているノード（Nord、表記はノルトでもよい）は「目的」（purpose）という用語を使っているのであるから、ギリシア語の使用による本質の隠蔽が行われない限り、どちらの用語を使ってもよいだろう。

（6）スコポスという用語に関連して、フェルメールは「目標」（Ziel: aim）、「目的」（Zweck: purpose）、「機能」（Funktion: function）、「意図」（Intention or Absicht: intention）という用語も使用しているとノードは言う（Nord, 1997, p. 28）。これらは家族的類似関係（ヴィトゲンシュタイン）にあると言えるが、フェルメール自身は使い分けており、目標（意図される最終結果）、目的（目標達成のための暫定的な段階）、機能（受け手から見た目標テクストの意味）、意図（送り手・受け手双方にとっての目標志向の行動計画）としている。

（7）文体（style）と同義であると捉えられることもあったり、辞書学でのスピーチレベルと同義であったりするとの捉え方もある。

他方、言語人類学では広義のレジスターとは、使用域が限定されている言語形態のことを言い、狭義では同一の言及指示対象を有する二つ以上の語彙セットから構成されている使用域が限定されている言語形態（例えば、欧州言語のT／Vシステム、日本語の敬語における敬体／常体、男言葉／女言葉、科学用語／日常用語など）を言う。レジスターの使用により、話し手のアイデンティティや権力関係、親疎関係等のミクロレベルでの社会関係が指標される（小山、二〇〇八、二五〇―二五三頁）。

（8）"If X_1 and/or X_2 and/or…X_n then the greater the likelihood that Y, whereas if Z_1, Z_2 and/or…Z_n then the lesser the likelihood that Y."と定式化し、これを蓄積させ、"If X_1 and Z_1 then the likelihood of Y is greater than if X_1 and Z_2, and even greater than if X_1 and Z_3."という定式で法則化するとしている（Toury, 2012, p. 302）。

（9）この点、小山（forthcoming）は次のように言う。

> 現代翻訳研究の中では、Hermans（2007: 116）は、翻訳を「記号間メタ表象」と解するなど、記号論的翻訳論／ヤコブソン翻訳論にかなり近い志向性を示しているが、他方で、この概念自体が、相変わらずルーマン的システム理論の中に位置づけられており、したがって、実際のコミュニケーション／コンテクストの中でメタ語用過程がどのように作用し、どのような帰結（遂行的効果）を生み出しているのか、その詳細かつ具体的な、談話分析／民族誌的な分析は、未だにヘルマンスの「記述」の中では「不可視」であり続けている。ここでは、いわばシステム理論の持つ極度の抽象性／イデアリスムスが頚木となって、（メタ）語用論の神々が宿る民族誌的コンテクスト／経験的細部が不可視化され、単なる粗い挿話、印象論的素描のようなものにデフォルメ／脱色されているかのようである。

（10）"camp（talk）"を「ゲイ言葉」と訳出することに抵抗を示すゲイもいて、「オネエ言葉」とすべきだという指摘を受けたことがある点、付記しておく。ゲイとオネエとはアイデンティティが異なることが理由とのことである。

（11）日本の文脈では、「欧米列強への過剰な模倣と擬態、その自己植民地化の果てに生み出された植民地的無意識と植民地主義的意識はいかにして現在まで生き延びたか」という問題意識となる（小森、二〇〇一）。

（12）「翻訳調」は英語で"translatese"あるいは"translationese"と表現される文体のことで、一般的には「起点言語の特徴の影響を受け、不自然でぎこちない文体の翻訳テクスト」をしばしば侮蔑的に称する時に使われる（Palumbo. 2009. p. 137）。ただし、スピヴァクは単なる文体のことを言っているのではなく、西洋のフェミニストの姿勢や考えを反映した翻訳であることを批判して「翻訳調」であると表現している。以下の引用を参照されたい。

十把ひとからげに英語に翻訳されるという行為においては、民主主義の理想は裏切られ、強者の法に埋もれてしまうかもしれない。こうしたことは、第三世界のあらゆる文学が、一種の流行の翻訳調で訳されるようになる場合に起こる。そうすると、パレスティナ女性の書いた作品が、台湾の男性が書いたものと、散文として似た感じになってしまう。（Spivak. 1993/2004. pp. 371-2 in マンデイ、二〇〇九［二〇〇八］、二一〇頁）

（13） J・ルセルクルは一九九〇年『言葉の暴力：「よけいなもの」の言語学』でこれを扱う。本書の岸による訳者あとがきは次のようにまとめている。

「よけいなもの」は、ソシュールの言語学もチョムスキーの言語学も見過ごしたもの、扱うことのできないものであるという点から本書は出発する。そしてソシュールの「ラング」の対抗概念である「よけいなもの」は、ソシュール言語学の核心をなす「記号の恣意性」という概念の脆弱さを明らかにする。そうした「よけいなもの」へのアプローチの方法として著者ルセルクルは、構造主義精神分析学のJ・ラカン、J・C・ミルネールの「ララング」概念と、ポスト構造主義の雄G・ドゥルーズ、F・ガタリの「リゾーム」概念という、一見両立し難い二つの概念を採用する。

「ララング」と「リゾーム」の共通点はいったい何か。第一の点はルセルクルによれば、どちらもラングの自律性を唱えるソシュール言語学への批判を出発点としている点である。ソシュールの「ラング」は抽象化と普遍化という典型的な科学的操作による排除と選別を通じて、言葉の混沌とした現実から作り出されたものである。しかしそのとき抑圧されたもの（「よけいなもの」）は、フロイト的「妥協」の形で、すなわち「抑圧されたものが認知されないという条件の下で、夢や神経症的症状などの形をとって意識に回帰する」ように、言葉の内に、ラングの内に回帰する。そうした「よけいなもの」に与えられる名称が、ラカン、ミルネールによれば「ララング」であり、ドゥルーズ、ガタリによれば「リゾーム」である（ルセルクル、二〇〇八［一九九〇］、四三八―四三九頁）。

本書の訳者である岸は、L・ヴェヌティが論文「翻訳の生み出す差異―翻訳者の無意識」で本書に言及し、翻訳のプロセスで果たす機能に注目している点に関し、ルセルクルを誤読していることを指摘している。このことは注目に値する（ララングやリゾームの詳細は同書を参照）。が、本書ではこれ以上立ち入らない。

（14） 大久保友博は、①信じること（あくがれること）、②入り込むこと、③ものにすること、④元に戻すこと、と試訳している（二〇一一年七月日本通訳翻訳学会関西支部例会発表「ジョージ・スタイナーと翻訳の現象学」発表資料）。

（15） 翻訳の暴力性について：翻訳する言語・文化に以前から存在する価値観、信念体系、表象に合わせて外国テクストを再構成することは、常に支配と周縁の階層の中でなされ、常にテクストの産出・流通・受容を左右するものである。翻訳の暴力的効果について：翻訳は外国文化のアイデンティティ形成において絶大な力を及ぼし、潜在的には民族差別・地政学上の対立・植民地主義・テロ・戦争に関わるものである。他方、翻訳は受容文化の文学規範の維持・改変の営みに外国テクストを組み入れてしまう。また、様ざまな学問や専門職における支配的なパラダム・研究方法論・臨床業務の維持・改変の営みにも外国テクストを組み入れてしまう。翻訳がもたらす暴力は一部避けられず、翻訳プロセスには本質的に存在するものであり、潜在化していても歴史の瞬間瞬間において特定の文化的、社会的形勢で表に現われてくるものである（Venuti. 2008. pp. 14-15）。

（16） 著者性について。原著者は一次的著者性あり（思想や考えを自由に表現できる）。翻訳者は二次的。翻訳は派生的、模造、潜在的に虚偽の複製。と同時に、翻訳は透明性の効果を持たせて二次的著者性をかき消す必要もある。翻訳者の著者性はうやむやにされる（Venuti. 2008. p. 6）。

（17） 翻訳者の不可視性は自己のおぞましい抹消であり、英米文化での周縁的地位を強化してしまう（Venuti, 2008, p. 7）。

（18）翻訳の論評では、六〇年以上にわたり、流暢（fluency）に読める翻訳が評価されている。crisp, elegant, flows, gracefully, wooden, seamlessly, fluid, clunky など。逆に、translatese, translationese, translatorese は悪評。流暢な翻訳について：現代風で、一般的に使われる語法が使用され、標準的。ピジン語的な言葉は使われない。統語法は、原文の外国語には忠実ではない。すぐにわかりやすく、なじみのある言葉使いで、受容化された言語使用。翻訳者は自分の翻訳を「不可視な」ものにしようとする。平易な文体の志向により、流暢であることが翻訳ストラテジーの支配的な考え方となる。原文の文体や形を模倣することは避けられる。外国語テクストを流暢に書き換え、翻訳を透明なものにし、同時に、翻訳者の目から見てもわからないくらい翻訳者の作業を覆い隠してしまう（Venuti, 2008, pp. 2-6）。

（19）流暢な翻訳という幻想的な考え方は、翻訳者の不可視性は外国テクストを知らないうちに同化（domestication）し、流暢な翻訳テクストにリライトしていることを覆い隠してしまう（Venuti, 2008, pp. 12-13）。

（20）英米の出版社は英語文化の価値観を外国の読者にも押し付ける。海外のテクストを英米の価値観でもって、自文化賞賛をする認識で他者文化を流暢に翻訳する。これは、編集者、出版社そして翻訳批評家によって押し進められる（Venuti, 2008, p. 12）。

（21）不可視性（invisibility）について：現代の英米文化での翻訳者の状況としては、言語上、文体上、際立った箇所がなく、流れるように読める翻訳が好ましいとされる。翻訳は翻訳ではなく、あたかも原文を読んでいるかのごとく読めるものが望ましい。この状況では、翻訳者が重要な「介入」（intervention）をしていることも隠蔽されてしまう（Venuti, 2008, p. 1）。

（22）翻訳の不利な法的地位について：著作権法、また契約の商慣習上、翻訳その他の派生的権利は著者にある。著作権は著者没後七〇年保証される。英米法では、翻訳は著作者の名前で著作権が保護される（Venuti, 2008, p. 8）。

（23）異質化方略を採る翻訳者は翻訳の実践の幅を拡大し、文章の読みやすさの新たな条件を創ろうとしている。読みやすく流暢な翻訳の条件は歴史上の瞬間ごとに、文化の構成に応じて変わるものである（Venuti, 2008, p. 19）。

（24）英語での異質化翻訳は民主的な地政学上の利害関係において自民族中心主義、人種主義、自文化偏向主義、帝国主義への抵抗の一つの形となり得る。独・古典ロマン派時代、仏・ポスト構造主義時代は異化翻訳が採られたが、英米の文化では、長らく同化翻訳が支配している（Venuti, 2008, p. 16）。

（25）本書の動機は、翻訳者をもっと可視的な存在にし、英語圏において翻訳が理論化され、研究され、実践される状況に抵抗し、それを変革することにある（Venuti, 2008, p. 13）。

（26）合理化、明確化、拡張、高尚化、質的貧困化、量的貧困化、リズムの破壊、表面に現れない意味のネットワークの破壊、言語的体系性の破壊、地域口語ネットワークの破壊ないしその異国風処理、表現や慣用語句の破壊、複数言語の重層性の消去、の一二がそれである（Berman, 1985 [2004], p. 280 in マンデイ、二〇〇九［二〇〇八］、二三八―二四〇頁）。実のところ、このマンデイの引用は「均質化」が抜け落ちている（ベルマン、二〇一四［一九八五］）。

（27）「喩としての翻訳――異領域間・異次元間翻訳」であるが、これは大橋良介（編）『文化の翻訳可能性』や、山本真弓（編著）『文化と政治の翻訳学』などが援用する翻訳概念である。大橋は文化の翻訳可能性について、翻訳概念を脱構築し、翻訳概念一般を単なる言語レベルの枠から解放し、一挙に文化理論へまで拡大し展開することであるという（大橋、一九九三、一三頁）。そして文化の翻訳の問題群として、近代における欧州から非欧州への文化・技術の移転、異文化芸術の美的経験、政治体制の移転、文学や思想の翻訳による移転、そして異文化間の出会いや交流そのもの等を「翻訳」として捉えるという視点から議論を展開している。

（28）山田優氏より情報提供を頂いたパワーポイント「翻訳『革命』期における翻訳者養成～翻訳者をとりまく環境の現状と今後～」のスライド#16を筆者が作図し直したもの（立教ＳＦＲ翻訳研究プロジェクト二〇一

三年一月二二日公開シンポジウム資料）。

(29) ［ニュース］翻訳は複雑なプロセスの一つの要素であり、情報がある言語から別の言語に転位され、そして新しいコンテクストの中で編集され、書き換えられ、形が整えられ、掲載されるが、これは起点と目標という明確な区別が意味を失う程度まで行われる（Bielsa & Bassnett, 2009, p.11）。

(30) まず、「コンテクスト分析一：起点コピーの『七つの問題』分析リスト」として、起点コピーの意図することが目標ロケールで通用するかどうかという批判的観点から行う「七つの問題」、すなわち「四つのタブーの問題（政治、宗教、人種、性）」「文化的背景の問題（歴史的社会的背景の違い、すなわち歴史に裏付けられた文化的事象の持つ意味の違い）」「価値観の問題（文化を機能させている仕組み、すなわち文化的概念コードのこと）」「言語の問題：ロジック、外来語・カタカナ、和製英語、洒落（pun）の問題」「マーケティング戦略の問題（様々なリサーチデータ、すなわち人々の嗜好や行動様式、ターゲット層などの数値化されたデータをもとに考案される、ものを売るための戦略図のこと）」「広告法規の問題（日本の場合だと、景品表示法、特定商取引法、ＪＡＳ法をはじめとする様々な法規）」「言い回しの問題（コピー独特の言い回し）」の内容をチェックする。次に、「コンテクスト分析二：マーケティング戦略（広告の目標や計画——商品、市場、動機、メッセージ、媒体、時期、エリア、測定など）」、「コンテクスト分析三：クリエイティブ・ブリーフ（すぐれた広告表現を生み出すための指針となる表現にまつわる戦略図のこと）」、「コンテクスト分析四：翻訳コピー開発のための資料分析表（翻訳コピー開発のための資料収集において必要な情報の項目を纏めたもの）」、「コンテクスト分析五：翻訳コピーのクオリティチェックリスト（翻訳コピーとしてすぐれているかを検証するための項目として、ヘッドラインの評価決定と異文化間の広告制作における基本事項を統合させリスト化したもの）」をそれぞれチェックするというプロセスを採る、とするモデルである（三ツ谷、二〇一二）。

(31) 例えば、鳥飼（二〇〇七）、Torikai（2009）は、通訳者としての「個」を理解する上で、社会的コンテクストを知ることが不可欠であるとの問題意識から、ブルデューの「ハビトゥス」「フィールド」「プラクティス」を鍵概念にして、オーラル・ヒストリーの手法で研究を行い、通訳者の役割論について分析した。

第5章 翻訳等価性をめぐるイデオロギー

5.1 研究者のスタンス、イデオロギー

前章までの議論を承けて、ここでは翻訳研究の諸学説を総括してゆく。これまで見てきたことから明らかなように、無色透明で中立な研究はありえない（テーゼ［2-6］）。それは、翻訳実践行為が無色透明で中立であり得ないのと同じである（テーゼ［1-1-4］）。翻訳者は介入的存在であるとマンデイは言う（Munday, 2007, p. xv）。これは、研究や翻訳に限らず、およそ人が言説を紡ぎ出す営為一般に当てはまることである。意味づけ論を展開した田中茂範は「人は言葉を操りつつ、言葉に支配されている」と表現した。この言明を前述のデリダやルセルクルを踏まえて敷衍すると（≪4.3）、まさにこの自由に言語を操っているという自己の自己性（自分は自分で制御可能とすること）、言語の我有性（自分が使う言語は自分が所有しているのだとすること）への驕りと誤解が、自ら発した言葉による自己への支配性（言葉が自分を支配すること）へと転化していく様、自己の他有性（異質なものが自分を支配すること）、言語の他者性（言語には自分では制御できない異質性があること）が自らに剣をむき出しにしてくる様を物語るものであると言える。これが、コミュニケーションなる対話性と文字言語なるエクリチュール性へと展開すると、さらに他者の他者性が絡んでくることで、より一層、言葉による制御不能な支配性の配下となり、虜となってしまうのである。これがまさに言葉の愛憎両義性の本質であり、この両義性は翻訳や研究にも妥当する。当然それは本書にもあてはまる。

「異質なもの・他者性・よけいなもの」は自らの内にあり、いくらそれを排除しようとしても、拭い去ろうとしても、逃げ出そうとしても、いつまでも自らに憑依し、付きまとい、支配しようとしてくる。これを、非中立的にではあれ、何らかの形で見極めなければ、真の意味で翻訳研究の立ち位置を定位することはできないであろう。このように、自らを自覚的にメタ分析という大所・高所へと位置づけるという、敢えて言うならば暴力的かつ傲慢な非中立の姿勢を自ら露呈することによって、何とか（メタ）分析の営為の健全さを保とうと努力しつつ、以下の翻訳研究の諸スタンスを検討してゆく。まずは前述した記述的翻訳研究について再考し、そのことを通して翻訳諸理論が不可避的に負うているイデオロギー負荷性について検討したうえで、翻訳研究の関与的・介入的アプローチについて分析する。

その前提として、4.1で検討した記述的翻訳研究について、5.1.1で再度別の角度から検討する。次に、それと対照的な研究アプローチである関与的・介入的翻訳研究について5.1.2で検討する。さらに、翻

訳理論研究の応用的なアプローチとして評価と教育について5.1.3で若干論及する。そして、それを踏まえて、5.2で社会記号論と翻訳研究の全体を翻訳イデオロギーの観点から検証してゆく。

　本章は研究方法論についてのメタ分析、つまり翻訳諸理論のメタ言説（方法論言説）をさらに分析するという位置づけになるため、ここには人の意識が複層的に介在することになる。したがって、意識化が複数介在しイデオロギッシュにならざるを得ないため、分析の準拠枠が必要になってくる。そこで、2.5.2と2.5.3で広義・狭義のイデオロギーについて考察する際に導入したイーグルトンのイデオロギー分析の枠組みに依拠しつつ、考察を試みる。ただし、イーグルトンの論調はマルクス主義文学批評という視点が帯有するある種のイデオロギーがこれ自体にも不可避的に備わっているため、本書での分析へそのまま適用することは控え、参照程度に留める。

5.1.1　記述的翻訳研究（Descriptive Translation Studies）

　純粋な意味で記述的翻訳研究（DTS）というのはあり得るのか。これが根源的な問いである。自らを「中立な記述的立場」であると称することに内在する非中立性とどのように向き合うのか、という非両立的なジレンマをどこまで自覚できるかが問われるのが、この研究スタンスを採る研究者たちが常に考えなければならないことである。では、この記述的翻訳研究を提唱しているトゥーリーの立場・姿勢を再度確認する。

　トゥーリーによるDTSの研究方法論の詳細については、第4章（≪4.1）で述べた。ここではこれまでのDTSを批判的に分析した諸学説から、DTSの特徴を抽出し列挙する（以下は、ベーカー、二〇一三［二〇〇九］、一四一―一四八頁を基底に、ピム、二〇一〇［二〇一〇］：Munday, 2012; Toury, 2012; ブラウンリー、二〇一三［二〇〇九］、四五―五二頁をまとめたもの）。

1. 翻訳とは何か、翻訳とはどうあるべきか、あるいは起点テクストと目標テクストの関係はどうあるべきかについて先験的に述べることを明確に拒否した。
2. 翻訳に関わる様々な問題をすべて歴史的に、つまりその時代において受容側の文化に作用している条件に基づいて検証することを重視した。
3. 研究の範囲を翻訳テクストの検証を超えて、特にパラテクストや翻訳に関する評価（序文、書評、経験談等）にまで拡大しようとした。
4. 翻訳行動とはどのようなものであるべきかではなく、実際にどのようなものであるかを記述しようとした。
5. 特定の事象の集合ないし部分集合に適用でき、しかも「間主観的に検証可能」な一般化の形をとった記述でなければならないとした。
6. 規範の概念は記述的範疇を提供するものであり、それにより各種の翻訳行動について、こうした無秩序でない、検証可能な記述が可能であるとした。
7. 規範（norm）とは、能力（competence：特定の文脈で翻訳者が採用できる選択肢を研究者がリストアップするもの）と運用（performance：翻訳者が現実の場面で実際に採用する選択肢の集合）の中間レベルであって、翻訳者が特定の社会歴史的文脈のもとでよく採用する選択肢の集合のことである。これは、「実際の事実（is)」や「可能なもの（can be)」ではなく、何が「典型的（typical)」であるかの研究であり、分析者は運用の生データも、能力の観念的な可能性もこの中間的性質によって説明可能とする。

8．翻訳者は共同体によって指定された機能を、共同体内で適正とみなされる方法で果たすという社会的な役割を担っている。そして一連の規範を習得して、特定の共同体における適正な翻訳行動を見分けられるようになることが、その共同体において翻訳者になるための前提条件であるとする。

9．翻訳行動の規範を特定するには、実際の翻訳コーパスを調査し、コーパス内で翻訳者たちが選んでいる典型的な方略のタイプは何かなど、翻訳の規則的なパターンを突き詰めていくという方法を採るとする。このように行動の法則を定式化することによって科学的な理論を構築することを狙っている。

このＤＴＳに対する批判論についてはすでに前述（≪4.2）した通りであるので、ここでは上記の特徴を有するＤＴＳの枠組みのイデオロギーを社会記号論の枠組みも踏まえて分析する。

1．【研究という行為の認知的側面】翻訳とは何か、翻訳とはどうあるべきか、あるいは起点テクストと目標テクストの関係はどうあるべきかについて先験的に述べることを明確に拒否したとしても、認知的局面においては、人はある対象、被説明項に対峙したとき、己のもつ準拠枠、フレーム、あるいは広く長期記憶化したスキーマによって世界制作を行うことは、前述のとおりである。つまり、先験的（アプリオリ）に何かを判断し述べることを拒否しようとしても、そこには必ず先験的予断、先入観が入り込むのであるという自己回帰的自覚を研究者は持つ必要が出てくる（この点につき、Chesterman & Arrojo, 2000; Hermans, 1999)。これは第1章、第2章でも見たように研究という理論構築行為一般に当てはまるが、「記述的研究」を前面に出す研究にとっては特に自覚する必要のあることだと思われる。

2．【社会記号論の視座】また、社会記号論の立場からすると、ある対象を分析する場合、コンテクスト負荷性とイデオロギー負荷性が不可避に伴ってしまうことにも、同時に自覚的でなければならない。

しかも、翻訳の模範的な（prescriptive）あり方を提示するのではなく、客観的に記述することを第一義としたとしても、研究者が、翻訳者はこれこれ然々の規範に縛られていると主張すること自体、規範・模範ないし手本を提示する効果を生むことについても自覚的であるべきである。すなわち、翻訳規範の解明という機能$_1$を果たすと同時に、その研究結果の言明が機能$_2$としてこのような効果を生じさせることについても自覚的でなければならない。

3．【マクロ社会的コンテクストの考慮】翻訳に関わる様々な問題をすべて歴史的に、つまりその時代において受容側の文化に作用している条件に基づいて検証することを重視したとしても、起点テクストは厳然と恒常的に存在し続けるという事実は厳粛に受け止めなければならない。しかも、起点テクストの背後にある起点言語や起点文化・社会と、目標ないし受容側の文化・社会・言語とのパワー関係、覇権的関係によって、その受容側の文化に作用している条件も相当変化するはずである。したがって、目標側重視の考え方を維持したとしても、さらにマクロレベルでの議論も展開する必要がある（この点、ポストコロニアル翻訳研究など参照。また第2章で述べた言語の多層的な社会指標性に関する箇所も参照）。

4.【目標社会内部での間テクスト性・読みの民族誌】研究の範囲を翻訳テクストの検証を超えて、特にパラテクストや翻訳に関する評価（序文、書評、経験談等）にまで拡大した点は評価に値するが、パラテクストや翻訳評価言説は専ら目標ないし受容側の社会で生起していることであり、これらを研究対象にすることのマクロレベルでの社会的意義について認識する必要がある。この点、2.3で触れたプラティーク理論（読書行為の歴史）やリテラシーズ研究、読みの民族誌などの先行研究による違う観点からの研究が必要となる。

5.【テクスト外事実の考慮の必要性】翻訳行動とはどのようなものであるべきかではなく、実際にどのようなものであるかを記述しようとするのは正当であろうが、それをテクストのみによって同定することの限界について認識する必要がある。ある翻訳結果が、何のイデオロギーや権力関係をも反映せずストレートに産出されたものなのか、マクロレベルにおいて、関係者の間で侃々諤々議論を行った末に当該結果が産出されたものなのか（≪4.1 翻訳的行為論）、テクストのみに依拠した規範分析の結果からは必ずしも判然としないだろう。したがって、多角的な翻訳研究手法を導入する柔軟さも必要になってくる。

6.【一般化・抽象化のあり方】特定の事象の集合ないし部分集合に適用でき、しかも「間主観的に検証可能」な一般化の形をとった記述でなければならないとしているが、前述のようにゲンツラーも指摘した通り（多元システム理論に関するGentzler, 2001の批判を参照）、過剰汎化の危険と常に表裏一体であることを前提にどのように客観性を担保するかの方法論的議論をもっと詰めていく必要がある。

7.【説明原理の多様性】規範の概念は記述的範疇を提供するものであり、それにより各種の翻訳行動について、無秩序でない、検証可能な記述が可能であるとしているが、本書の趣旨に鑑みると、果たして「検証可能性」という概念が具体的な分析手法の客観性を保証しているのか、疑問である。特に、シフトの認定方法に関し、テクスト全体における位相、性質、程度を客観的に記述する具体的な方法論を、近時の言語学の成果を反映して明確化する必要もあろう。また、上述の翻訳ストラテジー論の箇所（≪3.4.2）で示唆したように、DTSの見解には意識・無意識に関する倒錯が見られるため、規範・等価・シフト・ストラテジー・意識／無意識、などといった用語法を、厳密な概念定義の下に整理する必要がある。さらに、起点テクストに目標テクストをマッピングし、対照ペアを比較するという方法は、比較方法が恣意的・主観的に流れやすいため、客観性・再現可能性の保証がない点も改善の余地がある（前述の、ヘルマンスやマンデイの批判論も参照。≪4.1(8)）。

また、分析対象を回顧的（retrospective）に検証することであれば、関連性理論の枠組みがその代表格であるが、いかなる抽象的規則・原則・原理・法則をもってしても、検証は可能である。しかし、客観的に、コンテクスト諸要因が多岐にわたる中、偶発的化学反応としての言語コミュニケーション行為・出来事である翻訳行為の研究（特に記述研究）に再現可能性があるかどうかについては、更なる検討が必要であり、本書の立場はむしろ逆説的に、翻訳行為自体はなぜ再現不能なのかの原理的記述を、規範以外の諸要素をも総合して客観的に行うものであることを再度確認しておきたい。この点、ピムもトゥーリーが規範を決定的な一つの説明（システム内の位置）として提唱することを批判し、多様な説明の根拠を提示するべきであるとしている（Pym, 1998）。

本来、極めて多くの変数が関与する複雑な現象（語用論的不確定性）を扱う学問が、自身の理論だけで自立することはありえず、例えば規範であれば、社会学、法学、倫理学、国際関係論、哲学・論理学、自然科学などの諸学問分野での研究成果を踏まえた上で[1]、学際的（inter-disciplinary）研究、[2]もっと本格的には超領域的（trans-disciplinary）研究を行うことで真の洗練された規範論が展開できること、「個々の研究結果を間主観的に検証し比較することを可能にし、研究自体の再現可能性を保証する」という言明は、複雑な現象に対して単一原理で説明し理論化しようとするものであり、（もし今後も展開するのであれば）再現の相対性、多様性の解明を行うという相対的実在論・認識論に立ったうえでの規範論・法則論の定立が望ましいことが挙げられる（この点、ティモツコの言う「実証主義的キメラ」を参照（Tymoczko, 1998））。

8.【社会学的視座の重要性】規範は、能力と運用の中間項であると定位することは正当であろうが、社会学にいう「メゾ」のレベルになぜ定位可能かについて、コンテクスト諸要因との連関を社会学に照らしながらさらに深く追究する必要があるところだが、トゥーリーには社会学的な考察は特に見られない。特に、ミクロ社会学的考察と連動させた緻密な議論（前述のように、特に、社会の中で個人が規範からの逸脱行為をとる現象にも着目すること）も必要だと思われる。この点について、詳述する。

トゥーリーは三つの分析レベルとして、①「翻訳に関わる可能性のあるすべて」、②「様々な状況の中で実際に関わるもの」、③「特定の条件下でかかわってきそうなもの」を示している（Toury, 1995, p. 15）。これを承けてデラバスチタは、記述的翻訳研究における三つのレベルについて詳述している（Delabastita, 2008, p. 234）。①システムのレベル（理論上の可能性：「可能なもの」'can be'）、②規範のレベル（文化的制約：「すべきもの」'should be'）、③実施のレベル（実証談話的慣行：「実際の事象」'is'）の三つである（本段落では、ピム、二〇一〇［二〇一〇］、一一九―一二〇頁の訳語を引用した）。

この点に関し、「規範に支配された活動」であるというメタファー、英語で記すなら"translation as a norm-governed activity"（Toury, 2012, 第3章の見出し）という隠喩が示す通り、トゥーリーは、翻訳者は常に規範に縛られていると言うのであるが、ミクロ社会学の知見からすると、人のアイデンティティ形成・維持・発展プロセスにおいて、規範からの逸脱・距離など（例えば役割距離につき、ゴッフマン、[3]一九八五［一九六一］、一一五頁）という実際の行動性向を役割概念などと関連させて分析

表5－1　翻訳者役割論の三層構造

社会システム（マクロ水準）	物象化 静的規範性 ↑	• 翻訳というシステムのあり方，倫理規定の定立の仕方，職業制度のあり方に至るマクロ社会学的，政治経済学的，言語政策的問題 • 翻訳法則，普遍化などの科学主義的考察
コミュニティ（メゾ水準）	↕	• 翻訳者の職業倫理，業務上の義務・責務，職能団体，エージェントのあり方というメゾ社会学的問題 • スコポス，規範，ナラティヴなどの論点
個人（ミクロ水準）	↓ 現象化 動的行為性	• ハビトゥス，フッティング，行為性向，アイデンティティなどのミクロ社会学的問題（ゴフマン，ブルデューなど―Munday） • 翻訳スタイル，文体構築性（Boase-Beier, Munday, Parks）

することなくして規範は語れないと言える[4]。役割概念に注目すると、トゥーリーがメゾ社会レベルからマクロ社会レベルで規範・法則を導き出そうとしている志向性とは逆の志向性も考慮する必要がある（表5－1）。

トゥーリーは、規範は個人が教育や社会化のプロセスのなかで獲得されるもので、規範を効力（potency）の観点から、一方の極に絶対的規則（absolute rules）が存し、他方の極に純粋な特異性（pure idiosyncrasies）が存しており、規範はこの両極の連続体（cline）の中間に位置するとし、実際の翻訳に現れる等価のタイプと程度を決定するとしている（Toury, 2012）（≪4.1⑧）。これを社会学に照らして敷衍すると次のようになる。規範は一般的に拘束力を伴う。そしてその効力には強弱の幅がある。その幅は、「個人の裁量―個人の責任―職業人としての責務―職業倫理としての義務―制裁なしの強い義務―制裁ありの強い義務」というレベル（ミクロ―メゾ―マクロの次元）で現れる。そして後者になればなるほど、制度として物象化される度合いが高い。この規範と個人の裁量との衝突、あるいは個人の裁量としての（比較的弱い）規範からの逸脱が、ある種のアイデンティティを生み出す局面でもある。具体的には次のようになる。

(1)マクロ水準：社会システムとして国家ないしそれに準ずる公的機関と翻訳者個人との関係性に関する水準。言論や情報の自由な流通は、例えば日本では憲法二一条による「表現の自由」によって一般的に確保されているため、翻訳のあるべき姿を法律によって制度化したり、倫理規定の定立の仕方、資格認定制度のあり方どうすべきかといったマクロ社会学的な層での政治学的、法律学的問題や制度論はあまり想定されないであろう。しかし今後、翻訳の質保証の観点から、言語政策として翻訳のあるべき姿について制度化する動きが出てくれば、このレベルでの議論の展開が予想される（なお、国際標準化機構による質保証の国際規格化を策定する動きが注目されつつある）。このような実社会システムの動向と連動させた形で、純理論的な面での「システム」の性質や理論化のあり方について問い直しをする必要がある。法則の解明によってどのような翻訳の質保証が可能なのか、という視座も重要だと考えられる。

(2)メゾ水準：翻訳者コミュニティという翻訳者が属している（と思われる）職業コミュニティと翻訳者個人との関係性に関す

る水準。翻訳者の職業倫理、業務上の義務・責務、職能団体、エージェントのあり方というメゾ社会学的問題は、翻訳者の場合にも大いに問題となる。例えば日本の場合だと、一般社団法人日本翻訳協会は「翻訳者の倫理綱領」をインターネット上にアップしている。(5) 一般的には、職業上の倫理規定では、医療・司法・文学の翻訳者や手話通訳者・会議通訳者の団体をはじめ多分野において、公平性、中立性、正確性、忠実性の観念が常に重視されている。倫理的な翻訳実践を通して、翻訳は社会的・政治的な変革を促す力としての機能を果たすことも可能であろうし、翻訳者や研究者が責任を持って行動をし、自らの可視性と説明責任を真剣に受け止める権利へ向かうことにも役立つであろう（インギレリ、二〇一三［二〇〇九］、六七―六九頁）。

(3)ミクロ水準：翻訳者個人の個別具体的な翻訳性向に関する水準においては、翻訳者の役割、ハビトゥス、フッティング、行為性向、アイデンティティなどのミクロ社会学的問題といった論点が重要となる。ここでの最大の問題関心は、「ほぼ同一のコンテクストを共有する複数の翻訳者が産出する翻訳テクストが、なぜ異なるのか」という問いである。特に文学テクストの翻訳の場合、個性（idiosyncrasy）がテクストに反映される傾向が強いが（なお、個性が反映されやすい翻訳の文体の側面に関し、Boase-Beier, 2006; Parks, 2007; Munday, 2008を参照）、トゥーリーが規定する規範概念、翻訳者を拘束するとする規範概念によってこの純粋で単純な問いに答えられるのか、疑わしい（翻訳者コミュニティに対する一枚岩的なイデオロギーが垣間見られる）。マンデイが示したようなミクロレベルのコンテクスト諸要素の相互作用にもっと着目した研究方法論が体系的に必要とされており、その中で、翻訳規範、翻訳法則・普遍性の議論を適切に定位する必要がある（この点に関して、社会学における役割理論では、役割の類型化、役割の相互行為過程からの規範化、役割群と多元性・役割システムの緊密性、役割葛藤と役割距離、役割形成と役割取得、役割の現象化と物象化の階梯などが論点となるが、詳しくは通訳者の役割論について素描した、水野・中村・吉田・河原、二〇一一を参照）。

トゥーリーの規範類型に関しては、そのあとチェスタマンがさらに彼の規範論を継承しつつ展開しており、これらの枠組みはある程度、説明力のある正当なものと評価されるが、やはり翻訳ストラテジー（特にマクロ・ストラテジー）と規範概念との異同は何かについて、もう少し明確化した議論が望まれる。また、日本語というコンテクストにおいては、文語・雅文か口語・言文一致かという文体規範（明治二〇年代ぐらいまで）、欧文脈か和文脈（明治初期は漢文脈）かという文章規範なども考慮の対象になる（水野、二〇一〇、三六―三八頁）。さらには、規範にも一般的な社会規範もあれば、翻訳規範、言語規範もあり、これらの関係と規範概念と密接にかかわる倫理との関係など、諸概念を他の学問領域の議論を参照しつつ整理する必要があろう（この点、「翻訳学自体の内部で正当化されるような方法論と研究テクニックを備えた、体系的な分野」を志向する研究姿勢が足かせになっている可能性がある。特に言語規範については、言語類型論による考察や、本書で言及している言語ナショナリズムなどの検討も必須であり、さらにいえば言語規範に対する人の意識、イデオロギーについての原理的解明を行っている言語人類学の知見も必須であるはずである)。

さらに、翻訳法則論については、端的に翻訳語法(translationese)として「翻訳語用論」の研究と言い換えればその本質が浮かび上がるように思われる(例えば、J・メイが「文学語用論」という言葉を使っているように)。これは言語接触の一場面の語用論研究であって、一つには、言語学でいう語用論(但し、本書が導入している言語人類学が想定するコミュニケーション理論としての広義の語用論)の枠組みが準拠枠となりうる(例えば、標準化進行であれば翻訳者の言語・翻訳イデオロギーの表出現象で、干渉の法則であれば起点テクストの指標的類像化のプロセスで、というような説明。≪2.6.1)。トゥーリーのいうところの法則は、前時代的な科学観を反映しているきらいがあるが(≪1.4)、彼の言う翻訳規範は、翻訳の諸規範がどの程度物象化したかに応じて法則へと昇華するという思考法だと思われ、その科学的認識論の姿勢は、コードに対する生成文法学派や語用論における関連性理論と通じるものがあり、反証に反証が重なる中で、虚中心的・空焦点的なミニマリスト法則しか導出できないという虞がある点、注意を要する。この点、Chesterman(2004)は普遍的特性S(S-universal:起点テクストと比較した場合に翻訳に起きているシフトで、トゥーリーの二つの法則を含む。parallel textsの比較で明らかとなる)と普遍的特性T(T-universal:目標言語において、自然に生まれる言語と比較した場合に観察される翻訳語法の特徴。comparable textsの比較で明らかとなる)を提案したり、Pym(2008)はリスク回避の原則からトゥーリーの二つの法則を統一する試論を展開したり、あるいはBaker(1993)は翻訳の普遍的特性として、明示化(explicitation)、簡素化(simplification)、正常化・保守化(normalization /conservatism)、平準化(leveling out)、をコーパスに基づいた研究によって析出している(但しベーカーは英語の単一言語コーパスの使用による研究を行っているため、干渉の法則については示していない)。[6] この点、翻訳メモリ使用時における起点テクストからの干渉と、目標言語からの標準化、及び翻訳メモリ内の目標テクストのストック(sentence salad現象による一貫性欠如とpeephole translationによる結束性欠如のテクスト群)による正・負の干渉の三つの影響関係を論じている山田(二〇〇八)も参照されたい。翻訳メモリや機械翻訳などCATの分野では状況変数が異なるためこの種の理論化はある程度有用であろう。いずれにしても、これらを法則の名の下に理論化を進めるのか、それとも、一つの言語規範として一つの有力なコンテクスト要因として捉えるのか、原理的な見直しを要するように思われる(この点、ピムは、ランベール、ルフェーヴル、ヘルマンスのような理論家が普遍的特性や法則を集団的に探求しようという情熱を共有していない点を指摘しているが(ピム、二〇一〇[二〇一〇]、一四〇頁)、前述したように(≪4.1)、これらの研究者が同じ多元システム理論から派生する位置づけである点、アカデミアの言説分析の観点から興味深い)。また、CATに限らず、この種の理論化は、翻訳ジャンルや分野の違いが相当大きく影響をするため、[7] 理論化のための前提条件、特に有意性領域の特定を、明確に行う必要がある。

9.【コミュニティ幻想】翻訳者は共同体によって指定された機能を、共同体内で適正とみなされる方法で果たすという社会的な役割を担っているとするのであるが、「共同体」「コミュニティ」が一枚岩であり、それを規制する規範も一枚岩であるという共同体幻想のイデオロギーが明確に見え隠れしているのが、このDTSの最大の特徴でもあり弱点でもある。個人と共同体とのダイナミックな相互作用性が不在の、極めて抽象化した概念を振りかざすのは、ある種の近代主義的な国家観、共同体観に基づいた理論構築であると言わざるを得ない。この点、行為主体としての個人や翻訳を取り巻く個別のコンテクスト諸要因が無視されているという批判（Hermans, 1999）は、上述の翻訳的行為論やミクロ社会学の視座を入れる必要があるという認識と一致すると言える。

10.【因果関係の考慮】その他、翻訳は特定の時代の目標文化のイデオロギーや道徳的慣習を反映しているのであり（Lefevere, 1992）、チェスタマンの言うように翻訳の原因と結果の両方を同等に扱う研究姿勢が必要であると言える（Chesterman, 1999）。

以上のように、DTSが主張する諸論点を脱構築すると、目標言語社会に漠として存在する共同体幻想のイデオロギーを有していることが浮かび上がってくる。この点、ヘルマンスは、「翻訳研究者にはもっと自己批判的な姿勢が必要であり、研究者は自分が翻訳データを個人的な、あるいは自分が浸りきっている社会の通念のフィルターを通して見ていることを十分に自覚すべきだ」と述べており（Hermans, 1999 in ブラウンリー、二〇一三［二〇〇九］、四八頁）、本書が強調している自己批判原理について自覚的な論評を行っている。これをブラウンリーは「ヘルマンスのアプローチは記述的である点はDTSと同じだが、内省的で自己批判的である点が異なる。したがってこの動きは『批判的記述的翻訳研究[8]』とでも呼べるだろう」としている（ブラウンリー、二〇一三［二〇〇九］、四九頁）。

しかしながら、DTSの枠組みは、翻訳規範論は複層的、多義的で多様な翻訳行為の一局面を分析する理論枠組みであることを認識すれば、有効な理論として機能すると言える。翻訳規範論を援用する際にそのことを認識することが、翻訳研究者にも求められると言えるだろう。

次に、DTSの対極にあると考えられる関与的・介入的翻訳研究について見てゆくことにする。

5.1.2　関与的・介入的翻訳研究（Committed/Intervenient Translation Studies）

すべての言説は非中立で介入的であるとしたならば、そのあり方は一体いかなるものなのか。これが関与的・介入的翻訳研究を検討する根源的な問いであり、このCTSを検討することですべての翻訳研究の諸学説のイデオロギー性を見極めるためにも、このような問いを発する営みは有益である。DTSと雖も、前述のようになにがしかの幻想・信奉・イデオロギーを反映しているとすれば、すべての翻訳研究の諸学説はその主張者・主導者・唱道者の立場性（positionality）、イデオロギー、アクシオロギー、アイデンティティを反映させているのであり、これが即ち、学説の社会指標性（機能1および機能2、特に後者）でもある。この点につき、ティモツコが翻訳者の立場性について次のように述べていることは注目に値する。

支配的な権力の中枢にとっての翻訳者の問題は、翻訳者は複数の文化の狭間にいるとか複数の文化への忠誠の狭間にいるということではなく、相反する複数のイデオロギーや変革の綱領、支配的な権力の監視の及ばない転覆の計略などにあまりに深く関与しすぎることである。翻訳のイデオロギーは翻訳者の立ち位置の結果であって、この立ち位置は狭間のスペースなのではない。（Tymoczko, 2003）[9][10]

要するにこれは、翻訳者は前述（≪4.2）のバーバが説くように、起点社会と目標社会の間に挟まれた第三の空間を彷徨う移民としてのメタファーが当てはまる存在というのではなく、自らの立ち位置の結果、自らのイデオロギーを表出する存在であることをストレートに認める主張である。このことは翻訳研究者にも当てはまる情況であると捉えられる。すなわち、研究者は翻訳者と一般読者との狭間、あるいは起点文化と目標文化との峡間にいるとか、両者に対し中立性を維持し、その中立性に対しても忠誠であるという両者の完全な狭間にいるというのではなく、自らの立場性とイデオロギーでもって翻訳行為や翻訳テクスト、翻訳者自身を研究対象にして観察、記述、説明、理論化、体系化を行うことを任務としているのである。無色透明な第三の空間に存在するのではなく、具体的コンテクスト内にいる翻訳者、そこに存在する翻訳テクストと対峙するなかで、それに反目したり抵抗したり賛同したり称賛したりしながら、自ら正当であると信ずる方法論によってそれらを対象化していくのである。この学問的営為の社会指標性について自己回帰的な省察を怠ったならば、自己批判原理不在の稚拙な理論構築となる、というのが本書の一つの帰結である。

以上の原理的考察を基に、翻訳をめぐるイデオロギーやパワー関係の諸学説を検討する。この「関与的翻訳研究」なるものは、ブラウンリーが翻訳研究のスタンスとして「記述的アプローチ（descriptive approach）vs.関与的アプローチ（committed approach）」という二項対立的な捉え方をしていることに端を発している。これは恐らくＤＴＳへの批判論を横目で見つつ、様々なイデオロギー的介入を積極的に行う立場の翻訳研究を目にして「関与的アプローチ」と命名したのだろうと推察される。そして、これを同時に規定的（prescriptive）という用語によっても特徴づけをしている（ブラウンリー、二〇一三［二〇〇九］、四九頁）。しかし、本書ではマンデイが翻訳者は介入的存在であると言っている趣旨を承け（Munday, 2007, p. xv）、かつ、「関与（commitment / involvement）」という言葉の響きでは説明しきれない、かなり積極的、活動的な学説まで射程に入れて論じる必要があること、また、翻訳教育的な示唆をもこの関与的アプローチに含めるのは、背後にあるイデオロギーの違いが大きすぎるため、それは「模範的（prescriptive）」という概念で扱うこととし、この政治性を帯びた学説群とは切り離して考えたいため、「関与的・介入的アプローチ（committed/intervenient approach）」と称することとする。

上記のような本書の趣旨に鑑み、**表3-9**「翻訳ストラテジー論の布置」（≪3.5）を土台に、次のような分類が可能だと考えられる（**図5-1**）。先に非関与型・介入型の類型を説明すると、**図5-1**の①は本書が言う言語等価論で、一般的には狭義の等価理論だとされている理論群である。②は目標社会における翻訳の社会的機能を重視する学説群、③はその中でも翻訳者（及び翻訳に関わる諸関係者）の主体関与性に照準を合わせる学説群である。

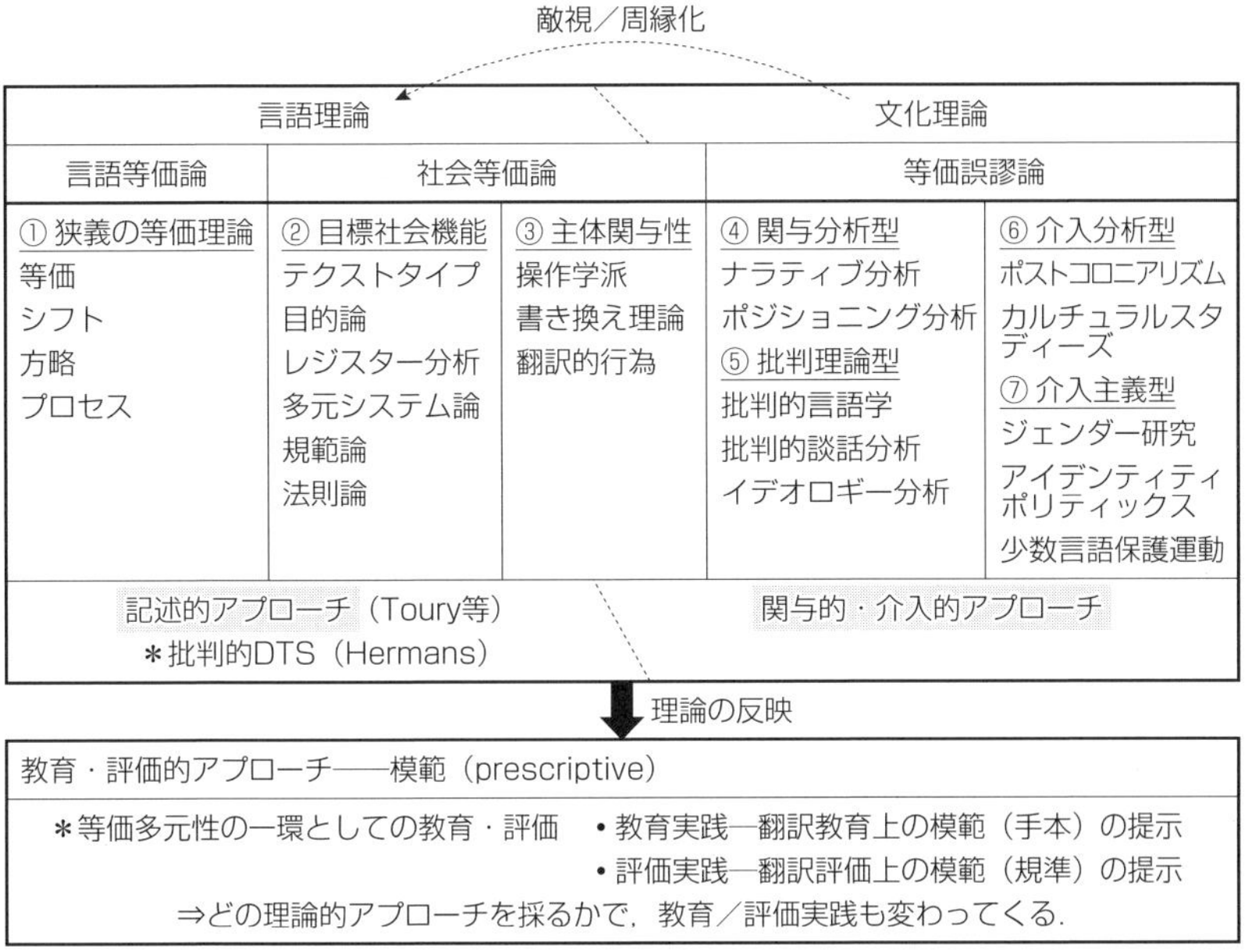

図5－1　翻訳研究のアプローチの布置

5.1.2.1　関与的・介入的アプローチの類型

関与的・介入的アプローチは、言語間・文化間またはその内部に不公正な権力格差があるという認識に立って政治的動機・大義で翻訳を研究するアプローチで、（社会改良主義的な意味での）政治的大義を有しない社会等価論（図5-1の②③）とは本質的に異なると言える。この関与的・介入的アプローチは、④関与分析型、⑤批判理論型、⑥介入分析型、⑦介入主義型、に分類できる（但し、これらはあくまでも非離散的なものではある）。④には、ベーカーやティモツコといった、⑤批判的（critical）言語学（CL）や批判的談話分析（CDA）の手法に与しないタイプもあるため、これを関与分析型と本書では称することとし、CLやCDAの手法を翻訳研究に応用するタイプを批判理論型と呼ぶこととする。⑥⑦は翻訳者が積極的に政治的介入行為を行っていることを前提とした議論で、⑥はそれを分析するタイプ、⑦は翻訳者に介入するよう呼びかける社会改良運動的なタイプである。但し、以上の分類は、諸学説の特性を見極めるためにあえて手続き的に分類していることを断っておく。

・介入的アプローチ

特定の政治的動機・大義を有した翻訳研究者の場合、特定のイデオロギーで翻訳を分析し、介入的に評価・教育に従事しつつ当該の政治的大義を奨励することもある。⑦介入主義型だと、活動家・介入者としてある種のアイデンティティ・ポリティックス（IP）を展開する動きでもある。例を挙げると、カナダのフェミニズム翻訳研究者[11]などである。⑥介入分析型は、ポストコロニアル翻訳研究のニランジャナ、アメリカの主流文化の自民族・自文化中心主義を断罪するヴェヌティなどがその称揚者である。具体的な社会運動を起こしているわけではないが、翻訳行為の積極的介入性を分析する学説である（但し、ヴェヌティは支配的価値観に対する抵抗のための〈行動への呼びかけ〉を戦略的に行っていることは付記すべき事項である）。

・関与分析型アプローチ

他方、特定の政治的介入実践は行わないながらも、翻訳実践行為への主体の関与性について分析するアプローチがある。翻訳自体を主体性やイデオロギーが関与する社会文化活動と捉え、翻訳行為が内包する立場性、イデオロギー性を詳らかにしてその旨を強調する④のアプローチである。ベーカー[12]（Baker, 2005, 2006）やティモツコ（Tymoczko, 1999, 2000, 2003）がこの立場を採る研究者である。中立的な仲介者としての翻訳者、特定の文化的状況を超越した第三の空間で行われるのが翻訳行為であるとすることに反対し、翻訳行為は特定の文化的・政治的性格が埋め込まれていることを強調する（ブラウンリー、二〇一三［二〇〇九］、五一頁）。

この一環としてベーカーが主張しているのが、翻訳におけるナラティヴの作用である（Baker, 2006）。これはコミュニケーション学のフィッシャー（Fisher, 1987）の研究の応用である。フィッシャーはある行為が倫理的実践として見なされるか否か、ある行為が正当な理由で行われたか否かの決定は、抽象的合理性に基づくのではなく、人が自らの生きる世界について抱くようになったナラティヴに基づいていると主張した（インギレリ、二〇一三［二〇〇九］、六八頁：Baker, 2011 第8章「倫理と道徳」も併せて参照）。「ナレーションとはあらゆるコミュニケーションを解釈し評価するためのコンテクストで、これは、それを創った人の意図的な選択によってできたディスコースの一形態ではなく、我々がはじめに理解する際の知識の型のことである」という（Fisher, 1987, p. 193 in Baker, 2006, p. 9）。このように倫理性と個人の主観的ナラティヴないし合理性のあり方とが密接不可分であることより、翻訳者倫理の解明のためにナラティヴ分析を行う手法をベーカーは採用していると言えるだろう。これは、包括的にある種の方向性をもって取り組んだならば、翻訳が社会的、政治的変革を促す力として役割を演じる可能性を高めることもできるとする（インギレリ、二〇一三［二〇〇九］、六九頁）。しかし、これを極端に推し進めたならば、⑥や⑦のアプローチに限りなく接近することとなる。

・批判理論型アプローチ

この⑤のタイプは、テクストを知識とイデオロギーの動的な表現と構成に常に関与しているディスコースの例であると捉える批判的言語学（Critical Linguistics）と批判的談話分析（Critial Discouse Analysis）の領域を翻訳研究に応用したものである（≪1.4.2）。これはディスコースが社会的に条件づけられつつも同時に社会を形成すると考える立場で、分析とその対象との関係に批判的な立場で臨むこと、コンテクストの中の言語的相互作用の実例を分析することが必要であることを特徴としている（サルダニャ、二〇一三［二〇〇九］、一一九—一二〇頁）。CLはファウラー（R. Fowler）、CDAはフェアクラフ（N. Fairclough）、ファン・ダイク（T. A. van Dijk）、ウォダック（R. Wodak）などが代表的研究者である（≪1.4.2）。これを翻訳研究に応用すると、翻訳は起点テクストと目標テクストの世界観を仲介するプロセスであり、参与者間の権力の差異に必然的に影響を受けるプロセスであるとしたうえで、翻訳者の決断や選択の背後にある動機を、緻密な言語分析の手法によって探るアプローチを採ることになる（サルダニャ、二〇一三［二〇〇九］、一二〇頁）。

5.1.2.2　翻訳イデオロギー

以上のように見てくると、翻訳行為がイデオロギーと相当深く関わっていることを翻訳学の研究者がこれまで詳らかにしてきたことがわかる。Hatim & Mason（1997）は翻訳におけるイデオロギーの介入を論じた先駆けであるし、Pérez（2003）、Cunico & Munday（2007）、Elliot & Boer（2012）、Munday（2012）などは翻訳におけるイデオロギー介入性について正面から取り上げている。独自な路線と言えば、書き換え理論を提唱したルフェーヴルは、イデオロギーを「特定の時代の特定の社会において受容可能だとされる考え方と態度から成る関係網であり、読者と翻訳者はそれを通してテクストに近づく」と説明し（Lefevere, 1998, p. 48 in フォーセット・マンデイ、二〇一三［二〇〇九］、一〇八頁）、前述（≪4.1）のとおり、翻訳は支援要素（イデオロギー、経済、ステータス）に大きく左右されると主張している。またルフェーヴルは、詩論・イデオロギー・翻訳間の相互作用に関し、イデオロギーや詩論が言語的要素に優位する点を主張している（Lefevere, 1992, p. 39）。

翻訳をめぐるあらゆる選択（訳語決定から、訳出ストラテジーの選択、パラテクスト的装置の使用の決定から、出版プロセス、そしてどの作品を翻訳するかの決定まで）には、イデオロギーが不可避的かつ本質的に介入する。したがって翻訳には、起点テクスト・言語・文化の目標社会における歪曲・操作・リライトが多分に内包されているのである。また、「こうした操作は、翻訳者の意識的な『イデオロギー』を示すものでありうるし、出版社、編集者、公的機関・政府関係等の圧力といった翻訳環境の『イデオロギー的』要素により生じる場合もある」（マンデイ、二〇〇九［二〇〇八］、二一〇頁）。

以上で見てきたのは、翻訳理論家・研究者が翻訳研究を通して析出した、翻訳実践行為が持つイデオロギー、翻訳実務家が有するイデオロギーである。しかしながら、本書が目指すメタ理論分析では、以上で見てきた翻訳イデオロギーを分析する翻訳理論家・研究者が持つ様々なイデオロギーを分析することであり、このような（二階レベルでの）メタ分析を通して、（一階レベルの）翻訳研究や翻訳実践行為の分析に内在する死角を詳らかにする。それが本書の主意である。

5.1.3　翻訳教育論、翻訳評価論

無色透明で偏向性のない中立な教育論や評価論は存在しえない。どのような立ち位置を定め、どのような視角、視座、視点により、何を目的に据えて教育や評価を行うかが問われる。その他、様々な状況変数は、翻訳自体を分析するときとパラレルであるが、教育の場合は学習者を対象にしていること、評価の場合は翻訳テクストそれ自体を対象にしていること（理論が直接の問題になるのではない）が弁別特徴となる。しかしながら、教育・評価とも実践行為であり権力行為である以上、その立ち位置を明示化したうえで、理論的裏づけがないならば、教育が従来型の徒弟制度の場と堕し、評価が権威主義的言論空間に成り下がることとなる。また、介入主義と結びつくと、特定の（政治）イデオロギーの実現・闘争の場と堕してしまう恐れもある。この点、本書では立ち入って検討しないが、教育行為や評価行為のもつイデオロギー性を明瞭に自覚しながら、本書が唱える意味の重層性を考慮した、多次元的・複層的・複眼的な理論構築をそれぞれの目的に応じて構築してゆく必要性があることを記しておく。

*

最後に、翻訳と政治という重要な視点は欠かせない。この点、Schäffner（2007）が翻訳の政治性、政治テクストの翻訳、翻訳研究の政治問題化、の三つの視点から社会行為としての翻訳を分析していることは注目に値する。いずれにしても、一連の翻訳学の諸学説群を分析すると、翻訳者は中立かつ不可視の存在ではなく、Munday のいう「介入者としての翻訳者」という考え（Munday, 2007）が基底となり、それがどういう歴史的場面で適用されるか、どういう社会的側面に焦点を当てるかによって各主張の力点の置き方が異なると言える。この点がまさに関与的・介入的アプローチから見えてくる論点であり、理論が背負うイデオロギーとして翻訳学説の言説空間に意識的・無意識的に露見してくるものなのである。

5.2　社会記号論と翻訳研究の全体

以上の議論を総括しつつ、言語人類学系社会記号論による上記の[2-9][2-10]のテーゼから、本書によって解明すべき翻訳学諸理論のメタ理論分析に関するテーゼ（問い）[2-10]（1)〜(5)の解明を[2-9]を土台にしつつ目指す（但し、[2-10]の再検証は第6章で展開する）。

翻訳諸理論のもつイデオロギー（意識・無意識——象徴的側面）を明らかにするには、（1）前提的に前述（≪2.1.3）の諸理論言説のメタファー分析（記号の認知的機能——類像性的側面）を行ったうえで、（2）本丸の社会記号論的には、社会指標性分析のうち諸理論言説の言及指示対象の分析、それから社会指標性分析のうち合目的な機能^{1}の分析（記号の社会的機能——指標的側面）について検討することとなる（≪2.1.4、テーゼ[2-7]）。そしてこのような分析を通して、虚偽意識となっている理論の無意識下の領野である、社会指標性のうちの非合目的な機能^{2}が同時に析出されることになる。

そこで、まずは5.2.1で翻訳諸学説のメタファー分析のケーススタディを行い、次に5.2.2で社会指標性（理論の言及指示対象と合目的的な機能^{1}、非合目的的な機能^{2}）の分析を、翻訳諸理論全般にわたって行う。

5.2.1　翻訳諸理論のメタファー分析のケーススタディ

翻訳理論の背後にあるメタファーを析出するには、翻訳に関する定義文「翻訳とはXである」という言明の説明項を分析することになる（≪2.4）。そして、この説明項Xは翻訳の機能をも表象する。そこで、まずはこれまでの先行研究の主要なものを拾い、性質・機能別に分類し、そのうえで諸学説の社会的コンテクストを若干考察する（一部、「翻訳者」の役割についての定義文もあるが、同旨と考えられる）。

5.2.1.1　翻訳行為自体の本質・機能

①翻訳は「技芸（art）」（意味重視の翻訳の場合）、「技術（craft）」（コミュニケーション重視の翻訳の場合）である。（Newmark, 1981, p. 39）

②翻訳者の役割は、使える選択肢の中から選択して、メッセージのニュアンスを表現すること。（Vinay & Darbelnet, 1995, p. 16）

③翻訳とは推論（inferencing）と解釈の因果モデルに基づくコミ

ユニケーションの一例である。（Gutt, 1991/2000）

これらは「言語等価論」の諸学説で、主に言語処理やコミュニケーション行為の性質それ自体に関する言説が中心である。特に特定の社会の中での機能を説くのではなく、あくまでも言語テクストの処理の仕方やその認知的プロセスを分析対象にしていると言える。①はドイツにおける翻訳実務教育が目的（機能^{1}）であり、[13]②は英仏語間の翻訳手順を明示することが目的、③は関連性理論によって翻訳行為の一切を説明することが目的の理論である。各理論言説の背後にあるのは、何を合目的機能（機能^{1}）として理論を定立するかにあると言える。

これらの諸理論は、当然のごとく、社会言語学的多様性を捨象して一枚岩的な言語を想定し、そのような言語観に立脚して学説を定立している。その意味で、言及指示機能中心主義と言語ナショナリズムという言語イデオロギーが最も濃厚に現れる局面でもある。

5.2.1.2　目標社会における機能

①翻訳は、コミュニケーションを別言語で引き継ぐものではなく、先行するコミュニケーションについての新たなコミュニケーションである。（Reiß & Vermeer, 1984/1991, p. 66）

②翻訳はまず何よりも目標文化の社会・文学システムの中に、ある位置を占めるものであり、この位置がどのような翻訳方略を採るかを決定する。（Toury, 1995, p. 13）

③言語間翻訳は「起点テクストからの翻訳行為」であり、一連の役割や関係者が関与するコミュニケーション過程として説明される。（Holz-Mänttäri, 1984）

④翻訳は、誰が見てもはっきりと分かる書き換え（rewriting）の典型である。（Lefevere, 1992, p. 9）

⑤翻訳は本質的に暴力的である。（Venuti, 1993）

⑥翻訳とは、中国にとって社会変革の促進行為である。（Kenan, 2002）

これらは、「社会等価論」①②③④または「等価誤謬論」⑤⑥の関与・介入分析型の諸学説で、目標社会のみに焦点を当てて翻訳の社会的機能について分析するものである。例えば、①はドイツのスコポス理論、②はイスラエルの翻訳規範論で、翻訳を規制する目標文化内の最も主要な要因を析出する学説である。また、④はベルギーのLefevereによる主張で、文学テクストは権力、イデオロギー、制度などの要因で「書き換え（rewriting）」を余儀なくされ、権力的地位にある人々が一般大衆による消費を支配しているのに呼応して、翻訳テクストも権力によって統御されているとする（Lefevere, 1992）。これは目標社会内での支配的イデオロギーや支配的詩論によって、翻訳は原テクストの表象が歪められるとするものである。

⑤はアメリカのヴェヌティの主張で、前述（≪4.3）のように、同化（domestication）方略を採ることによって、翻訳はアングロアメリカの主流文化に反映される自民族中心主義を後押しする暴力行為となるという主張である（Venuti, 1998）。⑥は中国のKenanによる主張で、中国において翻訳は社会変革のための触媒となってきたという。「一九七〇年代後半に中国が諸外国に門戸を開放して以来、中国は国家の発展および人民の幸福のために有益で役立つものなら何でも導入する方針を決めた。この過程において、翻訳は不可欠なのである」（Kenan, 2002）。これらは、一言語社会内における翻訳の受容過程における翻

訳の歴史的・社会的機能に焦点を当てた議論である。同様の議論は日本にもある。以下は、その引用である。

⑦福沢は「全集緒言」で、「吾々洋学者流の目的は、唯西洋の事実を明にして日本国民の変通《へんつう》を促し、一日も早く文明開化の門に入らしめんとするの一事のみ」と概括している。彼はまた「世俗通用の俗文を以て世俗を文明に導くこと」ともその決意を表明していた。（吉田、二〇〇〇、六二頁）

当時、翻訳によって先進西洋文明を受容し、日本国およびその国民を文明開化させるという役割を翻訳が担っていたのである。このように、良きにつけ悪しきにつけ、翻訳は目標社会内での複雑な権力構造の中で大きな機能を担っているといえる。

これらのメタファーを通してわかるのは、それぞれの主張がどの目標社会を想定して翻訳の社会機能（機能^{1}）を論じようとしているか、である。「社会等価論」は、通社会的・普遍的に妥当する翻訳の原理を主張しようとしているのに対し、「等価誤謬論」は個別の目標社会内での翻訳の社会的機能を分析しようとするものであることが観察される。特に、ヴェヌティが典型であるが、介入分析を通して、介入主義的な方向へ議論を展開しようとしている主張には、翻訳には非合目的的機能^{2}があることを主張し、それに対する「抵抗」を示すよう呼びかける主張まで含んでいる点である。戦略的に非合目的的機能$_{2}$を利用している、とも言えるだろう。

これらの学説、特に「等価誤謬論」で特徴的なのは、目標社会を照射すればするほど、その反射項たる起点社会との関係性が浮き彫りになる点である。この点において、国家主義、言語ナショナリズムをイデオロギー的前提とした学説を展開していることが観察される。

また、「社会等価論」の諸学説で特徴的なのは、これらが目標社会のコンテクストを重視して目標社会を指標すればするほど、その社会が起点社会とは明瞭に区別された存在体として意識されていることである。特に②の翻訳規範論では、均質的な翻訳者コミュニティ（メゾ社会レベル）が想定され、一定の規範が一律に翻訳者を規制するかのごとき立論を行い、その立論を推し進めることで翻訳普遍性として法則化する（マクロ社会的な普遍性の分析を行う）ことを目的にして、それによってある種の翻訳の科学性を追求しようとしているがために、言語ナショナリズム的イデオロギーが強く内包されているという非合目的機能が観察されるのである。これは④のリライト理論も同様で、これはもともとイーヴン＝ゾウハーの多元システム論という目標社会志向の学説に端を発する理論群の特徴であるように思われる。このことは、①についても同じように妥当する。③はコミュニケーション過程を関係者諸氏という「人」の関係網として描くので、その意味ではナショナリズム的な色彩は弱いが、その分、社会言語学的多様性を重視しているわけでもなく、やはり他の諸理論同様、多層的・多面的な翻訳行為のごく一部を照射した理論でしかないことが観察される。

5.2.1.3　起点社会＝目標社会間における機能

①翻訳者は社会学的な主体、経済的主体、文化的創造者、そして言語産出者という多岐にわたるものとして見ることができる。（Mossop. 2007. p. 36）

②翻訳とは、南北格差助長行為である。（Yameng. 2007. pp. 54-55）

③翻訳とは、翻訳者の立ち位置を反映したイデオロギー行為で

ある。（Tymoczko. 2003）

④翻訳とは、権力関係構築行為である。（Jaffe. 1999）

⑤実践としての翻訳は、植民地主義のもとで機能する非対称的な権力関係を形作ると共に、その中で自らを具体化していく。（Niranjana. 1992. p.2）

⑥翻訳者はもはや異なる二つの極の仲介者ではなく、翻訳者の活動は差異を内包する文化的重なりの中に刻みこまれるものである。（Wolf. 2000. p.142）

⑦文化レベルでの翻訳は、領土レベルでの翻訳に対応する。前者はイングランド文化の受容であり、後者は住民の強制的な退去と移動を意味している。（Cronin. 1996. p.49）

この学説群は、「等価誤謬論」の関与・介入分析型の諸学説である。例えば、①はカナダのMossopの主張で、翻訳者は声（voice）の選択において主体性があるという。基本的に翻訳という間接話法状況にある翻訳者が選択しうる声には、翻訳者の声、読者の声、原著者の声、翻訳依頼者の声、の四つがあり、前者三つのいずれかを選択する（ないし反映させる）ことは文化的創造者・言語産出者としての翻訳主体の表れであり、後者を選択することは翻訳者が社会学的・経済的主体であることの証左であるという（Mosspo. 2007）。これは起点テクストの翻訳は目標社会における間接話法的状況であり、その間接性にどのぐらいコミットするかは翻訳者の文化・社会状況に拠る、とするものである。②は中国のYamengの主張で、北＝南間、および南＝南間における翻訳に表象の歪みがあり、南北の格差が助長されるという（Yameng. 2007）。何を、どう訳すか、についての判断が、発展途上国に関する十分な知識に基づいて行われていないため、戦争、占領、恐怖、病気、貧困などについての共感と理解が欠如し、歪んだ表象が翻訳によって作られるとするのである。③はアメリカのTymoczkoの主張で、翻訳のイデオロギーは翻訳者がどういう政治的な立ち位置（position）を取るかによって決まるのであり、これはBhabhaの言う狭間の領域（space between）とは異なるとする（Tymoczko. 2003）。翻訳はほとんどの政治的行為同様、社会に参画し社会的変革を興す有効な手段だと見る見方を反映している。④はアメリカのJaffeの見解で、フランス語からコルシカ方言への翻訳は、フランスによるコルシカ支配への政治的抵抗という意味合いがあり、翻訳は言語や文化の権力関係を前面に押し出すものだという（Jaffe. 1999）。

すべての翻訳にはその基底に政治的な側面がある。一回一回の翻訳行為は複数の言語や複数の文化の間に（平等または不平等な）権力関係を築いてしまうからである。［中略］翻訳はメタ言語的、メタ文化的活動であって、翻訳以外の執筆形態であれば日常生活に埋没し陰を潜めているような複数の言語的な価値や権力のモデル、言説のモードの間の対照や対立を顕在化させてしまう。（Jaffe. 1999）

これに関連して、何を訳すかということについて⑧の見解が目を引く。

⑧翻訳は概して一方通行である。弱小国は大国の文学のうち自国語に翻訳する価値があるものはすべて矢継ぎ早に翻訳するが、逆は成り立たない。弱小国は（大国に対して）偏狭な見方

や無視した姿勢を取るわけにはいかないが、大国は弱小国に対してはそういう姿勢を取ることができるのである。
(Boldizar, 1979 in Jaffe, 1999)

⑤⑥⑦も含め、これらの学説群は［起点言語の国家（ないし共同体）］＝［受容言語の国家（ないし共同体）］の間の権力不均衡からくる翻訳の政治問題を提起していると言えよう。

これらは「等価誤謬論」の名のとおり、翻訳テクストの等価性の吟味よりも、起点社会＝目標社会間で翻訳がどのような機能を担っているかについて社会的コンテクストを分析するのが主眼の学説である。翻訳実践行為に対する分析であるから、メタ語用論的解釈を示したものだと言える。その意味で、翻訳実践者・実務家にとっては彼ら彼女らの非合目的機能[2]は意識化されないものであるが、これらの諸学説はそこを詳らかにしているのである。

と同時に、②⑤⑦⑧に見られるように、起点社会・目標社会間の差異、格差に着目しているがために、言語を一枚岩的に見る言語ナショナリズム的な性格も色濃く有している（学説の有する非合目的機能[2]）。この点、アイルランドのクローニンの欧州的＝言語イデオロギーを暴いた小山（二〇一一b）も参照。

5.2.1.4　起点社会＝目標社会を超越した機能

①翻訳とは、意図的・意識的な知の創造・文化形成行為である。
(Tymoczko & Gentzler, 2002, p. xxi)

②翻訳とは、女性にとっての新たな文化的ダイナミクスの創造に参画する強力な道具である。(Simon, 2002)

③私の翻訳実践は、女性に資するために言葉を語らせることを目的とする政治的な活動である。(Gauvin, 1989, p. 9)

④翻訳とは、先行する文化を再び造り直し、新たなやり方で将来の展望を明示する文化構築行為である。(Gentzler, 2002)

⑤翻訳は批判行為であるべきで［中略］、疑義を呈し、読者に疑問を投げかけ、原文のイデオロギーを再コンテクスト化するものであるべきだ。(Levine, 1991, p. 3)

⑥良い翻訳とは［中略］、不可入性と侵入との、そして手に負えない異質さと「安住感」との対立が、決着のつかないままに、しかし表情豊かに残るような翻訳である。(Steiner, 1998, p. 413)

これらは、「等価誤謬論」の関与・介入分析型の諸学説（①④⑤⑥）と、積極的な介入主義型のもの（②③）とがある。例えば、①は翻訳に内包する政治・イデオロギー的な操作性を指摘するもので、アメリカのゲンツラー（E. Gentzler）とティモツコ（M. Tymoczko）の見解である（Tymoczko & Gentzler, 2002）。植民地主義や帝国主義が可能だったのは大国の軍事的・経済的優位だけでなく植民地や被支配者に関する知識や表象によっても支えられたわけであり、それには翻訳が深く関与していたことから、そのことを一般化して翻訳のもつ知識・文化の創造性について敷衍したものであるといえる。②はカナダのサイモン（S. Simon）による見解で、フェミニズムの立場に立っている。主体が自由に越境する今日の世界において、翻訳は国民国家概念を弱め、文化の越境や偶発性による文化のダイナミックな創造を促すものとして捉えている（Simon, 2002）。③も同趣旨であると言え、翻訳により積極的に男性優位社会の歪みを是正すべきだと主張するのである。④はアメリカのゲンツラーの見解で、起点社会＝受容社会を超越した翻訳の機能・役割を概括的に捉えている（Gentzler, 2002）。翻訳は起点社会側・受容社会側という差異を超えて、社会構築・文化構築を行う機能を担っているとする。⑤も同趣旨であり、⑥は解釈学的な観点から、翻訳の一般論を説いている。

　これら諸学説も、前述の(3)の議論が当てはまるが、特に介入主義型の学説は、一般の翻訳実践者・実務家には意識されない機能^{2}を詳らかにし、将来を展望しつつその機能を積極的に意識化して社会を変革するのだと唱える、つまり合目的的な目標（機能^1）へと転化する知的動きを内包していると言える。

*

　以上、翻訳をめぐるメタファー（"translation as X"）の諸学説を様々な定義文から見てきた。「翻訳」を言語実践行為と捉えるか社会行為と捉えるかで分析の切り口や視点が随分異なるし、後者の場合にも、どういう社会的コンテクストにおける翻訳の機能・役割を論じるかによって見解が大きく異なる。そして後者の一連の「文化的・イデオロギー的転回」を経た学説群を分析すると、Mundayが「翻訳者は介入的存在である」（Munday, 2007, p. xv）とする「介入としての翻訳」というとらえ方が基底となっていて、それがどういう歴史的場面で適用されるか、どういう社会的側面に焦点を当てているかによって力点の置き方が異なるとも言いうる。

　ここまでに挙げた翻訳研究の諸学説はごく一部ではあるが、これらのメタファーで明らかとなった社会的機能のダイナミックな変化としては、言語等価論＜社会等価論＜等価誤謬論と論が進むに従い、翻訳の合目的的機能^{1}に着目した分析から非合目的的機能^{2}へと分析対象が移行している点、また介入主義的色彩が強くなればなるほど、機能^{2}を意識化して機能^1（合目的的な目標）へと転化し、翻訳実践を通して社会変革を実現する主張を繰り広げている点である。

　では次に、第3章、第4章で取り上げた諸学説についてすでに本書がなした分析に基づいて、さらにそれら諸学説群の言及指示対象、合目的性・機能^{1}と非合目的性・機能^{2}の関係を分析してゆく。

5.2.2　翻訳諸理論の言及指示対象、合目的的機能^{1}と非合目的的機能^{2}の分析

　社会記号論によると、翻訳研究というコミュニケーション行為を行う際に、発話者、つまり研究者にとって既知の情報（既に言われていること、既に与えられていること）として前提とすることが容易なユニット（言語的記号であれ文化的記号であれ）の場合、その前提可能なユニットが意識に上りやすく分析の対象になりやすいことになる。逆に、前提することが困難なユニットの場合（学説を提唱することで生まれる創出的な効果）、意識に上りにくく分析対象から外れてしまい、翻訳研究の死角となる。そして、意識化（イデオロギー化）可能な対象のみで翻訳についての定義づけや特性記述を行うため、そこには歪んだ意識・理解が生じ、現実の翻訳実践行為との齟齬を生起することとなる。このことは言語イデオロギー論のテーゼ［2-8］とある程度パラレルであろう（cf. 小山、二〇〇九、一七一—一七四頁）。

　そこで、ここでは本書のこれまでの説明を概括する形で、テクスト化される対象についてさらに考察を進める。2.5.1による意味の説明と、言語機能の三面性や言語イデオロギーに関するテーゼ［2-8］［2-11］を、若干の認知言語学の知見も入れながら敷衍すると、以下のよ

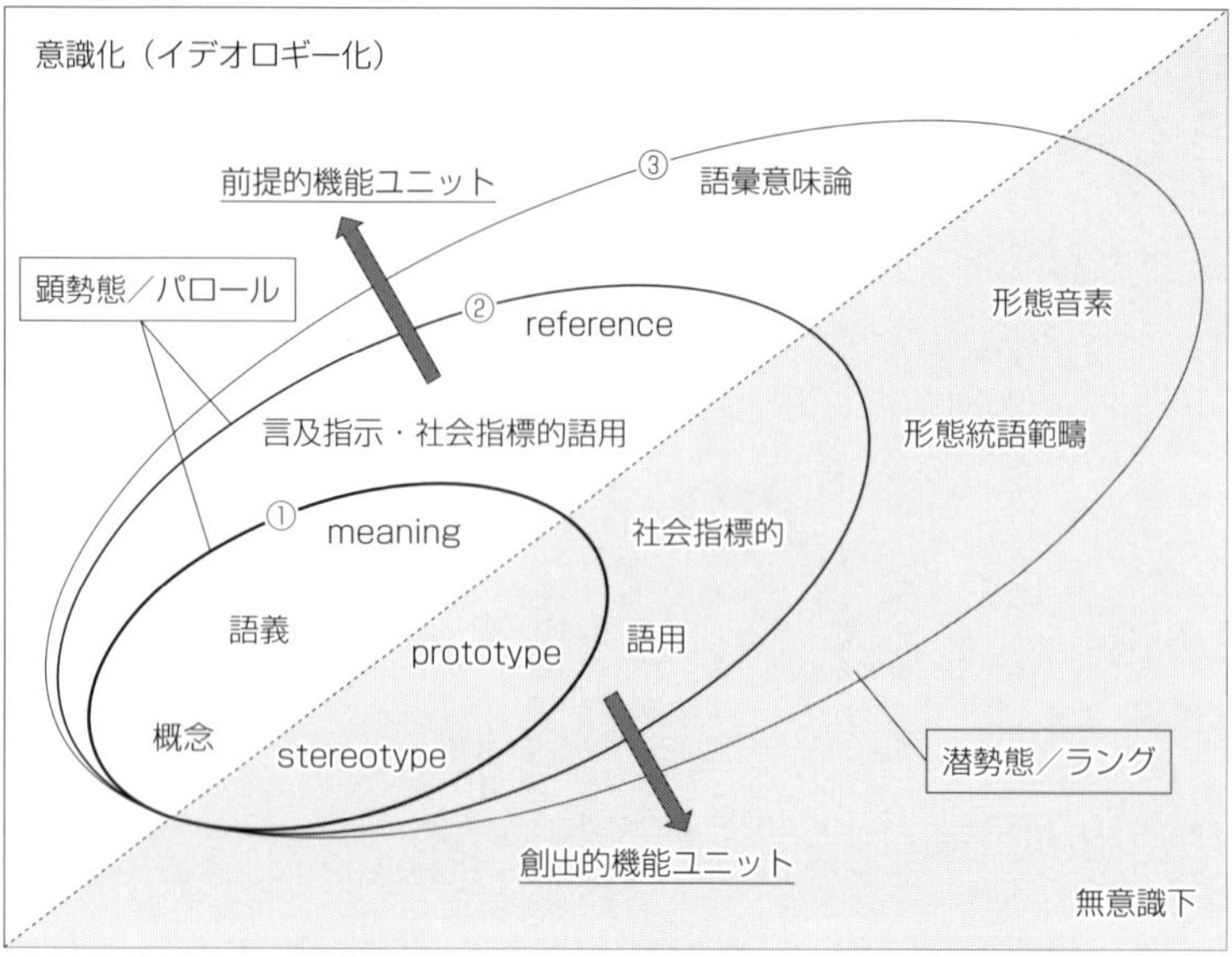

図5－2　言語（ラング・パロール）の意識化・無意識下の対象

うになる（図5－2）。

実際の言語使用（語用）においては、③コード（ラング・言語構造）のなかの意識化ないし前提が容易なユニットである音素・単語・語彙に焦点が当てられながら、テクスト化がなされる。その際、②言及指示対象を実際に指示する言及指示的語用と、社会指標的語用とが同時に生起する。また同時に、①用いられるコードの言及指示的意味として辞書的な意味である意味論的意味（語義）[14]と文化的意味範疇（概念）[15]が想起される。この語義と概念[16]が具体的コンテクストの中での使用の意味となり、語用論的な意味を構築する。

その際、意識に上りやすいのは、コードレベルだと、③（合理化やカテゴリー化がしやすく）前提的機能を果たすユニットである音素・単語・語彙などの語彙意味論的な表現であり、意識に上りにくいのは形態音素・形態統語範疇といった言語構造の核になる部分である。またパロールレベルだと、②言及指示的語用（何を指しているのか、何を言っているのか：referential meaning）は意識に上りやすく、語用論的多様性や言語変異（それをどのように言っているのか）や創出的・非合目的的社会指標機能（それによって何を為しているのか、どんな効果を創出しているのか）は意識に上りにくい。さらに、③語義や概念のレベルだと、どのような言及指示的意味であるかは意識に上りやすいが、その背後にある（ある種歪みを伴った）語義のプロトタイプ[17]や概念のステレオタイプ[18]、およびその創出的な意味の変容は意識されにくい。

この社会記号論の知見を基に、翻訳諸理論の言及指示対象と合目的性分析・機能^{1}の分析を行うと次のようになる。

5.2.2.1　言語等価論

まずは翻訳等価それ自体の学説から検討する。一九五七年イーングヴは当時科学主義の下で支配的だったコードモデルをコミュニケーションイデオロギーとして語の意味の量化可能性を基に等価の客観化を目的としていた。この言語観・等価観がナイダ（一九六四年、一九六九年）の下敷きともなっていたようである。したがって、ナイダの意味分析や統語的転移の分析手法はまさにこのようなイデオロギーを反映していた。その系譜を言語（翻訳）教育の基底レベルで見出せるのがウィドーソン（一九七九年）である（但し、彼は機能$_{1}$としては語用論的等価を重視する）。また、キャトフォードの翻訳シフトを敷衍したイヴィル（一九八一年）もこの系譜と言える。

また、コミュニケーションの科学を標榜、つまり合目的的目標としたライプツィヒ学派も導管モデルに近いコミュニケーションイデオロギーを有していた。これらは一様に、理論の言及指示対象としてコード・言語構造に意識を向けるものが多かったことを意味している。これはスロバキア学派やコラー、ベーカーの語彙・文法的側面の等価の議論も同様である。しかも本来的に翻訳はパロールの現象、言及指示的語用を扱うはずのところ、言語構造へと意識が移りがちで、両者の峻別がなされないまま、後者の体系として等価を理論化する傾向が強いことが機能$_{2}$の側面として散見される。しかも当然、これは言語構造を扱うため、標準変種対標準変種という指標性を有し、一枚岩的な言語観、言語ナショナリズムに基づいた分析、分類、体系化を行っているのが特徴である。

他方、ナイダが提唱した動的等価概念は、読者反応を分析対象とした。つまり、理論の言及指示対象をコードからコミュニケーション参与者へと移し、コミュニケーション重視の合目的機能に資する理論を展開したのである。この系譜としては、ノイバートのテクスト的等価、カーデのコミュニケーション的等価、ポポヴィッチの文体的等価、コラーやウィドーソンの語用論的等価、ボグランドの経験的等価、ニューマークのコミュニケーション重視の翻訳などがある。このコミュニケーション論的転回によって、言及指示中心主義イデオロギーの呪縛からはある程度自由になることができたとはいえ、コミュニケーション出来事の固有性・一回性・偶発性についての正しい理解がなく、本来的に翻訳研究は読みの実践行為の研究であるところ、起点テクストの読みと目標テクストの読みのコミュニケーション出来事の固有性と多様性が分析対象から外されている（つまり歪んだ意識、歪んだイデオロギーと化している）と言わざるを得ない。その意味で次のテーゼが機能$_{2}$のレベルにおいて妥当する理論を展開していると言える。

［1-1-1］翻訳とは、ある言語の別言語への等価な置き換えである。

「等価な置き換え」という場合の、コンテクスト負荷性やイデオロギー負荷性は明瞭に認識されず、多層的な社会指標機能の考慮もないまま、認知レベルでの解釈の多様性のみによって翻訳の相対性・多様性を述べるのみである。つまり機能$_{1}$の一部に照射した理論構築がなされていることが観察される。

この延長線での議論が、翻訳等価性に関連する諸概念であるシフト、ストラテジー、認知プロセスである。これらの諸学説においても言及指示機能中心主義と言語ナショナリズムという二つのイデオロギーの地平から出ることができないまま、特定の機能$_{1}$に焦点を当てて、言語記号の多層的社会指標機能については無理解のまま、恣意的な分類や体系化がなされたり、特定の言語項目に照射して仮説を立ててそれを検証したりする、ということの繰り返しを行っていることが観察される。

5.2.2.2　社会等価論

これは翻訳の目標社会のなかでの機能を重視する学説群で、主に社会指標性のなかの機能$_{1}$に言及指示し照射した研究であると言える。

テクストタイプ理論は、起点テクストが起点文化で機能するテクストタイプとは別に、目標言語内での機能を独立したものとして捉えている点では、起点と目標でのコンテクストの差を意識した理論化がなされていると言える。が、テクストタイプの機能は多層的な社会指標のごく一部を合目的的機能として理論化したもので、矮小で局所的な理論である。逆に統合アプローチはメタ理論を援用して翻訳学全体を一貫して造形化する作業を行っていないため、翻訳コミュニケーションの全体像が明瞭に描けないままに終わっている印象である。

翻訳的行為論は実務家が意識しやすいこと、つまり翻訳行為に関係する諸参与者を対象に理論化した実用性の高い理論であるが、その反面、意識化しづらい多層的な面をそぎ落としてしまう、つまり虚偽意識を誘発しやすい。その大きな理由は、「目的主導で結果志向である人間の相互行為として翻訳をとらえ」るという、特定の合目的的機能のみを対象にしたものだからである。

同じことは、スコポス理論にも当てはまる。スコポス理論は「何よりもまず翻訳の目的に焦点を合わせる。翻訳の目的が翻訳の方法と方略を決定し、それらを採用した結果として機能的に適切な翻訳が産出される」とするなど、理性的で合理的人間が合目的的とする機能を目的として翻訳行為に臨むとする。これは語用論的多様性を捨象した過剰に単純化した理論と言わざるを得ない。

翻訳テクスト分析理論、レジスター分析論に共通して言えるのは、ある程度コンテクスト要因を編入した理論化がなされているが、対象にしているのはテクストの言語分析の手法であり、テクスト分析を通して翻訳教育や品質評価の目的を達成しようとしていることである。これらは合目的な目標（機能^1）が先行するため、それに誘導される形での議論の展開になっていることがこれらの学説の機能$_2$として指摘できるであろう。

多元システム理論と翻訳規範論については本書でかなり取り上げたため贅言を要しないが、記述的翻訳研究の非客観的記述性・イデオロギー性が機能^{2}として表出していることに自覚的である必要があることをここでは指摘するに留める。

これらを総合する、社会的等価論の諸学説は、次のテーゼが機能$_2$のレベルにおいて妥当する理論を展開していると言える。

[1-1-2]　翻訳とは、翻訳受容社会（目標文化）の目的・規範に合わせつつ、ある言語テクストを基に別の言語テクストを構築する行為である。

ここにおいて、翻訳受容社会や目標言語の均質的な一枚岩性を前提にし、合理的人間像を反映した翻訳者が目的に向かって翻訳行為を行う、あるいは、翻訳コミュニティ内で一律に規制される規範に従って翻訳行為を行う、などといった合理主義的解釈のイデオロギーを露呈していると言える。

5.2.2.3　等価誤謬論およびヴェヌティ

この学説群は翻訳諸学説の単純等価イデオロギーを断罪し、起点＝目標の固定化された関係性を脱構築することで、翻訳実践によって新たな社会的地殻変動を起こすことを分析する、または、社会改良運動として唱道するものである。詳細は5.2.1で説明したとおりであり、機能^{2}から機能^{1}へのメタ語用論的転換、象徴化・イデオロギー化させることによる未来の予測と価値の創造を積極的に認める知的枠組みでもある（パース、ヤコブソンの流れを汲むテーゼ[2-7]）。イデオロギー化・象徴化することによる記号の価値創造機能を強く前景化させるのが介入主義であると言える。その意味で次のテーゼが機能2のレベルにおいて妥当する理論を展開していると言える。

[1-1-3]　翻訳とは、ある言語テクストを基に、翻訳者のイデオロギーを反映させせつつ別の言語テクストを構築する行為である。

以上、言語等価論、社会等価論、等価誤謬論に依拠した翻訳概念の定義をすべて包括すると、以下のテーゼが再度確認される。

[1-1]　翻訳とは、等価構築行為である。

[1-1-4]　翻訳とは、当該行為の社会文化史的コンテクスト依存性（社会指標性）および翻訳者のイデオロギーや価値観（象徴性）を不可避的に内包しつつ、ある言語テクストを基に別の言語テクストへと社会的な等価構築を行う、非合目的的効果を伴った行為である。

このことを基に次節で改めて、テクスト、言語、社会という翻訳の多次元的な等価性についてマクロな視点で再考してゆく。

5.2.3　翻訳の多次元的な等価イデオロギー

5.2では翻訳諸学説の言説テクストからメタファー（理論の類像性：理論の認知的側面）を析出することから出発して、合目的性・機能1（理論の前提的指標性：意識に上る理論の社会的側面）を導出し、その反射効として非合目的性・機能2（理論の創出的指標性：意識に上りにくい理論の社会的側面）を検討した。そのことで諸理論が有するイデオロギー（理論の象徴性：合理的意識の側面）を同定した。この分析方法の出発点は言説テクストである。

これをさらにマクロな視点から捉え直すことで、「翻訳の多次元的な等価イデオロギー」を検討することが本節の狙いである。方法論として、3.2.1で言及したようにそもそも「等価」がどのように捉えられたかの社会文化史的なマクロな視点に立って、等価を三次元で措定する。

5.2.3.1　広義の等価性と翻訳の多次元的等価イデオロギー

すでに3.2.3で示したように、等価とは基本的にはA≒Bという等号で結ばれた左辺と右辺の等価値関係を言う。そしてこのAとBのパラメーターは広義に解すると、①テクスト、②（変種レベルを含む）言語、③（国家を含む）社会を取ることができる。この三つのパラメーターが三次元を構成すると措定したうえで、等価を次のように再定義する。

- 狭義の等価とは、従来の翻訳諸学説が説く、①原文と翻訳との（語用論的な、構築的な）テクスト的等価のことを指す。
- 広義の等価とは、②（言語変種を含んだ）言語の政治的・権力的階層の序列における等価のことで、対等・対称（だと措定される）ならば等価、対等でない・非対称（と措定される）ならば非等価と定義する。同様に、③その背後にある起点社会と目標社会の政治的・権力的階層の序列における等価も同じように定義する。

狭義の等価（①テクストの等価）と、社会的階層における等価の議論（②言語的・③社会的コンテクストの等価）の議論が連動すると想定し、次の三者関係を「翻訳イデオロギー」の問題として定位し直す。

- 等価の類像的側面――狭義の等価（①テクストの等価）
- 等価の指標的側面――広義の等価（②言語的・③社会的コンテクストの等価）
- 等価の象徴的側面――等価イデオロギー（等価意識）

以上を踏まえて、3.2.3.1で扱った翻訳学の主要論点（問題系）である、⑴異質化、⑵等価、⑶目的、⑷規範、⑸文化翻訳、を順に再検証する。

5.2.3.2 翻訳の多次元的等価イデオロギー――社会、言語、理論家の立ち位置

⑴ 異質化・受容化の問題系

この根源的二項対立は人類の翻訳史以来存在すると言ってよい。これを共時的な原理論として平板に捉えるだけだと、「単なる技術論の集合」（三ッ木、二〇一一、一二頁）となりかねない。そこで若干ではあるが、ドイツと日本の翻訳史の一幕を検討し、歴史の中での翻訳ストラテジーの選択の変遷を辿ったうえで（三ッ木、二〇一一と水野、二〇一一の概略は、≪3.2.2）、現代の議論を検証する。

まずは三ッ木（二〇一一）によってドイツ近代の翻訳思想を簡単に振り返ると（表5-2も参照）、フンボルトは「理屈抜きの忠実」に基づく翻訳方法で文化の仲介者としてのドイツ民族のため、ギリシア古典と近代ドイツを結びつけようとした。ドイツの言語および国を他の諸国と対等にするため、つまり等価化するための知的動きだったと位置づけられる。シュライアーマハーは政治的にはバラバラな当時のウィーン体制下にあって、言語だけは統一したいという気運のなかで、ロマン主義に基づいてドイツ語の改良を図る一環として異質化を提唱したという動き（巨大な翻訳センターの構想）を示した。これは勢力均衡体制下でのドイツの国力を高めるという広義の等価化への志向性と、異質化の提唱という狭義の等価のあり方の議論とがつながるものである。

他方、そのようなドイツ的伝統と忠実原理が否定され、自由な翻訳手法が優勢となったのが、次の二人の時代である。まずニーチェは異国の形式を盲目的に模倣するのではなく、翻訳における今ここを強調し、自由な文体による新たな文体を創り出すことを主張、ヴィラモーヴィッツは古典文献学の立場から古典語のリズムの翻訳の不可能性を理由として古代の精神・魂・理想を翻訳することをよしとした。そういう意味で、この時代は古典言語からの解放、自由という意味で自由訳が選ばれたと言える。

また今度はその反動として、文学者集団「ゲオルゲ・クライス」は理論的な根拠のない「秘密のドイツ」という神話を構築し、かつての翻訳思想が復活する。その流れのなかで、ベンヤミンは反神話的翻訳論として純粋言語論を提唱し、相互の言語の補完という目的のため、原作の言語の表現への忠実性を主張した。忠実・自由という対概念の転調として、二言語を超える上昇運動としての翻訳を唱えた。以上が、途中変転もあったが[19]、近現代ドイツの翻訳思想史の異質化・受容化の系譜である（≪3.2.2）。

目を日本に転じてみると、明治・大正期の日本では、起点言語志向の規範が当時優勢で、原作・原文を尊重するため、そして新たな文体を創造し、翻訳による文体を介して日本語を改良・改造しようとする動き（直訳の系譜）が強かった（詳しくは、水野、二〇〇七、二〇一一など。

表5－2　独仏における外国語との関係と翻訳の様態

1　古典主義フランス語（規範に囚われている）	→拡大／「不完全」な外国語に対する支配 →翻案としての翻訳 →自民族中心主義的翻訳
2　古典主義時代以前のドイツ語	→「形成」の度合がより進んだ言語によって「補完」される不完全な言語／知識層における二言語併用／隷属 →「作者を読者の許に連れて来る」翻訳
3　古典／ロマン主義時代のドイツ語	→「自由」で「開かれた」言語 →母語の肯定，自国語による作品制作 →非自民族中心主義的翻訳

出典）ベルマン，2008［1984］，306頁から引用.

また，《3.2.2》。

では現代翻訳理論における異質化の主張はどのようなものか。まず，半世紀以上前になるがいま一度，ベンヤミンの立ち位置を確認すると，彼は目標社会中心の神話の否定から入り，異言語を超越し純粋言語を希求した。つまり，言語階層を超越したある意味で原言語を想定した意味での異質化を唱えたのである。そしてベルマンは，そのベンヤミンの議論を承けつつも，立ち位置としては目標側に立つ翻訳者として，翻訳者の倫理を模索する立場から異質化を訴えている。これには異質性を誠実に受容することで自己を向上させるという目的が窺える。また，ある意味においては目標社会の階層を向上させるというシュライアーマハーが抱いた狙いも受け継いでいるようにも読み取れる。これは現代の日本が，かつては脱亜入欧を掲げて異質化ストラテジーを有していたが，社会がある程度成熟した近年は，古典新訳の動向などの同化的な翻訳の動きもある。これは目標社会側の階層を向上させる，あるいは，異質な言語・文化を受容することで自己を向上させる動機が日本では薄れつつあることとも連動してのことだろう。

他方，現代のアメリカのヴェヌティが異質化を唱えているのは，目標側の自文化中心主義的傾向に修正をかける狙いからであり，むしろ目標社会であるアメリカの英語一辺倒の言語文化に多様性を付与し，英語や主流文化の階層的優位性を解消させる意図もある（したがって，現代日本にヴェヌティの論調を導入するのは，難しい面もあるかもしれないが，現代日本にアメリカ的要素を多少なりとも見出すならば，ヴェヌティの論調での異質化を主張することもできよう）。

このように，それぞれの論者の意図は自身の置かれた社会の国際的なマクロ社会経済状況によって異なるが，異質化を唱える知的運動はどの時代にも脈々とあり，それぞれの歴史の脈絡の中で理解すること，そしてそういった歴史的な理解を踏まえて，現代の言語文化状況への提言の一つとして異質化を訴えることは，グローバル化が急進している今，等価の両辺の不均衡を崩して新たな秩序を生み出すためには必要な動きであると言えよう（《第6章》。と同時に，翻訳の効率性や経済性を考えることもバランス的には必要である。学術・思想上の理念と現実の実務上の要請とをうまく均衡させる知恵が最終的には問われることになる。

(2)　等価の問題系

これまでの本書全体の趣旨からわかってきたように，翻訳を実践する際には努力目標として等価が掲げられ，翻訳する人にとっても翻訳を利用する人にとっても，等価はある種の期待値になっている面が強い（等価はイデオロギー化されていると言える）。しかし、必然的に等価には様々な負荷性がつきまとうことも確かである。したがって、等価を声高に提唱する動きに関しては、その背後に隠されたイデオロギーにも目を向ける必要がある。3.7.1で見たように、伝道主義を推進する一環としてナイダが唱えた動的等価（機能的等価）には、ＳＩＬの有するスコポス（合目的性）が負荷となっていることが確認された。換言すると、目標社会の改変を目論んだうえで、そのことを隠蔽するために等価という概念を利用している面（イデオロギッシュな面）がある。つまりは、学説の背後にある信奉体系・象徴体系を理解してはじめて、等価イデオロギーの真の社会的意味が詳らかになるのである。

また、そのような特定の強いスコポスを掲げていない学説であっても、これまで提唱されてきた言語等価論は、マクロな言語階層や社会階層において、等価等式の右辺と左辺の対称性（等価性）を前提にした議論であった。したがって、常に社会等価論の議論も念頭に置いた等価性のあり方について考える必要を再度確認しておきたい。

また、等価を測るための基準を客観化することは原理的にありえないことも、本書の等価構築性の議論から明らかになった。翻訳を記述する目的であっても、翻訳の教育・評価を行う目的であっても、あるいは翻訳を実践するときに等価について考える場合であっても、等価の具体的な判断は個々人の基準に委ねられてしまう。統一された理論的な準拠枠は提案しえないと言わざるを得ない。

しかしながら、これまでの言語等価性の諸理論（等価性・シフト・ストラテジー・プロセス）は、翻訳行為全体で各論点がどのような位置を占めるのかについて明確に示している。等価をめぐって何が問題や争点となるか（位相・質・程度・方向性など）、そしてそれを全体のなかでどう定位すればよいかを体系的・有機的に見定めることができれば、バランスの良い判断が可能となる。

(3) 目的（スコポス）の問題系

翻訳における目的理論は、起点言語重視から目標側における翻訳の社会的機能を重視するという（左辺＜右辺）、ある意味で等価を狭く解し、等価を解体する考え方であることはこれまでの議論で見てきた。繰り返しになるがまとめると、目的理論では合目的的機能（機能[1]）として翻訳のコミュニケーション重視と翻訳者の役割拡張を掲げる。したがって、その反面、非合目的的機能（機能[2]）として翻訳行為の多面性の中から合目的性というスコポスのみを前景化し他の諸側面を後景化させてしまうため、等価の多次元性・多面性への配慮が薄れてしまう可能性があるし、合目的性の陰に隠れて、特定の非合目的性が隠蔽される恐れもある。そういうイデオロギッシュな面を認識したうえで、スコポスをも考慮に入れた翻訳実践のあり方を模索するとバランスが図れると言える。スコポス理論においては、何が選択的・主体的にスコポスにされるのか、そのことによってどのような創出的な（そして無意識の）効果が発生するかについても検討する必要がある。

(4) 規範・記述的研究の問題系

他方、翻訳規範論は等価を広く捉え、翻訳にはすべて等価性が認められるとするため、スコポス理論と同様、実質的には等価を解体する考え方でもある。この理論では等価を（暗黙裡に）前提可能なものとして認めるという思考手続きをとるため、目標社会の独自性（と時として優位性）を目標社会内部で同定・確認し、目標社会を重視する方向へ議論が発展する可能性もある（左辺＜右辺）。翻訳者を規制する規範はあることは確かだが、目標言語が置かれたマクロ社会文化史的コンテクストを考慮したうえで、言語階層・社会階層における起点側との対比によって相対的に決まることも念頭に置かなければならないだろう。特に、この理論が生起したコンテクスト自体、マクロな言語階層・社会階層において起点側より劣位にある欧州の非中心地域であったことを想起されたい。学説のイデオロギーと学説が生起するコンテクストにおける地域や国のイデオロギーとが緩い形で連動していることがここで看取されると言える。

(5) 文化翻訳の問題系

論者（スピヴァク、ニランジャナ、トリヴェディ、バーバなど）によって温度差はあるが、翻訳研究においてはいずれも非欧米地域の出身者による、欧米における主張である。つまり、起点＝目標という二項関係を痛烈に意識し、その二項対立を解体・解消することで自らの周縁性をも解消するという動機ないしスコポスが窺える主張である。特にH・バーバは立ち位置としては二項の狭間ないし第三の空間を措定しており、移民であるアイデンティティを前面に出した主張内容であると言える。

文化人類学の文化翻訳の概念を敷衍して翻訳研究に応用しようとした厚い翻訳の議論も、基本的には起点・目標という二項における優劣関係を意識し、その権力格差の是正を促す主張を展開している。そういう意味で、どの主張も言語テクストのみではなく、マクロなレベルでの起点・目標の間の言語階層や社会階層を意識した議論だと言える。

＊

以上、ごく簡単に起点＝目標（左辺＝右辺）間のマクロレベルにおける言語階層や社会階層の視点から、(1)異質化、(2)等価、(3)目的、(4)規範、(5)文化翻訳、について見てきた。翻訳学におけるこれらの重要な問題系の諸学説がどのようなイデオロギーを帯びているか、いま一度、イーグルトンのイデオロギー性認定の六つの特徴（①統一化、②行動志向、③合理化、④正当化、⑤普遍化、⑥自然化）からチェックし直すことを通して（≪2.5.2）、翻訳学の全体に照らし、社会文化史的なグローバルな視点から諸学説のイデオロギーを検証する作業も必要かもしれない。これがまさに、言語人類学系社会記号論をメタ理論として援用した本書の主意である（テーゼ[2-4]（6）北米言語人類学の課題：旧套の言語文化社会理論のイデオロギーの解明）。翻訳研究の諸学説が何を前提とし、何を合理化（イデオロギー化し、何を意識化していないか（どのような創出的効果を発しているか）について、等価の類像的側面（①テクストの等価）、等価の社会指標的側面（②言語的・③社会的コンテクストの等価）、等価の象徴的側面（等価イデオロギー＝等価意識）について絶えず問い直しをすることが、翻訳学の発展につながる契機ともなるであろう。そのことを函数式で確認する。

②言語的・③社会的コンテクストの等価（対称性・対等性）について、(1)異質化、(2)等価、(3)目的、(4)規範、(5)文化翻訳、の諸理論を考えながら個別論点を検証していくと、学説言説のテクストと学説を取り巻くマクロコンテクストとの関係がうまく見渡

翻訳の本質：三面的間コンテクスト性／間テクスト性

②言語的・③社会的コンテクストの等価　$TT^{e}=f\,(S,\ T,\ I)$

①テクストの等価　$TT^{e}=f\,(s,\ t,\ i)$

＊S＝起点社会・言語、T＝目標社会・言語、I＝（システムとしての）翻訳者

＊s＝起点テクスト、t＝目標テクスト、i＝（個性に注視した存在としての）翻訳者個人

せることになる。(1)「異質化」では、(S)と(T)どちらが優位であることを前提としているのか、どちらをより等価ないしそれ以上に高める意図を持って主張しているのかを吟味する。(2)「等価」では、(S)と(T)を等価(対等)だと見なすことの背後にあるイデオロギーは何かを見定める。(3)「目的」では概して(T)の優位性が主張されるが、そのことのイデオロギーは何か、特定のスコポスを選択することのイデオロギーと併せて検討する。(4)「規範」でも概して(T)の優位性が主張されるが、規範が規定する一枚岩的なコミュニティは一体何か、その正体も明らかにしつつ、規範の解明行為のイデオロギーをも再帰的に分析する。(5)「文化翻訳」では、どのような主張(戦略)によって(S)と(T)を解消しようとしているのか、その主張のイデオロギーをも自己分析する必要がある。

さらに、もう一つの一面である(I)をも見定めなければならない。(I)=システムとしての翻訳者である。異言語間の仲介役として人類にとって不可避な存在である翻訳者をシステムとして捉える見方である。この(I)が(S)と(T)のどちらに立ち位置を定めること措定して理論化するかによって、理論の方向性も変わり得る。例えば、ティモツコのように(S)か(T)かのどちらかに不可避的に立ち位置を定めるのが翻訳者であるという立場、マンデイのように(I)は不可避的に介入者であるという立場、それに対し、バーバのように(S)でも(T)でもな第三の空間を措定すべきだという主張など、様々主張される。(I)をどこに定位するかにより、その学説のイデオロギーも表出される。以上のような視点に立って、複眼的に諸学説を考察すると、より翻訳学の全体の布置が鮮明に見定められることとなろう。

5.2.3.3 翻訳の多次元的等価イデオロギー――社会、テクスト、文体とアイデンティティ

前項では、起点=目標における「三面的間コンテクスト性」に焦点を当てて、諸問題系について議論した。本項では、「三面的間テクスト性」の指標的類像性について検討する。

まず、ミクロレベルの翻訳テクストについては、$TT^e = f(s, t, i)$ において、翻訳テクスト(TT^e)は(s)起点テクストを指標し、(t)目標言語内の他の類似するテクスト(comparable text)を指標し、さらに(i)メタ語用的円環プロセスのなかで自身のコ・テクストをも指標し(自身が属するジャンルや自身のアイデンティティを指標し)、詩的機能を反映した等価な翻訳テクストを構築してゆくのが翻訳行為である(≪2.6.1)。つまり、翻訳は三面的間テクスト性の指標的類像性をもった、弱い儀礼性のある行為であることが指摘できる。

この(i)はこれまでの翻訳理論がそれほど扱ってこなかった、翻訳者個人の文体的等価を表出する次元である。文体的等価を扱った学説は、スロバキアで一九七〇年代に盛んであったが、文体を扱うことの理論上の難しさが文学理論の側から指摘されるなか、ミクロ社会学の視点からは大変興味深い論点である。

文体論とは、言語学の方法論や発見を用いて文学テクストの分析を行う批評アプローチである。文体論は二〇世紀になって発展し、文法構造など文学作品の技術的・言語的特徴がいかに作品全体の意味や文学的効果を支えているか分析することをその目的とする、というものである(バリー、二〇一四[二〇〇九]、二四三頁)。文学研究における文体論の目論見としては、次の三つが挙げられる(二五一―二五三頁)。

(1)文体論者たちが目指すのは、文学作品に関する既存の「直観」を支

える「実証可能な」データを提供することである。(2)文体論者たちは言語学的証拠に基づいた文学作品の新しい解釈を示唆する。(3)文体論者たちは文学的な意味がいかに作られるかという問題についての一般論を立てようとする。このような観点から、翻訳研究においても等価、シフト、ストラテジーに関する実証データ（テクスト）を多く蓄積しつつ、プラティーク理論（読書行為の歴史）やリテラシーズ研究、あるいは読みの民族誌など、読みや解釈の社会文化史的記述（コンテクスト）と併せて分析し検証していくことが今後、必要となる。

本書ではこの点に踏み込まず、論点として想定しうるものの言及に留め、詳しくは今後の研究課題としてゆきたい。

(1)　マクロ的な社会の文体的等価

これは前項のI＝システムとしての翻訳者に関連するが、社会が共有する文体傾向として、（T）＝目標言語内の他の類似テクストの影響が指摘できる。例えば、疑似翻訳であるとか（Toury, 2012, pp. 47–59）、日本ではカセット効果（柳父、一九七六）としても知られている現象である。南アジアから東南アジア、東アジアにかけての梵語の使用、梵語からの借用、梵語の概念にあてた土着語の造語など、広範に見られる現象（「原典なき翻訳」textless translation）もこれに該当する。例えば、インドなどにおいては梵語の書記ジャンルないし語用パターンなどが土着語へと借用されるという現象（テクストではなく、ジャンルないし語用パターンの翻訳＝転移）が広範に見られる（Pollock, 2006）。あるいは、ブロマールトが言及している日本での店名やブランド名などにおけるフランス語の使用も、社会指標性に特化した言語使用の事例である（Blommaert, 2010）。これは一般には社会言語学で言う顕在的威信（overt prestige: Trudgill, 1972）の効果と考えらえる。

これまでの翻訳研究では、ラング、そしてパロール面では言及指示機能に特化した研究がなされているが、翻訳は言及指示機能以外のパロール（言語使用）にも大きく関わっている。従来の言及指示機能に焦点化した翻訳研究では、言及指示内容の転移（＝言われたことの同一性・等価性）が翻訳の定義の核の一つになっているが、以上のようなケースでは、言及指示内容ではなく、言い方・言語使用のパターンの転移（＝言い方の同一性・等価性）が核となった広義の「翻訳」行為が行われていると特徴づけられる。そしてこのような語用パターンの転移は、上のサンスクリットの事例が示唆するように、文化変容という問題と、かなり直接的な関係を持つ。

明治期の日本に関して言うと、文語・雅文か口語・言文一致かという文体規範（明治二〇年代ぐらいまで）、欧文脈か和文脈（明治初期は漢文脈）かという文章規範などもこの議論と関連している（水野、二〇一〇、三六―三八頁）。以上は特定のスピーチジャンルにおける社会ないしコミュニティ全体が共有する文体傾向についてであり、社会指標性レベルでの類像性に深く関わるもの、つまり$\mathbf{TT^e=f(s,\ t,\ i)}$において、（t）目標言語内の他の類似テクストとの指標的類像性におけるスピーチジャンル、方言、レジスターの指標に深く関わるものである。

(2)　ミクロ的な個人の文体的等価

さきほどのバリーの文体論を承けて、$\mathbf{TT^e=f(s,\ t,\ i)}$における（i）＝個性（ideocyncracy）に注視した存在としての翻訳者個人の文体が問題になる局面である。（s）と（t）との指標的類像性を追求しつつ、fの力として強く働く、メタ語用論的力、翻訳等価のあり方の力量が翻訳者個人に対して問われる。この点、ミクロ社会学的には規範からの逸脱による個性の表出やアイデンティティの形成・維持・発展・逸脱・継承など、規範の改変が自由になされる次元でもある（《5.1.1》。

この点、同じシステム内で、同じスコポス、同じ規範、類似した翻訳関係諸氏などの状況下で、まったく同一の原典を複数の翻訳者が翻訳する際に、なぜ翻訳した結果が異なるのか、という個性の表出について説得的な説明を与えることができるのが、このミクロ社会学レベルでの理論である。社会文化史的コンテクストが同一で、前提可能な事柄もほぼ同一ではあっても、個々の翻訳者が有するイデオロギーであるとかアクシオロギーが異なれば、本書の等価構築性に照らせば当然、翻訳結果も異なったものになる。これに関し、村上春樹と柴田元幸の『翻訳夜話』（村上・柴田、二〇〇〇）を分析した河原（二〇一四d）を参照されたい。両名の翻訳に対する意識（イデオロギー）と実際の翻訳行動（結果としての翻訳文）とが一致する部分と異なる部分があり、異なる部分はある種の意識と現実のズレとして同定しうる箇所で、翻訳イデオロギーの解明に資する局面である。

さらには、個人の文体として欧文脈のような疑似翻訳調も見られる。例えばその一人が大江健三郎である。平子（一九九九）は次のように言う。

> 大江の日本語は「翻訳調」だと批判されることがある。しかしその文体や、〈かれ〉や〈ところの〉といった語彙を翻訳調だと批判しても、批判の程度が低く、作家の意図しているレベルには届かない。ここでは翻訳調云々などという問題を超えて、意識的・実験的に新しい知的な日本語がつくられ、「ふつうの」日本語に刺激を与えているのだから。（平子、一九九九、一一三頁）

なるほど、大江の合目的性についての平子の解説はよくわかる。しかしながら、その非合目的性、あるいは創出的効果はどうか。新しい知的な日本語の創出という営為が、とかくありがちな日本語改良運動という左翼系知識人を象徴するという社会指標性を創出していないとは言えないのではないだろうか。このような異化的文体（疑似翻訳）のもつある種の顕在的威信についても分析を加えることが、これからの翻訳理論には必要ではなかろうか。

＊

以上、(1)マクロ的な社会の文体的等価と、(2)ミクロ的な個人の文体的等価について、社会指標レベルでの（詩的機能を含んだ）指標的類像性について考察をし、同時に、翻訳者自身、そして翻訳理論家の意識の限界と実際の翻訳行動について翻訳イデオロギーの観点から若干の考察を示した。以上からもわかるように、このような言語理論（テクスト分析）と社会理論（コンテクスト分析）とが結節されるのがまさにイデオロギーであり、これは社会やコミュニティのアイデンティティと翻訳語用ないし翻訳ストラテジーが直結する局面でもあり、かつ、個人のアイデンティティと翻訳語用ないし翻訳ストラテジーが直結する局面でもある。したがって、これは単なる「翻訳技術論」というだけでなく、翻訳のミクロレベル、マクロレベルにおける社会的機能あるいは倫理にも関連した問題系でもある。

注

（1）D・ハイムズのSPEAKINGモデルも参照。規範（norm）も一要素として含まれている（Hymes, 1964; 1972）（詳しくは、《2.2.4》。

（2）この点、Hermans（1996）は「規範、規則、慣習の性質や機能は他の多くの学問分野をカバーした多くの文献でも注目されている。法学、言語学から倫理学や国際関係論に至るまでである」としている。本書では主に社会学の知見から、トゥーリーが主張する翻訳規範を見直すものである。

（3）例えば通訳研究の文脈では、通訳者のハビトゥス分析による役割論研究に関する鳥飼（二〇〇七）、Torikai（2009）がある。

（4）この点に関し、トゥーリーは規範の競合や交渉可能性について議論しており（Toury, 2012, pp. 75-77）、これを応用した通訳研究もある（武田、二〇〇八、二〇四―二〇六頁：Takeda, 2010, pp. 142-146）。

（5）1．一般的規律、2．顧客との関係（秘密保持・専門職としての注意義務・利益相反行為・正直性・説明責任）、3．提供するサービス（高い水準のサービス・保証・自身によるサービス・監督責任・手に負えないものを引受けない責任・サービス料金と内容・条件の開示）、4．同業者との関係（清廉性・相互扶助と連帯・同業者の批評・職業基準の確立）、5．水準の向上（自己啓発・査読および校閲）。

（6）この点に関しピム（二〇一一）は、「留学生増加を目指すイギリスの大学が受ける圧力」を解消するため「大学制度内での翻訳学の正当化」をする必要性から、「科学主義と技術的戯具（筆者註：コーパスのこと）が一般に有する権威性」に頼って、「英語のみで翻訳研究ができれば、世界中から学生を勧誘でき、外国語を学び、教え、分析するという厄介さを全く経験することなく、翻訳について教えていると装える」というふうに、単一言語コーパス研究の社会経済的背景事情を説明している。

（7）例えば、稲生・河原（二〇一〇）によるメディア字幕翻訳研究では、明示化（explicitation）よりも暗示化（implicitation）の事例のほうが、当然ながら多く析出された。メディアの時空間的制約上、当然である。

（8）確かに、ヘルマンスのスタンスは、多様な翻訳方式や翻訳研究内外の翻訳言説など諸々の社会的変数を考慮した、歴史上の偶発的事実を記述し理論化することを狙っている点では、記述的研究の範疇内ではあるが、他方、トゥーリーなどの記述的研究の客観性を問題にしつつ翻訳実践には介入しない点で、介入的アプローチとは一線を画している点で、「批判的記述的翻訳研究」と言いうる。その研究射程は、翻訳実践と翻訳言説の両者であり、その意味で、「メタ理論分析」をも包摂するものである（Hermans, 2007もこの趣旨を反映している）。

（9）翻訳者は社会学的な主体、経済的主体、文化的創造者、そして言語産出者という多岐にわたるものとして見ることができる（Mossop, 2007, p. 36 in Munday, 2007）。

（10）すべての翻訳にはその基底に政治的な側面がある。一回一回の翻訳行為は複数の言語や複数の文化の間に（平等または不平等な）権力関係を築いてしまうからである。［中略］翻訳はメタ言語的、メタ文化的活動であって、翻訳以外の執筆形態であれば日常生活に埋没し陰を潜めているような複数の言語的な価値や権力のモデル、言説のモードの間の対照や対立を顕在化させてしまう（Jaffe, 1999）。

（11）特定の文学的な価値観を推進することにより、そして連携を強化することにより、女性は翻訳を、新たな文化的ダイナミクスの創造に参画する強力な道具として使うことができると主張している（Simon, 2002 in Tymoczko & Gentzler, 2002）。

（12）翻訳とは、単なる忠実な再現行為ではなく、むしろ選択、組み合わせ、構造化、模造という意図的で意識的な行為である。そして時として、改ざん、情報の拒絶、偽造、暗号の創造ですらある。このように、翻訳者は想像力豊かな作家や政治家と同じように、知を創造し文化を形成するという権力行為に参画している（Tymoczko & Gentzler, 2002, p. xxi）。

（13）Newmark（1981）とNewmark（1988）は翻訳者の訓練コースで広く使われている本である。

（14）一般に外延（denotation）と言われているもので、認知言語学の言う辞書的意味のこと。

（15）一般に内包（connotation）と言われているもので、認知言語学の言う百科事典的意味のこと。

（16）意味づけ論が説く「意味づけされた意味」「構成された意味」「情況内の意味」「事態構成」のこと。

（17）認知意味論における語の意味の範例モデル・概念モデル、認知言語類型論における諸言語の相同的特徴などのこと。

(18) 社会学、心理学、人類学における固定観念のこと。

(19) 三ッ木（二〇一一、二二二頁）は次のように締め括る。

すでにルターの聖書翻訳において自覚されていた翻訳の二つの原理は、優勢と衰退、あるいは復古と転調を経験していた。ゲーテの時代には「忠実」原理が優勢であり、つづくニーチェの時代にはそれが衰退し、かわって「自由」の原理が台頭する。だがゲオルゲ・クライスにおいては「秘密のドイツ」という疑似神話を伴ってかつての「忠実」原理が復活した。しかし、このクライスの影響下に出発したベンヤミンは、二つの原理が担ってきた従来の意味を転換させ、翻訳の原理を《原作の表現か母国語の表現か》という二者択一から救い出している。

第6章 結——等価構築論からの翻訳学の検証——

結語として、社会記号論を土台にした翻訳等価性を再考した結果について、まずは6.1で翻訳諸学説のメタ理論分析の結果をまとめ、6.2で翻訳メタ理論研究の課題（テーゼ [2-10]）を順に検証しつつ、6.3で本書の課題を再帰的・自省的に示しながら翻訳学ないし翻訳研究の今後の展望を記して、いくつかの結論とする（cf.ヴェヌティ、二〇一一、鳥飼による訳者解説）。

6.1 翻訳諸学説のメタ理論分析の結果

1．ミクロレベルの翻訳テクストについては、$TT^e = f(s, t, i)$ において、翻訳テクスト（TT^e）は（s）起点テクストを指標し、（t）目標言語内の他の類似するテクスト（comparable text）を指標し、さらに（i）メタ語用的円環プロセスのなかで自身のコ・テクストをも指標し（自身が属するジャンルや自身のアイデンティティを指標し）、詩的機能を反映した等価な翻訳テクストを構築してゆくのが翻訳行為である（≪2.6.1）。つまり、翻訳は三面的間テクスト性の指標性（精確には指標的類像性）をもった、弱い儀礼性のある行為（特定の構造を持った行為の類型《タイプ》）であることが確認された。この指標の三面性が翻訳を翻訳たらしめる最大の特徴であり、この三つの指標性の交点がメタ語用的フレームとなって立ち現れ、理念的にはこの3変数の函数として捉えられる。そして、社会記号論では、このf、つまりメタ語用解釈によるテクスト化の機能（メタ語用論的編成力）として、数多くの社会機能性が同時多発するのが言語コミュニケーション行為の実際であると言われている。ところが、翻訳研究の文脈においては、翻訳研究者の意識は、認知的・語彙意味論的側面の類像的な等価構築行為のあり方に集中しがちであることが確認された。翻訳研究においても、社会指標性（前提的指標と創出的指標）と象徴性（翻訳イデオロギー）が必然的に負荷となってメタ語用論的編成力に影響することを理論化する必要があることについても了解された。

また、専ら翻訳の合目的性に焦点を当てる学説、翻訳者コミュニティ内の規範に焦点を当てる学説、あるいは翻訳の非合目的性・イデオロギー性を前景化させてその改善を図る社会改良主義の学説、起点＝目標の二項対立や意味の伝達自体を脱構築・解体する哲学・思想系の学説など多岐に亘る学説が数多く提出され続けている。しかし、これまで検討してきたように、本書では社会記号論を土台に、翻訳出来事のいまここを基点にした翻訳論を展開し、各論点の展開と諸論点間の体系化を図ることで、諸説が翻訳行為あるいは翻訳を取り巻く社会文化史的コンテクストという全体の布置のなかでどのような位置を占めるかについても論じた。

2．翻訳をめぐるマクロレベルの社会文化史的コンテクストをも射程に入れると、翻訳の多次元的等価性は、(1)テクスト・言語・社会の社会的階層内でのインタープレイ、(2)起点テクスト・目標類似テクスト・翻訳者個人の文体の指標的類像性を反映したインタープレイによって錯綜しながら生起する。そのことを前提にして翻訳出来事の一回性・固有性によって翻訳テクストが一回一回構築され展開されるという理論構成をとれば、翻訳をめぐるテクストとコンテクストの架橋が十全に行える理論的枠組みが提示できることが本書の結論となる。また、(1)のマクロ社会的な要素と、(2)のミクロ社会的なテクスト要素に対する翻訳研究者の合理的な認識・解釈は(1)と(2)とで齟齬を生じ、特に異化などの翻訳ストラテジーに関する翻訳諸理論は(1)と(2)の関係性をより大きな社会文化史的コンテクストから眺めることで正当に評価しうることも確認された。

6.2　翻訳メタ理論研究の課題

上述の1．及び2．と重複する点もあるが、テーゼ［2-10］を検証するという観点から、第1章、第2章で掲げた翻訳メタ理論分析の課題五つに対する結論を最後に記して、本書の締めとしたい。

[1]　翻訳理論の対象とイデオロギー分析

これまでの翻訳研究によって意識化（イデオロギー化）されているのは、翻訳行為のなかで、①〈何が言われているのか〉、すなわち単語・語彙といった語彙意味論における内包的意味・外延的意味・感情的意味などの辞書的意味や百科事典的意味、文法の旧来型の対照言語学的な項目、テクスト言語学での旧来型のテクスト機能論、そして語用論としては言語行為論や認知的側面に集中しがちである（cf. Koya-

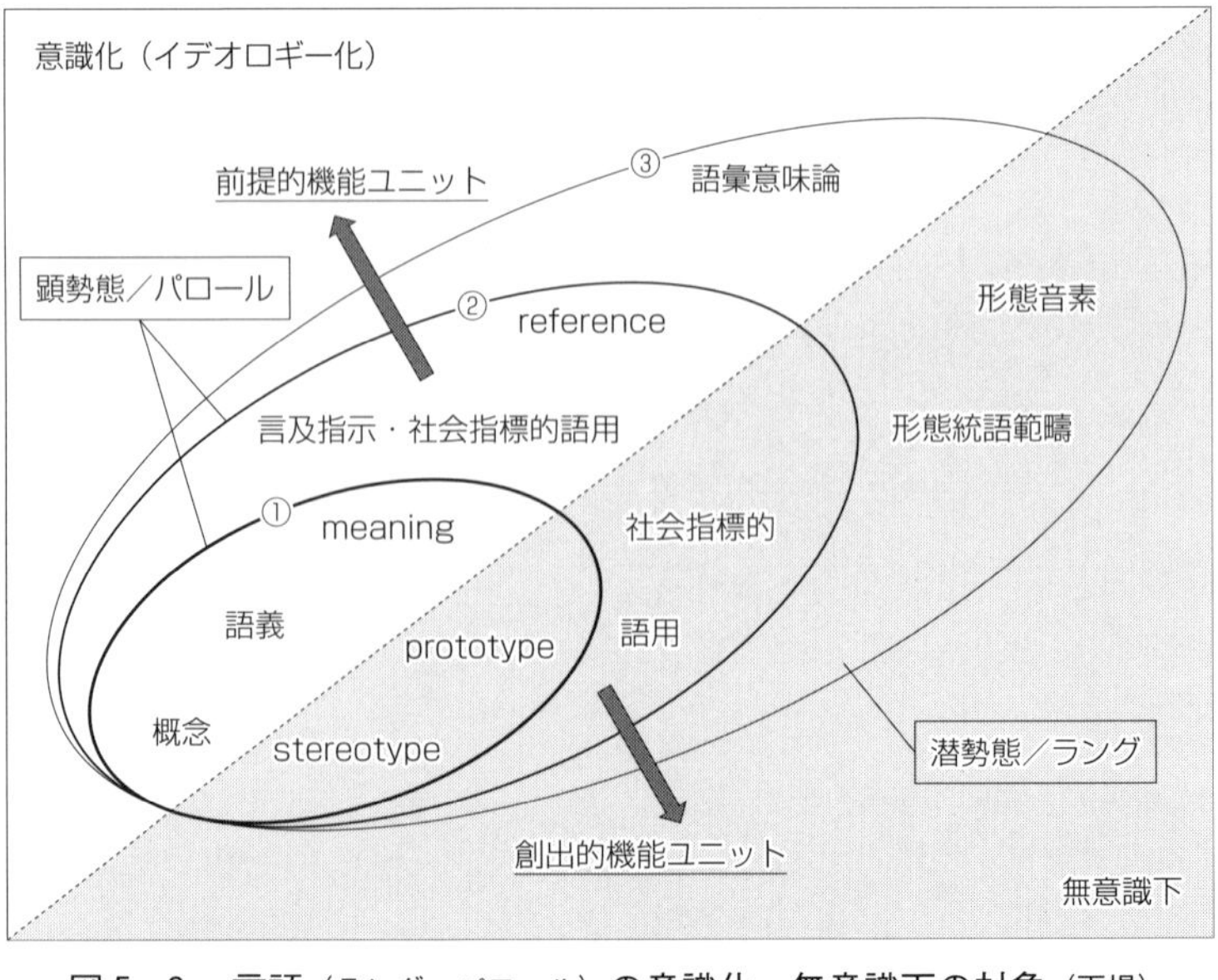

図5－2　言語（ラング・パロール）の意識化・無意識下の対象（再掲）

ma, 1997)。他方、意識化されにくいのは、言語構造の核になる部分(形態音素、形態統語範疇)と実際の翻訳語用行為との関係や、スキーマ化された意味とそのメカニズム、〈何が為されているのか〉に関わる社会指標的意味、特に創出的機能や語用論的な多様性である。また、②翻訳という(語用実践)行為の目的に関しては、諸理論が有する前提的・合目的的機能(要するに、理論の狙い・達成目標)は意識化されやすく(スコポス理論、多元システム論、翻訳規範論、機能主義的システム理論など)、反面、そのような合目的性を目指すことにより発生する創出的・非合目的的機能ないし効果は意識化されにくい。

そして、①翻訳現象のなかの意識化されない構造的側面(象徴的無意識)、②翻訳行為のなかの意識化されない語用実践行為(指標的無意識)、そして、③翻訳実践者の翻訳意識(翻訳イデオロギー)の相関とズレに関し、翻訳理論として理論化はされていないことがわかった。なお、図5-2を再掲する。

[2] 翻訳理論の関与性・介入性

翻訳研究者の歪んだ意識が、どのように翻訳について矮小化した理論を定立したり、翻訳の改良運動(介入主義)へと展開したりしているか。これについては、介入性分析型・関与性分析型・(批判理論系)イデオロギー分析型の諸理論では、翻訳の持つ非合目的性・機能^{2}を意識化させる運動をすることで、翻訳者や一般の人たちにそれを合目的性・機能^{1}として認識させ、語用実践の歪みを是正する介入主義の立場を採るものがあることがわかった。典型的にはフェミニズム翻訳理論に見られる男性優位社会に対する是正を要求する介入型の学説である。

[3] 翻訳の多様性

翻訳不可能性・相対性・多様性の要因として翻訳理論は何を意識化しているか。これについては、言及指示機能中心イデオロギーと言語ナショナリズムイデオロギーが広く見られる反面、社会指標機能、言語変種、社会言語学的多様性、コミュニケーション出来事の固有性／偶発性などが明瞭に意識化された理論化はなされていないのが現状である。

[4] 翻訳理論が負うイデオロギー

翻訳理論のイデオロギーはどのようなものか。そして翻訳研究者のイデオロギーと社会文化史的コンテクストとはどんな関係があるのか。これについては、言説・ジャンルの定型(メタ語用的フレーム)、つまり「グリッド」が翻訳実践行為に強く関連する(Bassnett & Lefevere, 1998)という主張以外には、行為の出来事性をメタ語用過程の円環と捉える考え方は見られず、標準変種間あるいは標準語間の変換行為としての翻訳という側面を前景化させる傾向が圧倒的に強い。そして、語彙意味論・言及指示機能・標準語に言語の本質を見出すものが圧倒的に多い。このことから、これまでの翻訳理論のほとんどが近代ナショナリズムの性格を鮮明に露呈していると言える。旧来の諸学説はこの語彙意味論・言及指示機能・標準語の三つに焦点化してきたことで、言語変種に見られる言語の多様性や語用実践行為の社会文化史的多様性などを等閑視してきた面が強い。

したがって、真の意味での「多様性に向けた翻訳論」を展開するには、この言語・語用行為の多次元性・多機能性・多様性を基軸にした翻訳論を展開してゆかなければならない。そして、これは言語記号系に閉じた議論であってはならず、社会文化史的コンテクストとの連動を図りつつ、政治・経済的なグローバリゼーションなどの動向も対象に世界全体を視野に入れた論を展開しなければならない。

[5] 社会記号論に依拠した翻訳学全体の再構築の方法

本質的にコンテクスト負荷性とイデオロギー負荷性のある「翻訳等価性」を鍵概念にして、翻訳学の全体をどのように（再）構築していくべきか。

これに関して、本書はこれまでの翻訳諸理論をメタ分析し、「言語等価論」「社会等価論」「等価誤謬論」「等価超越論」「等価多様性論」の五つに分類しつつ、理論言説という記号を類像性・社会指標性・象徴性の観点から複眼的に眺めてきた。その結論は次の三つのテーゼに要約される（図2-25も再掲する）。

[1-1-4] 翻訳とは、当該行為の社会文化史的コンテクスト依存性（社会指標性）および翻訳者のイデオロギーや価値観（象徴性）を不可避的に内包しつつ、ある言語テクストを基に別の言語テクストへと社会的な等価構築を行う、非合目的的効果を伴った行為である。

[2-5]（翻訳などの）言語使用を含む記号過程は、①類像作用、②指標作用、③象徴作用が三位一体となって複合的に、対象と記号との間の等価構築、そして両者間の更なる意味構築・意味改変を絶えず繰り返していく過程である。

[2-6]（翻訳理論を含む）言語による理論化の過程は、①類像作用、②指標作用、③象徴作用が三位一体となった社会的な指標的類像化、象徴的類像化の複合的な過程であり、類像的な言説の反復使用（詩的機能）により、社会的類像化が更新され強化されるという社会的な意味構築と意味改変を繰り返す過程である。

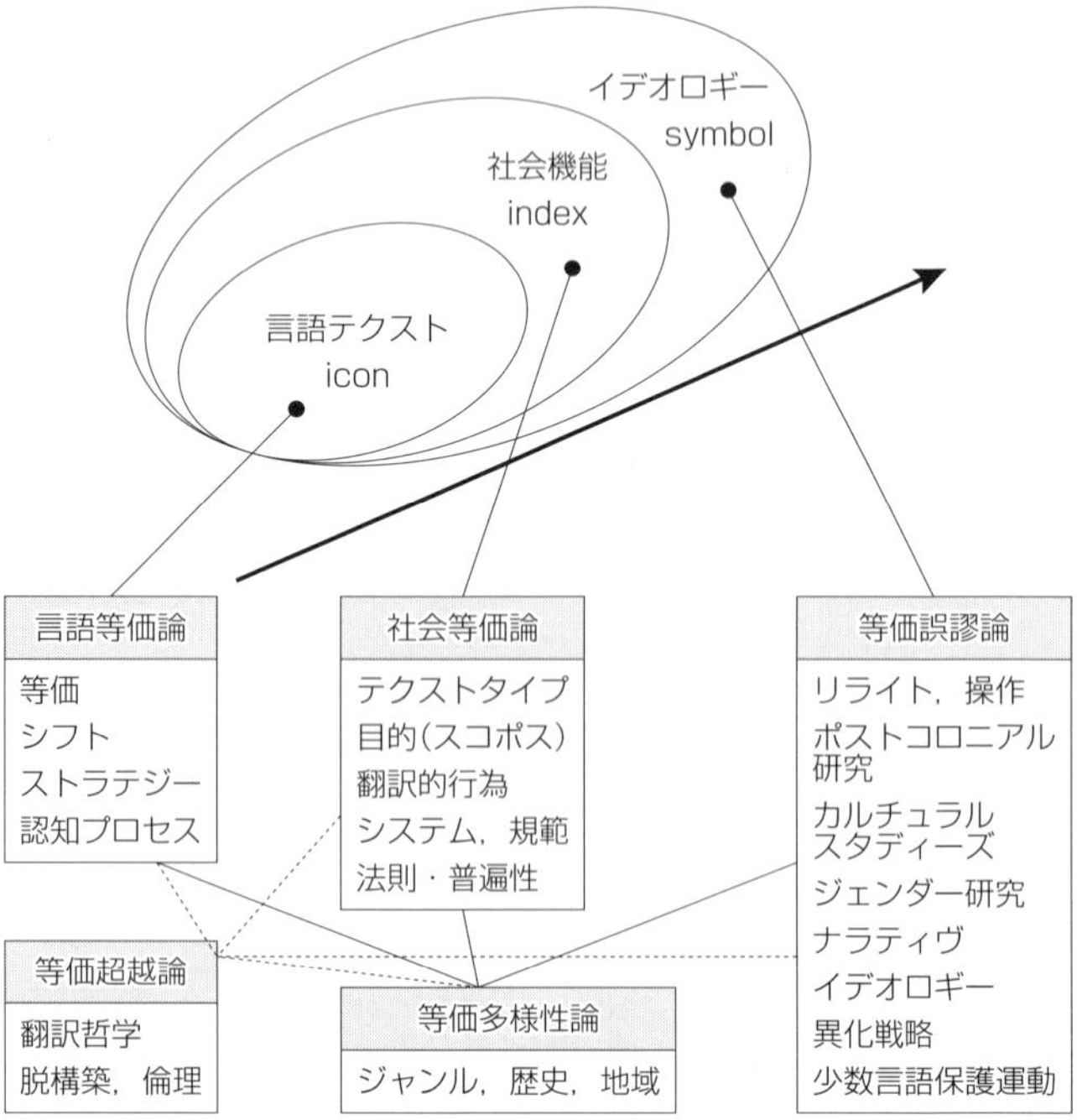

図2-25　翻訳理論のメタ分析枠組みの記号論的布置（再掲）

6.3　本書の課題と今後の可能性

バベルに対する解答が、ピジンであって、ペンテコステではないとすれば、それは何とも皮肉なことではあるまいか。（スタイナー、二〇〇九［一九九八］、九二〇頁）

とは、何とも皮肉なことではあるまいか（cf.ブルデューの「カリスマ的イデオロギー」）[1]。

欧米を代表する翻訳理論家であるG・スタイナー（≪4.3(1)）は自身の翻訳論を集大成した『バベルの後に』の最後で、上のように語っている。信頼の解釈学を展開したスタイナーは、キリスト教はユダヤ人の自己憎悪の産物であり外在化であると断言し、ユダヤ人の眼差しで欧州の古典から現代の文学・哲学・芸術・科学・宗教などに対し異化作用を向ける（スタイナー、二〇〇〇［一九九六］）。しかしながら、意識的に注視するキリスト教の反射効としてユダヤ教の目的論、存続の神秘と義務を論じるという合目的性・機能^{1}そのものに[2]、欧州という地平内にあって英語（ないし欧州言語）固有文化の自民族・自文化中心主義（ethnocentrism）の傾向を露呈していること（非合目的性・機能^2）が内在している。冒頭の隠喩にはかような皮肉が看取されうるのである。スタイナーは〈翻訳の理論〉など絶対にありえないとし、〈効果的な比喩〉が翻訳を理解する際に使える道具であるという（比喩の合目的性）。しかし、理論の眼差しで比喩を観察すると、その持つ象徴性や社会指標性が露見し、比喩の持つイデオロギー負荷性が顕わとなるのである（比喩の非合目的性）。

他方、本書の根幹をなす記号論・プラグマティシズムの創始者・C・S・パースは無限更新的記号過程（第一次性・第二次性・第三次性）に進化論的・多世界宇宙論（偶然主義、連続主義、アガペー主義）を見出したが（≪2.1.4）、その根底にはアガペー的進化論（agapasm, agapism）がある（伊藤、二〇〇六）（なお、U・エーコの記号観）。

あるいは、W・ベンヤミンは「言語一般および人間の言語について」（一九一六年）で、「神の言語」「事物の言語」「人間の言語」という三つの言語の関係から言語認識の基本的枠組みを説いたうえで、「翻訳者の使命」（一九二一年）（≪4.3）へと至るのであるが、これらはユダヤ神秘主義的な立場からの立論であるとはもはや常套句となっている。

このベンヤミンの論考を受けて、［フランス‐マグレブ‐ユダヤ人］であるJ・デリダ（≪4.3(2)）は、「バベルの塔」（一九八〇年）を、そしてA・ベルマンが『翻訳の時代　ベンヤミン「翻訳者の使命」註解』（講義は一九八五年、書籍は二〇〇八年）を（≪4.3）、さらにこのベルマンの講義を承けてデリダが「relevantな翻訳とは何か」（一九九九年）を発表している。以上のような知的構築物の受容・展開が「等価超越論」の領野で見られ、欧州で生起する翻訳論ないし翻訳研究の言説の主要な一部となっている。

このように見てくると、本書が土台にした記号論の深淵な次元でアガペー主義が、翻訳論の（肯否両面における）参照枠ないし淵源としてユダヤ・キリスト教が潜在し、しばしば（否定項としても）顕在化するのである。これらの諸言説の複合体が、欧米の地平で展開されている言語・記号・意味・コミュニケーション、そして翻訳に関する知の構築物であり知のエピステーメー（の主要な一部）である。

以上のことを承け、本書の今後の展望としては次の二つが考えられる。(1)「バベルの塔」に喩えられる「多言語性」に対しペンテコステ(純粋言語)によって答える、あるいは(神への)「応答」としての「翻訳」によって答えるのが欧州翻訳論の主要な一部をなすならば、これらの言説が生起した地平以外(例えば、アジア諸国、イスラーム世界)でどのような「翻訳論言説」および言語観・言語思想が生起し発展・変容を遂げながら翻訳実践が展開しているのかについて、その社会文化史の民族誌的記述を行いながら探究すること(これにはアガペー主義的記号論や欧米言語論の(再)検討や相対化も含まれる)。そして、(2)(バベルではなく)「ピジン」で表現される「多言語性」に対して、(広義の翻訳概念を含んだ)翻訳研究のみに限定・焦点化するのではなく、広く社会言語学や社会記号論の視角から言語接触(ピジン的言語状況を含む)、言語政策、言語教育などの地平を見据えた形で「翻訳」を捉えるという、真の意味での社会記号論系言語人類学に依拠した翻訳研究を、民族誌的記述を行いながら探究すること。以上の二つによる地平の拡張と分析の複眼化を図ることによって、翻訳実践者ないし翻訳研究者・翻訳思想家という言語接触場面での複言語使用者のなかの限定的なエリート層によって構築された欧米の地平内での翻訳論のイデオロギーと意識の限界を記述する。と同時に、なぜ宗教的な象徴界(宗教イデオロギー)が芸術性の高い文学の翻訳をプロトタイプとしつつ翻訳観・翻訳論やそれを支える思想・言語観に影響力を持つのか、その影響がいかに強いかについて、語用実践の実態を考察していくことが課題となる。

以上の展望を踏まえたうえで、本書の問題・課題について触れておきたい。まず、翻訳等価性再考に取り組んだ本書が依拠する「言語人類学系社会記号論」(第2章)のうち「記号論」的要素の「抽象性・演繹性・図式性」(いわばメタ翻訳論的フレーム)を本書各論(第3-5章)で前景化・焦点化してしまい、「具体性・民族誌的記述性」が希薄化した、あくまでも翻訳学/翻訳研究の地平内の人間の手によるある種の「バベルの塔」(≪1.4.2)(言及指示的機能中心主義や言語ナショナリズムなどのマクロなイデオロギー分析に取り組むあまり〔…本書の機能1〕、翻訳研究内部のミクロなレベルでの個々の研究者・出版物の解釈・受容に関する民族誌的記述・説明を欠いた全体像〔…本書の機能2〕)を構築してしまったきらいがある。その結果、翻訳研究の内部での論点整理とその相互連関を有機的かつ体系的に示すことはある程度できたが、個別論点におけるピンポイント的なイデオロギー分析に紙幅を割くことができなかったことが指摘される。また、それに関連するが、等価構築性を分析するという構築主義を標榜しているにも拘らず、言語人類学の核心(テーゼ[2-4])に立脚して翻訳諸学説の歴史記述を行うという行為の発話行為性(遂行性)や構築性を再帰的に認識する記述を充分に行わないまま、翻訳研究内部の諸論点相互の論理関係の説明を行うという思想史・文献学的手法に偏った実証主義的な論の展開に陥ってしまったことも指摘される。特に、第3-5章(各論)では、引用文献が翻訳研究の地平内部に限定されており、それらのみに依拠してテーゼ(命題)を実証的に説明する傾向を強く示してしまった。

したがって、上述の展望とも関連して今後の一つの可能性として、「思想・宗教と翻訳」(現在の仏教・キリスト教などの宗教的実践とその思想的影響を翻訳の観点から論じる)というテーマを、思想・宗教の比較(例えば、仏教研究を基盤にした中村、一九六〇、二〇〇〇:三枝、一九九四:湯田、一九九五、イスラーム研究を基盤にした井筒、一九九一aなど)というより広大な地平に立ち、「社会記号論系言語人類学」の手法によってその内実を固めていく作業を行うことで、本書各論の穴を埋め弱点を補強し、かつ同時並行で、翻訳諸学説に通底する古層の探求（教典・聖典の翻訳が翻訳論の祖型となる理由の言語社会学的探求）を試みることも挙げられよう。具体的には以下の問題群が想定される。

(1)そもそも翻訳する／しないという問題系（聖典の翻訳不可能性 cf.玄奘の五種不翻《ごしゅふほん》）。

(2)次に、それが意識的に論じられる／論じられないか（言説化の有無）の問題系。

(3)ウパニシャッド哲学などを含むサンスクリット的伝統に見られる「音声中心主義」の問題系（聖典の（不）翻訳における音写の意義、cf.植木、二〇一一：船山、二〇一三）。

(4)イスラーム的伝統に見られる「神の言語の絶対性」の問題系（cf.コーランが著しく視覚的・聴覚的な教典であることにつき、井筒、一九九一b、一一―二五頁）。

(5)キリスト教的翻訳論・言語論の伝統に見られる「意味中心主義的翻訳」―この点、デリダは上記一九九九年論文で「ユダヤ教：キリスト教：：文字性・形式性：精神性・内面性」というステレオタイプに還元し、プラトン主義・キリスト教的翻訳・意味の伝達の役割を認めた―の問題系と、(3)(4)との関係、および(1)(2)との関係。(5)に依拠した翻訳をめぐる意味と形式の二項対立は相対化の必要あり。

今後、本書で果たし得なかったミクロレベルでの各論を展開していきたい。

＊

最後に、翻訳の意義について、ヤコブソンの記号間翻訳という広い視野に立って確認しておきたい。第1章で翻訳は異質なものとどう向き合うのかに関わる人間の根源的な問いを発する営みであるとした。この異質なもの。これは他者が紡ぎ出した他者のテクストに内在する「よけいなもの」（foreign "remainder"：cf.ルセルクル、二〇〇八［一九九〇］）とどのように向き合い、どのように受容するかに関わる。自分とは異なる他者を受容するには、当然ながら「損失と付加」（loss and gain）が発生するからである。しかしながら、もしかしたらこの他者のよけいなものは、自己に内在する余剰、「受容的余剰」（domestic "remainder"：cf.ヴェヌティ、二〇一二）であるのかもしれない。我々は他者の異質性に向き合うことで、自分が抱える異質性、排除しようと思っても排除できないもの、合理的に解釈しようとしても叶わないものと必然的に向き合うことを強いられてしまうからだ。翻訳をする。この行為は、他者の異質性を強烈に感じ取ることであると同時に、己の中にある異質性が暴露され、それと向き合っていく営みなのかもしれない。普段何気なくやり過ごしてしまう自分という存在。しかし、時として自分という透明な存在を異化する作業を行ってみることも必要かもしれない。それがまさしく翻訳という辛くもあり実りも多い営みなのであろう。

異文化コミュニケーションの重要性が説かれて久しい。しかし、「コミュニケーション」なるものは、永遠に届きえない他者の他者性と向き合うことであり、意味は共有感覚でしかありえないという事実を受け入れることなのかもしれない（cf.田中「意味づけ論」）。またコミュニケーションを行うと、不可避的に伴う意識されない非合目的な何かが絶えず付き纏ってくる（cf.シルヴァスティン・小山「社会記号論」）。この他者の他者性と行為の非合目的性を隠蔽することは、自分に内在するよけいなもの／余剰性に目をつぶることであり、自分を欺瞞することでもある。異文化コミュニケーションとは、もしかしたら自分とは異なる他者・他言語・他文化と出会い、他者を受け入れ、その過程で生じる損失も利得も一切合財自己の中で受け止めることだとしたら、他者と向き合うことを通して、自己と向き合う好機ともなる。異文化コミュニケーション、そしてその一環としての翻訳。よけいなもの／余剰性との安易な妥協ではなく、他者の異質性にも自己の異質性にも忠実にあるべきという倫理を掲げ（cf.ベルマン）、苦闘することで得られる歓びは大きい。通訳と同様（cf.鳥飼、二〇〇七）、翻訳に取り組むことは自立的かつ創造的に、多文化・多言語である世界の多様性を維持していく上でも、自分の中にある多様性を育む上でも大切な営みなのである。

注

（1）P・ブルデューは『遺産相続者たち』で、文化的特権を正当化するイデオロギー装置を「カリスマ的イデオロギー」と名付け、学校や美術館、そして言語、文学など広く批判の対象とした（ブルデュー、一九九七［一九六四］）。この社会的遺産相続性をスタイナーの謂いに当てはめるならば、欧州文化を文化的特権として集団で相続することの正統化契機として、文学者や聖職者、文学・哲学・思想や聖書などが挙げられることになる。

（2）「バベル」に関し、「バベルの神話は、また、象徴的逆転の一例と言ってよい：人類は多くの言語の中に散り流離うことによって滅ぼされたのではなく、却って、活力と独創性を得たのである」（スタイナー、一九九九［一九九二］、四一五頁）という比喩にも特定の宗教的神話の前提があるが、他宗教の地平ではこの比喩は「使える道具」とならないという皮肉がある。

主要概念の定義集

◆第1章

翻訳：【本書による定義】当該行為の社会文化史的コンテクスト依存性（社会指標性）および翻訳者のイデオロギーや価値観（象徴性）を不可避的に内包しつつ、ある言語テクストを基に別の言語テクストへと社会的な等価構築を行う（類像化）、非合目的的効果を伴った行為。

メタ理論：理論についての理論のこと。本書では、翻訳自体を対象にした研究の様々な理論的枠組みについて、上位のレベルからその前提・モデル・アナロジー・メタファー・概念装置・社会文化史的意義などを問い直そうと試みており、メタ理論として社会記号論を導入している。

論理実証主義：我々の認識や理論からは独立した中立的な「感覚与件」（sense-data）というものがあり、科学的知識の構成はそのようなものの忠実な観察と記述から始めるという立場で、科学の進歩は観察と観察事実の記述の累積によってもたらされると考える理論群。

パラダイム：T・S・クーンは「一定の期間、研究者の共同体にモデルとなる問題や解決法を与える一般に認められた科学的業績」と定義している。

イデオロギー：広義ではidea（観念）に関わるもので、世界観・信念体系のこと。人は意識化されやすいものを選択的に認知・意味づけしてイデオロギー（観念）を形成し、そこには現実と意識とにギャップや歪曲が生じる。これを社会行為の次元で論じるならば、行為の「顕在的機能」と「潜在的機能」とに齟齬を生じさせる規制要因ということになる。翻訳研究者のA・ルフェーヴルは、「特定の時代の特定の社会において受容可能だとされる考え方と態度から成る関係網であり、読者と翻訳者はそれを通してテクストに近づく」と説明している。

言語イデオロギー：言葉について我々が意識化していること、つまり、言葉について我々が考えていること。人の語用行為（言語使用の実践行為）は、このようなイデオロギーが介在することで、合目的性を持った言及指示的語用や社会指標的語用と、非合目的性を持った創出的社会指標的語用を併せ持った「社会的構築行為」として捉えることができる。

顕在的機能：社会過程における意識され、かつ意図された機能。合目的的機能。

潜在的機能：社会過程における意識されずかつ意図されぬ機能。非合目的的機能。

翻訳研究の言語理論：多面的・複層的・多義的な翻訳行為のうち「言語テクスト」の側面（翻訳行為の言語的側面）に焦点を当てた諸学

説のこと。

翻訳研究の文化理論：文化的・イデオロギー的転回を遂げたとされている翻訳研究の学説群のこと。翻訳行為の言語的側面から目を社会的・文化的・政治的コンテクストのほうへ向けた研究を展開するものである。

◆第2章

意味：「ある記号の、ほかの記号体系への翻訳である」とR・ヤコブソンはC・S・パースの考えを基に定義する。意味とは翻訳であり、翻訳は言語を含む記号間の記号過程である（但し、意味∩翻訳）。

(1)本書が依拠する認知作用を基底とする意味づけ論であれば、主体関与的な記憶の《呼び起こし》と《引き込み合い》による記憶の関連配置が意味である。そして《対象把握・内容把握・意図把握・態度把握・表情把握》をとおして、かかる情況において辻褄が合う事態を構成する方向で行われる関連配置された記憶どうしの更なる関連配置が意味づけということになる（田中・深谷）。

(2)またもう一つ本書が依拠する指標作用を基底とする言語人類学であれば、メタ語用を規制する無数の指標機能にある種の方向付けを与えるメタ語用的フレームによって、メタレベルの作用が対象のカテゴリー化を行う過程が意味づけであり、その結果得られる意味は絶えず可変的である。具体的には言及指示的意味、つまり何が言われているのかのみならず、（前提的・創出的）社会指標的意味、つまり何が為されているのかを論じる行為論的意味がある（M. Silverstein・小山）。カテゴリー化（等価構築）や意味づけのあり方を決めるメタ語用的フレームを統制しているのは社会文化的なグリッド、解釈の枠組みであり、これこそが翻訳（意味）の核心となる概念である。

(3)総合すると、認知レベルでは記憶連鎖の関連配置の過程、社会レベルではメタ語用的フレームによるカテゴリー化の過程が「意味づけ」である。（通訳を含む）翻訳の心理学的プロセス研究のなかで、水平的翻訳と垂直的翻訳の処理モデルがあるが、前者は自動化されたテクストベースの情報処理（いわゆる浅い処理）、後者は発話意図まで含めて深いレベルで概念化を行う情報処理（いわゆる深い処理）のことで、前者は意味として直接チャンク化された言語テクスト表象が、後者は意味として付随的な概念表象を伴った心的反応が、心的レベルで生じると考えることができる（コトバからの事態構成）。そしてその表象や反応が言語テクスト化されたもの（コトバへ事態構成されたもの）が言及指示的意味および（前提的・創出的）社会指標的意味を構成する、と本書では位置づけることになる。

等価：equivalence は「equal（等しい）＋value（価値）」と分解できる。人にとって意味のあるものすべてを記号と称するならば、記号Aと記号Bの意味（価値）は異なるが、「等しい（equal）価値（value）のものと見なす」作用を「カテゴリー化」と言い、AとBとが異言語間であれば、この営みがすなわち（言語間）翻訳であり、翻訳の本質は一回一回の新たな価値づけ行為であることになる。等価「A＝B」（equivalent: equal value）は「A≡B」（identically equal）ではなく、「A≒B」（similar）なのであって、AとBが織りなす無限更新的な緊張関係である。

但し、本書では等価とは基本的にはA≒Bという等号で結ばれた左辺と右辺の等価値関係を言うこととし、操作的にこのAとBのパラメーターを広義に解して、①テクスト、②（変種レベルを含む）言語、③（国家を含む）社会を取ることができるとする。そして、この三つのパラメーターが三次元を構成すると措定したうえで、等価を次のように再定義する。

• 狭義の等価とは、従来の翻訳諸学説が説く、①原文と翻訳との（語用論的な、構築的な）テクスト的等価のことを指す。

• 広義の等価とは、②（言語変種を含んだ）言語の政治的・権力的階層の序列における等価のことで、対等・対称（だと措定される）ならば等価、対等でない・非対称（と措定される）ならば非等価と定義する。同様に、③その背後にある起点社会と目標社会の政治的・権力的階層の序列における等価も同じように定義する。

翻訳不可能性：一般的には、言語構造の異なる二言語どうし、全く同じ意味で翻訳することは原理的に不可能であること。本書では翻訳不可能性を単に言語構造のみに起因させるのではなく、不可能性の原因を様々な多元的な不確定性に求めつつ、同時に翻訳の相対性と等価構築性を強調している。

類像性：対象（Object: O）と記号（Sign: S）とが同一・同等・類似・相似的であることを示す記号作用。C・S・パースによる。

指標性：SがOの存在を示す作用。C・S・パースによる。

象徴性：SとOは恣意的な関係（厳密には約定的な関係）であることを示す作用。C・S・パースによる。

言及指示的指標機能：言及対象の指示、および命題の述定を行う言語の機能。

社会指標機能：アイデンティティ、権力関係、親疎関係などの社会的関係性の指標を行う言語の機能。

一次的社会指標性：話し手・聞き手などのコミュニケーション出来事参加者たち、言及指示対象、これらの間の社会的距離（親疎）、力関係（上下関係）、場（コンテクスト）のフォーマリティーなどを示す指標性。

二次的社会指標性：一次的社会指標性の項目で示したこれらのレジスター（社会的性格や属性）の使用者たち（話者たち）のアイデンティティや力関係上の位置を強く示す指標性。これらの社会指標機能は前提的指標性のみならず創出的な指標性も帯有する。

記号過程（言語使用を含む）：①類像作用、②指標作用、③象徴作用が三位一体となって複合的に、対象と記号との間の等価構築、そして両者間の更なる意味構築・意味改変を絶えず繰り返していく過程。

メタファー：比較的抽象的な、あるいは本来充分な構造を持たない事柄を、より具体的で構造化された事柄によって理解する言語表現のこと。"A as X"の形式で言うならば、Aという抽象概念をXという具体的で構造化された事柄によって理解するというレトリック。（しかしながら、本書が提案する「学問語用論」においては、AもXも抽象度の高い事柄であるという現象を分析している。）

記号：人間が「意味あり」と認めるものすべてのこと。「記号現象（記号過程）」とは、人間があるものにある意味を付したり、あるものからある意味を読み取ったりする「意味づけ」行為のこと。そして、人間の意味づけの営みの仕組みと意義、その営みが人間の文化をいかに生み出し、維持し、組み変えていくかを論じるのが「記号論」ということになる。

言語による理論化の過程：①類像作用、②指標作用、③象徴作用が三位一体となった社会的な指標的類像化、象徴的類像化の複合的な過程であり、類像的な言説の反復使用（詩的機能）により、社会的類像化が更新され強化されるという社会的な意味構築と意味改変を繰り返す過程。

オリゴ：今ここにおける言語行為空間の基点。指標行為が行われる「今・ここ・私」がいる場を起点とする空間を指標野と呼び、この指標野の中心、つまり、「今・ここ・私」体系の主な座標の交点のことをオリゴと呼ぶ。

意味の不確定性：コミュニケーションという相互行為の中で、言葉（という記号）は記憶連鎖の様々なチャンネルを活性化させ、その作動が互いに引き込み合って記憶の関連配置（事態）を形成する、つまり意味づけを行う。この意味づけが、これまで思ってもみなかった記憶の関連配置を形成するとき、新しい意味が創造される。そして、この意味づけは、言葉という記号と意味の結合形成を非確定的なものにする。つまり、意味は記憶の引き込み合いに由来する不確定性を伴う。この意味の不確定性には認知レベルにおいては、「多義性」（意味の状況依存性）、「多様性」（意味の記憶依存性）、「履歴変容性」（意味の時間的可変性）、「不可知性」（意味の潜在意識性）の四つが含まれる。

出来事モデル：コミュニケーションを社会的な行為・出来事と捉え、ミクロおよびマクロコンテクストの中で指標的に意味が規定されるというモデル。このコンテクストは、オリゴを基点として、その前の発話の言及対象を指標してコンテクスト化し、そして、発話出来事によってコンテクストを生み出してゆく。さらには、後から生じた意味が前の発話の意味をも改変するというダイナミズムに富んだプロセスを特徴としている。

メタ・コミュニケーション機能：出来事としての発話は、「言われていること」（言及対象）を指標する言及指示テクストと、「成されていること」を指標する相互行為テクストの両者が同時に複数生起する。そして、これらのテクストに対して、メタレベルからコンテクストと関連付ける、つまりコミュニケーションでは高次の枠組みから「言われていること」と「為されていること」を解釈してゆくことも絶えず行われており、これをメタ言語機能、ないしメタ・コミュニケーション機能という。語や言い回しの意味に焦点を当てたメタ意味論的機能と、行為の意味、行為の解釈枠組み（行為をどう解釈すべきかの枠組み）に焦点を当てたメタ語用論的機能とがある。

詩的機能：原則的に範列（paradigm）を構成する類像性（類似性、同一性）が、原則的に指標性（連続性）によって構成される連辞（syntagm）軸（つまり現実態の次元）に現れること、つまり、類像性が範列軸から連辞軸へと投影されること。

根底：解釈者が直接的対象を捉える際、いくつかある属性の束から特定の属性を主体的に選択し、特定の意味を構成していくある種の根源的な傾向性。

前提的指標機能：コミュニケーションが起こる前に存在しているものを指標する機能。

創出的指標機能：そのコミュニケーションによって新たなコンテクストを生み出していく機能。

メタ語用（メタ・プラグマティックス）：テクストの意味づけにはテクストの内外で様々な要因が関わっている。言表レベルでは「詩的機能」「対照ペア」「モダリティ」「明示的メタ語用マーカー」、社会指標的語用の意味にも関わるものとしては「文化的ステレオタイプ」、テクスト外のパラ言語的あるいはノンバーバルなレベルでは「コンテクスト化の合図」、テクストの意味づけに関わる社会的認知レベルでは「フレーム」、動態的対人関係上の一時的な社会関係的なフレームとしては「フッティング」などの諸要因である。メタ語用とはこれらがコンテクスト（背景、グランド）から浮き上がったテクスト（図、フィギュール、フィギュア）を形成する営みのことである。

意味構成主義：一定した意味が人の外部にあるという外在説、心の中にあるという内在説を排し、意味は絶えず情況内編成を行う可変的でダイナミックなものとして構成されるという意味観。意味の本質主義と対照的である。

アクシオロギー：個人に内属する倫理的・道徳的価値観のこと。

◆第3章

意味の本質主義：意味は客観的で安定しており（つまり、人の外部ないし内面にアプリオリに（本質的に）存在し）、翻訳はそれを起点言語から目標言語へ転移・伝達・転換するという考え方。意味構成主義と対照的である。

逐語訳（word-for-word translation）：訳出単位に忠実に形式的対応をさせる訳出。

意味対応訳（sense-for-sense translation）：形式的対応を犠牲にして意味を忠実に対応させる訳出。

様式対応訳（figure-for-figure translation）：起点テクスト（ＳＴ）維持型は、ＳＴの様式（figure）を形式的に維持する訳出のことで、目標テクスト（ＴＴ）創出型は、ＴＴでfigureを新たに創出する訳出のこと。

周密体：漢文訓読体漢語と欧文直訳体の結合による新文体。

言語等価論：翻訳に関する言語学的分析の諸学説。起点テクストと目標テクストをどのように等価性を構築して翻訳するかに関する、（単純な、幻想としての、努力目標としての）等価、（そのような単純な）等価からのズレであるシフト、シフトを効果的に実現するためのストラテジー、そしてその認知プロセス、以上が中心となる概念・論点である。

社会等価論：社会コミュニケーション行為性を加味した翻訳言語分析の諸学説。テクストタイプの機能、翻訳行為の目的、翻訳行為の機能、多元システム内での翻訳の機能、翻訳規範、翻訳法則・普遍性、などが中心的論点となる。

等価誤謬論：社会文化的コンテクスト中心の翻訳分析の諸学説。構築される等価性がいかに特定のイデオロギーを反映しているか（関与性分析）、そしていかに反映させるべきか（介入主義）が中心的議論となる。翻訳をリライトと見なす説、操作性に照射する説、ポストコロニアリズムやカルチュラルスタディーズから翻訳研究を行う学派、ジェンダー研究から積極的に翻訳行為に介入する主張を行う学派、翻訳行為を規制するナラティヴを研究する説、批判的言語学・批判的談話分析から翻訳行為の背後にあるイデオロギーを分析する説、自文化中心主義的な同化戦略に抗し異化戦略を唱道する説、翻訳により少数言語の保護を訴える説などである。

等価超越論：翻訳が前提とする意味の伝達という前提的イデオロギーを原理的に問い直す知的運動である翻訳哲学や翻訳思想が扱う問題系。

等価多様性論：多様な翻訳テクストとコンテクストにおける等価の多様なあり方を論じた諸理論。

目的（スコポス）：翻訳が目標社会側で有する機能や目的を達成するように、翻訳を行うべきだとする考え方。起点テクストはあくまでも情報提供機能を担うのみであり、翻訳という新たなコミュニケーション行為によって目標側の読者に起点テクストの情報を目標言語によって伝達するという。H・フェルメールによる。

翻訳規範：あらゆる翻訳には等価があると操作的に定義したうえで、起点テクストと目標テクストのシフトを同定し、そこから目標社会における翻訳のあり方を規範として抽出し、さらにそのデータを蓄積して翻訳法則を導出するというプロジェクトの中心概念である。G・トゥーリーによると「あるコミュニティが共有している一般的な価値観ないし考え——何が正しく何が誤りか、何が適切で何が不適切だと考えられるかに関し——を、特定の状況にふさわしく、適用可能な『作業指示』にしたもの」。

異質化（異化）と受容化（同化）：異質化（異化）とは、外国のテクストである原文を外国のものとして訳す、つまり起点文化の異文化的な特質を翻訳の中に保持させて翻訳するストラテジー。受容化（同化）とは、原文の異文化的な特質を目標文化に即した形で目標言語として違和感がないように翻訳するストラテジー。本書では、「異質化」を下位分類して「異質同化」「同質異化」と称しているため、「異質化」という用語の「質」を敢えて外したり、「受容化」ではなく「同化」を選んだりして造語しやすくするという判断から、「異化」「同化」を採用している。そして、F・シュライアーマハーやA・ベルマンの「異質化」「受容化」の議論とはやや異なり、L・ヴェヌティ独自が戦略的用語としてこれらの概念を導入したことに鑑み、本書ではヴェヌティの用語には「異化」という訳語を当てている。

文化翻訳：特定の文化の「意味」を解釈し、それを他者へ伝達するという、もともと文化人類学における研究営為を指す言葉。ポストコロニアル翻訳研究では、脱植民地化の時代における移民に着目し、起点vs.目標という想定を解体し、異種混淆性（hybridity）や文化的複合体から翻訳を比喩的に論じることを趣旨とし、翻訳を起点から目標への転移（transfer）ではなく、両者自体の変容（transformation）と捉える考え方。

翻訳コミュニケーション学：コミュニケーション研究を基軸に客観的・科学的な翻訳を目指す研究枠組み。

比較のための第三項：起点と目標の等価を判断する際の基準となる言語構造的な抽象的意味。虚構物である、実体がないとか証明不可能である、主観性・恣意性がある、第三項の客観性を担保するために別の第三項を立てる必要があり結局無限後退に陥る、などの批判がある。

不変の核：テクスト内の安定して変わらない基本的な意味的要素によって表象されるもの。

ラング：言語構造ないしコードとして定位できる言語テクストの側面（語彙範疇と文法範疇）。F・ソシュールによる。

パロール：言語構造を実際の言語使用の場でどのような意味を生起させて使用し実践するかという語用実践の側面。F・ソシュールによる。

文体：文体論学者の定義によると、「文やその諸要素のような言語に固有のミクロ構造レベルに現れる—構造 structure よりはむしろ織物 texture のレベルに現れる—言説の形式的な属性」であり（G・ジュネット）、「表現主体によって開かれた文章が、受容主体の参加によって展開する過程で、異質性としての印象・効果をはたす時に、その動力となった作品形成上の言語的な性格の統合である」（中村）。翻訳研究では、原文または翻訳の執筆者による意識的・無意識的なテクスト諸要素の選択によって作られる当該テクストの特徴である。具体的には、詩におけるリズムの顕著な使用、特殊な統語法の使用といったテクストの諸要素に現れる（J. Boase-Beier）。

形式的等価：形式・内容両面において起点テクストの様々な要素に目標テクストが一致するようにする訳出。E・ナイダによる。

動的等価：原文読者と翻訳読者が同じ効果ないし等価反応を持つように受容できる訳出。目標言語的ニーズや文化的期待に合わせ、完全に自然な表現を狙うというものである。これは受容者志向のアプローチで、文法・語彙・文化的内容の翻案が自然さを達成するには不可欠であるとする。E・ナイダによる。

翻訳シフト：起点テクストを目標テクストに翻訳するときに不可避的に起きる言語的、社会指標的、イデオロギー的変化のこと。この点、キャトフォードは「起点テクストを目標テクストに翻訳するときに起きる小さな言語的変化」と定義したが、これでは狭きに失する。「原文から見て新しいものとして出現したもの、あるいは（目標言語社会の側から）期待されていたのに出現していないものはすべてシフトだと解釈されうる」というシフトの概念定義もある（A. Popovič）。

明示化仮説：翻訳行為には結束関係の明示化（explicitation）が必然的に伴うという仮説。S・ブルム＝クルカによる。但し、一般的には「明示化仮説」は結束関係の明示化に限定されず、言語テクストの様々な次元で発現する。反対概念は暗示化で、これも明示化と同時に言語テクストの様々な次元で発現すると考えられる。これらは一般的に翻訳に付随する「損失と付加（loss and gain）」の一部である。

翻訳法則：G・トゥーリーは規範の抽出という記述的研究を累積することで、翻訳に関する一般原則を引き出そうとしており、それが翻訳法則で、つぎの二つがある。①標準化進行の法則（起点テクストの特異なパタンが消され、変種の少ない標準語法を使う傾向）、②干渉の法則（起点テクストの言語的特徴が目標テクストで再現される傾向）。G・トゥーリーは、翻訳法則は一種の蓋然的な説明であり、例外もあって、その例外は別の法則で説明可能とする。そこで彼は「普遍的特徴」という用語は避けている。

翻訳普遍性：翻訳シフトに見られる一定のパタンや規則性。M・ベーカーは、明示化、簡素化、正常化・保守化、平準化をコーパスに基づいた研究によって析出している（但しベーカーは英語の単一言語コーパスの使用による研究を行っているため、干渉の法則については示していない）。A・チェスタマンは二種類の翻訳普遍性を提唱している。①「普遍的特性S」とは、起点テクストと比較した場合に翻訳に起きているシフトに関するもので、トゥーリーの二つの法則（標準化進行の法則、干渉の法則）を含む。②「普遍的特性T」とは、（翻訳ではなく）自然に生まれる言語と比較した場合（cf.単言語の参照コーパス）に見出される翻訳言語の特徴で、これには語彙の単純化や目標言語に固有な語彙項目の表現が少なくなるなどの現象も含む。

翻訳の二重の地位・二重の性格：翻訳には原文の規範と目標言語側の理想の両方に従うべき性質、あるいは原文を別の言語で再構成したテクストである面と目標文化で翻訳がそれ自体として機能するテクストである面を併せ持つため、シフトの解釈に多義性・多様性が生まれ相対的になってしまうこと。A・ポポヴィッチ、J・レヴィーによる。

翻訳ストラテジー：(1)広義では、「翻訳する状況によって定まる目標を達成するために翻訳者が使う最も効果的な、一連の（緩やかに定式化された）規則ないし原則」（R. Jääskeläinen）、(2)狭義では、翻訳対象のテクストによって生じる特定の問題や翻訳タスクを遂行するうえでの特定の問題を解決する際に使う手続きや方法（H. P. Krings, W. Lörscher, A. Chesterman）である。しかし、翻訳の研究スタンス（記述的、教育・評価的、関与・介入的）の同定とミクロかマクロかの位相の違いを考慮して概念定義を施す必要がある。本書では、「翻訳ストラテジー」（strategy）とは翻訳者が意識的にシフトを起こさせる、または最小限に抑える転換操作のことと位置づけている。

関連性理論：意図明示的伝達とその理解において、人間の認知は関連性を最大にする（最小の処理労力で最大の認知効果を上げる）ように方向づけられており、すべての意図明示伝達行為は最適の関連性の見込みを伝達すると主張し、言語は決定不十分性（underdeterminacy）を本質としており、言語的意味は伝達される意味を下回るとして、推論による発話解釈を理論化したもの。D・スペルベル&D・ウィルソンによる。

解釈的類似：関連性理論に基づいた翻訳理論で、異言語間行為である翻訳とは言語の解釈的使用の一例であり、意図明示的伝達を基軸にした一般原理で説明可能であると主張する。原文と翻訳とに生じる差異は言語化された情報と伝達された情報のズレで、解釈的類似性によるものであるとする。直訳は類似性が一〇〇%の特別な場合で、意訳とは命題内容の類似性であるとする。E・A・グットがスペルベル&ウィルソンの提唱した概念を翻訳研究に導入した。

意味の理論：通訳に関する理論で、通訳者は起点言語の発話を分析・理解して、即時に、意識的に言葉の外皮を捨て去り（deverbalization）、そこからメッセージを引き出して目標言語テクストとして再表現するというもの。D・セレスコヴィッチによる。これを翻訳に応用し、翻訳の三段階のプロセスをモデル化した解釈モデルもある。M・レデレールによる。

◆第4章

テクストタイプ理論：K・ビューラーの言語機能に関する三分類（叙述機能、表出機能、訴え機能）に呼応する形で、翻訳テクストの機能を情報型テクスト、表現型テクスト、効力型テクストに分類し（三つの複合型も一分類として立てている）、これらのテクストタイプをベースに、言語内の基準（意味的、語彙的、文法的、文体的特徴）および言語外の基準（状況、主題分野、時、場所、受け手、送り手、情動的含意）によって目標テクストの適切性が評価されるとする理論。K・ライスによる。

翻訳的行為論：発起者、依頼者、起点テクスト作成者、目標テクスト作成者、目標テクスト利用者、目標テクスト受け手、という翻訳をめぐる相互行為の参与者はそれぞれに特定の目標を持って翻訳を利用するのであり、このような翻訳を取り巻く関係者の調整を行いつつ、受け手のニーズに合わせた目標テクストの決定を主体的に行うのが翻訳者であるとする理論。J・ホルツ＝メンテリによる。

多元システム理論：目標文化を多元システムとして捉え、その中に階層化されたいくつものシステムが存在し、各システムが相互作用を展開するなかでその全体の中での位相を絶えず変化させるというダイナミックなプロセスとして全体を描く翻訳社会モデル。I・イーヴン＝ゾウハーによる。

記述的翻訳研究：翻訳と称するあらゆるテクストは原文と等価であると見なしたうえで、次の三段階の方法で分析を行う研究方法論を指す。①テクストを目標文化システム内で考え、その受容可能性（acceptability）を見る。②起点テクストと目標テクストとを対照しシフトを析出して、部分部分の対応ペアを同定する。③起点テクストと目標テクストのペアの翻訳プロセスを再現し、科学としての一般化を試みる。G・トゥーリーによる。一般的な記述研究はコーパスを利用したやり方など、他の手法も考えられる。

書き換え理論：文学テクストは権力、イデオロギー、制度などの要因で「書き換え（rewriting）」を余儀なくされ、権力的地位にある人々が一般大衆による消費を支配しているのに呼応して、翻訳テクストも権力によって統御されているとする理論。目標社会内での支配的イデオロギーや支配的詩論によって、翻訳は原テクストの表象が歪められるとするものである。A・ルフェーヴルによる。

ポストコロニアル翻訳研究：ポストコロニアル研究とは、植民地（コロニー）を脱した人びとやコロニーから脱しようとする人びとが、世界認識を脱構築しようとする方法や研究のことで、①カルチュラルスタディーズ、②インターナル・コロニアリズム批判、③オリエンタリズム批判が主要な淵源である（庄司）。ポストコロニアル翻訳研究は、それを翻訳研究に応用したもので、翻訳行為のもつ（ポスト）帝国主義的政治イデオロギーを暴いたり断罪したりする諸々の研究を指す。

ローカリゼーション：外国市場の要求とロケールに応じて、デジタルコンテンツを言語的文化的に適合させること、およびグローバルなデジタル情報の流れにおいて多言語展開の管理をするサービスと技術を提供すること。

喩としての翻訳：翻訳を比喩として使うことで、社会現象を分析し説明する概念。

トランス・エディティング（trans-editing）：新聞記者やジャーナリストによるニュース記事作成における翻訳行為は、本来の業務であるニュースの編集行為の一環として行われており、当然、編集作業に伴う（中立的な意味における）情報操作を伴う。このようなメディアによる「翻訳＋編集」という複合行為のこと。

◆第5章

翻訳者役割論の三層構造：翻訳者の社会的役割について、①マクロレベル（社会システムのレベル）、②メゾレベル（翻訳者コミュニティのレベル）、③ミクロレベル（翻訳者個人のレベル）の三層において、その静的規範性と動的行動性、物象化と現象化などについて分析するための論点。

関与的・介入的翻訳研究：言語間・文化間またはその内部に不公正な権力格差があるという認識に立って、（社会改良主義的な意味での）政治的動機・大義で翻訳を研究するアプローチ。関与分析型、批判理論型、介入分析型、介入主義型、に分類できる。

ナラティヴ：あらゆるコミュニケーションを解釈し評価するためのコンテクストで、それを創った人の意図的な選択によってできたディスコースの一形態ではなく、我々がはじめに理解する際の知識の型のこと。W・フィッシャーによる。

◆第6章

多様性に向けた翻訳論：言語・語用行為の多次元性・多機能性・多様性を基軸にした翻訳論。翻訳論は言語記号系に閉じた議論であってはならず、社会文化史的コンテクストとの連動を図りつつ、政治・経済的なグローバリゼーションなどの動向も対象に世界全体を視野に入れた論を展開しなければならない。具体的には、以下の論点が考えられる（河原、二〇一一a）。

(1)「翻訳」概念の多様性：何を翻訳とするか？
(2)「翻訳」の対象の多様性：何を翻訳するか？
(3)「翻訳」言語と文化・社会の多様性：何の言語に／から翻訳するか？
(4)「翻訳」方法の多様性：何の道具で翻訳するか？
(5)「翻訳行為」の「主体」の多様性：誰が翻訳をするのか？
(6)「翻訳」研究の対象の多様性：何を翻訳研究の対象にするか？
(7)「翻訳」研究の手法の多様性：何の分野から翻訳を研究するか？
(8)「翻訳」研究の担い手の多様性：何処の研究者が翻訳を研究するか？

カリスマ的イデオロギー：文化的特権を正当化するイデオロギー装置のことで、提唱者のP・ブルデューは、学校や美術館、そして言語、文学など広く批判の対象とした。

おわりに

自己批判原理。これが学問には不可欠であることを、メタ理論研究をとおして実感する。他者批判はすれど、その矛先を己に向けようとしない、一方的な批判理論や批判的言説が学術研究のみならず、一般の言説にも多いように見受けられる。要するに、他者に対し無意識のうちに上から目線なのである。これは人の意味づけのあり方としてあまり健全な姿とは言えないのではないか、というのが僕の根源的な学問＝自己批判である。

では、再帰的・自省的な知の営みはどのようにすればよいのか。翻訳研究に関して言えば次の考え方も一つの筋である。本書が分析した西洋の翻訳研究の五つの論点（①等価、②目的、③規範、④異化、⑤文化翻訳）は、代表的な西洋の翻訳観を反映したものである。これらの主張の合目的性と、意識化できないまま背景化している非合目的性を西洋の社会文化史のなかに置き、これらを相対化し距離を置いて眺める。そして二一世紀の今・ここ日本における翻訳研究の合目的性と非合目的性（イデオロギー性）をも同様の手法で再帰的に分析し批判する。これは、単に二一世紀の日本の視点から西洋の翻訳諸理論を他者化し、いずれかに優劣をつけたり一方を排除したり、あるいはさまざまな批判理論に頻繁に見られるように自らを正当化しナルシスティックに論じたりするものではない。自ら定立した理論によって自己批判することで、自らのイデオロギーや意識の限界を詳らかにし、より洗練された理論構築を目指すものである。その意味で、本書で見てきた西洋の翻訳諸研究を日本に受容する（つまり広義の翻訳を行う）うえで、①等価のうちに受容が可能か、②受容の目的は何か、③受容する際の日本のアカデミック規範は何か、④そのまま西洋の理論を受容するのか（異化）、それとも日本の思想や知の伝統に同化させるのか、⑤その際、西洋の諸理論を社会文化史のマクロコンテクストのなかでどのように文化として解釈するのかといった、自らが定立した理論による検証も有効であるだろう。無論、これは西洋でわずか二〇〇年ほど前に誕生したイデオロギーなる概念への自己批判も含む（もっとも、本来はそのような契機を内在しているのであるが）。

*

では、絶えず自らを批判する自己とは何か。これがまさに、学知と人の歩むべき道との融合した姿ではないだろうか。批判する理性そのものを批判の対象とはしなかったI・カントのように、批判の主体である理性を批判の外に置くのではなく、それをも批判の対象とする徹底した自己批判、理性批判。

これは本書が説く、他者との出会い、翻訳をとおして己の中の異質性へ目覚めることであり、己のなかの無意識の領野に目を向け、自文化中心主義（ethnocentrism）や自己中心性（egocentrism）を省察する営みであると読み替えることも可能である。「言うこと・行うこと」によって非合目的的に何が「為されている」のかを絶えず見つめ直す。このことが、雑音の多い現代社会での知のあり方、あるいはことばを使ったコミュニケーション全般で大切なことではないか。

　最後にこのことを違う地平から眺めてみよう。例えば、古くは紀元後二世紀の印度《インド》。当時、ことばや意味はどのように考えられていただろうか。大乗仏教の発展に多大な理論的基盤を与えたと考えられている龍樹（Nāgārjuna）による『中論』の中心的主題を、本書の観点から誤解を恐れずに言い換える（翻訳する）と、次のようになる。日常用いている俗なる言葉――そして言葉によって概念の拡散を生み出す心の働き――（戯論《けろん》：プラパンチャ（prapañca））は、本書で説明したカテゴリー化、つまり類像化（等価構築）、概念化、ないし意味づけによって人の認識対象を表現するものであると同時に、執着の対象を生じさせるメディアにもなる。しかし、その認識対象も、その対象を認識する主体も、そしてその言葉も実在ではない（自性《じしょう》、すわわち恒常不変の実体をともなうものとしては存在しない）との考えに至ると、俗なる世界を支える意味が一旦、一切否定される。そしてこの境界に達することで執着や煩悩が止滅し、涅槃《ねはん》（nirvāṇa）に至るという「戯論寂滅《けろんじゃくめつ》」を龍樹は説いている。このように意味を止滅させるという空《くう》（śūnya）の実践は、本書の「はじめに」で言及した機根とか境界（viṣaya）を高める、あるいは根底なるものを洗練させる営みであるだろう。己の今の認識のありようを徹底して内省し、ときに否定することでのみよみがえる姿、自他の区別なく一切を包摂する智慧（般若：prajñā）――ある種の聖なる領野。こういう智慧の実践こそが、情報過多で言語過剰状況のなか、意味づけの病がかつてないほど蔓延した現代社会において、より包括的かつ全体的な知的探求の歩みを進めるための大きな手立てとなるのではないか。なぜかならば、意味があるとか無いとかいうよりも、元々そうした二元論を超えたあり様《よう》が本来の実相だからである。

　西洋翻訳思想が生み出したキリスト教を基盤にした純粋言語はどう考えたらよいか。神の言《ことば》（logos：ヨハネによる福音書　一章一節）は、神への絶対的信頼に基づいた人知を超越した霊、人間の意識の領野をはるかに超えた神そのものである。その絶対的信頼を実践するひとつの方法として、人間の個別言語間の翻訳をとおして俗なるものの異質化という自己否定を経験する重要性を説いていると、W・ベンヤミンのテクスト「言語一般および人間の言語について」「翻訳者の使命」を再解釈することも可能かもしれない。原文が一旦死に、その死後生として、翻訳テクストが存《なが》える生としてよみがえるプロセスは、仏教の空の実践のプロセスとパラレルに考えられなくもない。いずれにしても、これらは近代合理主義を推し進めた人間の理性でははかり知ることができない無意識の領野、意味とか翻訳を超えた領野に属する事柄であろう。が、現代には必要な考え方であり実践なのかもしれない。

　数千年、数万年のスパンで、人類が抱える問い――意味、ことば、そして翻訳――を解明する旅はさらに続く。

謝辞

本書を特に、僕の人生でお世話になった以下の方々に捧げる。
鳥飼玖美子先生（立教大学名誉教授）。僕の博士論文の指導教授として、時として厳しく叱咤激励しつつ、面白いと思える研究をトコトンおやりくださいと常に励まし、大学の専任職との両立で辛い時期にも温かく見守ってくださった、人生において師を持てる幸せを強く感じる大切な先生。誰もが憧れる絶大なカリスマ性のある日本の同時通訳者の草分け、日本通訳翻訳学会元会長である鳥飼先生に最高学府で師事できたことは最高の幸せである。

僕を言語研究、とくに意味空間分析の面白さへと導き、研究者として育ててくださった、本書の骨格の一部である意味づけ論の提唱者・田中茂範先生（慶應義塾大学教授）。慶應義塾大学ＳＦＣに研究員として一緒に通い、広く仏法や法華経の視座からことばの意味について時間を忘れてともに語り合った佐藤芳明さん。お二方には拙著博士論文について大変貴重なご意見をいただいた。意味づけ論は仏法的な言語観に開かれた奥深い思想でもあると確信する。

通訳翻訳研究を志し、立教大学大学院異文化コミュニケーション研究科の門を叩いたときに出会った、言語学における日本の知の巨人であり、多くの学生や研究者が畏怖の念とともに目標とする存在である言語人類学者・記号学者の小山亘先生（立教大学教授）。愛のある研究を唱えられ、他の多くの言語学研究者諸氏を温かく抱擁する、度量の大きなリーダー的存在である「言語と人間」研究会会長の平賀正子先生（立教大学教授）。翻訳等価について根源的な問いかけをし本研究の大きなきっかけを作ってくださった通訳研究で世界的にご活躍の武田珂代子先生（立教大学教授）。立教という学び舎でともに研究生活を過ごした大切な仲間である長沼美香子先生、坪井睦子さん、吉田理加さん、平塚ゆかりさん、山田優さん、齊藤美野さん、浅井優一さん。そして、篠原有子さん、松下佳世さん。同研究科では、実に多くの素晴らしい師や仲間に恵まれた。

日本の翻訳研究の草分けである柳父章先生、そして長きにわたり毎月、柳父邸で翻訳研究会を共にした北代美和子先生、田辺希久子先生、岸正樹先生、松本剛史先生、勝貴子先生、南條恵津子先生、野原佳代子先生、郷間雅俊さん。

東京外国語大学大学院の通訳コースで長年にわたり大学院の通訳理論・翻訳理論の講座を担当する機会を与えてくださった鶴田知佳子先生（東京外国語大学教授）。同コースで教壇に立たれていた光藤京子先生。同コースでともに教えつつ通訳翻訳の研究・教育と正面から向き合い、阿吽の呼吸で同志として心をひとつにして歩んできた内藤稔さん（同大学・大学院専任講師）。

日本通訳翻訳学会の場で出会った多くの方々。特に、通訳翻訳教育の面白さをご教示くださり、日本メディア英語学会の会長をも務められ一緒に理事会で切磋琢磨させていただいた染谷泰正先生（関西大学教授）。いつも勇気づけてくださった日本通訳翻訳学会の生みの親・近藤正臣先生（大東文化大学名誉教授）。認知言語学の視座から多くのアイデアをご教示くださった同学会元会長の船山仲他先生（神戸市外国語大学学長・理事長）。通訳教育研究分科会で研究をご一緒した田中深雪先生（大東文化大学准教授）。放送通訳の研究をとおして通訳実務について多大なご教示をくださった、いつも心のサポートをしてくださる稲生衣代先生（青山学院大学准教授）。コミュニティ通訳研究分科会でご一緒し、通訳者・翻訳者役割論探究のきっかけを与えてくださった司法通訳研究をリードされる水野真木子先生（金城学院大学教授）、中村幸子先生（愛知学院大学教授）。楽しい時間を共にして通訳翻訳の実務や教育の面白さを教えてくださった浅野輝子先生（名古屋外国語大学教授）。脳科学の知見を活かして通訳研究に励む、厚く信頼する同志である篠塚勝正さん。僕の倫理の鏡である渡部富栄先生、笑顔でいつも心を照らしてくださる高橋絹子先生。常に励ましを頂いた小松達也先生、松縄順子先生、新崎隆子先生、石黒弓美子先生、西村友美先生、永田小絵先生、田村智子先生、三ッ木道夫先生、藤濤文子先生、伊原紀子先生、石塚浩之さん。若手のホープ・石原知英さん、大久保友博さん、歳岡冴香さん。

日本メディア英語学会の石上文正先生、相田洋明先生、高木佐知子先生、関根紳太郎先生、南津佳広さん、「言語と人間」研究会、法と言語学会、日本国際文化学会、ALIPS（応用言語学実践研究会）、バベル翻訳大学院の先生方にも大変お世話になった。特に柴田亜矢子さん（ジュネーブ大学専任講師）には批判的談話分析の総括について貴重な意見を頂いた。また、久保田絢さん（愛知淑徳大学専任講師）にはいつも温かい励ましを頂いた。

翻訳等価を深く探究するうえで不可欠な解釈学について、そして哲学研究会を主宰してドイツ哲学全般について極めて深い学知からご教示をくださった竹田純郎先生（金城学院大学名誉教授）。ドイツ哲学研究会の諸先生方。また、インド哲学・仏教思想について貴重な講義を賜った紫綬褒章・瑞宝中綬章受賞者である立川武蔵先生（国立民族学博物館名誉教授）。国際仏教学大学院大学に聴講生として僕を受け入れて仏教学の最先端の内容をご教授くださったFlorin Deleanu先生（同大学院教授）、日本印度学仏教学会元理事長の斉藤明先生（同大学院教授、東京大学名誉教授）。同大学院でともに学んだ信賀加奈子さん、中上淳貴さん。

五年間奉職してきた金城学院大学でも多くの方々のお世話になった。特に、生成人類学の国際学会を二〇一六年に共に開催したMatthew Taylor先生（同大学教授）には、言語と宗教の関係について深く探究するきっかけを与えていただいた。また、いつも温かく励ましてくださった戸澤裕子先生（同大学准教授）には、言語学の分野で貴重なアドバイスを頂いた。

最後に、日本通訳翻訳学会会長である水野的先生（青山学院大学教授）。著書『同時通訳の理論』で畏友と記していただいた期待に応えるべく、僕は本書に全力を投じた。が、非力ゆえの猛省の思いは尽きない。拙著博士論文だけでなく、通訳翻訳研究全般に関しいつも快くご指導くださり、深い学識と謙虚さを兼ね備えたご人徳に僕はいつも敬意を表している。まさに、真の学者の姿を見出すものである。

そして、本書を翻訳家・故山岡洋一先生、旧知の友・佐々木孝幸さん、禅僧の望月有道さんに捧げる。

*

本書を出版するにあたり、企画をしてくださった晃洋書房の井上芳郎さん、編集を担当してくださった石風呂春香さんに心よりお礼申し上げる。

また、本書は二〇一六年度金城学院大学父母会特別研究助成費によって出版が可能となった。ここに感謝するとともに、毎週キリスト教学を惜しみなくご教授くださった金城学院宗教総主事である小室尚子先生より頂戴した貴重な聖句を記すことによって、金城学院の教職員の皆様と学生の皆さんにこれまでの謝意を表したい。

神は、おくびょうの霊ではなく、
力と愛と思慮分別の霊をわたしたちにくださったのです。

（テモテへの手紙二　1章7節）

河原清志

《著者紹介》
河原清志（かわはら　きよし）

1970年　岡山県津山市生まれ
1995年　上智大学法学部国際関係法学科卒業
2015年　立教大学大学院異文化コミュニケーション研究科博士課程後期課程修了
（博士，異文化コミュニケーション学）
金城学院大学文学部・大学院文学研究科教授を経て
現　在　関西大学外国語学部・大学院外国語教育学研究科教授
日本通訳翻訳学会副会長，日本メディア英語学会元副会長

《主要著書》
『Eゲイト英和辞典』（執筆協力，ベネッセコーポレーション，2003年）
『チャンク英文法』（共著，コスモピア，2003年）
『英語通訳への道』（共著，大修館書店，2007年）
『通訳学入門』（共訳，みすず書房，2008年）
『翻訳学入門』（共訳，みすず書房，2009年）
『メディア英語研究への招待』（編集主幹・共著，金星堂，2013年）
『よくわかる翻訳通訳学』（共著，ミネルヴァ書房，2013年）
『多文化共生時代の英語教育』（共著，いいずな書店，2017年）など

《主要論文》
「言語のオンライン処理と語彙・構文のプロセス意味論――英語基本動詞の事例研究」（『異文化コミュニケーション論集』第6号，2008年）
「放送通訳における同時通訳と時差通訳の比較」（共著，『通訳翻訳研究』第8号，2009年）
「英日語双方向の訳出行為におけるシフトの分析――認知言語類型論からの試論」（『翻訳研究への招待』第3号，2009年）
「メディア意識論とメディアリテラシーの指導」（共著，*Media, English and Communication,* No. 4，2014年）など

翻訳等価再考
――翻訳の言語・社会・思想――

2017年3月30日　初版第1刷発行
2018年9月5日　初版第2刷発行
＊定価はカバーに表示してあります

著者の了解により検印省略

著　者　河　原　清　志©
発行者　川　東　義　武
印刷者　江　戸　孝　典

発行所　株式会社　晃　洋　書　房
〒615-0026　京都市右京区西院北矢掛町7番地
電話　075(312)0788番(代)
振替口座　01040-6-32280

カバーデザイン　㈱クオリアデザイン事務所
印刷　㈱エーシーティー
製本　㈱藤　沢　製　本

ISBN978-4-7710-2851-7

参考文献

アダムツィク，K.（2005）.『テクスト言語学序説』（川島淳夫・訳）. 同学社. ［原著：Adamzik, K.（2004）. *Textlinguistik.* Tübingen: Max Niemeyer Verlag］.

Ahrenberg, L. & Merkel, M.（2000）. Correspondence measures for MT evaluation. In *Proceedings of the second international conference on linguistic resources and evaluation*（*LREC-2000*）Athens, Greece. 1255-1261.

Akbari, M.（2012）. Structural shifts in translation of children's literature. *International journal of linguistics, 4*(2), 576-594.

Albir, H. A. & Alves, F.（2009）. Translation as a cognitive activity. In J. Munday（Ed.）, *The Routledge companion to translation studies*（pp. 54-73）. London: Routledge.

Appiah, K. W.（1993）. Thick translation. In L. Venuti（Ed.）,（2000）. *The translation studies reader*（pp. 389-401）. London & New York: Routledge.

朝妻恵理子（2009）.「ロマン・ヤコブソンのコミュニケーション論――言語の『転位』――」『スラヴ研究』第56号, 197-213頁.

綾部恒雄（1993）.『現代世界とエスニシティ』弘文堂.

Baker, M.（1992/2011）. *In other words.* London & New York: Routledge.

――――（1993）. Corpus linguistics and translation studies: Implications and applications. In M. Baker, G. Francis & E. Tognini-Bonelli（Eds.）, *Text and technology: In honour of John Sinclair*（pp. 233-250）. Amsterdam & Philadelphia: John Benjamins.

――――（1995）. Corpora in translation studies: An overview and some suggestions for future research. *Target, 7*(2), 223-243.

――――（2000）. Towards a methodology for investigating the style of a literary translator. *Target, 12*(2), 241-266.

――――（2005）. Narratives in and of translation. *SKASE Journal of translation and interpretation, 1*(1), 4-13.

――――（2006）. *Translation and conflict: A narrative account.* London & New York: Routledge.

ベイカー，M・サルダーニャ，G.（2013）.『翻訳研究のキーワード』（藤濤文子監修・編訳）. 研究社. ［原著：Baker, M. & Saldanha, G.（2009）. *Routledge encyclopedia of translation studies.* London & New York: Routledge］.

ベイカー，M.（2013）.「Norms 翻訳規範」ベイカー，M・サルダーニャ，G.『翻訳研究のキーワード』（藤濤文子監修・編訳）.（141-148頁）. 研究社. ［原著：Baker, M. & Saldanha, G.（2009）. *Routledge encyclopedia of translation studies.* London & New York: Routledge］.

Baker, M., Koster, C. & van Leuven-Zwart, K.（2009）. Shifts. In M. Baker & S. Gabriela（Eds.）, *Routledge encyclopedia of translation studies*（pp. 269-274）. London & New York: Routledge.

Baker, M. & Naaijken, T.（1991）. A postscript: Fans of Holmes. In K. van Leuven-Zwart & T. Naaijkens（Eds.）, *Translation studies: State of the art*（pp. 193-208）. Amsterdam: Rodopi.

Bal, M. (1980). *De theorie van vertellen en verhale: Inleiding in de Narratologie.* Muiderberg: Coutinho.

Bar-Hillel, Y. (1954). Indexical expression. *Mind, 63,* 359-376.

Barnwell, K. (1986). *Bible translation: An introductory course in translation principles.* (3rd ed.) Dallas: Summer Institute of Linguistics.

バリー, P. (2014). 『文学理論講義』(高橋和久監訳). ミネルヴァ書房. [原著：Barry, P. (2009). *An introduction to literary and cultural theory.* Manchester: Manchester University Press].

バルト, R. (1979). 『物語の構造分析』(花輪光訳) みすず書房. [原著：Barthes, R. (1961-1971). *Introduction a l'analyse structural des recits.* Paris: Editions Seuil].

Bassnett, S. (2002). *Translation studies.* London & New York: Routledge.

――― (2007). Culture and translation. In P. Kuhiwzcak & K. Littau (Eds.), *A companion to translation studies* (pp. 13-23). Clevedon: Multilingual Matters.

Bassnett, S. & Lefevere, A. (1990). *Translation, history and culture.* New York: Pinter.

Bassnett, S. & Lefevere, A. (Eds.), (1998). *Constructing cultures: Essays on literary translation.* Clevedon: Multilingual Matters.

Bell, R. (1991). *Translation and translating; Theory and practice.* London: Longman.

ベンヤミン, W. (1996). 『ベンヤミン・コレクション 2 エッセイの思想』(浅井健次郎編訳). 筑摩書房 (ちくま学芸文庫).

バーガー, P. L. (1995). 『社会学への招待』(水野節夫・村山研一訳). 新思索社. [原著：Berger, P. L. (1962). *Invitation to sociology.* New York: Doubleday].

バーガー, P.・ルックマン, T. (1977). 『現実の社会的構成 知識社会学論考』(山口節郎訳). 新曜社. [原著：Berger. P. T. & Luckman, T. (1966). *The social construction of reality: A treatise in the sociology of knowledge.* New York: Doubleday & Company, Inc.].

Berman, A. (1985). La traduction comme épreuve de l'étranger. *Texte, 4,* 67-81. translated by L. Venuti as Translation and the trials of the foreign. In L. Venuti (Ed.), (2004). (pp. 276-289).

ベルマン, A. (2008). 『他者という試練：ロマン主義ドイツの文化と翻訳』(藤田省一訳). みすず書房. [原著：Berman, A. (1984). *L'épreuve de l'étranger: Culture et traduction dans l'Allemagne romantique.* Paris: Éditions Gallimard].

――― (2013). 『翻訳の時代――ベンヤミン「翻訳者の使命」註解』(岸正樹訳). 法政大学出版局. [原著：Berman, A. (2008). *L'âge de la traduction:《La tâche du traducteur》de Walter Benjamin, un commentaire.* Saint-Denis: Presses Universitaires de Vincennes].

――― (2014). 『翻訳の倫理学――彼方のものを迎える文字』(藤田省一訳). 晃洋書房. [原著：Berman, A. (1999). *La Traduction et la lettre ou l'Auberge du lointain.* Paris: Le Seuil].

バーバ, H. (2005). 『文化の場所――ポストコロニアリズムの位相』(本橋哲也・正木恒夫・外岡尚美・阪元留美訳). 法政大学出版局. [原著：Bhabha, H. K. (1994). *The location of culture.* London & New York: Routledge].

Bielsa, E. & Bassnett, S. (2009). *Translation in global news.* London & New York: Routledge.

Black, M. (1962). *Models and metaphors.* Ithaca, NY: Cornell University Press.

Blommaert, J. (2005). *Discourse: A critical introduction.* Cambridge: Cambridge University Press.

——— (2010). *The sociolinguistics of globalization.* Cambridge: Cambridge University Press.

Blum-Kulka, S. (1986). Shifts of cohesion and coherence in translation. In L. Venuti, (Ed.), (2000). *The translation studies reader* (pp. 298-314). London & New York: Routledge.

Boase-Beier, J. (2006). *Stylistic approaches to translation.* Manchester: St Jerome.

Boldiszar, I. (1979). *Small counties, great literatures?* Budapest: Publishers & Booksellers Association.

ブルデュー，P.（1997）.『遺産相続者たち――学生と文化』（石井洋二郎訳）．藤原書店．［原著：Bourdieu, P. (1964). *Les Héritiers: Les étudiants et la culture.* Paris: Editions de Minuit］.

———（2010）.『科学の科学――コレージュ・ド・フランス最終講義』（加藤晴久訳）．藤原書店．［原著：Bourdieu, P. (2001). *Science de la science et réflexivité: Cours du Collège de France 2000-2001.* Paris: Raisons d'agir］.

ブレント，J.（2004）.『パースの生涯』（有馬道子訳）．新書館．［原著：Brent, J. (1993). *Charles Sanders Peirce: A life.* Bloomington: Indiana University Press］.

Brinker, K. (1985/2001). *Linguistische Textanalyse. Eine Einführung in Grundbegriffe und Methoden.* Berlin: Erich Schmidt.

ブラウンリー，S.（2013）.「Descriptive vs. committed approaches 記述的アプローチと関与的アプローチ」ベイカー，M・サルダーニャ，G.『翻訳研究のキーワード』（藤濤文子・監修・編訳）．（45-52頁）．研究社．［原著：Baker, M. & Saldanha, G. (2009). *Routledge encyclopedia of translation studies.* London & New York: Routledge］.

Bruss, E. (1978). Peirce and Jakobson on the nature of sign. In R. W. Bailey et al. (Eds.), *The sign: Semiotics around the world* (pp. 81-82). Ann Arbor: Michigan Slavic Publications.

Bühler, K. (1934/1965). *Sprachtheorie: Die Darstellungsfunktion der Sprache.* Stuttgart: Gustav Fischer.

Catford, J. C. (1965). *A linguistic theory of translation.* Oxford: OUP.

Celotti, N. (2000). Méditer sur la traduction des bandes dessinées: une perspective de sémiologie parallèle. *Rivista internazionale di tecnica della traduzione, 5,* 41-61.

——— (2008). The translator of comics as a semiotic investigator. In F. Zanettin (Ed.), *Comics in translation* (pp. 33-49). Manchester: St Jerome.

Chafe, W. (1974). Language and consciousness. *Language, 50*(1), 111-133.

——— (1976). Giveness, contrastiveness, definiteness, subjects, topics, and points of view. In C. Li (Ed.), *Subject and topic* (pp. 25-56). New York: Academic Press.

Chau, S. (1984). Hermeneutics and the translator: The ontological dimension of translating. *Multilingua, 3*(2), 71-77.

Chesterman, A. (Ed.), (1989). *Readings in translation theory,* Helsinki: Oy Finn Lectura Ab.

——— (1997). *Memes of translation.* Amsterdam & Philadelphia: John Benjamins.

——— (1999). The empirical status of prescriptivism. *Folia Translatologica, 6,* 9-19.

——— (2002). On the interdisciplinarity of translation studies. *Logos and language, 3*(1), 1-9.

——— (2004). Beyond the particular. In A. Mauranen & P. Kujamäki (Eds.), *Translation universals: Do they exist?* (pp. 33-50). Amsterdam & Philadelphia: John Benjamins.

——— (2005). Problems with strategies. In Károly A. & Àgota F. (Eds.), *New trends in translation studies: In honour of K. Klaudy* (pp. 17-28). Budapest: Akadémiai Kiadó.

——— (2006). Interpreting the meaning of translation. In M. Suominen et al. (Eds.), *A man of measure. Festschrift in honour of Fred Karlsson on his 60th birthday* (pp. 3-11). Turku: Linguistic Association of Finland.

——— (2007). On the idea of a theory. *Across, 8*(1), 1-16.

Chesterman, A. & Arrojo, R. (2000). Shared ground in translation studies. *Target, 12*(1), 151-160.

Chesterman, A. & Wagner, E. (2002). *Can theory help translators?—A dialogue between the ivory tower and the wordface.* Manchester & Kinderhook: St. Jerome Publishing.

Chomsky, N. (1957). *Syntactic structures.* Gravenhage: Mouton.

Chueasuai, P. (2013). Translation shifts in multimodal text: A case of the Thai version of *Cosmopolitan. The journal of specialised translation, 20,* 107-121.

Chung, M. P. Y. (2005). 'To translate' means 'to exchange'? A new interpretation of the earliest Chinese attempts to define translation (*'fanyi'*). *Target, 17*(1), 27-47.

Coseriu, E. (1978). Falsche und richtige Fragestellungen in der Übersetzungstheorie. In L. Grähs, G. Korlén & B. Malmberg (Eds.), *Theory and practice of translation* (pp. 17-32). Bern, Frankfurt am Main, Las Vegas: Lang.

コセリウ, E. (1982). 『コセリウ言語学選集 1　構造的意味論』(宮坂豊夫・西村牧夫・南舘英孝訳). 三修社.

——— (1983). 『コセリウ言語学選集 4　ことばと人間』(諏訪功・江沢建之助・谷口勇・下宮忠雄・小野正敦・岸谷敞子訳). 三修社.

——— (2003). 『一般言語学入門』〔第 2 版〕(下宮忠雄訳). 三修社. [原著：Coseriu, E. (1973). *Lezioni di linguistica generale.* Torino: Boringhieri].

Crisafulli, E. (2002). The quest for an eclectic methodology of translation description. In T. Hermans. (Ed.), *Cross-cultural transgressions: Research models in translation studies II: Historical and ideological models* (pp. 26-43). Manchester: St Jerome.

Croft, W. & Cruse, D. A. (2004). *Cognitive linguistics.* Cambridge: Cambridge University Press.

Cronin, M. (1996). *Translating Ireland: Translation, languages and identity.* Cork: Cork University Press.

——— (2009). Minority. In M. Baker & G. Saldanha (Eds.), *Routledge encyclopedia of translation studies* (pp. 169-172). London & New York: Routledge.

Cunico, S. & Munday, J. (Eds.), (2007). *Translation and ideology: Encounters and clashes. Special issue of The Translator, 13*(2), Manchester: St Jerome.

Curran, B. (2008). *Theatre translation theory and performance in contemporary Japan: Native voices, foreign bodies.* Manchester: St. Jerome.

Cyrus, L. (2006). Building a resource for studying translation shifts. In *Proceedings of the*

second international conference on linguistic resources and evaluation (*LREC-2000*) Athens, Greece. 1240-1245.

——— (2009). Old concepts, new ideas: Approaches to translation shifts. *MonTI, 1*, 87-106.

Davies, E. E. (2003). A goblin or a dirty nose? The treatment of culture-specific references in translations of the Harry Potter books. *The Translator, 9*(1), 65-100.

de Beaugrande, R. (1980). *Text, discourse, and process: Toward a multidisciplinary science of text.* New Jersey: Prentice Hall Press.

de Beaugrande, R. & Dressler, W. (1981). *Introduction to text linguistics.* London & New York: Routledge.

de Groot, A. (1997). The cognitive study of translation and interpretation-Three approaches. In J. Danks, G. Shreve, S. Fountain & M. McBeath *Cognitive processes in translation and interpretation* (pp. 25-56). London & Thousand Oaks, CA: Sage.

Delabastita, D. (2008). Status, origin, features: Translation and beyond. In A. Pym, M. Shlesinger & D. Simeoni (Eds.), *Beyond descriptive translation studies* (pp. 233-246). Amsterdam & Philadelphia: Bemjamins.

Delisle, J. (1982/1988). *Translation: An interpretive approach* (*Translation Studies 8*). Ottawa: University of Ottawa Press.

デリダ, J. (1989). 『他者の言語　デリダの日本講演』(高橋允昭編訳). 法政大学出版局.

——— (2001). 『たった一つの, 私のものではない言葉——他者の単一言語使用』(守中高明訳). 岩波書店. [原著：Derrida, J. (1996). *Le monolinguisme de l'autre.* Paris, Éditions Galilée].

de Waard, J. & Nida, E. (1986). *From one language to another: Functional equivalence in Bible translating.* Nashville: Thomas Nelson Publishers.

Dolet, E. (1540). La manière de bien traduire d'un langue en aultre. Paris: J. de Marnef. translated by D. G. Ross as 'How to translate well from one language into another.' In D. Robinson (Ed.), (1997). *Western translation theory from Herodotus to Nietzsche* (pp. 95-97). Manchester: St. Jerome.

Duranti, A. (1997). *Linguistic anthropology.* Cambridge: Cambridge University Press.

Díaz Cintas, J. & Remael, A. (2007). *Audiovisual translation: Subtitling.* Manchester & Kinderhook: St. Jerome Publishing.

イーグルトン, T. (1999). 『イデオロギーとは何か』(大橋洋一訳). 平凡社. [原著：Eagleton, T. (1991). *Ideology: An introduction.* London & New York: Verso].

エーコ, U. (1980). 『記号論 I II』(池上嘉彦訳). 岩波書店. [原著：Eco, U. (1976). *A theory of semiotics.* Bloomington: Indiana University Press].

——— (2011). 『物語における読者』(篠原資明訳). 青土社. [原著：Eco, U. (1979). *Lector in fabula.* Milano: Gruppo Editoriale Fabbri].

江川晃 (1992). 「パースの記号論と「認識の場」について」日本記号学会 (編)『ポストモダンの記号論：情報と類像』(169-181頁). 東海大学出版会.

——— (2005). 「プラグマティズムの記号論の発展——パースからホフマイヤーへ——」日本論理哲学会 (編)『論理哲学研究』第4号, 1-11頁.

Elliot, S. S. & Boer, R. (Eds.), (2012). *Ideology, culture, and translation.* Atlanta: Society of

Biblical Literature.

Errington, J. (2008). *Linguistics in a colonial world: A story of language, meaning, and power.* Malden, MA & Oxford: Blackwell.

Even-Zohar, I. (1978). The position of translated literature within the literary polysystem. In L. Venuti (Ed.), (2004). (pp. 199-204).

Fairclough, N. (1995). *Critical discourse analysis: The critical study of language.* London: Longman.

Fairclough, N. & Wodak, R. (1997). Critical discourse analysis. In T. A. van Dijk (Ed.), (1997). *Discourse as social interaction* (pp. 258-284). London & Thousand Oaks, CA: Sage.

フォーセット，P.・マンデイ，J. (2013).「Ideology イデオロギー」ベイカー，M.・サルダーニャ，G.『翻訳研究のキーワード』(藤濤文子監修・編訳). (107-114頁). 研究社. [原著：Baker, M. & Saldanha, G. (2009). *Routledge encyclopedia of translation studies.* London & New York: Routledge].

Fisher, W. R. (1987). *Human communications as narration: Toward a philosophy of reason, value, and action.* Columbia: University of South Carolina Press.

Ford, C. (1993). *Grammar in interaction: Adverbial clauses in American English conversations.* Cambridge: Cambridge University Press.

フーコー，M. (1974).『言葉と物――人文科学の考古学』(渡辺一民・佐々木明訳). 新潮社. [原著：Foucault, M. (1966). *Les mots et les choses.* Paris: Éditions Gallimard].

――― (2012).『知の考古学』(慎改康之・訳). 新潮社. [原著：Foucault, M. (1969). *L'archéologie du savoir.* Paris: Éditions Gallimard].

Fowler, R. (1996). On critical linguistics. In C. R. Caldas-Coulthard & M. Coulthard (Eds.), *Texts and practices* (pp. 3-149). London & New York: Routledge.

Fowler, R., Hodge, B., Kress, G., & Trew, T. (1979). *Language and control.* London & New York: Routledge & Kegan Paul.

Franco, J. A. (1996). Culture specific items in translation. In R. Alvarez & M. Carmen-Africa Vidal (Eds.), *Translation, power, subversion* (pp. 52-78). Clevendon: Multilingual Matters.

藤本一勇 (2009).『ヒューマニティーズ　外国語学』岩波書店.

――― (2010).「翻訳の倫理学：ベンヤミンとデリダ㈠」『早稲田大学大学院文学研究科紀要』第55号2巻, 49-61頁.

――― (2011).「翻訳の倫理学：ベンヤミンとデリダ㈡」『早稲田大学大学院文学研究科紀要』第56号3巻, 183-196頁.

藤濤文子 (2007).『翻訳行為と異文化間コミュニケーション――機能主義的翻訳理論の諸相』松籟社.

深田智・仲本康一郎 (2008).『概念化と意味の世界』研究社.

深谷昌弘・田中茂範 (1996).『コトバの〈意味づけ論〉』紀伊国屋書店.

福地肇 (1985).『新英文法選書　談話の構造』大修館.

船山徹 (2013).『仏典はどう漢訳されたのか――スートラが経典になるとき』岩波書店.

Gambier, Y. (2010). Translation strategies and tactics. In Y. Gambier & L. van Doorslaer (Eds.), *Handbook of translation studies. volume 1* (pp. 412-418). Amsterdam & Philadel-

phia: John Benjamins.

Gambier, Y. & van Doorslaer, L. (Eds.), (2009). *The metalanguage of translation.* Amsterdam & Philadelphia: John Benjamins.

Gauvin, L. (1989). *Letters from an Other.* translated by S. de Lotbinière-Harwood. Toronto: Women's Press.

Geertz, C. (1973). *The interpretation of cultures.* New York: Basic Books.

ジュネット，G. (2004).『フィクションとディクション――ジャンル・物語論・文体』(和泉涼一・尾河直哉訳) 水声社. ［原著：Genette, G. (1991). *Fiction et diction.* Paris: Seuil］.

Gentzler, E. (1993/2001). *Contemporary translation theories.* London & New York: Routledge.

――― (2002). Translation, poststructuralism, and power. In M. Tymoczko & E. Gentzler (Eds.), (pp. 195-218).

――― (2013). Macro-and micro-turns in translation studies. In L. van Doorslaer & P. Flynn. (Eds.), (pp. 9-28).

Givón, T. (1985). Iconicity, isomorphism, and non-arbitrary coding in syntax. In J. Haiman (Ed.), *Iconicity in syntax* (pp. 187-220). Amsterdam & Philadelphia: John Benjamins.

God's Word to the Nations. (2004). Cleveland, Ohio: God's Word to the Nations Bible Society.

Goffman, E. (1974). *Frame analysis: An essay on the organization of experience.* Cambridge, MA: Harvard University Press.

Goffman, E. (1981). *Forms of talk.* Philadelphia: University of Pennsylvania Press.

ゴッフマン，E. (1985).『出会い――相互行為の社会学』(佐藤毅・折橋徹彦訳). 誠信書房. ［原著：Goffman, E. (1961). *Two studies in the sociology of interaction.* New York: The Bobbs-Merrill Company, Inc.］.

グッドマン，N. (2008).『世界制作の方法』(菅野盾樹訳). ちくま書房. ［原著：Goodman, N. (1978). *Ways of worldmaking.* Cambridge, MA: Hackett Publishing Co.］.

Gottlieb, H. (1992). Subtitling: A new university discipline. In C. Dollerup et al. (Eds.), *Teaching translation and interpreting* (pp. 161-170). Amsterdam & Philadelphia: John Benjamins Publishing Company.

Greenspoon, L. (2005). Texts and contexts: Perspectives on Jewish translations of the Hebrew Bible. In L. Long (Ed.), *Translation and religion: Holy untranslatable?* (pp. 54-64). Clevedon: Multilingual Matters.

Gumperz, J. (1982). *Discourse strategies.* Cambridge: Cambridge University Press.

Gutt, E. A. (1991/2000). *Translation and relevance: Cognition and context.* Manchester: St. Jerome Publishing.

ハッキング，I. (2006).『何が社会的に構成されるのか』(出口康夫・久米暁訳). 岩波書店. ［原著：Hacking, I. (1999). *The social construction of what?* Massachusetts: Harvard University Press］.

Haiman, J. (1980). The iconicity in grammar: Isomorphism and motivation. *Language, 56*(3), 515-540.

――― (1985). *Natural syntax.* Cambridge: Cambridge University Press.

Halliday, M. A. K. (1992). Language theory and translation practice. Udine: Campanotto Edi-

tore. *Rivista internazionale di technica della traduzione. Numero 0,* 15–25.

――――― (1994). *An introduction to functional grammar.* (2nd ed.) Oxford: Oxford University Press.

――――― (2001). Towards a theory of good translation. E. In Steiner & C. Yallop (Eds.), *Exploring translation and multilingual text production: Beyond content* (pp. 13–18). Berlin & New York: Mouton de Gruyter.

ハリデイ，M. A. K. & ハサン，R.（1991).『機能文法のすすめ』（筧壽雄訳). 大修館書店. ［原著：Halliday, M. A. K. & Hasan, R. (1989). *Language, context and text: Aspects of language in a social-semiotic perspective.* Oxford: Oxford University Press］.

――――― (1997).『テクストはどのように構成されるか』（安藤貞雄・本田保行・永田龍男・中川憲・高口圭輔・訳）ひつじ書房. ［原著：Halliday, M. A. K. & Hasan, R. (1976). *Cohesion in English.* London: Longman］.

Halverson, S. (2006). Cognitive aspects of translatin (and bilingualism). Plenary lecture given at the 9th Nordic conference on bilingualism. Joensuu, Finland, 10–11, 2006.

――――― (2007). A cognitive linguistic approach to translation shifts. In W. Vandeweghe, S. Vandepitte & M. Van de Velde, *The study of language and translation* (pp. 105–121). Amsterdam & Philadelphia: John Benjamins.

Handman, C. (2007). Access to the soul: Native language and authenticity in Papua New Guinea Bible translation. In M. Makihara & B. B. Schieffelin (Eds.), *Consequences of contact: Language ideologies and sociocultural transformations in Pacific societies* (pp. 166–188). Oxford: Oxford University Press.

Hanks, W. (1996). Language form and communicative practices. In J. Gumperz & S. Levinson (Eds.), *Rethinking linguistic relativity* (pp. 232–270). Cambridge: Cambridge University Press.

Harvey, K. (1998). Translating camp talk: Gay identities and cultural transfer. In L. Venuti (Ed.), (2004). (pp. 402–21).

Haspelmath, M. (2008). Frequency vs. iconicity in explaining grammatical asymmetries. *Cognitive Linguistics, 19*(1), 1–33.

Hatim, B. & Mason, I. (1990). *Discourse and the translator.* London & New York: Longman.

――――― (1997). *The translator as communicator.* London & New York: Routledge.

林宅男（2003).「結束性（cohesion)」「一貫性（coherence)」小池生夫（編集主幹）『応用言語学事典』（310–311頁). 研究社.

Hebenstreit, G. (2009). Defining patterns in translation studies-Revisiting two classics of German *Translationswissenschaft.* In Y. Gambier & L. van Doorslaer (Eds.), (pp. 9–26).

Hermans, T. (1996). Norms and the determination of translation. In R. Alvarez & A. Vidal (Eds.), *Translation, power, subversion* (pp. 25–51). Clevedon: Multilingual Matters.

――――― (1999). *Translation in systems: Descriptive and systemic approaches explained.* Manchester: St. Jerome.

――――― (2003). Cross-cultural translation studies as thick translation. *Bulletin of the School of Oriental African Studies, 66*(3), 380–389.

――――― (2007). *The conference of the tongues.* Manchester. St. Jerome.

ヘルマンス，T.（2011).「翻訳者，声と価値」佐藤＝ロスベアグ・ナナ（編）『トランスレーシ

ョン・スタディーズ』(3-21頁). みすず書房.

平賀正子 (1992).「詩における類像性について」日本記号学会 (編)『ポストモダンの記号論:情報と類像』(73-85頁). 東海大学出版会.

Hiraga, M. (1994). Diagrams and metaphors: Iconic aspects of language. *Journal of pragmatics, 22*(1), 5-21.

平子義雄 (1999).『翻訳の原理』大修館書店.

平野健一郎 (2000).『国際文化論』東京大学出版会.

廣松渉 (2010).『役割理論の再構築のために』岩波書店.

Hodge, R. & Kress, G. (1988). *Social semiotics.* Cambridge: MA Polity.

ホーレンシュタイン, E. (1987).『言語学・記号学・解釈学』(平井正・菊池武弘・菊池雅子訳). 勁草書房. [原著:Holenstein, E. (1976). *Linguistik, Semiotik, Hermeneutik.* Frankfurt am Main: Suhrkamp Verlag].

Holmes, J. (1970). Forms of verse translation and the translation of verse form. In J. Holmes, F. de Haan & A. Popivič (Eds.), *The nature of translation: Essays in the theory and practice of literary translation* (pp. 91-105). The Hague & Paris: Mouton de Gruyter.

Holmes, J. S. (1988/2004). The name and nature of translation studies. In L. Venuti (Ed.), *The translation studies reader* (pp. 180-192). London & New York: Routledge.

Holtz-Mänttäri, J. (1984). *Translatorisches Handeln: Theory, methodology and didactic application of a model for translation-oriented text analysis.* Amsterdam: Rodopi.

「翻訳見積もりサポート」(http://honyaku-mitsumori.com/) 2014年5月1日情報取得.

Hosseini-Maasoum, S. M. (2013). Translation shifts in the Persian translation of a tale of *Two Cities* by Charles Dickens. *Academic journal of interdisciplinary studies, 2*(1), 391-398.

House, J. (1977). *A model for translation quality assessment.* Tübingen: Gunter Narr.

——— (1997). *Translation quality assessment: A model revisited.* Tübingen: Gunter Narr.

Hu, Q. (1993). On the implausibility of equivalent response (Part III). *Meta, 38*(2), 226-237.

Hymes, D. (1964). Introduction: Toward ethnographies of communication. In J. Gumperz, & D. Hymes, (Eds.), *The ethnography of communication* (pp. 1-134). Washington, DC: Special issue of *American Anthropologist.*

——— (1972). Models of the interaction of language and social life. In J. Gumperz, & D. Hymes, (Eds.), *Directions in sociolinguistics: The ethnography of communication* (pp. 35-71). New York: Holt, Rinehart & Winston.

伊原紀子 (2011).『翻訳と話法——語りの声を聞く』松籟社.

池上嘉彦 (1984).『記号論への招待』岩波新書.

——— (2002).『自然と文化の記号論』日本放送出版協会.

今井邦彦・西山祐司 (2012).『ことばの意味とはなんだろう 意味論と語用論の役割』岩波書店.

Inghilleri, M. (Ed.), (2005). Bourdieu and the sociology of translation and interpreting. *Special issue of the translator, 11*(2), 125-145.

インギレリ, M. (2013).「Ethics 翻訳倫理」ベイカー, M.・サルダーニャ, G.『翻訳研究のキーワード』(藤濤文子監修・編訳). (62-70頁). 研究社. [原著:Baker, M. & Saldanha, G. (2009). *Routledge encyclopedia of translation studies.* London & New York: Routledge].

稲生衣代・河原清志（2010）.「英語ニュースの字幕翻訳ストラテジー」青山学院大学英文学会（編）『英文学思潮』第83巻，31-55頁.

伊藤邦武（1985）.『パースのプラグマティズム』勁草書房.

――――（2006）.『パースの宇宙論』岩波書店.

Ivir, V.（1981）. Formal correspondence vs. translation equivalence revisited. *Poetics Today, 24*(4), 51-59.

岩畑貴弘（2005）.「英語の文頭副詞類の機能について」武内道子（編）『副詞的表現をめぐって――対照研究』(89-115頁). ひつじ書房.

岩田祐子・重光由加・村田泰美（2013）.『社会言語学』ひつじ書房.

井筒俊彦（1991a）.『意識と本質――精神的東洋を索めて』岩波書店.

――――（1991b）.『イスラーム思想史』中央公論社.

Jaffe, A.（1999）. Locating power: Corsican translators and their critics. In J. Blommaert（Ed.）, *Language ideological debates*（pp. 39-66）. Berlin & New York: Mouton de Gruyter.

Jakobson, R.（1957）. *Shifters, verbal categories, and the Russian verb. Harvard University Russian Language Project.* Mass: Cambridge.

――――（1959/2004）. On linguistic aspects of translation. In Venuti, L.（Ed.）, *The translation studies reader.*（2nd ed.）（pp. 138-143）. London & New York: Routledge.

――――（1960）. Closing statement: Linguistics and poetics. In T. Seboek（Ed.）, *Style in language*（pp. 350-377）. Cambridge, MA: MIT Press.

ヤコブソン，R.（1973）.『一般言語学』（川本茂雄・監修・田村すず子・村崎恭子・長嶋善郎・中野直子訳）. みすず書房.［原著：Jakobson, R.（1963）. *Essais de linguistique générale.* Paris: Editions de Minuit］.

ヤーコブソン，R.（1978）.『ロマーン・ヤーコブソン選集――2　言語と言語科学』大修館書店.

ヤコブソン，R.（1983）.『詩学から言語学へ――妻ポモルスカとの対話』（伊藤晃訳）. 国文社.［原著：Jakobson, R.（1980）. *Dialogues par Roman Jakobson, Krystyna Pomorska Traduits du russe par Mary Fretz.* Paris: Flammarion］.

――――（1984）.『言語とメタ言語』（池上嘉彦・山中桂一訳）. 勁草書房.［原著：Jakobson, R.（1980）. *Framework of language.* Ann Arbor, MI: University of Michigan Press］.

Jakobson, R.（1990）. *On language.* London: Harvard University Press.

ヤウス，H. R.（1999）.『挑発としての文学史』（轡田收訳）. 岩波書店.［原著：Jauss, H. R.（1970）. *Literaturgeschichte als Provokation.* Frankfurt am Main: Suhrkamp Verlag］.

Jääskeläinen, R.（1993）. Investigating translation strategies. In S. Tirkkonen-Condit & J. Laffling（Eds.）, *Recent trends in empirical translation research*（pp. 99-120）. Joensuu: University of Joensuu.

Kade, O.（1968）. *Zufall und Gesetzmäßigkeit in der Übersetzung.* Leipzig: VEB Verlag Enzyklopädie.

加賀裕郎（2013）.「プラグマティズム思想史の構築に向けて」『現代社会フォーラ』No. 9, 51-59頁.

Kaindl, K.（1999）. Thump, Whizz, Poom: A framework for the study of comics under translation. *Target, 11*(2), 263-288.

柄谷行人（1974/1990）『マルクスその可能性の中心』講談社.

笠松幸一・江川裕晃（2002).『プラグマティズムと記号学』勁草書房.

加藤恵津子（2010).「自文化を書く——だが，誰のために？『文化の翻訳』をめぐるネイティヴ人類学徒の挑戦」山本真弓（編著)『文化と政治の翻訳学：異文化研究と翻訳の可能性』(109-143頁). 明石書店.

河原清志（2008).「ことばの意味の多次元性：“as” の事例研究」立教大学大学院異文化コミュニケーション研究科提出修士論文［未刊行].

Kawahara, K. (2009). The role of translators and interpreters in the Japanese media analyzed from the audience's point of view. *Reitaku University Journal, 88,* 63-79.

河原清志（2010).「翻訳とは何か——研究としての翻訳（その４）：品詞転換論」山岡洋一『翻訳通信』103号（http://www.honyaku-tsushin.net/ts/index.html）2014年５月１日情報取得.

———— (2011a).「概説書に見る翻訳学の基本論点と全体的体系」日本通訳翻訳学会・翻訳研究分科会（編)『翻訳研究への招待』第５号，53-80頁.

———— (2011b).「翻訳語のカセット効果論：無限更新的意味生成の営み」青山学院大学英文学会（編)『青山学院大学英文学思潮』第84巻，69-88頁.

———— (2011c).「字幕翻訳における文化的要素の翻訳ストラテジー」日本国際文化学会第10記念全国大会（名桜大学）口頭発表.

———— (2013a).「等価」鳥飼玖美子（編著)『よくわかる翻訳通訳学』(118-119頁). ミネルヴァ書房.

———— (2013b).「シフトと方略」鳥飼玖美子（編著)『よくわかる翻訳通訳学』(120-121頁). ミネルヴァ書房.

———— (2013c).「文化の翻訳・通訳　cultural translation & interpreting」石井敏・久米昭元（編集代表)『異文化コミュニケーション事典』(311頁). 春風社.

———— (2013d).「ニュース／翻訳の伝聞性とジャーナリストの社会的責任」河原清志（編集主幹).『メディア英語研究への招待』(242-265頁). 金星堂.

———— (2014a).「翻訳等価論の潮流と構築論からの批評」日本通訳翻訳学会・翻訳研究育成プロジェクト（編)『翻訳研究への招待』第11号，9-33頁.

———— (2014b).「翻訳シフト論の潮流と社会記号論からのメタ理論的総括」『金城学院大学論集』第11巻第１号，7-30頁.

———— (2014c).「翻訳ストラテジー論の批判的考察」日本通訳翻訳学会・翻訳研究育成プロジェクト（編)『翻訳研究への招待』第12号，121-140頁.

———— (2014d).「英日翻訳の多次元シフト——名詞・代名詞をめぐって」『金城学院大学論集』第10巻第２号，46-64頁.

Kawahara, K. & Naito, M. (2009). Roles of news reporters in translation process at Japanese newspapers: Conflicts between translation and manipulation. in IATIS conference, oral presentation.

カーンズ，J. (2013).「Strategies 翻訳ストラテジー」ベイカー，M.・サルダーニャ，G.『翻訳研究のキーワード』(藤濤文子監修・編訳). (210-216頁). 研究社.［原著：Baker, M. & Saldanha, G. (2009). *Routledge encyclopedia of translation studies.* London & New York: Routledge].

Kenan, L. (2002). Translation as a catalyst for social change in China. In M. Tymoczko & E. Gentzler (Eds.), (pp. 160-183).

Kenny, D. (2009). Equivalence. In M. Baker & G. Saldanha (Eds.), *Routledge encyclopedia of*

translation studies (pp. 96–99). London & New York: Routledge.

Kerr, G. (2011). Dynamic equivalence and its daughters: Placing Bible translation theories in their historical context. *Journal of Translation, 7*(1), 1–19.

ケスター，H. (1989).『新しい新訳聖書概説上――ヘレニズム時代の歴史・文化・宗教――』(井上大衛訳). 新地書房. [原著：Koester, H. (1982). *Introduction to the new testament: History, culture and religion of the Hellenistic Age. volume one,* Philadelphia: Fortress Press].

Kiraly, D. (1995). *Pathways to translation: Pedagogy and process.* Kent, Ohio & London, England: Kent State University Press.

Kirk, P. (2005). Holy communicative?: Current approaches to Bible translation worldwide. In L. Long (Ed.), *Translation and religion: Holy untranslatable?* (pp. 89–101). Clevedon: Multilingual Matters.

Kittel, H. & Polterman, A. (1998). The German tradition. In M. Baker (Ed.), *Routledge encyclopedia of translation studies* (pp. 418–428). London & New York: Routledge.

Klaudy, K. (1996). Concretization and generalization of meaning in translation. In M. Thelen & B. Lewandoska-Tomaszczyk (Eds.), *Translation and meaning Part 3. Proceedings of the Maastricht session of the 2nd international Maastricht-Łódź Duo Colloquium on "Translation and meaning." Maastricht, The Netherlands, 19–22 April 1995,* 141–163.

――― (2003). *Languages in translation.* Budapest: Scholastica.

クニール，G.・ナセヒ，A. (1995).『ルーマン社会システム理論』(舘野受男・池田貞夫・野﨑和義訳). 新泉社. [原著：Kneer, G. & Nassehi, A. (1993). Niklas LuhmannsTheorie Sozialer Systeme. München, Germany: Wilhelm Fink Verlag].

小林道夫 (1987).『科学哲学』産業図書.

小林修一・福山隆夫 (1991).『社会のイメージ――社会学的メタファーの諸相』梓出版社.

Koller, W. (1979). Equivalence in translation theory. translated from the German by Chesterman, A. In A. Chesterman, (Ed.), (1989). *Readings in translation theory* (pp. 99–104). Helsinki: Finn Lectura.

小松達也 (2003).『通訳の英語　日本語』文藝春秋 (文春新書).

――― (2005).『通訳の技術』研究社.

小森陽一 (2001).『ポストコロニアル』岩波書店.

近藤正臣 (2009).『通訳者のしごと』岩波書店 (岩波ジュニア新書).

Koschmieder, E. (1965). Das Problem der Übersetzung. In W. Wilss (Hrsg.), (1981). *Übersetzungswiessenschaft.* 〈Wege der Forschung〉 Bd. 535. Darmstadt.

Koyama, W. (1997). Decemanticizing pragmatics. *Journal of pragmatics, 28,* 1–28.

小山亘 (2005).「社会と指標の言語：構造論，方言論，イデオロギー論の統一場としての史的社会語用論」片桐恭弘・片岡邦好 (編)『講座社会言語科学第5巻　社会・行動システム』(40–53頁). ひつじ書房.

――― (2008).『記号の系譜：社会記号論系言語人類学の射程』三元社.

――― (2009).『記号の思想』三元社.

――― (2011a).『近代言語イデオロギー論』三元社.

――― (2011b).「社会言語学的多様性と翻訳不可能性：メタ語用，言語変種／接触，社会指標性と記号論的全体」翻訳論研究会講演会 (日本記号学会研究プロジェクト) 招待講演資料

（2011年3月大阪大学豊中キャンパス待兼山会館会議室）.
――――（2012a）.『コミュニケーション論のまなざし』三元社.
――――（2012b）.「等価性，カテゴリー化，言語／翻訳，社会文化：社会，文化，そして言語にとって等価性とは何か」立教大学大学院異文化コミュニケーション研究科「異文化コミュニケーション研究（（Ⅱ））」2012年10月20日配布資料［未刊行］.
――――（forthcoming）.「記号論と翻訳論の地平：接触，出来事，メタ語用」［未刊行］.
小山亘・綾部保志（2009）.「社会文化コミュニケーション，文法，英語教育――現代言語人類学と記号論の射程」綾部保志（編）『言語人類学から見た英語教育』（9-85頁）．ひつじ書房.
小柳志津（2013）.「同化と異化　assimilation & differentiation」石井敏・久米昭元（編集代表）『異文化コミュニケーション事典』（185-186頁）．春風社.
Kraft, C. H. (1979). Dynamic equivalence churches. *Missiology, 1,* 39-57.
Kress, G. (1990). Critical discourse analysis. *Annual review of applied linguistics, 11,* Cambridge: Cambridge University Press. 84-99.
―――― (2010). *Multimodality—A social semiotic approach to contemporary communication.* London & New York: Routledge.
Kress, G. & Hodge, R. (1979). *Language as ideology.* London & New York: Routledge & Kegan Paul.
Kress, G., Leite-Garcia, R., & van Leeuwen, T. (1997). Discourse semiotics. In T. A. van Dijk (Ed.), *Discourse as structure and process* (pp. 257-291). London: Sage publications.
Kress, G. & van Leeuwen, T. (1990). *Reading images.* Geelong, Australia: Deakin University Press.
―――― (2001). *Multimodal discourse—The modes and media of contemporary communication.* London: Hodder Education.
Krings, H. P. (1986). *Was in den Köpfen von Übersetzern vorgeht. Eine empirische Untersuchung der Struktur des Übersetzungsprozesses an fortgeschrittenen Französischlernern.* Tübingen: Narr.
クーン，T.（1971）.『科学革命の構造』（中山茂訳）．みすず書房.［Kuhn, T. S. (1962/1970). *The structure of scientific revolutions.* Chicago: The University of Chicago Press］.
Lakoff. G. (1993). The contemporary theory of metaphor. In A. Ortony *Metaphor and thought* (pp. 202-251). Cambridge: Cambridge University Press.
Lakoff, G. & Johnson, M. (1980). *Metaphors we live by.* Chicago: University of Chicago.
Lamber, J.-R. & van Gorp, H. (1985). On describing translations. In T. Hermans (Ed.), (pp. 42-53). reprinted in D. Delabastita, L. D'hulst & R. Meylaerts (Eds.), (2006). *Functional approaches to culture and translation: Selected papers by José Lambert* (pp. 37-47). Amsterdam & Philadelphia: John Benjamins.
Langacker, R. W. (1987). *Foundations of cognitive grammar. Vol. I.* Stanford: Stanford University Press.
Larson, M. (1984). *Meaning-based translation: A guide to cross-language equivalence.* Lanham, Maryland: University Press of America.
ラセイ，G.（2013）.「Children's literature 児童文学」ベイカー，M・サルダーニャ，G.『翻訳研究のキーワード』（藤濤文子監修・編訳）．（32-38頁）．研究社.［原著：Baker, M. & Saldanha, G. (2009). *Routledge encyclopedia of translation studies.* London & New York:

Routledge].

ラトゥール，B.（2008）.『虚構の「近代」――科学人類学は警告する』（川村久美子訳）. 新評論.［原著：Latour, B.（1991）. *Nous n'avons jamais été modernes: Essai d'anthropologie Symétrique*. Paris: La Découverte].

Laviosa, S.（2002）. *Corpus-based translation studies: Theory, findings, applications*. Amsterdam: Rodopi.

ルセルクル，J-J.（2008）.『言葉の暴力 「よけいなもの」の言語学』（岸正樹訳）. 法政大学出版局.［原著：Lecercle, J-J.（1990）. *The violence of language*. London & New York: Routledge].

Lederer, M.（1994）. *La traduction aujourd'hui*. Paris: Hachette.

Leech, G. & Short, M.（1981）. *Style in fiction: A linguistic introduction to English fictional prose*. London & New York: Longman.

リーチ，J. N.（1987）.『語用論』（池上嘉彦・河上誓作訳）. 紀伊国屋書店.［原著：Leech, J. N.（1983）. *Principles of pragmatics*. London: Longman].

Lefevere, A.（1977）. *Translating literature—The German tradition. From Luther to Rozenzweig*. Assen & Amsterdam: Van Gorcum.

――――（1992）. *Translation, rewriting and the manipulation of literary frame*. London & New York: Routledge.

――――（1993）. *Translating literature: Practice and theory in a comparative literature context*. New York: The Modern Language Association of America.

――――（1998）. Translation practice(s) and the circulation of cultural capital: Some Aeneids in English. In S. Bassnett & A. Lefevere（Eds.）, *Constructing cultures: Essays on literary translation*（pp. 41–56）. Clevedon: Multilingual Matters.

――――（1999）. Composing the other. In S. Bassnett & H. Trivedi（Eds.）, *Post-colonial translation: Theory and practice*（pp. 75–94）. London & New York: Routledge.

Levine, S. J.（1991）. *The subversive scribe: Translating Latin American fiction*. St Paul, MN: Graywolf Press.

Levý, J.（1963/1983/1998/2012）. *Umění překladu*. Praha: Československý spisovatel.

――――（1967）. Translation as a decision process. In L. Venuti（Ed.）,（2000）. *The translation studies reader*（pp. 148–159）. London & New York: Routledge.

――――（1969）. *Die literarische Übersetzung. Theorie einer Kunstgattung*. trans. W. Schamschula. Frankfurt am Main: Athenäum.

Lewis, P.（1985）. The measure of translation effects. In L. Venuti（Ed.）,（2004）.（pp. 256–275）.

Lomheim, S.（1999）. The writing on the screen. Subtitling: A case study from Norwegian broadcasting（NRK）, Oslo. In G. M. Anderman（Ed.）, *Word, text, translation*（pp. 190–208）. Great Britain: Multilingual Matters.

Lyons, J.（1977）. *Semantics 2*. Cambridge: Cambridge University Press.

Lörscher, W.（1991）. *Translation performance, translation process and translation strategies: A psycholinguistic investigation*. Tübingen: Narr.

Macken, L.（2007）. Analysis of translational correspondence in view of subsentential alignment. In *Proceedings of the METIS-II Workshop on new approaches to machine transla-*

tion. Leuven, Belgium.

真島一郎（編）(2005).『だれが世界を翻訳するのか：アジア・アフリカの未来から』人文書院.

Malblanc, A. (1944/1963). *Stylistique compare du français et de l'allemand: Essai de representation linguistique compare et étude de traduction.* Paris: Didier.

Malone, J. (1988). *The science of linguistics in the art of translation: Some tools from linguistics for the analysis and practice of translation.* Albany, NY: SUNY Press.

Martin, J. R. (1992). *English text: System and structure.* Amsterdam & Philadelphia: John Benjamins.

マテジウス，V. (1986).『マテジウスの英語入門――対照言語学の方法』(千野栄一・山本富啓・訳). 三省堂.［原著：Mathesius, V. (1975). *A functional analysis of present day English on a general linguistic basis.* New York: Mouton De Gruyter].

松本曜（2003).『認知意味論』大修館書店.

Matthiessen, C. (1995). *Lexicogrammatical cartography: English systems.* Tokyo: International Language Sciences Publishers.

Matthiessen, C. & Thompson, S. A. (1988). The structure of discourse and 'subordination.' In J. Haiman & S. A. Thompson (Eds.), *Clause combining in grammar and discourse* (pp. 275–330). Amsterdam & Philadelphia: John Benjamins.

メイ，J. (2005).『批判的社会語用論入門：社会と文化の言語』(小山亘・訳). 三元社.［原著：Mey, J. L. (2001). *Pragmatics: An introduction.* Oxford: Blackwell].

マートン，R. K. (1961).『社会理論と社会構造』(森東吾・金沢実・森好夫・中島竜太郎訳). みすず書房.［原著：Merton, R. K. (1957). *Social theory and social structure.* New York: The Free Press].

Meschonnic, H. (1986). Alors la traduction chantera. *Revue d'esthétique, 12,* 75–90.

Miko, F. (1970). La théorie de l'expression et la traduction. In J. S. Holmes (Ed.), *The nature of translation: Essays on the theory and practice of literary translation* (pp. 61–77). The Hague & Paris: Mouton.

三ッ木道夫（2011).『翻訳の思想史――近現代ドイツの翻訳論研究――』晃洋書房.

三ツ谷直子（2012).「広告翻訳モデル『5CACT モデル』　5段階のコンテクスト分析による翻訳プロセスの研究」『通訳翻訳研究』第12号，189–208頁.

宮台真司・北田暁大（2005).『限界の思考』双風舎.

宮崎清孝・上野直樹（1985).『視点』東京大学出版会.

水野的（1997).「『意味の理論』批判と通訳モデル」『通訳理論研究』第7巻第1号，53–67頁.

――――（2007).「近代日本の文学的多元システムと翻訳の位相――直訳の系譜」日本通訳学会翻訳研究分科会（編）『翻訳研究への招待』第1号，3–43頁.

――――（2008).「翻訳における認知的負荷と経験的等価――読者の文理解と作動記憶をめぐって」『翻訳研究への招待』第2号，101–120頁.

――――（2010).「本アンソロジーを読むために」柳父章・水野的・長沼美香子（編）『日本の翻訳論――アンソロジーと解題』(36–52頁). 法政大学出版局.

――――（2011).「明治・大正期の翻訳規範と日本近代文学の成立」佐藤＝ロスベアグ・ナナ（編）『トランスレーション・スタディーズ』(69–93頁). みすず書房.

水野真木子・中村幸子・吉田理加・河原清志（2011).「通訳者役割論の先行研究案内」『通訳翻訳研究』第11号，155–172頁.

Molina, L. & Albir, A. H. (2002). Translation techniques revisited: A dynamic and functionalist approach. *Meta, 47*(4), 498–512.

モリス，C. W. (1988). 『記号理論の基礎』(内田種臣・小林昭世訳). 勁草書房. [原著：Morris, C. W. (1938). *Foundations if the theory of signs: Foundations of the unity of science, 1,* Chicago: University of Chicago Press].

Mossop, B. (2007). The translator's intervention through voice selection. In Munday, J. (Ed.), *Continuum studies in translation: Translation as intervention* (pp. 18–37). London & New York: Continuum International Publishing Group.

ムーナン，G. (1980). 『翻訳の理論』(伊藤晃・柏岡珠子・福井芳男・松崎芳孝・丸山圭三郎訳). 朝日出版社. [原著：Mounin, G. (1963). *Les problèm théoriques de la traduction.* Paris: Gallimard, Bibliothèque des Idées].

Munday, J. (1998). A computer-assisted approach to the analysis of translation shifts. *Meta, 43*(4), 542–556.

――― (Ed.), (2007). *Translation as intervention.* London & New York: Continuum International Publishing Group.

――― (2008). *Style and ideology in translation: Latin American writing in English.* London & New York: Routledge.

――― (2008/2012). *Introducing Translation Studies.* London & New York: Routledge

――― (Ed.), (2009). *The Routledge companion to translation studies.* London & New York: Routledge.

マンデイ，J. (2009). 『翻訳学入門』(鳥飼玖美子監訳). みすず書房. [原著：Munday, J. (2008). *Introducing translation studies.* London & New York: Routledge].

Munday, J. (2012). *Evaluation in translation: Critical points of translator decision-making.* London & New York: Routledge.

――― (online). Content from previous editions of *Introducing translation studies.* (http://www.routledge.com/cw/munday-9780415584890/s1/previous/) 2014年5月1日情報取得.

村上春樹・柴田元幸 (2000). 『翻訳夜話』文芸春秋.

ネーデル，S. F. (1978). 『社会構造の理論――役割理論の展開』(斉藤吉雄訳). 恒星社厚生閣 [原著：Nadel, S. F. (1957). *The theory of social structure.* London: Cohen & West.].

長沼美香子 (2010). 「野上豊一郎の翻訳論」『通訳翻訳研究』第10号, 59–83頁.

――― (2013). 「翻訳における『等価』言説」『通訳翻訳研究』第13号, 25–41頁.

中村明 (1993). 『日本語の文体　文芸作品の表現をめぐって』岩波書店.

中村元 (1960). 『比較思想論』岩波書店.

――― (2000). 『論理の構造　上・下』青土社.

中村桃子 (2007). 『〈性〉と日本語　ことばがつくる女と男』NHK ブックス.

Neubert, A. (1968). Pragmatische Aspekte der Übersetzung. In W. Wilss (Hrsg.), (1981). *Übersetzungswiessenschaft.* 〈Wege der Forschung〉 Bd. 535. Darmstadt.

――― (1994). Competence in translation: A complex skill, how to study and how to teach it. In M. Snell-Hornby, F. Pöchhacker & K. Kaindl (Eds.), *Translation studies. An interdiscipline* (pp. 411–420). Amsterdam & Philadelphia: John Benjamins.

――― & G. Shreve. (1992). *Translation as text.* Kent & London: The Kent State University Press.

Newman, A. (1980). *Mapping translation equivalence.* Leuven: Acco.
——— (1994). Translation equivalence: Nature. In R. E. Asher & J. M. Y. Simpson (Eds.), *The encyclopedia of language and linguistics* (pp. 4690-700). Oxford & New York: Pergamon Press.
Newmark, P. (1981). *Approaches to translation.* Oxford: Pergamon Press.
——— (1988). *A textbook of translation.* London: Prentice Hall.
——— (2009). The linguistic and communicative stages in translation theory. In Munday, J. (Ed.), *The Routledge companion to translation studies* (pp. 20-35). London & New York: Routledge.
Nida, E. A. (1964). *Toward a science of translation.* Leiden: Brill.
Nida, E. A. & Taber, C. R. (1969). *The theory and practice of translation.* Leiden: E. J. Brill.
二枝美津子（2007).『格と態の認知言語学：構文と動詞の意味』世界思想社.
Niranjana, T. (1992). *Siting translation: History, post-structuralism, and the colonial context.* Berkeley, CA: University of California Press.
野上豊一郎（1938).『飜譯論——飜譯の理論と實際』岩波書店.
野家啓一（1998).『クーン——パラダイム（現代思想の冒険者たち 24)』講談社.
野口良平（2004).「イコン・インデックス・シンボル——概念再定義への試み——」『立命館文學』582号, 309-323頁.
野村一夫（1992/1998).『社会学感覚』文化書房博文社（ウェブ版：http://www.socius.jp/lec/index.html）2011年 6 月20日情報取得.
Nord, C. (1988). *Textanalyse und Übersetzen: Theoretische Grundlagen, Methode und didaktische Anwendung einer übersetzungsrelevanten Textanalyse.* Heidelberg: J. Groos, translated (2005, 2nd ed.) as *Text analysis in translation: Theory, methodology and didactic application of a model for translation-oriented text analysis.* Amsterdam: Rodopi.
——— (1997). *Translating as a purposeful activity: Functionalist approaches explained.* Manchester: St Jerome.
——— (2005). *Text analysis in translation: Theory, methodology and didactic application of a model for translation-oriented text analysis.* Amsterdam: Rodopi.
野呂香代子（2001).「クリティカル・ディスコース・アナリシス」野呂香代子・山下仁（編著）『「正しさ」への問い　批判的社会言語学への試み』(13-49頁). 三元社.
大橋良介（編）(1993).『文化の翻訳可能性』人文書院.
大堀俊夫（1991).「文法構造の類像性」日本記号学会（編）『かたちとイメージの記号論』(95-107頁). 東海大学出版会.
——— (1992).「言語記号の類像性再考」日本記号学会（編）『ポストモダンの記号論：情報と類像』(87-96頁). 東海大学出版会.
大堀壽夫（2002).『認知言語学』東京大学出版会.
岡本裕一朗（2012).『ネオ・プラグマティズムとは何か——ポスト分析哲学の新展開』ナカニシヤ書房.
O'Halloran, K. (2003). *Critical discourse analysis and language cognition.* Edinburgh: Edinburgh University Press.
Olohan, M. (2004). *Introducing corpora in translation studies.* London & New York: Routledge.

Osimo, B. (2008). Meaning in translation: A model based on translation shifts. *Linguistica Antverpiensia, New series-Themes in translation studies,* 209-226.

ウスティノフ，M. (2008). 『翻訳――その歴史・理論・展望』（服部雄一郎訳）. 白水社. ［原著：Oustinoff, M. (2003). *La traduction.* Paris: Presses Universitaires de France］.

Palumbo, G. (2009). *Key terms in translation studies.* London & New York: Continuum.

Parks, T. (2007). *A literary approach to translation—A translation approach to literature.* Manchester: St Jerome.

Pedersen, J. (2011). *Subtitling norms for television.* Amsterdam & Philadelphia: John Benjamins.

パース，C. (1985). 『パース著作集 1　現象学』（米盛裕二編訳）. 勁草書房.

Pennycook, A. (2001). *Critical applied linguistics: A critical introduction.* Mahwah: Lawrence Erlbaum Associates.

Pérez, M. C. (Ed.), (2003). *Apropos of ideology. Translation studies on ideology—Ideologies in translation studies.* Manchester: St Jerome.

ポラニー，M. (1980). 『暗黙知の次元　言語から非言語へ』（佐藤敬三・訳）. 紀伊國屋書店. ［原著：Polanyi, M. (1966). *The tacit dimension.* London & New York: Routledge & Kegan Paul Ltd.］.

Pollock, S. (2006). *The language of the gods in the world of men: Sanskrit, culture, and power in premodern India.* Berkeley: University of California Press.

Popovič, A. (1970). The concept "shift of expression" in translation analysis. In J. S. Holmes (Ed.), *The nature of translation: Essays on the theory and practice of literary translation* (pp. 78-87). The Hague & Paris: Mouton.

——— (1976). *Dictionary for the analysis of literary translation.* Edmonton: University of Alberta.

Postgate, J. P. (1922). *Translation and translations: Theory and practice.* London: G. Bell & Sons.

Price, J. D. (1987). *Complete equivalence in Bible translation.* Nashville, TN: Thomas Nelson Publishers.

——— (2007). *A theory for Bible translation: An optimal equivalence model.* Lewiston, NY: Edwin Mellen Press.

Puurtinen, T. (1998). Syntax, readability and ideology in children's literature. *Meta, 4,* 524-533.

Pym, A. (1998). *Method in translation history.* Manchester: St Jerome.

——— (2008). On Toury's laws of how translators translate. In A. Pym, M. Shlesinger & D. Simeoni (Eds.), *Beyond descriptive translation studies* (pp. 311-328). Amsterdam & Philadelphia: Bemjamins.

ピム，A. (2010). 『翻訳理論の探求』（武田珂代子訳）. みすず書房. ［原著：Pym, A. (2010). *Exploring translation theories.* London & New York: Routledge.］.

——— (2011). 「歴史上の問題解決策としての翻訳理論」（武田珂代子・訳）. 鳥飼玖美子・野田研一・平賀正子・小山亘（編）『異文化コミュニケーション学への招待』（459-477頁）. みすず書房.

Pym, A. (2011). Translation research terms: A tentative glossary for moments of perplexi-

ty and dispute. In A. Pym (Ed.), *Translation research projects 3* (pp. 75-110). Tarragona: Intercultural studies group. [Online] (http://isg.urv.es/publicity/isg/publications/trp_3_2011/) 2014年1月10日情報取得.

Pym, A., Shlesinger, M. & Jettmarová, J. (Eds.), (2006). *Sociocultural aspects of translating and interpreting.* Amsterdam & Philadelphia: Benjamins.

Quine, W. V. O. (1960). *Words and object.* Cambridge, MA: MIT Press.

Reddy, M. (1979). The conduit metaphor: A case of frame conflict in our language about language. In A. Ortony (Ed.), *Metaphor and thought* (pp. 284-324). Cambridge: Cambridge University Press.

Reiß, K. (1971). *Möglichkeiten und Grenzen der Übersetzungskritik.* Munich: M. Hueber, translated (2000). by E. F. Rhodes as *Translation criticism: Potential and limitations.* Manchester: St. Jerome & American Bible Society.

——— (1977/1989). Text types, translation types and translatin assessment. translated by A. Chesterman, In A. Chesterman (Ed.), (pp. 105-115).

Reiß, K. & Vermeer, H. J. (1984/1991). *Grundlegung einer allgemeinen Translationstheorie.* (2. Auflage.) Tübingen: Niemeyer.

Retsker, Ya. I. (1974). *Teoriya perevoda I perevodcheskaya praktika.* Moscow: Mezhdunarodnie otnosheniya.

三枝充悳 (1994). 『比較思想序説』春秋社.

齋藤美野 (2012). 『近代日本の翻訳文化と日本語——翻訳王・森田思軒の功績』ミネルヴァ書房.

サルダーニャ, G. (2013). 「Linguistic approaches 言語学的アプローチ」ベイカー, M.・サルダーニャ, G.『翻訳研究のキーワード』(藤濤文子・監修・編訳). (115-123頁). 研究社. [原著：Baker, M. & Saldanha, G. (2009). *Routledge encyclopedia of translation studies.* London & New York: Routledge].

Santaemilia, J. (Ed.), (2005). *Gender, sex and translation: The manipulation of identities.* Manchester: St Jerome.

佐藤千登勢 (2012). 「異化—自動化」貝澤哉・野中進・中村唯史 (編著)『再考　ロシアフォルマリズム　言語・メディア・知覚』(195頁). せりか書房.

佐藤勝之 (2006). 「ことばを使う　テクストと社会の関係」龍城正明 (編)『ことばは生きている　選択体系機能文法序説』(19-36頁). くろしお出版.

佐藤＝ロスベアグ・ナナ (2011a). 『文化を翻訳する』サッポロ堂書店.

——— (編) (2011b). 『トランスレーション・スタディーズ』みすず書房.

シャラー, R. (2013). 「Localization ローカリゼーション」ベイカー, M.・サルダーニャ, G.『翻訳研究のキーワード』(藤濤文子監修・編訳). (124-132頁). 研究社. [原著：Baker, M. & Saldanha, G. (2009). *Routledge encyclopedia of translation studies.* London & New York: Routledge].

Schieffelin, B. B. (2007). Found in translating: Reflexive language across time and texts in Bosavi, Papua New Guinea. In M. Makihara & B. B. Schieffelin (Eds.), *Consequences of contact: Language ideologies and sociocultural transformations in Pacific societies* (pp. 140-165). Oxford: Oxford University Press.

Schleiermacher, F. (1813). Ueber die verschiedenen Methoden des Uebersezens. In von Hans—Joachim Störig. (Hrsg.), (1963). *Das Problem des Übersetzens.* Darmstadt: Wis-

senschaftliche Buchgesellshaft.; In L. Venuti (Ed.), (2004). *The translation studies reader* (pp. 43–63). London & New York: Routledge.

Schäffner, C. & Bassnett, S. (Eds.), (2010). *Political discourse, media and translation.* Newcastle upon Tyne: Cambridge Scholars Publishing.

Searl, J. R. (1982). Eine Taxonomie illokutionärer Akte. In J. R. Searle *Ausdruck und Bedeutung. Untersuchungen zur Sprechakttheorie* (pp. 17–50). Frankfurt a. M.: Suhrkamp.

Seleskovitch, D. (1968/1978). *Interpreting for international conference.* Washington, D. C.: Pen & Booth.

Seleskovitch, D. & Lederer, M. (1984). *Interpréter pour traduire.* Paris: Didier Erudition.

Setton, R. (1999). *Simultaneous interpretation. A cognitive-pragmatic analysis.* Amsterdam & Philadelphia: John Benjamins Publishing Company.

シャノン, C.・ウィーヴァー, W. (1969). 『コミュニケーション数学的論理（長谷川淳・井上光洋・訳). 明治図書. [原著：Shannon, C. & Weaver, W. (1949). *The mathematical theory of communication.* Champaign, IL: University of Illinois Press].

Shih, C. (2012). A corpus-aided study of shifts in English-to-Chinese translation of prepositions. *International journal of English linguistics, 2*(6), 50–62.

篠原有子（2013).「映画『おくりびと』の英語字幕における異文化要素（日本的有標性）の翻訳方略に関する考察」『翻訳研究への招待』第9号, 81–97頁.

庄司興吉（2008).『社会学の射程――ポストコロニアルな地球市民の社会学へ』東信堂.

Silverstein, M. (1976). Shifters, linguistic categories, and cultural description. In K. H. Basso, & H. A. Selby (Eds.), *Meaning in anthropology* (pp. 11–55). Albuquerque, NM: University of New Mexico Press.

——— (1979). Language structure and linguistic ideology. In P. R. Clyne, W. F. Hanks & C. L. Hofbauer (Eds.), *The elements: A parasession on linguistic units and levels* (pp. 193–247). Chicago: Chicago Linguistic Society.

——— (1981). Limits of awareness. (=Working papers in sociolinguistics, No. 84). Austin: Southwest Education Research Laboratory.

——— (1987). The three faces of 'function': Preliminaries to a psychology of language. In Hickmann, M. (Ed.), *Social and functional approaches to language and thought* (pp. 17–38). Orlando, Fla: Academic Press.

——— (1992). The indeterminacy of contextualization: When is enough enough?" In Auer, P. & di Luzio, A. (Eds.), *The contextualization of language* (pp. 55–76). Amsterdam & Philadelphia: John Benjamins.

——— (1993). Metapragmatic discourse and metapragmatic function. In: John A. Lucy, (Ed). *Reflexive language: Reported speech and metapragmatics* (pp. 33–58). Cambridge: Cambridge University Press.

——— (1998). The improvisational performance of 'culture' in realtime discursive practice. In Sawyer, K. (Ed.), *Creativity in performance* (pp. 265–312). Greenwich: Ablex.

——— (2007). How knowledge begets communication begets knowledge: Textuality and contextuality in knowing and learning. 立教大学大学院異文化コミュニケーション研究科（編)『異文化コミュニケーション論集』第5号, 31–60頁.

Simeoni, D. (1998). The pivotal status of the translator's *habitus. Target, 10*(1), 1–39.

Simon, S. (1996). *Gender in translation: Cultural identity and the politics of transmission.* London & New York: Routledge.

——— (2002). Germaine de Staël and Gayatri Spivak: Culture brokers. In M. Tymoczko & E. Gentzler (Eds.), (pp. 122-140).

Simon, S. & St-Pierre, P. (Eds.), (2000). *Changing the terms: Translating in the postcolonial era.* Ottawa: University of Ottawa Press.

Sismondo, S. (2009). *An introduction to science and technology studies.* Hoboken, NJ: Wiley-Blackwell.

Snell-Hornby, M. (Ed.), (1986). *Übersetzungs-Wissenschaft: Eine Neuorientierung.* Tübingen: Franke.

——— (1988/1995). *Translation studies: An integrated approach.* Amsterdam & Philadelphia: John Benjamins.

——— (2006). *The turns of translations studies: New paradigms or shifting viewpoints?* Amsterdam & Philadelphia: John Benjamins.

Somers, H. L. (1998). Machine translation. In M. Baker (Ed.), *Routledge encyclopedia of translation studies* (pp. 143-149). London & New York: Routledge.

染谷泰正（2011).「関連性理論と通訳翻訳～ TILT の観点から～」日本通訳翻訳学会第12回年次大会資料（2011年９月10～11日神戸大学).

——— (2013).「通訳における〈概念化〉をめぐって」日本通訳翻訳学会第32回関東支部例会発表（2013年12月８日青山学院大学).

染谷泰正・赤瀬川史朗（2011).「大規模翻訳コーパスの構築とその研究および教育上の可能性」日本メディア英語学会第１回年次大会発表レジュメ（2011年10月23日京都産業大学).

Sperber, D. & Wilson, D. (1986/1995). *Relevance.* Oxford: Blackwell.

Spivak, G. (1993). The politics of translation. In L. Venuti (Ed.), (2004). (pp. 369-388).

スピヴァク, G. (2008).『スピヴァク　みずからを語る――家・サバルタン・知識人』（大池真知子・訳). 岩波書店. [原著：Spivak, G. (2006). *Conversations with Gayatri Chakravorty Spivak.* London: Seagull Books London Limited].

Stecconi, U. (2004). Interpretive semiotics and translation theory: The semiotic conditions to translation. *Semiotica, 150,* 471-489.

——— (2009). Semiotics. In M. Baker & G. Saldanha (Eds.), *Routledge encyclopedia of translation studies* (pp. 260-263). London & New York: Routledge.

——— (2010). Semiotics and translation. In Y. Gambier & L. van Doorslaer (Eds.), *Handbook of translation studies, Volume 1* (pp. 314-319). Amsterdam & Philadelphia: John Benjamins.

スタイナー, G.（上巻1999, 下巻2009).『バベルの後に――言葉と翻訳の諸相』（亀山健吉訳). 法政大学出版局. [原著：Steiner, G. (1975/1992/1998). *After Babel.* Oxford: Oxford University Press].

——— (2000).『言葉への情熱』（伊藤誓・訳). 法政大学出版局. [原著：Steiner, G. (1996). *No passions spent: Essays 1978-1995.* New Haven, CT: Yale University Press].

菅井三実（2013).「類像／アイコン（icon), 類像性（iconicity)」辻幸夫（編）『新編　認知言語学キーワード事典』(373頁). 研究社.

Sukra, I. N. (2008). The semantic shift of the speech act verbs in the English-Indonesian

translation in *"The Practical English for Hotel and Restaurant Services"* by Dhanny Cyssco. *Ragam Jurnal Pengembangan Humaniora, 8*(3), 122-129.
高橋英光（2013）.「類像性」森雄一・高橋英光（編著）『認知言語学：基礎から最前線へ』（129-153頁）. くろしお出版.
武田珂代子（2008）.『東京裁判における通訳』みすず書房.
Takeda, K. (2010). *Interpreting the Tokyo War Crimes Tribunal: A sociopolitical analysis.* Ottawa: The University of Ottawa Press.
竹原弘（1994）.『意味の現象学』ミネルヴァ書房.
田邊敏明（2000）.『比喩から学ぶ心理学——心理学理論の新しい見方』北大路書房.
田中春美・田中幸子（1996）.『社会言語学への招待——社会・文化・コミュニケーション』ミネルヴァ書房.
田中茂範（1990）.『認知意味論——英語動詞の多義の構造』三友社出版.
———（2001）.「意味づけ論」辻幸夫（編）『ことばの認知科学事典』（287-293頁）. 大修館書店.
———（2002）.「『AはBである』をめぐって：記述文・定義文・隠喩文の基本形式」山田進・菊地康人・籾山洋介（編）『日本語：意味と文法の風景：国広哲弥教授古稀記念論文集』（15-30頁）. ひつじ書房.
———（2013）.『わかるから使えるへ　表現英文法』コスモピア.
田中茂範・深谷昌弘（1998）.『〈意味づけ論〉の展開』紀伊国屋書店.
棚瀬孝雄（1992）.『紛争と裁判の法社会学』法律文化社.
谷口一美（2003）.『認知意味論の新展開　メタファーとメトニミー』研究社.
東森勲・吉村あき子（2003）.『関連性理論の新展開——認知とコミュニケーション』研究社.
鳥飼玖美子（2007）.『通訳者と戦後日米外交』みすず書房.
Torikai, K. (2009). *Voices of the invisible presence: Diplomatic interpreters in Post-World War II Japan.* Amsterdam & Philadelphia: John Benjamins.
トレージ, I. (2013).「Advertising 広告翻訳」ベイカー, M.・サルダーニャ, G.『翻訳研究のキーワード』（藤濤文子監修・編訳）.（10-17頁）. 研究社. ［原著：Baker, M. & Saldanha, G. (2009). *Routledge encyclopedia of translation studies.* London & New York: Routledge］.
Toury, G. (1978). The nature and role of norms in literary translation. In L. Venuti (2004). *The translation studies reader* (pp. 205-218). London & New York: Routledge.
——— (1980). *In search of a theory of translation.* Tel Aviv: Porter Institute.
——— (1985). A rationale for descriptive translation studies. In T. Hermans (Ed.), *The manipulation of literature: Studies in literary translation* (pp. 16-41). Beckenham: Croom Helm.
——— (1995/2012). *Descriptive translation studies and beyond.* Amsterdam & Philadelphia: John Benjamins.
——— (2004). Probabilistic explanations in translation studies: Welcome as they are, would they qualify as universals? In A. Mauranen & P. Kujamäki (Eds.), *Translation universals. Do they exist?* (pp. 15-32). Amsterdam & Philadelphia: John Benjamins.
Trudgill, P. (1972). Sex, covert prestige and linguistic change in the urban British English of Norwich. *Language in Society, 1,* 179-195.

——— (1974). *Sociolinguistics: An introduction to language and society.* Harmondsworth, England: Penguin Books.

坪井睦子 (2013).『ボスニア紛争報道　メディアの表象と翻訳行為』みすず書房.

土田知則・神郡悦子・伊藤直哉 (1996).『現代文学理論』新曜社.

塚本正明 (1995).『現代の解釈学的哲学』世界思想社.

Tymoczko, M. (1998). Computerized corpora and the future of translation studies. In S. Laviosa (Ed.), L'Approche basée sur le corpus/ The corpus-based approach. *Special issue of Meta, 43*(4), 652-660.

——— (1999). *Translation in a postcolonial context: Early Irish literature in English translation.* Manchester: St Jerome.

——— (2000). Translation and political engagement: Activism, social change and the role of translation in geopolitical shifts. *The translator, 6*(1), 23-47.

——— (2002). Connecting the two infinite orders: Research methods in translation studies. In T. Hermans (Ed.), *Crosscultural transgressions: Research models in translation studies II, Historical and ideological issues* (pp. 9-25). Manchester: St Jerome.

——— (2003). Ideology and the position of the translator: In what sense is a translator "In-between"? In M. C. Pérez (Ed.), *Apropos of ideology. Translation studies on ideology-Ideologies in translation studies* (pp. 181-201). Manchester: St Jerome.

Tymoczko, M. & Gentzler, E. (Eds.), (2002). *Translation and power.* Amherst & Boston: University of Massachusetts Press.

Tytler, A. F. (Lord Woodhouselee) (1790). Essay on the principles of translation. Edinburgh: Cadell & Davies, extracted In D. Robinson (Ed.), (1997). *Western translation theory from Herodotus to Nietzsche* (pp. 208-212). Manchester: St. Jerome.

Tyulenev, S. (2012). *Applying Luhmann to translation studies: Translation in society.* New York & London: Routledge.

植木雅俊 (2011).『仏教，本当の教え――インド，中国，日本の理解と誤解』中央公論社.

梅咲敦子 (2003).「言語使用域／レジスタ (register)」小池生夫 (編集主幹)『応用言語学事典』(660-661頁). 研究社.

ウンゲラー，F.・シュミット，H.-J. (1998).『認知言語学入門』(池上嘉彦ほか訳). 大修館書店. [原著：Ungerer, F. & Schmid, H.-J. (1996). *An introduction to cognitive linguistics.* London: Longman].

van den Broeck, R. & Lefevere, A. (1979). *Uitnodiging tot de vertaalwetenschap.* Muiderberg: Coutinho.

Vandeweghe, W., Vandepitte, S. & Van de Velde, M. (2007). *The study of language and translation.* Amsterdam & Philadelphia: John Benjamins.

van Dijk, T. A. (1984). *Prejudice in discourse.* Amsterdam & Philadelphia: John Benjamins.

——— (1987). *Communicating racism.* London: Sage publications.

van Doorslaer, L. (2009). Risking conceptual maps: Mapping as a keywords-related tool underlying the online *Translation Studies Bibliography.* In Y. Gambier & L. van Doorslaer (Eds.), (pp. 27-43).

van Doorslaer, L. & Flynn, P. (Eds.), (2013). *Eurocentrism in translation studies.* Amsterdam & Philadelphia: John Benjamins.

van Leeuwen, T. (2005). *Introducing social semiotics.* London & New York: Routledge.

——— (2008). *Discourse and practice—New tools for critical discourse analysis.* Oxford: Oxford University Press.

van Leuven-Zwart, K. (1989). Translation and original: Similarities and dissimilarities, I. *Target, 1*(2), 151-181.

——— (1990). Translation and original: Similarities and dissimilarities, II. *Target, 2*(1), 69-95.

Vázquez-Ayora, G. (1977). *Introducción a la traductología.* Washington, DC: Georgetown University Press.

Venuti, L. (1993). Translation as cultural politics: Regimes of domestication in English. *Textual Practice, 7,* 208-223.

——— (1995). *The translator's invisibility: A history of translation.* London & New York: Routledge.

——— (1998/2008). *The scandals of translation: Towards an ethics of difference.* London & New York: Routledge.

ヴェヌティ, L. (2011).「ユーモアを訳す——等価・補償・ディスコース」(鳥飼玖美子訳) 鳥飼玖美子・野田研一・平賀正子・小山亘 (編)『異文化コミュニケーション学への招待』(434-458頁). みすず書房.

——— (2013). *Translation changes everything—Theory and practice.* London & New York: Routledge.

Vernay, H. (1981). Elemente einer Übersetzungswissenschaft. Heidelberg 1974. In W. Wilss (Hrsg.), *Übersetzungswiessenschaft.* 〈Wege der Forschung〉 Bd. 535. Darmstadt.

Vinay, J.-P. & Darbelnet, J. (1958). *Stylistique comparée du français et de l'anglais.* Paris: Didier. translated and edited into English by Sager, J. C. & Hamel, M. J. (1995). *Comparative stylistics of French and English: A methodology for translation.* Amsterdam & Philadelphia: John Benjamins Publishing Company.

von Flotow, L. (Ed.), (2011). *Translating women.* Ottawa: University of Ottawa Press.

Wakabayashi, J. & Kothari, R. (2009). *Decentering translation studies.* Amsterdam & Philadelphia: John Benjamins.

Wallis, S. E. (2010). Toward a science of metatheory. *Integral review, 6*(3), 73-120.

ヴァルター, E. (1987).『一般記号学　パース理論の展開と応用』(向井周太郎・菊池武弘・脇阪豊訳). 勁草書房. [原著：Walther, E. (1974). *Allgemeine Zeichenlehre Einfuhrung in die Grundlagen der Semiotik.* Stuttgart: Deutsche Verlagsanstalt].

Watts, R. J. (1989). Comic strips and theories of communication. *Word & Image, 5,* 173-180.

Wendland, E. R. (2008). *Contextual frames of reference in translation: A coursebook for Bible translators and teachers.* Manchester: St Jerome.

ウェイリー, L. (2006).『言語類型論入門　言語の普遍性と多様性』(大堀壽夫・古賀裕章・山泉実訳). 岩波書店. [原著：Whaley, L. J. (1997). *Introduction to typology: The unity and diversity of language.* Thousand Oaks: Sage Publications].

Widdowson, H. G. (1979). The deep structure of discourse and the use of translation. In C. J. Brumfit & K. Johnson (Eds.), *The communicative approach to language teaching* (pp. 61-71). Oxford: Oxford University Press.

——— (1995). Discourse analysis: A critical view. *Language and literature, 4*(3), 157-172.

——— (1996). Reply to Fairclough: Discourse and interpretation: Conjecture and refutations. *Language and Literature, 5*(1), 57-69.

Wilss, W. (1996). *Knowledge and skills in translator behavior.* Amsterdam and Philadelphia: John Benjamins.

Wodak, R. (Ed.), (1989). *Language, power and ideology.* Amsterdam & Philadelphia: John Benjamins.

Wolf, M. (2000). The third space in postcolonial representation. In S. Simon & P. St Pierre (Eds.), (pp. 127-45).

Wotjak, G. (Hrsg.), (2006). *50 Jahre Leipziger übersetzungswissenschaftliche Schule.* Frankfurt am Main: Lang.

Xeni, E. (2011). Issues of concern in the study of children's literature translation. (http://keimena.ece.uth.gr/main/t13/Xeni_final_text_English.pdf) 2014年10月１日情報取得.

山田優 (2008).「翻訳メモリ使用時の既存訳が新規訳に及ぼす影響——干渉と翻訳の普遍的特性の観点から」『通訳翻訳研究』第８号，191-207頁.

Yamada, M. (2009). A study of the translation process through translators' interim products. *Interpreting and translation studies, 9,* 159-176.

——— (2011). Applying "machine translation plus post-editing" to a case of English-to-Japanese translation. *Intercultural Communication Review, 9,* 97-114.

山田優 (2013).「翻訳者をとりまく環境の現状と今後」立教SFR翻訳研究プロジェクト（編）『翻訳「革命」期における翻訳者養成——公開シンポジウムの報告と今後の取り組み』(11-19頁).

山田優・鳥飼玖美子 (2013).「翻訳的行為」鳥飼玖美子（編著）『よくわかる翻訳通訳学』(126-127頁). ミネルヴァ書房.

山口登 (2000).「選択体系機能理論の構図——コンテクスト・システム・テクスト」小泉保（編）『言語研究における機能主義——誌上討論会』(3-47頁). くろしお出版.

山中桂一 (1984).「現代記号論におけるロマン・ヤコブソンの位置」『理想』608号，149頁.

——— (1995).『ヤコブソンの諸科学２　かたちと意味』勁草書房.

Yameng, Liu. (2007). Towards 'representational justice' in translation practice. In J. Munday (Ed.), (pp. 54-70).

柳父章 (1976).『翻訳とはなにか　日本語と翻訳文化』法政大学出版局.

柳父章・水野的・長沼美香子（編）(2010).『日本の翻訳論　アンソロジーと解題』法政大学出版局.

Yngve, V. H. (1957). A framework for syntactic translation. *Mechanical translation, 4*(3), 59-65.

米盛裕二 (1981).『パースの記号学』勁草書房.

吉田忠 (2000).「『解体新書』から『西洋事情』へ——言葉をつくり，国をつくった蘭学・英学期の翻訳」芳賀徹（編）(2000).『翻訳と日本文化』(50-66頁). 山川出版社.

吉本隆明 (1982).『共同幻想論』角川書店.

湯田豊 (1995).『比較思想論』勁草書房.

ザネティン，F. (2013).「Comics 漫画翻訳」ベイカー，M.・サルダーニャ，G.『翻訳研究のキーワード』(藤濤文子監修・編訳). (39-44頁). 研究社. [原著：Baker, M. & Saldanha, G. (2009). *Routledge encyclopedia of translation studies.* London & New York: Routledge].